- 甘孜州政协文史丛书 《甘孜州文史》总第32辑
- 康巴藏族传统村落文史资料调查与研究丛书
- 四川省社会科学重点研究基地区域文化研究中心 2017年重点项目(编号：QYYJB1702)研究成果

扎坝藏族文史调查与研究辑要

本卷编著　焦虎三　仲昭铭

西南交通大学出版社
·成都·

图书在版编目（CIP）数据

扎坝藏族文史调查与研究辑要 /焦虎三，仲昭铭编著. —成都：西南交通大学出版社，2017.5
ISBN 978-7-5643-5440-4

Ⅰ.①扎… Ⅱ.①焦… ②仲… Ⅲ.①藏族–文史资料–四川–文集 Ⅳ.①K281.4-53

中国版本图书馆 CIP 数据核字（2017）第 103447 号

ZHABA ZANGZU WENSHI DIAOCHA YU YANJIU JIYAO
扎坝藏族文史调查与研究辑要
焦虎三　仲昭铭　编著

责 任 编 辑	张慧敏
封 面 设 计	原谋书装
出 版 发 行	西南交通大学出版社 （四川省成都市二环路北一段 111 号 西南交通大学创新大厦 21 楼）
发行部电话	028-87600564　028-87600533
邮 政 编 码	610031
网　　　址	http://www.xnjdcbs.com
印　　　刷	四川煤田地质制图印刷厂
成 品 尺 寸	170 mm × 230 mm
印　　　张	25.5
字　　　数	484 千
版　　　次	2017 年 5 月第 1 版
印　　　次	2017 年 5 月第 1 次
书　　　号	ISBN 978-7-5643-5440-4
定　　　价	98.00 元

图书如有印装质量问题　本社负责退换
版权所有　盗版必究　举报电话：028-87600562

康巴藏族传统村落文史调查编委会

总　顾　问	冯骥才
主　　　任	向　秋　龚珍旭
副　主　任	陈洪暴　蒋秀英　李长贵
顾　　　问	孙宏开　孟　燕　林俊华　何季德　李祥林
	高　梧　格桑确批　潘昱州
丛 书 主 编	向　秋　龚珍旭　蒋秀英
本 册 主 编	蒋秀英　焦虎三
本册副主编	肖　勇　李云双　董德峰　李杰波　仲昭铭
编　　　委	陈洪暴　范文华　多吉扎西　蒋秀英
	孙　飞　阿基布珠　龚建忠　雷建平
	戈教·云登嘉措　拥　措　蔡景荣
	琼　措　董德峰　李长贵　童光庆
	陈嫒莉　李文贵　柯小杰　耿纪朋
	李川猴　程　俊　焦虎三　仲昭铭
	邓啟刚　张成绪　刘　雷　聂　娇
	甘　莉　唐　辉　安　波　姜苏航
	方　超　刘　超　叶　明

甘孜州政协文史资料总第32辑
《扎坝藏族文史调查与研究辑要》编委会

主　　任　　向　秋　龚珍旭
副 主 任　　陈洪暴　蒋秀英　李长贵
编　　委　　陈洪暴　范文华　多吉扎西　蒋秀英
　　　　　　孙　飞　阿基布珠　龚建忠　雷建平
　　　　　　戈教·云登嘉措　拥　措　蔡景荣
　　　　　　琼　措　焦虎三　仲昭铭

主　　编　　蒋秀英　焦虎三
副 主 编　　肖　勇　李云双　董德峰　李杰波　仲昭铭
本册编著　　焦虎三　仲昭铭

总 序

传统村落的困境与出路
——兼谈传统村落类文化遗产

冯骥才

2012年中国正式启动了传统村落的全面调查，同年进行了专家审定与《中国传统村落名录》的甄选工作。这应是文化上一个意义重大而深远的事件；我深信它必将用黑体字记载于中国文化史上。

在这空前的传统村落调查活动启动之前，大量出现在媒体上的信息与文章，表达着学界与公众对这一关乎国人本源性家园命运的关切；在传统村落调查启动后，人们关注焦点则转向这些处于濒危的千姿万态的古老村落将何去何从。

这里，想对有关传统村落现状与保护的几个关键问题表述一些个人的意见，以期研讨。

一、传统村落保护的必要性与紧迫性

如果说中华民族历史五千年，那么这五千年都在农耕文明里。村落是我们农耕生活遥远的源头与根据地，至今至少一半中国人还在这种"农村社区"里种地生活，生儿育女，享用着世代相传的文明。在历史上，当城市出现之后，精英文化随之诞生，可是最能体现民众精神本质与气质的民间文化一直活生生存在于村落里。

我国幅员辽阔，民族众多，地域多样，气候迥异；在漫长的岁月里，交通不便，信息隔绝，各自发展，自成形态，造就了中华文化的多样并存与整体灿烂。如果没有了这花团锦簇般各族各地根性的传统村落，中华文化的灿烂从何而言？

可是，最近一些村落调查和统计数字令我们心头骤紧。比如：在进入21世纪（2000年）时，我国自然村总数为363万个，到了2010年，仅仅过去十年，总数锐减为271万个。十年内减少90万个自然村。这对于我们这个传统的农耕国家可是个"惊天"数字。它显示村落消亡其势迅猛和不可阻挡。

如此巨量的村落消失的原因是多方面的。

一是城市扩张和工业发展突飞猛进，大批农民入城务工，人员与劳动力向城镇大量转移，致使村落的生产生活瓦解，空巢化严重。近十年我们在各地考察民间文化时，亲眼目睹这一剧变对村落生态影响之强烈与深切，已经出现了人去村空——从"空巢"到"弃巢"的景象。

二是城市较为优越的新的生活方式，成为愈来愈多年轻一代农民倾心的选择。许多在城市长期务工的年轻一代农民，已在城市安居和定居，村落的消解势所必然。

三是城镇化。城镇化是政府行为，拆村并点力度强大；它客观上致使村落消失。

在由农耕社会向工业社会的转型中，村落的减少与消亡是正常的，世界各国都是如此；城镇化是中国农村发展的重要方向与途径，世界也是这样。但不能因此而对村落的文明财富不知底数，不留家底，致使文明传统及其传承受到伤害。

进一步说，传统村落的消失还不仅使灿烂多样的历史创造、文化景观、乡土建筑、农耕时代的物质见证遭遇到泯灭，还造成了大量从属于村落的民间文化——非遗也随之灰飞烟灭。

自2006年起我国已陆续公布三批国家级非遗名录，包括民族与民间的节日、民俗、戏曲、音乐、舞蹈、美术、曲艺、杂技、口头文学等，凡1219项，被列入了国家重点保护的历史文化遗产的名单中，有26项被列入世界非物质文化遗产保护名录中。这些文化遗产大部分活态地保存在各地的村落里。正如联合国教科文对非遗评定的标准是："它必需"扎根于有关社区的传统和文化史中。"如果村落没了，非遗——这笔刚刚整理出来的国家文化财富便要立即重返绝境，而且这次是灭绝性的，"连根拔"的。我们能叫一项项珍贵的国家遗产得而复失吗？

传统村落还有另一层意义——它是许多少数民族的所在地。不少少数民族没有文字，只有民间文化。他们现在的所在地往往就是他们原始的聚居地。他们全部的历史、文化与记忆都在他们世袭的村寨里。村寨就是他们的根。少数民族生活在他们的村寨里，更生活在他们自己创造的文化里。如果他们传统的村寨瓦解了，文化消散了，这个民族也就名存实亡，不复存在。我们难道要眼睁睁看着少数民族从我们眼中消失吗？

面对着每天至少消失一百个村落的现实，保护传统村落难道不是一件已逼到眼前的攸关中华民族文化命运的大事吗？

二、传统村落是另一类文化遗产

当今国际上对历史文化遗产分为两部分：一是物质文化遗产，二是非物质文化遗产。在人类历史的转型期间，能将前一阶段的文明创造视做必需传承的遗产，是进入现代文明的标志之一；这时间并不久，不过几十年，而且是一步步的。从国际性的《雅典宪章》(1933)、《佛罗伦萨宪章》(1981)到联合国教科文组织的《保护历史城镇与城区宪章》(1987)和《保护非物质文化遗产公约》(2003)人们可以看出，最先关注的是有形的物质性的历史遗存——小型的地下文物到大型的地上的古建遗址，后来才渐渐认识到城镇和乡村蕴含的人文价值。然而在联合国各类相关文化遗产的文件中，我们只能见到一些零散的关于传统村镇保护的原则与理念，没有整体的保护法则，更没有另列一类。至今还未见任何一个国家专门制定过关于传统村落保护的法规。可是，传统村落却是与现有的两大类——物质与非物质文化遗产大不相同的另一类遗产。

首先，它兼有着物质与非物质文化遗产，而且在村落里这两类遗产互相融合，互相依存，同属一个文化与审美的基因，是一个独特的整体。过去，我们曾经片面地把一些传统村落归入物质文化遗产范畴，这样便会只注重保护乡土建筑和历史景观，忽略了村落灵魂性的精神文化内涵，最终导致村落魂飞魄散，徒具躯壳，形存实亡。传统村落的遗产保护必须是整体保护。

第二，传统村落的建筑无论历史多久，都不同于古建；古建属于过去时的，乡土建筑是现在时的。所有建筑内全都有人居住和生活，必须不断的修缮乃至更新与新建。所以村落不会是某个时代风格一致的古建筑群，而是斑驳而丰富地呈现着它动态的嬗变的历史进程。它的历史不是滞固和平面的，而是活态和立体的；对于这一遗产的确认和保护的标准应该专门制定和自成体系。

第三，传统村落不是"文保单位"，而是生产和生活的基地，是社会构成最基层的单位，是农村社区。它面临着改善与发展，直接关系着村落人民生活质量的提高。保护必须与发展相结合。在另两类文化遗产——物质和非物质文化遗产中，显然都没有这样的问题。

第四，在传统村落的精神遗产中，不仅包括各类"非遗"，还有大量独特的历史记忆、宗族传衍、俚语方言、乡约乡规、生产方式等，它们作为一种独自的精神文化内涵，因村落的存在而存在，并使村落传统厚重鲜活，它们还是村落中各种非遗不能脱离的"生命土壤"。

综上所述，从遗产学角度看，传统村落是另一类遗产。它是一种生活生产中的遗产，也饱含着传统的生产和生活。因此，对它的保护一直是个巨大的难题。

难题的原因：一方面是它规模大，内含丰富，又是活态，现状复杂，对它的保护往往与村落的发展构成矛盾；另一方面是它属于地方政府的行政管辖，若要保护，必然牵涉政府各分管部门的配合，以及管理者的文化觉悟。再一方面是无论中外可资借鉴的村落保护的经验都极其有限,而现有的物质与非物质文化遗产保护的法规、理念与方法又无法适用。这是传统村落保护长期陷在困境中的根由。看来,它的出路只有由我们自己开拓和创造了。

三、找到了出路

近年来,随着传统村落的消亡日益加剧,不少大学、研究单位和社会团体频频召开"古村落保护研讨会"和相关论坛,以谋求为这些古老家园安身于当代的良策;不少志愿者深入濒危的古村进行抢救性的考察和记录;一些地方政府在"古村落保护"上还做出可贵的尝试,比如山西晋中、江南六镇、江西婺源、皖南、冀北、桂北、闽西、黔东南以及云南和广东等地区。尽管有些尝试颇具创意,应被看好,但还只是地方个案性和个人自发性的努力,尚不能从根本上破解传统村落整体身陷的困局。

2012年有了重大转机。

2012年4月由国家四部局——住房和城乡建设部、文化部、国家文物局、财政部联合启动了中国传统村落的调查,并把盘查家底列为工作之首要;表明了这一举国的文化举动所拥有的气魄、决心与科学的态度。这项工作推动得积极有力和富有成效。半年后,各省政府相关部门组织专家的调研与审评工作初步完成,全国汇总的数字表明我国现存的具有传统性质的村落有近一万二千个。随即四部局成立了由建筑学、民俗学、规划学、艺术学、遗产学、人类学等专家组成的专家委员会,评审《中国传统村落名录》。进入名录的传统村落将成为国家保护的重点。评定的着眼点为历史建筑、选址与格局、非遗三个方面。

每一方面具体的评定标准都是经过专家研究确定的,其标准除去本身的专业性,还要兼顾整体性和全面性。比如,在乡土建筑与村落景观方面,不但要看其自身价值,还要注重地域个性与代表性,不能漏掉任何一种有鲜明地域个性的村落,以确保中华文化的多样并存。再比如,如果某一个传统村落以非遗为主,其非遗首先必须已列入了"国家非物质文化遗产名录",以使国家非遗不受损失,不致"皮之不存,毛将焉附"那种毁灭性的悲剧发生。

由于传统村落保护与村落生产生活的发展密切相关,任何部门无法独自解决,因而这次由四个相关的国家一级政府主管部门联合开展与实施——包括主管乡村的建设与发展的住房和城乡建设部,分管着物质和非物质文化遗产的国家文物局与文化部,担负财政支持的财政部。四个国家主管部门联合推行,不但可以统筹全局，推动有力，还使工作的落实从根本上得到保证。这是一个符合国情、符合实际的创造性的办法；它体现了国家保护传统村落的决心。这样，传统村落便从长期的困惑、无奈与乱象中走了出来。

它的一个重要标志是将原先习惯称呼的"古村落"，改名为"传统村落"。

"古村落"一称是模糊和不确切的，只表达一种"历史久远"的时间性；"传统村落"则明确指出这类村落富有珍贵的历史文化的遗产与传统，有着重要的价值，必须保护。

传统村落一名还像是表明这项工作深远的意义——为了文明的传承。

四、必须做好的事

当国家传统村落名录确定下来后，其保护的工作不是已经完成，而是刚刚开始。要防止以往申遗时出现的谬误——把申遗成功当做"胜利完成"。其实，正是历史文化遗产被确定之日，才是严格的科学的保护工作开始之时。尤其传统村落的保护是全新的工作，充满挑战，任重道远。

我以为，必须认真对待和做好下面几件事：

（一）建立法规和监督机制

传统村落保护必须有法律保证，要做到有法可依、以法为据，立法是首要的；还要明文确定保护范围与标准，以及监督条例。管辖村落的地方政府必须签署保护承诺书，地方官员是指定责任人。同时，必不可少的是建立监督与执法的机制。

我国现在的物质文化遗产的保护有《中华人民共和国文物保护法》（1982），同时有监督和执法机制，比较健全；非遗保护有《中华人民共和国非物质文化遗产法》（2011），但缺乏监督和执法机制，问题较大。如果没有监督与执法，法律文件最终会成为一纸空文。由于传统村落依然是生活社区，处于动态的变化中，保护难度大，只有长期不懈的负责任的监督才能真正保护好。

（二）必须请专家参与

我国村落形态多，个性不同，在选址、建材、构造、形制、审美、风习上各不相同。因此，在保护什么和怎么保护方面必须听专家的意见。传统村落保护与发展应制订严格规划，由专家和政府共同研讨和制订，并得到上一级相关部门的认定与批准。传统村落能否保护好的关键之一，要看能否尊重专家和支持专家。只有专家才能真正提供专业意见和科学保障。

（三）传统村落的现代化

保护传统村落绝不是原封不动。村落进入当代，生产和生活都要现代化；村落的人们有享受现代文明和科技带来的便利与恩惠的权利。村落的保护与发展完全可以做到两全其美。那种认为这两者的矛盾难以解决、非此即彼的想法，正是一脑门子赚钱发财所致。在这方面，希腊、法国、意大利等西方国家在城市历史街区保护中所采取的一些方法能给我们积极的启示。比如他们在不改变街区历史格局、尺度和建筑外墙的历史真实的前提下，改造内部的使用功能，甚至重新调整内部结构，使历史街区内的人们生活质量大大提高。民居不是文物性古建，保护方式应该不同，需要研究与尝试。传统村落的保护与发展不但不矛盾，反而可以和谐统一，互为动力。其原则是，尊重历史和创造性地发展，缺一不可。

只有传统村落宜于人居，人们生活其中感到舒适方便，生活质量得到提高，其保护才会更加牢靠。

（四）少数民族地区的村落保护

在少数民族地区，村落就是民族及其文化的所在地，其保护的意义与尺度应与汉族地区村落保护不同。对于少数民族一些根基性的原始聚居地与核心区域，应考虑成片保护，以及历史环境与自然生态环境的保护。

（五）可以利用，但不是开发

一些经典、有特色、适合旅游的传统村落可以成为旅游景点，但不能把旅游作为传统村落的唯一出路，甚至"能旅游者昌，不能旅游者亡"。传统村落是脆弱的，旅游要考虑游客量过多的压力，不能一味追求收益的最大化。更不能为招徕游人任意编造和添加与村落历史文化无关的"景点"。联合国对文化遗产采取的态度是"利用"而不是"开发"。利用是指在确保历史真实性和发挥其文化的精神功能与文化魅力的前提下获得经济收益；开发则是一心为赚钱而对遗产妄加改造，造成破坏。坦率地说，这种对遗产的"开发"等同"图财害命"，必须避免。

（六）细细收寻，不能漏网

尽管全国村落的普查初步完成，但我国地广村多，山重水复之间肯定还会有一些富有传统价值的村落还没有被发现与认知。更细致的收寻有待进行。十多年来的非遗普查使我们明白,中国文化之丰富性表现在它总有许多珍存不为人知。我们不能让于今尚存的任何一个有重要价值的传统村落漏失。

(七)推荐露天博物馆

在确定保护得较为完整的传统村落之外,还有些残破不全的古村。这些古村虽无保护价值,却有一两件单体的遗存,或院落、或庙宇、或戏台、或祠堂、或桥梁等,完好精美,颇有价值,但孤单难保,日久必毁。现今世界上有一种愈来愈流行的做法叫做"露天博物馆",就是把这些零散而无法单独保护的遗存移到异地,集中一起保护;同时,还将一些掌握着传统手工的艺人请进来,组成一个活态的"历史空间"——露天博物馆。近些年来,这种博物馆不仅遍布欧洲各国,亚洲国家如韩国、日本和泰国也广泛采用。露天博物馆是许多国家和城市重要的旅游景点。这种方式,可以使那些分散而珍贵的历史细节也得到妥善的保护与安置。

(八)提高村民的文化自爱与自信

传统村落的保护不能只停留在政府与专家的层面上,更应该是村民自觉的行动。

如果人们不知自己拥有的文化的价值,不认同、不热爱它,我们为谁保护呢?而且这种保护也没有保证,损坏会随时发生。所以接下来一项根本的工作就是提高人们的文化自觉和自信。就像在阿尔卑斯山地区那几个国家的山民家里,他们人人都会对来访的客人自豪地大谈家乡的山水花鸟和祖辈留下来的一砖一瓦,还穿上民族服装唱支山歌欢迎你。

文化首先被它的拥有者热爱才会传承。

提高村民的文化自觉是长期和深入的事,但如果只让人们拿着自己的"特色文化"去赚钱是不会产生文化自觉的。

在这方面,鼓励和支持志愿者和社会各界投入、参与和帮助传统村落保护,也是推动全民文化自觉的好办法。

现在可以说,中国传统村落从困境中走出来了。它独有的价值终于被我们所认识,并在物质文化遗产保护和非物质文化遗产保护之外另列一类,即"中国传统村落遗产保护",纳进了国家的历史文化遗产的"谱系"中。

十年前我国只有文物保护,经过近十年的努力,拥有了物质遗产、非物质遗产、村落遗产三大保护体系,从而使中华民族的历史财富得到全面和完整的保护。这是我们在文化建设上迈出的重大一步。

如今世界还没有哪个国家对传统村落进行过全面盘点,进行整体保护。我们这样做,与我们数千年农耕历史是相衬的,也是必需的。它体现我国作为东方一个文化大国深远的文化眼光和高度的文化自觉与自尊,以及致力坚守与传承中华文明传统的意志。

中华文明是人类伟大的文化财富之一。我们保护中华文明,也是保护人类的历史创造与文明成果。

当然,传统村落的保护刚刚开始,它有待于系统化、法治化和科学化;它需要相关的理论支持和理论建设,需要全民共识和各界支持,需要知识界的创造性的奉献,以使传统村落既不在急骤的时代转型期间被甩落与扬弃,也不被唯利是图的市场开发得面目全非。我们要用现代文明善待历史文明,把本色的中华文明留给子孙,让千年古树在未来开花。

本文原刊于《民间文化论坛》2013年1期

前言

本书是由中国民协非物质文化遗产研究院（以下简称"非遗院"）焦虎三副研究员等数位专家与甘孜州政协蒋秀英等文史工作者组成康巴藏族传统村落文史调查编委会后组织编撰的首项成果，是康巴藏族传统村落调查"扎坝藏族传统村落"文史调查工作的阶段性成果；也是四川省社会科学重点研究基地区域文化研究中心2017年重点项目（编号：QYYJB1702）研究成果；更是我们积极响应《关于实施中华优秀传统文化传承发展工程的意见》中"加强党史国史及相关档案编修，做好地方史志编纂工作"以及"开展少数民族特色文化保护工作，加强少数民族语言文字和经典文献的保护和传播"等重要指示的阶段性成果。

一

中国传统村落是农耕文明的精髓和中华民族的根基，蕴藏着丰富的历史文化信息与自然生态景观资源，是我国乡村历史、文化、自然遗产的"活化石"和"博物馆"，是中华传统文化的重要载体和中华民族的精神家园，而守护村落文明是留住乡愁的基石，正如冯骥才所言："传统村落中蕴藏着丰富的历史信息和文化景观，是中国农耕文明留下的最大遗产。"本工程系响应中国文联副主席、中国民协主席、全国政协文史和学习委员会副主任冯骥才倡议的加大对中国传统村落调查与保护工作的指示，由四川省甘孜藏族自治州政协和四川文化艺术学院共同发起并组织，由甘孜州政协与非遗院等机构共同实施。我们的计划是：

近期：各方共同组织文化遗产、民族学、人类学、宗教学等方面的专家团队，在今后数年内，分批分次对甘孜州18个县筛选出的一批据有代表性的传统村落，进行系统田野调查，以文字、图表、图片和视频等手段，对康巴传统村落的文史工作进行系统调查与记录。

中期：成果物态化阶段。调查成果由甘孜州州政协文史委与非遗院和相关地方县政协部门、实际参与者共同组成联合编委会的名义汇编，分册以"康巴藏族传统村落文史资料调查与研究丛书"的形式正式出版；同时，结合艺术院校人才资源，在有条件的村落建立大学生美术写生（实践）、大学生乡村文化调查实践、文化（非遗）产业创新实践等基地。

后期：文化扶贫与成果提升阶段。组织文化产业、创意产业、工艺美术等方面的专家，对相关地区文化、旅游、乡村建设等事业有针对性的建言献策，提供智库指导；编辑实践活动中的影视作品，通过网络进行广泛宣传；以美术写生社会调查（实践）基地、文化（非遗）产业实践创新基地为基础，举办各类艺术展览，扩大社会影响，宣传弘扬民族文化，以文化支持扶贫，用文化促进脱贫，支持当地文化、经济事业的发展，促进民族团结与社会和谐。

二

由于道孚县扎坝片区地处偏远，交通不便，加以扎坝藏族族群稀少，文化珍稀，而外界对之文化与历史详情至今了解不多，大范围与系统化的文史调查更是一直处于"空白"状态。近来，由于雅砻江水电站的开发，当地不少传统的扎坝村落面临搬迁，其历史沿袭的传统村落文化亟待抢救。所以调查工程将首期作业点选点于此。

2013年5月，我们双方便组团进入道孚县扎坝片区，走进每处乡村，入村入户走访田野调查。本期工作工作人员如下：

组长：蒋秀英，蔡景荣

组员：焦虎三，杨天美，仲昭铭以及县政协文史委成员

作为"康巴藏族传统村落文史调查工程"的首期工作，州政协高度重视，蒋秀英副主席率队，道孚县政协蔡景荣主席为此专门成立工作班子，抽调精兵强将，全力配合；非遗院派出了焦虎三副研究员、学术科研部杨天美与公益事业部仲昭铭组成调查组。首期工作得到了道孚县县政协的大力配合，派出专人专管。州政协蒋秀英副主席、道孚县政协原蔡景荣主席全程陪同并亲自参与调查，道孚县扎坝区党委政府全力支持，区党委陈亚平书记、李勇乡长亲自组织各乡村办公人员，统一在乡政府会议室开协调会，交流信息，安排工作；陈书记、李乡长每天还和工作组开碰头会，了解工作组困难，解决问题，为调查工作提供全方位的支持。

在为期近半个月的调查工作中，调查组在道孚县扎坝片区每个乡做了大量田野调查，调查填写了一批传统村落调查表，录制了一批民歌、民谣与民间故事，还在道孚县上与县政协、文化、旅游、民宗等部门开了多次协作碰头交流会。

最初，我们调查组计划其中一个方案是以民族志结合传统村落文化的模式编写此书，并计划在 2015 年内编毕出版。但因研究院杨天美同志赴美留学深造，仲昭铭同志又调入其他部门，人手严重不足；加上仅一次调查，就深广度而言，都算是触其皮毛，又因焦老师工作繁杂，此项工作便暂时停了下来。2013 年年底，焦教授有一个"川西北民国珍稀文献辑注"的课题得以立项。2014 年整整一年，焦教授都集中于民国川西北边疆文献资料的收录、整理工作。其间，查找了两千多册（种）民国文献，收录了与川西北边疆有关的一百多种资料，同时将"西康"也列入查阅工作，本书的编撰思路更转入以扎坝藏族为中心的文史资料调查与研究辑要，其中，调查部分主要针对民国文献，这一专项工作国内至今无人开展；研究部分主要针对 1949 年后国内学者的研究成果，这一汇总工作国内也没有人做过。

2015 年，春节刚过，焦教授便开始工作，好在过去一年查阅的民国文献和 1949 年后国内学者的研究成果，他在收集时早已分类归纳，大多同时转为电子版本，先期通读下大多又略有记忆，进展较快。3 月初，仲昭铭同志加入编写工作，承担了下编"1949 年后扎坝藏族研究与调查文献"与"扎坝藏族研究与宣传文章精选"的部分工作，工作进展顺利。从 2 月 20 日至 3 月底，约一个多月，本书便初稿成形。其间工作的艰辛是不言而喻的，焦教授为编撰好此书，花费了大量的心血和时间。作为学者，他始终以严谨科学的态度，为此书的编辑等花费了很多心血，今年终以此成果回馈甘孜州这方土地，为我省、我州留下一部优良的文化历史集萃书籍，填补了空白。

三

本书为与扎坝藏族相关的文史调查与研究综合汇编辑注本，它不仅是一本民国时期与扎坝藏族相关文献的编选合集，也是一本 1949 年后扎坝藏族研究专著与文献的汇编，辑求资料翔实，注求精其要点。全书分为上下二编，上编为"1949 年前扎坝片区珍稀文史资料辑要"，共编选收录民国文献（图书、期刊）近 20 种(册)中（含清一卷）与扎坝藏族相关联文章 36 篇（节）；下编为"1949 年后扎坝藏族研究文献专题辑要"，其下分五小部分：1. 1949 年后扎坝藏族研究与调查专著，共收录 19 本专著，均有简介并附详尽目录；2. 1949 年后扎坝藏族研究与调查文献，按学科分为十类，共有文约 382 篇，每篇有摘要等概情，并附有注释，言明文中与"扎坝藏族"相关之观点内容；3. 扎坝藏族宣传与介绍资料，共收文 97 篇，均有简介；4. 扎坝藏族研究与宣传文章精选，共收（摘选）文 12 篇，涉及民族、历史、文化、旅游与宣传等方面；5. 本课题组扎坝藏族调查资料。

我们希望该书,能为宣传康巴文化尽一份薄力,能为后人研究扎坝藏族提供些许方便,同时,也为康巴文史调查与研讨工作打开一扇新的窗口。一方面真正达到"存史、资政、团结、育人"的目的;同时,通过书中专家、学者大量的精辟言论,以及后期系列配套工作的开展,以文化支持扶贫,用文化促进脱贫,支持当地经济事业的发展,促进民族团结与社会和谐。这对推进甘孜州和道孚县的文化建设,对保护和传承康巴藏族文化,促进当地旅游经济的发展与民族团结,希望起到积极的推动作用。如斯,我们所有的努力与付出都是值得的;面对康巴的大地与人民,我们所有的努力与付出也是应该的。

本书时间跨度如此之长,梳理范围如此之宽,定有不少缺憾和遗失,万望读者指正批评。

甘孜州政协文史资料学习委员会
2017 年 3 月 28 日

目 录

凡 例 ……………………………………………………………… 1

上 编
1949年前扎坝片区珍稀文史资料辑要

明正番民 ……………………………………（清）傅 恒	4
横渡雅砻江 ………………………………[法]古伯察	5
河口横渡雅砻江 ……………[英]威廉·吉尔 亨利·尤里	6
明正改流记 …………………………………傅嵩炑	8
道坞县 ………………………………………傅嵩炑	9
西康折多山顶由道坞、德格至察木多地名路程 ………傅嵩炑	9
道孚县风俗纪略 …………………………………弁 言	10
道孚县即道坞 ……………………………………胡吉庐	15
雅砻江 ……………………………………………胡吉庐	16
道孚县视察报告 …………………………………任乃强	17
孚县扎坝乡 ………………………………………任乃强	25
清代扎坝六村土司表（嘉庆之世）……………………任乃强	25
雅砻江峡谷 ………………………………………任乃强	26
鲜 曲 ……………………………………………任乃强	26

视察道炉甘德白瞻雅江七县报告书（选）		
……………………刘衡如 杨子和 李章甫 郑少成		27
西康泰宁实验区调查	踏 雪	28
西康山地村落之分布	朱炳海	30
康人之石屋	严钦尚	33
康北的圣地——泰宁	尚 诚	35
查坝调查记（选）	赵留芳	42
雅砻江	李亦人	49
道孚县	李亦人	49
康 族	李亦人	50
藏 族	李亦人	51
明正宣慰使司	李亦人	52
扎坝区喇嘛寺名称调查表	李亦人	55
民国扎坝区喇嘛寺名称调查表	刘赞庭	55
民国扎坝喇嘛寺名称一览表	佚 名	56
民国扎坝面积调查表	佚 名	56
扎坝乡	佚 名	57
扎坝土司一览表	佚 名	57
扎坝乡牲税表	佚 名	58
民国道孚风俗	刘赞庭	58
交通之皮船	刘家驹	59

| 交通之隐患 ································· 佚　名　59
| 道孚南路之交通 ····························· 佚　名　60
| 气　候 ··································· 梅心如　60
| 河　流 ··································· 梅心如　61
| 面　积 ··································· 梅心如　61
| 遇阻鲜水河 ······························· 李承三　61

下编

1949年后扎坝藏族研究文献专题辑要

一、1949年后扎坝藏族研究与调查专著 ················· 64
二、1949年后扎坝藏族研究与调查文献 ················· 95
三、1949年后扎坝藏族宣传与介绍资料 ················ 261
四、扎坝藏族研究与宣传文章精选 ···················· 281

| 藏彝走廊研究中的几个问题 ················· 李绍明　281
| 试论康巴文化的多元性 ··················· 林俊华　285
| 关于康巴学几个基本概念的认识 ············· 林俊华　289
| 扎坝"走婚部落"的历史与文化 ············· 林俊华　295
| "扎巴"族源初探 ······················· 林俊华　304
| 川西藏区的扎巴母系制走访婚 ··············· 冯　敏　311
| 立足现状　准确定位 ····················· 肖兆飞　322
| 食臭习俗的分布及成因初探 ········· 赵科峰　姚周辉　326
| 石头与夯土的乐章 ······················· 焦虎三　332

| 孤岛中的"东方金字塔" …………………………… 焦虎三 338 |
| 走婚人家探秘记 ……………………………………… 焦虎三 341 |
| 黑陶部落的最后传人 ………………………………… 焦虎三 347 |

五、本课题组扎坝藏族调查资料 …………………………………… 353

后　记 ……………………………………………………………… 384

凡例

一、本书摘选、编辑范围

1. 图书、论文及其他文章（含报道、新闻、游记及社科普及文章等）均选编于国内公开出版物，时间上以2015年12月为下限。

2. 电子文献因来源与作者较混乱，故只少量选编于国内具互联网出版许可证资质、政府相关部门官方网站及大型门户网站，时间上以2016年3月为下限。

3. 关键词以"扎坝"（扎巴）、"扎坝语"（扎巴语）、"扎坝藏族"（扎巴人）、"走婚"（母系文化）为中心，因其地域均处于鲜水河流域内，故在固体地球物理学方面也选取了大量以"鲜水河"为关键词的文献。

二、因选编媒介不同，入选文献著录规则参考《文后参考文献著录规则》（GB/T 7714-2005）

1. 图书：书名；作者；出版社；出版年份。

2. 连续出版物：题名；作者；来源（刊名，出版年份及卷（期号））；摘要；关键词。

3. 会议论文：题名；作者；来源（论文集名，出版年份）；会议名称（主办方，会议名称）；会议时间；会议地点。

4. 学位论文：题名；作者；来源（保存地和保存单位，年份）；摘要；关键词。

5. 其他文章（游记及社科普及文章等）：题名；作者；来源（刊名，出版年份及卷（期号））；简介。

6. 报纸文章（报道、新闻等）：题名；作者；来源（报纸名，出版日期（版次））；简介。

三、入选文献作者超过三人时，只著录前三位并加"等"；部分报纸文章和电子文献原文若未标注作者，一律以"佚名"通称

四、部分文献在著录时未列出内容辑要或简介，具体情况细分如下

1. 原入选文献著录信息公开并完整，但正文不便公开。范围主要集中于地震学方面。

2. 原入选文献著录信息及正文公开并完整，但所刊内容较为敏感，范围主要集中于预防医学与公共卫生学方面。

3. 一稿多用，只在首篇列出。

五、本书学科分类参照《中华人民共和国学科分类与代码简表》（国家标准GBT 13745-2009）执行。因研究区域均在康巴藏区，故将"康巴学"单例，收录

部分专项研究康巴学的文献。研究文献排列顺序如下：康巴学、民族学与文化学、语言学、考古学、经济学、地球科学、矿山工程技术学、生物学、预防医学与公共卫生学、林学等。各类均依刊发时间排次，学位论文统一排在该年末尾。

六、本书1949年前文献国内编年使用民国纪年法，均编为简体，异体字均以今常用字代替。部分民国文献，因毁坏或污渍等原因，原文难辨，统一以"□"表示；河流山川、府县村名，原文称谓不一，正文依旧，编处加以统一。如扎坝，民国文献"渣坝""查坝"与"杂坝"等均有之。本文在编者所加标题时统一为"扎坝"。1949年后的文献约定俗成，指地域为"扎坝"，指族群为"扎巴"，但也存在"扎巴"与"扎坝"混用的现象，引文中也照实而录。

七、民国时期文献，由于受各种条件限制，对少数民族有所偏见，言词颇有不妥。为保证资料的完整与真实，达到"存史"之目的，除少数作了技术处理外，我们均照实而录；1949年以后研究文献中的各种学术见解，在简介与注释中我们也如实而辑。

上编

1949年前

扎坝片区珍稀文史资料辑要

明正番民

（清）傅恒

《职贡图》是封建时代外国及中国境内的少数民族上层向中国皇帝进供的纪实图画。《职贡图》现已成为我们研究中国以少数民族为主的古代历史、文化不可多得的图像资料，是真正意义上的带有珍稀文献与史料价值双重意义的民族图志。我国现存最早的《职贡图》是南北朝时期梁元帝萧绎（约508—554年）所绘（摹本现藏北京历史博物馆）。

清代《职贡图》（今藏台北故宫博物院）属于清代皇帝钦定御用的属邦进贡的图像，为清代记述海外诸国及国内各民族的史籍。乾隆十五年（1750年），四川总督策楞接上谕，谕将其辖境"西番、猓猓男妇形状，并衣饰服习，分别绘图注释"，于是始开始绘制《职贡图》的准备工作。乾隆十六年（1751年），他收到军机处发下"番图"两幅，同时令他将"外夷番众"照式绘画送军机处呈御，同时，全国各省督、抚派员绘图，送呈清政府交皇帝御览。学者们推断，此年，谢遂开始绘制《职贡图》画卷的工作。从1751年至1757年（乾隆二十二年），共完成四卷画册，彩绘，每卷画面上方以满、汉两种文字手写题记。《皇清职贡图》由乾隆时大学士傅恒主持编纂，乾隆皇帝钦定宫廷画师金廷标、姚又瀚、程梁等人，命他们分别将各地呈送的草图绘为正式图卷，其图与谢遂《职贡图》大抵相同。

本文选自《皇清职贡图》卷六，原题《泰宁协属阜和营辖明正番民》。扎坝本属明正土司所辖，书中所述男女番民服饰，特别是女性服饰与学者考证扎坝传统女性服饰颇为相合，可供参考。

明正士司，其先本打箭炉番目。明永乐间授宣慰司，本朝康熙中归化，辖土千户四十九员。番民奉佛，以耕牧为业。居碉房。戴狐皮帽，耳缀大环，长衣皮靴，常以铜合[盒]贮小佛像及经咒系肘腋间。番妇挽髻，束以绛巾，杂缀珠石，仍戴狐皮缨帽，著大领短衣，细褶长裙，腰拖绣带，足履绣鞋。颇知纺织。岁输税银一百五十余两。

横渡雅砻江

[法]古伯察

古伯察（Régis-Evariste Huc，1813—1860年），生于法国开鲁斯，法国遣使会传教士。1839年3月赴中国，于1844年8月开始横穿中国的旅行。他途经热河、蒙古地区、鄂尔多斯、宁夏、甘肃、青海等地，经过18个月的长途跋涉，于1846年1月到达西藏拉萨，在拉萨居住近两个月之后，驻藏大臣琦善奉清廷的命令予以驱逐，被解往四川。一行人于1846年3月15日离开拉萨，经过3个多月的旅行，穿越整个康区，于1846年6月初到达打箭炉，后经四川、湖北、江西、广东等地，于1846年10月中旬到达澳门，从而完成了1841—1846年的这次环中国的长途旅行。

古伯察是第一个进入西藏的法国人，其撰有《鞑靼西藏旅行记》《中华帝国——鞑靼蒙古旅行记续》以及四卷本的《中国中原、鞑靼和西藏的基督教》等著作。《鞑靼西藏旅行记》一书自1852年首次出版以来，已经成为西方汉学界的一部经典，被译成了东西方各主要语种并反复再版。

本文选自《鞑靼西藏旅行记》第二卷第十章，耿昇翻译，中国藏学出版社出版，1991年2月版。标题为编者所加。该地虽不在今扎坝区域，但均属雅砻江流域，又记录年代久远，有一定参考价值，故编入。

从理塘直到中原的边境城市打箭炉，我们仅仅能计算到600里，共分8站。我们已看到了这条令人谈虎色变的西藏之路的终端，它在各方面都与其中段和开始阶段相似。我们徒劳地翻越大山，始终都会发现又有新的大山位于我们面前，大山始终都具有一种可怕的面貌，始终覆盖大雪和遍布深壑。其气温也没有发生明显变化。自从我们离开拉萨之后，我们觉得自己仅在同一范围内活动。然而，随着我们逐渐前进，村庄变得越来越多，不过仍丝毫未丧失去西藏的特点。这些村庄中的最重要者是麻盖中，那里有几名汉族人开店铺以供应旅行队。在距麻盖中有一日行程的地方，要乘船渡过河面宽而流水急的雅砻江。该江发源于巴颜喀喇山，与黄河的源头很近。雅砻江与金沙江（扬子江）在四川汇合在一起。据当地传说认为，雅砻江畔可能是藏族文明的第一个摇篮。

正当我们乘船渡过雅砻江时，一名牧人仅仅由一条牢固地拴在两岸的耗牛皮粗皮条搭成的桥上渡过同一条河流。一种木马蹬式的东西由一条坚固的皮带悬在皮索上的一个活动滑车上。牧羊人仅仅需要面朝大地置身于这一奇怪的桥下，用脚踏马蹬，双手抓住皮索，接着慢慢地拉动皮索，人身的重量推动了滑车前进，这样在很短时间内就到达了彼岸。

这类桥在西藏颇为多见，它非常适宜渡过急流和深渊，但应习惯于使用之。我们从来未敢在它上面冒险。铁索桥在那里运用得也很广泛，尤其是在卫地和藏地更为如此。为了建筑这样的桥，在河的两岸要竖起与希望拉的铁索一样多的铁钩。然后于铁索上铺些木板，有时再用一层覆盖。由于这些桥弹性极大，所以要注意在上面配备栏杆。

我们最终平安无恙地到达了汉地边境，我们于那里告别了异常寒冷的西藏气候。在翻越到达打箭炉城之前的那座山时，我们几乎被埋在雪下，那里的雪每次下得既厚而次数又多。大雪一直伴送我们到达建筑这座汉地城市的山谷，一场瓢泼大雨又在那里迎接我们。时值 1846 年 6 月初。我们离开拉萨已近 3 个月的时间了。据那部汉文图识记载，我们共走了 3050 里。

河口横渡雅砻江

[英] 威廉·吉尔　亨利·尤里

威廉·约翰·吉尔（William John Gill），1843 年 9 月出生于印度班加罗尔，1862 年，进入英国皇家军事学院。1873 年以后，他曾前往波斯、中国、印度、巴尔干、土耳其和北非等地探险考察。1882 年，英国入侵埃及，吉尔前往西奈沙漠搜集情报，于 8 月 11 日为贝都因人所杀。

1877 年，威廉·约翰·吉尔赴中国"探险"，他从上海经宜昌至重庆、自流井至成都，后北上理番府、松潘厅、龙安府，再回到成都，然后从成都至雅州、打箭炉、理塘、巴塘，再南下经过阿墩子、大理府、腾冲，到达八莫，进入缅甸。

《金沙江》一书就是作者上述旅行的记录。该书于 1879 年在君士坦丁初版，二版于 1883 年底出版。书中关于中国西南地区民族、文化记录较为详细，可以视为 19 世纪中后期西南地区的民族志。在吉尔之前，还没有一位欧洲人到达过川西北地区。他也因此获得英国皇家地理学会和巴黎地理学会的金质奖章。李希霍芬评论说："吉尔上尉所取得的成果深深地吸引着我，特别是成都以北地区以及打箭炉和阿墩子之间的旅程。他对人文和自然都有敏锐的观察力，整个考察过程中，他都力求精确，坚持不懈。"

本书摘编于中国地图出版社 2013 年版《金沙江》，由曾嵘翻译，记述了威廉·吉尔一行在今雅江县横渡雅砻江的经历。该地虽不在今扎坝区域，但扎坝区域属雅砻江流域，又记录年代久远，有一定参考价值，故编入。因译作对于藏名、藏地多有差误，我们以"[]"更正，标题为本书编者所加。

从高原西部看，景色更加美丽。幸好赶上晴天，向导指着打箭炉的方向给我们看，下是巨大的雪山群。

沿陡峭山峰间的河谷下行，谷中长满冷杉，有些非常高大。第二天还看见很多绿色鹦毛在树间飞来飞去。毫无疑问，这些鸟儿合适居住在云南南部温暖的地带，但在短暂甜蜜的夏日，它们飞过金沙江和雅龙江，散布在支流河谷入口处，两条江岸一两程范围内都能见到它们的身影，再往前就不见踪迹了。一旦秋风点染树叶，这些绿色的翅膀就消失了。

亚出卡（即中文的"河口"）[藏语"捻曲卡"，民国文献又记"娘区卡"。河为明正、理塘土司分界线，设渡船于此，设兵守之，称为中渡汛，又号河口]位于海拔9 222英尺，是两条溪流与雅龙江[雅砻江]汇合处，四周全是光秃陡峭的山崖，山峰直插水中，没有留下任何可供耕种或长草的平地，少有建筑。城镇对面，沿着我们走来的溪流与河流的分界处，一块高约700英尺光秃的岩石，从奔腾的河水中陡然挺立，顶端有一堆石头，从下面的房子中也能看到飘扬在旗杆上的虔诚布条。

尽管海拔高了很多，这里却比打箭炉温暖不少。打箭炉的四周都围绕着雪山，所以温度较低。

穿过雅龙江最常见的方式是乘坐小圆舟。这种船的形状像胡桃，在柳条筐外绷上一层生皮，就制成了。由于水流湍急，河水散乱，驾驭它看来不太容易。牲口们则只能游泳而过，即便身负皇家急件的士兵也只得留下马匹，只身通过。

驮行李的牲口们在晚间游过了河。第二天早晨，我们和仆人、马匹一起过河，在雅龙江右岸，正对河口之地的一间房子里等待集合出发。牲口们终于集合完毕，两个新派来的士兵陪同我们启程，而从打箭炉一直陪同我们的士兵则就此离去，返回自己的驻地。

从河口开始，道路又从雅龙江温暖的河谷向高原攀升，沿着支流河床上行，植被和树木与河东岸所见顺序一致。一开始完全没有耕地和草场，然后很快进入一片巨大茂密的松林中。在麦各冲[麦格宗]附近，我量了量所见到最大的一棵树，从距离地面4英尺处测量，周长为13英尺6英寸。这里还有橡树，但品种低矮不良，实际上我是在看到果实后才认出这是橡树，与我们常见的橡树差别太大，很难想象。再没有见到鹦鹉，但树木间有些大型原鸡，我们称之为"野鸡"，但肯定不是野鸡，看来更像松鸦，只是个子更大，发出同样言杂的啁啾声。

明正改流记

傅篙炑

本文选自民国元年（1911年）出版的《西康建省记》，作者傅篙炑（1869—1929年），字华峰，同治八年（1869年）七月出生于四川叙永厅锅厂坝（今古蔺县傅家场）的一个地主家庭。他二十五岁时试补为学官弟子员（即文生），不久承办地方团练，掌握一支地主武装。光绪二十九年（1903年）赵尔丰署任永宁道，赵氏严厉镇压反清会道门势力，首先依靠地方团练的支持，他对傅篙炑的才干十分赏识，并且倚为劲旅，傅篙炑亦成为他的积极追随者。次年赵尔丰调任建昌道，他坚持邀请傅篙炑出山作他的幕僚。从此，傅氏一直是他的心腹助手。辛亥革命爆发后，清朝灭亡，赵尔丰被杀，回蓉的傅篙炑被抓，傅氏被解送到成都后并没有成为阶下囚，而受到军政府的礼遇。护理四川都督胡景伊对傅的才干很为赏识，认为他对川藏边疆情形"了如指掌"，对川省防务颇有意义。因此胡勉励他著书立说，"以为吾蜀边筹，即以为国防大计。"傅氏欣然应命，很快写出了《西康建省记》，并于民国元年（1911年）十一月由成都公记印刷公司刊印成书。傅篙炑晚年蛰居故里，1929年病逝，享年60岁。

《西康建省记》详细考察了川边地区的地理环境及历史沿革和宗教习性，也看到了英国人的贪婪之心，力促西康建省，第一次提出了西康建省的详细计划。因扎坝曾属明正土司所辖，故收入该书与明正土司有关资料。

明正即打箭炉之土司。打箭炉即古之旄牛国也。查西康各土司，如德格、巴塘、里塘皆以地为名称，而打箭炉土司其印文曰：四川长河西宁鱼通宣慰使司印。然未称为长河土司而称为明正土司，川督奏疏中久已如是。其明正之义未详，或谓前土司恭顺，居于打箭炉。所管部落纵横千余里。东自咱里土司之界，起西至雅龙江里塘土司之界北，南则越巂厅毗连，北则章谷屯接壤。其四隅与各土司连界之处尚多，惟所居打箭炉，天气寒冷，百谷不生，四面皆山，地方狭小。中有小河，水势汹汹。商贾傍河两岸，结为市廛，而贸易焉。

清时设同知一员，属于雅州府管理。转连西藏粮饷事务，设有副将一员及都司千把总总外委。各官率兵镇守其地，盖汉番通商之埠，出入征税之关也。故自打箭炉西行，则曰出关。打箭炉东行，则曰入关。

光绪之中，改同知为直隶厅，不属雅州府，光绪三十四年秋，边务大臣赵尔丰会同川督赵尔巽奏改打箭炉厅为康定府。宣统三年夏，赵尔丰简署川督，曾代理边务大臣，傅篙炑查照民政部奏准各省土司改流之案，同至打箭炉，令明正土司甲木参琼珀徽印，改土归流。曾经入奏，尚未议给土司养赡官职及分设州县。

按：明正土司改流地方辽阔，应将毗连里塘之地划归河口，毗连孔撒之地划归道坞，其他九龙、鹿廪、章各等处应设县官。若西康建省，与川分界，应在打箭炉迤西之折多山顶。山以西为康，山以东为川，打箭炉之名称仍旧，不用康定府名义，免与西康相混。

道坞县

傅嵩炑

本文选自《西康建省记》之"西康郡县记"尚未定州县名目中。

道坞：系麻书、孔撒土司地方。宣统三年奏设委员兼管单东、鱼科土司之地，分管明正、卓斯土司下罗科野番之地。

西康折多山顶由道坞、德格至察木多地名路程

傅嵩炑

本文摘选自《西康建省记》之"西康折多山顶由道坞德格至察木多地名路程"。

折多山　由顶起七十里至
长坝春　有居民十余户。五十里地
中谷　又名仲恶，一作从鄂。番人谓村为，谓头为恶，犹言村头乜。从鄂亦此意。有居民。五十里程
八美　有居民。距泰宁十五里，产沙金。　五十里至
结色中　有居民。五十里程
松林口　有官寨一座。五十里至
札巴　又名夹坝。四十里至
道坞　有居民二百余户。新设通坞委员。四十里至
按：折多山顶至此三百六十里。
……

道孚县风俗纪略

弁 言

《川边政屑》系民国初年曾任道孚知事朱增鍪的文集,刊印于民国三年(1914年)。

朱增鍪字金圃,湖北施南人,听鼓蜀省,任教川南,于民国三年复署道孚知事百余日。朱金圃担任道孚知事不足半年,然而勤于搜集,将其任职期间的部分公牍函件刊载成册,公之于众。概括而言,《川边政屑》主要有三方面内容。一是1914年朱氏担任道孚知事时的函件、禀文、批示及告示等,反映民国初年道孚的施政情况。二是他以笔名"弁言"写成的《道孚风俗纪略》。该书记载了道孚的自然地理、风土民情等,系难得的地方志书。1979年,吴丰培先生将此纪略与《盐井县乡土志》合编一集,以中央民族学院图书馆名义油印,在较小范围内流通。因考虑目前该书籍不易寻找,此次我们仍将其录入珍稀资料集中。三是朱氏有关改良戏曲的建议等,因为与康区无甚关系,故舍去未录。朱氏好骈文,喜用典,所记虽一地琐事,但史料价值较高。

本文选自赵心愚、秦和平、王川编《康区藏族社会珍稀资料辑要》上册,同时参考了朱金圃《川边政屑》1915年的铅印本。

鄙人十年读书,一行作吏,观政三月,奉调回炉。有友问予曰:"道孚民风土俗,究竟奚若?先生善书谈吐,亦善笔记,二者可闻见乎?"予曰:"否!否!道孚地当冲繁,于列国似郑,悉索敝赋,以供晋楚之交争,朝夕未遑,奚计风俗。且治道不久,调查未确,记载亦虑失实。"客曰:"不然!入境问禁,入国问俗,古人于车马偶经之地,尚且语集輏轩,以备陈风者之采择。矧先生职膺司牧,兼工著述。左氏不以目盲,而废二百四十年之传记;先生敢以百日解职,而遂怨天尤人,作搁笔之青莲乎?"予惭而不能对,乃作此十二则,据实直书,阅者谅之。

一、住 居

县治周围八百里,聚族居者甚少,泰宁、县城、鱼科三处,鳞次栉比,与内地小场镇同。阶无土砖,檐无泥瓦,堆径寸青石以为墙,墙之上、中、下,贯以横木数千根,其上密排树条,无分经纬,总以能受沙泥,不致纤细下坠为佳。贯木两排,屋分三层:顶上为平台,中开方眼。倚圆木一,斧削作半月形,登高者即以此为梯。蛮家男女,最畏热,四五月间,山顶犹积雪,非风雨交加,罔不袒卧其上。中层间有竖木板者,无柱,无房舍,但喜开窗,窗亦有绘画红绿者。楼中置七八寸高火盆架一，架前接以方桌，高与架同。商宦之显者至，酥油奶茶，搁置其上。设神座，供佛像者十居六七。桌几、床榻俱无，即有，亦视同虚器。因男女均喜盘膝坐地上。睡则以衣蒙首，作犬卧形焉。下层，则居街市者设柜交易，居乡者堆柴草作牛马圈。然升堂入室，舍此无别径焉。又有一种名大碉，墙较他屋高数仞，环堵作雉堞形，旁有炮眼，闻系御外与辱者。但此等建置，于孤村荒野中数见。城镇即有，亦属鲁灵光殿焉。

二、服　饰

道孚天气和暖，与巴、里同，然空谷生风，风至多寒，故五月披裘，司空见惯。衣不用布帛，间有服洋坭[呢]、羽毛者。地多羊毛，毛长者，捆载出关。氍氀者，集抽为丝，丝成，用机织而为布，宽一尺零，曰毪子。又有一种最精细者[为]氆氇，系取羊颔下白毛织成。衣一袭，值藏元百枚。故着此者，必饶于财。男女衣服，用毪子者占大多数。色尚紫，短长不一。长者女服夥，因俗尚不穿裤，藉此可以作护花幄焉。革靴、皮帽均有，大半富而充保正之人，始制此冠履。女不梳不沐，发蓬蓬似鬼，间亦有打辫之阿姐，悉皆挽盘头上，较前清拖豚尾者绝无。耳坠双环，大于内地数倍。手钏多银，不用玉器，喜以蜜蜡贯串挂胸前。珊瑚为最爱品，故戒指耳环中，嵌此珍玩者最夥。皮衣外不加饰，以荛为面，热时即褪其上，而将左右袖，裹围腰间，作犊鼻挥观。野蛮本天足，近世幸侪文明，但不善针黹，非特风头弓鞋，闻所未闻；即盈尺莲船，亦见所未见。蓬头赤足，上下双辉，此不得谓之为质美而未学者也。

三、饮　食

平原沃野，一望无际，开垦地，十中二三。青稞、大麦半，稻谷绝无。县署后流水潺潺，分支作沟，绕南亩北畦而下。问胡不种谷，佥曰田漏难注水，且午时必风，花落不易结子。故米为最贵品，非父母病笃时，不作供膳。食无额餐，饥则啜。啜之先，煮水作汤，以木碗土缶，贮糌粑面，用麻姑爪，调和成团，不聚食，或立或坐，斯须即毕。喜啖牛羊，间亦割猪肉为羹。但病毙与犬马之肉，绝不染指，似于卫生学大有体会。性最嗜酒，男女界中，十之八九刘伶。酒味淡，与大曲、渝绍迥异，然非沉酣不止，故街头巷尾，醉人不以为瑞焉。茶为蛮家癖，无人不同陆羽，晨兴辄饮。饮必鼓腹。酥油奶渣，尤急需，但较茶贵，咄嗟立办。每食必供者，非猗顿，即陶朱。此关外饮食之大略也。

四、差　徭

差徭之名有三，一乌拉，一汤役，一打役。奚为乌拉？牛马之浑称也。汤役云何？担水烧火，总司其事者也。打役，惟牧马一项，为其专责。间有呼为明亮者，系军政界行囊内，有驮运防损之物，使肩荷之，与之偕行。考滥觞之始，由于各地土司，赵季帅治边仍其旧，且前脚价系一嘴。一嘴者，藏元辟为四，即四中之一也，赵帅怜之，增而为二。各站设村长二，保正一，总揽分派，每户每月，支应三四次不等。其法如家有牛马五头，即应出二头，以供骑驮。不及额者，一头必出。有田地房产，无牛马者，向人借雇亦可，但从无幸免者。若家徒四壁立，仍以小人劳力之义务责之。而为汤打役。即或家无余丁，分身乏术，仍须出钱雇人代之。出牛马之户，自派一人招呼，名乌拉娃，口食即在牛马脚价之二嘴中。剖分之。客货军装，上驮即视为己任，如遇强横军政两界人，愈鞭扑，愈服从，虽曰顽贱，亦苦痛堪怜也。八美、中谷、少坞石三村，为往来冲要地，居民不过百余家，畜有牛马者，约四十户，民劳畜困，举室逃匿。故边外州县廿余，而差徭之繁难困苦为最。嗟嗟！分田受井，私毕乃公；修沼筑台，召民有日，哀我边氓，曷其有极，是所赖于留心民瘼者。

五、宗　教①

媚神佞佛，中土习惯。然履其地，询其俗，未有如边地之甚者。县有喇嘛寺十余处，最大者，城外灵觉寺，与泰宁惠远寺僧众，各七八百名。方丈号呼图克图，讹呼为副都督。寺基较县城大一倍，金碧辉煌，宝鼎灿烂，塑像千百尊……僧众不耕不织，然富若猗顿。查厥由来，蛮家生有二子例以一子为喇嘛，每岁家积，分半送入寺中。若父母死而家内之子无后，则资产全归于庙。以金购地，佃客种植，而承佃者，即为喇嘛寺百姓。不信医卜星相，凡有水旱灾疾，均仰赖喇嘛之间问卦。喇嘛受人供奉，亦若我为汝等念诵经咒，则消灾弥患，恩同罔极。新学者欲辟其谬，虽刑驱逃墨，宗旨不变。天主教设堂多年，服从者皆汉民。近有福音教者，多叛民罪犯，藉以作逋逃薮。其实灵魂归天，耶稣之说，终属梦梦。县城、泰宁，设中小学堂二，蛮家之弟甚少，加以强迫，如鸟兽散。严饬保正督催，则雇汉人子弟，代应其名。噫！读书乐，易为读书苦也……

六、婚　嫁

男顾室，女顾家，异区域不异性情，而俗之所尚，礼不得而禁之。略加叙述，亦异观也。男女界限甚宽，年未冠未笄，交游已遍。缓定桑间约，先结如意珠。招摇过市，不必坐卫灵之车；酒食合欢，无待掷潘安之果。陋称曰换鞋带子，美名曰结兄妹缘。久之，两情偕洽，乃于野田草露之间，试新硎焉。自由结婚，西欧文明，不图潮流，远输边地。俟有孕，乃各归告父母，可者，男家下聘，茶叶

---

① 此处根据需要有部分删减处理。

酥油，无须温峤玉镜。女家间有异议者，而两心既印，或搂或奔，终成连理。成婚日，各亲友蛮女来贺，执帕结队牵手作圆圈形，或屈一足作商羊舞，俗呼之为跳蛮鬼，又谓为跳锅庄。嫁时不亲迎，女家请数十人，使女走前，后鱼贯而送之。然此等体例，见者甚少。赘婿作子，十居七八。且因男送作喇嘛，赖女招婿以延宗祧。此陋俗之最宜改革者。予尝讯夫妇各请离婚一案，询厥底里，供称婚嫁未久，例应各寻新交，予遵西例，笑而允之。诗云："靡不有初，鲜克有终。"其斯之谓欤！

七、丧 葬

临丧不哀，圣人所斥；死葬以礼，凡民皆同。蛮俗则不然，习染既久，移易颇难。目睹心酸，不可不记。亲疾，不用医药，专恃喇嘛诵经，贝叶初翻，昙花遽化，环尸诅咒，亦颇与西人颂祷灵魂升天相同。不备棺椁，仍请喇嘛，就佛前问卦，天葬、火葬、水葬，其道有三，神示则从。天葬最吉，云所以待善人者，故喇嘛死，无不得此途以去。其法则用刀，将死尸胸部上下，划成棋子块形，背与手足靠木，用绳稍缚，安排甫定，喇嘛齐喧佛号，须臾群鹃飞集，围而啄之，……家人不号啕而笑，谓亲为天所与也。前部食毕，翻背示之，斯须果腹，翱翔将去，……火葬，如内地大和尚架柴为台，举烈火以焚之之概，死灰不复再燃，乃用布袋收贮，藏诸木箧瘗之。此为不善不恶之人，而为之后者，心犹有所未快。至于地葬，则卦爻已定，虽求无灵，谓不菩降殃，此即殃也。举尸而投诸河，任其沉没漂流，不准回顾。予在任时，曾斩一抢犯，伊家人泣向喇嘛，求天葬，卦亦允之。殊鹰雕不至，至者亦望望然去。不得已，仍葬鱼腹。噫！此真投彼豺虎，豺虎不食之遗义耶，无怪番民之迷信终身也。

八、种 植

道孚童山、平原一望无际，予甫莅时，冰凝雪积，茎草俱无夏季回辕，见种麦、种青稞者，不过十中二三。广陌沃土，在内地视为蓝田者，居民概以石田弃之，私相悼叹，窃谓蛮民懒。追细查原因，其故有三。一，地广人稀也。合家中男女十余人，并力以治，环堵外己地有余而耕难遍。村舍寥落，雇工绝无。故与其骛广而荒，不若近求诸己。其二，则因差徭太繁，抽丁按户，不分男女，日惟运粟输械，以补西北之缺陷。若南东其亩，亦只同野渡之舟，无人自横焉矣。三则三年两种，间岁耕植，始获收成，非尽人工未施，亦由地力不足。耕耨之法，较外地略。粳锄之类，少用铁者。浅挖薄耨之后，编竹树条为耒耜，上压以石，用牛二头，左右轻拖，使泥稍平，随即播种。浇粪使沃，绝对无闻。诗云："四月南风大麦黄。"斯时蛮地尚在萌芽,盖九月始麦稞登场也。植木以松拍占多数,松林口纵横八九十里,有大十余围者,有合抱者,将以亿兆计。昔转运艰难,只作釜底薪耳。园蔬亦伙,大葱若水晶,与北京产相伯仲。菌白者最佳,味胜口茉,然出产少,故购食颇难。若桑麻,则从无把酒以话之者。

九、商　贾

番夷嗜利,锱铢不遗。然贪细微而昧远大,习商业者绝少。有之,惟贩牛羊毛革,与买换茶叶之商贾为巨。茶店设炉城,蛮客携土产或重资赴锅庄,庄主介绍,与云南暨雅、名、云、天诸邑茶栈相交易。用篾包裹,亦用皮箱护外,雇乌拉运回,其利三四倍不等。至麝香、鹿茸、沙金、狐皮各项,因收采不宏,故出口较他县稀。小贸惟贩蛮盐暨贝母、虫草诸药品,随收随售,由资本不充也。道孚汉商颇多,饶裕者皆陕客。当炉文君,罔非蛮妇,非特乐尔妻孥,兼赖交通蛮侩耳。绸缎布疋,以及海味、面、酒、洋货、烛、烟,运自关内,灿如五都。且近来有开大餐酒馆与卫生茶铺者,然入座欢呼,半皆军政两界人物。蠢尔蛮众,三过不入焉。故予尝与熟商务者计议,此等市场,虽欲陶朱致富,终归泄柳闭门,提倡鼓舞,谁其司之?噫!

十、畜　牧

伐冰之家,不畜牛羊。蛮中天寒地冻,每岁除夏末秋初外,皆冰雪,耕种乏术,舍畜牧浑无所事。村户寥落,而数马以对者,十居七八。一因供应差徭,不得不为此预备;一因需食牛奶,有所投而利于养生。至于合各村而徙宅游牧,大与西戎北回之风俗相近。仲夏时,草长水发,或独立场厂,或伙牧原湿。白布为幔,呼作帐篷,即男女食宿处。幔外堆牛羊皮毛,藉作墙垣。鸡喈喈,犬唁唁,与马嘶牛鸣相喧杂。每厂列篷约数十,茶商布客,交易其间。但夷多汉少,即汉,亦总娶蛮丫头,以专阃内外,否则语言隔塞,马牛其风也。酥油奶渣,为江之岷山,河之星宿海,盖番藏食品,悉发源于斯也。麦面糌粑,必待富商贵客至乃供之。即偶有食之者,大约如关内商场,押[牙]祭吃肉之类。畜毙则取其革毛肉生熟食不拘,独不食马。骨皆抛掷,不分马牛羊也。故予尝私相计忆,倘有买千里马者至,定不须解此五百金之腰缠。

十一、性　质

唐魏俭啬,卫郑淫靡,因地成性,历载诗歌。蛮民坦易粗率,无诗书礼乐以化之，故至死不变。俨同南北之强矫，事前亦知计画，但谋定即行，无中馁者。未设治前，杀人者，人亦杀之，间有鲁仲连出，必多方和解，如赔偿命费、代诵经咒之类，方免文哄，然此犹仇怨之可解者。否则，祖未报，遗命于父；父未报，遗命于子；世代含忿，必达目的而后已。是以于夹棒拦劫、罪犯逃逸等案，明知故昧，从未有出首贪功者，防报复也。最敬畏官，官之贤者，感浃肌肤，虽使之赴汤蹈火而不辞。否者，亦服从匪懈。若过于贪酷，民不聊生，则群向喇嘛谢罪后，多有犯上作乱者。郑子产谓水懦民玩，火烈民畏。蒙谓治藏番则不必，激则生变，此凤福堂之所以不得其死，而赵季和反若有恩焉。人孰无良，教而非罔也。女勤于男，衣服饮食，赖中馈者居多。好淫，则男女界均盛，原牛羊茶酥之品皆热性，且又无礼门义路以防闲之，助焰扬波，其所由来者渐矣。好利，专嗜藏元，城市有用铜元者。近日政府强使钞票，南辕北辙，吾恐徒劳心力。至于体质强大，精悍者居多，侏儒则罕逢其面焉。

十二、气　候

边藏严寒，共知共闻。但道孚气候，似未可一例观。山之高者，六月飞霜。然地广人稀，卜居者多在平原。四五月间，有着单夹衣者。少雨，间亦鸣雷。惟多风，每日未申得[时]，必扬尘飞沙，掀窗摇柱。吹不久，转瞬仍云过天空。故土人不沐面、不浣衣。予以不好洁斥，辄以风扑污垢为饰词。河水井泉，均清。初饮，气多下坠。考之，沙水产金，内含金质，故尔。然其地多热水塘，想同寒带之西琼岛下有硫磺，故变而为热潮也。迨九月收获后，寒渐重，冬春数月，男女皆闭门围炉，板桥人迹，绝对难寻。忆袁苟斋《新齐谐》中，载有宁公台外，人至冬，均蛰如蛇虫状。此殆近之，若有差徭，则仍冒风雪以行，露顶赤足，从无作鹭鸶容者。原雪窖冰天，不似苏武之乍经难耐耳。予有科员某，纳一蛮妾，情好甚笃，但范蠡拟载西施，抵死不肯出雷池一步。问之，曰："内地热，性不能耐。"予于是叹西人之生于冰洋，而游历热带者。

道孚县即道坞

胡吉庐

选自民国十七年（1928年）八月初上海商务印书馆出版的《西康疆域溯古录》，由胡吉庐编写。文题为原书正编一中"北路"一节中的小标题。

东南至康定县四百六十里，唐为吐蕃据，历宋元明为羁縻州地，清为麻书、孔撒两土司地。设有麻书汛千总一员，驻甘孜。两土司拥地相接，东有明正，西有瞻对，北有东科，南百河口。又与白利、倬倭、章谷、单东各土司地，犬牙相错。宣统三年，设道坞委员，兼辖卓斯、单东、鱼科地。分管明正、卓斯、下罗科，三土司地。民国二年改称道孚县。

雅砻江

胡吉庐

选自民国十七年（1928年）八月初上海商务印书馆出版的《西康疆域溯古录》，由胡吉庐编写。文题为原书正编二"杂谈"中的小节。文中"渣坝"即今扎坝，"雅龙江"即今雅砻江。

有东、中、西三源。西源出青海之固察及称多两土司地方；中源出西康上下俄落地方，名谢楚河；东源出西康上下色达之大雪山，名阿牙哈图河。俱东南流，至甘孜，而西中两源之水合，至道孚而东源之水亦来会。至是南流，经怀柔县，有水自西来入之。至雅江县，霸拉河自东来入之，又南流入四川盐源县境。安宁河（按即若水）自冕宁县东来入之，名打冲河，又南流至盐源县之迷易土司地方。猓罗河自西来入之，又沪河（非泸定县之沪河）、落腰等河，自东来入之。至猓罗街，而入金沙江焉，即俗谓之小金沙江也。《康輶纪行》云："打箭炉与里塘交界之中渡河，即雅龙江也。一作雅龙。"按今舆图，雅龙江，源出固察土司，及称多土司境内。东南流至蒙葛结土司，名玛楚河；又东南流百余里，始名雅龙江；又东南流，入明正土司旧属四十九土可境内，有楚穆河，西自上瞻对（按即今怀柔县西来之水也）及霍耳孔撒土司境内（按即今甘孜县境，所谓中源之水谢楚河也）东流来会，南过喇滚土司、瓦述、曲登土司、七儿堡土司，稍西为打冲河；又东南流至迷易土司南境，入金沙江。又按《卫藏图识》中渡河之上流，自瞻对南流而来，其西为甲楚河，又名上渡（按即怀柔县西来之一水也），南流过上渣坝、中渣坝，稍东流，过喇滚土司，而南至麻盖（按即麻格，在雅江县四十五里）之东为中渡；又东南流为下渡。据此，《卫藏图识》所云之甲楚河，即今舆图之穆楚河也。穆楚河，在上瞻对之西，正与图识甲楚河在上渡之西相合，其为一河异名无疑。雅龙江又作雅隆江云云。按今舆图，瞻对西来之水无名字。以《卫藏图识》证之，殆即甲楚河，亦即姚氏时舆图之穆楚河也。

道孚县视察报告

任乃强

1929年至1930年，任乃强应川康边防指挥部之邀，以视察员身份对西康各县进行了全面考察，后撰写了九册视察情况报告与一份总报告书。任乃强（1894—1989年），汉族，南充县双桂乡（今南充市嘉陵区双桂镇）人，著名民族史学家，现代著名藏学家，是我国近代藏学研究的先驱之一。任乃强一生涉及诸多领域，他是四川最早的经济学家、历史学家，是最早将《格萨尔王传》翻译成汉语的人。他还撰写了一部农业史，绘制了第一部康藏地图。

本文选自《西康札记》（中国藏学出版社，2010年1版），为原《西康视察报告》第四号。文中"查坝"即今"扎坝"，"雅龙江"即今雅砻江。

境域 道孚县位雅龙江支流炉霍水之下游，原孔色、麻书、明正、丹东、鱼通诸土司辖境。清末划五土司地为道坞县，民国易今名。自县治东至党岭接丹巴界140里。东南至松林口接康定上牛厂区60里，复为本县泰宁乡，又80里至中古梁子接康定下牛厂界。正南逾查坝乡至雅江县界230里。西以麦科山脉与瞻化接界。西北至将军梁子接炉霍界80里。北至鱼科寺接曲司家土司地界120里。全境作大钩形，分为6区3乡。如下：

城区——辖县治市街及铜佛山汉民共200余家，设有汉保正2人。

明正区——辖治北新垭、明正、足窝三沟番民100余家，原明正土司属地，现设保正1人。

孔色区——辖将军梁子以西，大河以北番民200余家，原甘孜孔色土司属地，现设保正1人。

麻孜区——辖大河以南，至麦科山脉之倾斜地内番民100余家，原甘孜麻书土司属地，现设保正1人。

革西区——辖党岭以西，松林口以北。县治东南番民300余家，原丹东土司属地，现设保正1人。

瓦日区——辖瓦日沟及下甲斯弓二河谷番民100余家，原明正、丹东、麻书三土司分属之地，设治后合划一区，设保正1人。

查坝乡——位置县极南，分牙楂、俄德（上查坝）；啄托、朱你（中查坝）；葛德、甲拖（下查坝）6村，共有番民600余户。原隶明正土司，设土百户6人治之，归流后改称村长，划为一乡。粮税完纳道孚，差徭支于康定。其地路险人凶，为著名匪窟。除少数番民能山入收税外，政治势力殆不能及。

泰宁乡——辖格达梁子以西，草原中农民番汉共200余户。其地位大高原中，四面牛厂，俱属康定。唯农户向皆受教育于惠远寺。寺距康定280里，距道孚180里。故设治后，隶属道孚。现此乡置汉团总1人，保正3人，地方事权，仍操于喇嘛寺。

鱼科乡——辖明正区北大草原中牧民200余帐，原鱼科土司属地。宣统末年，鱼科土司家因不肯缴印归流，被剿并诛，以其地划隶道孚。土司有弟为喇嘛，方在藏中，后回鱼科寺，牧民事之如土司，其地人无定着，施政困难。每年除征牲税600元外，一切听喇嘛寺自主。

6区3乡外，又有特别区域3处：

木茹——瓦日沟支流木茹河谷中，农民牧户100家，故隶明正土司。其人十九不事生产，以劫掠为业。归流以后，历同化外，汉官汉民，不能入境。唯每年仍完牲税30元，农粮附明正区完纳。

竹窝汤龙——为革西、麻牛厂2村。番语"麻"者，本源之意。谓此带牛厂为革西区农民祖先之遗嗣也。革西、麻牛厂凡分10村，东8村游牧于松林口以南，龙灯坝子一带，现隶康定，即上牛厂也。西2村即竹窝、汤龙，位木茹之北，铜佛山之南，隶道孚。每年自完牲税120余元。（竹窝，公文中或译为朱窝；汤龙，或译为沓朗。）

曲司家——曲司家土司官寨。在绥靖县北，距道孚五日程，与道孚榆科接境，辖农牧共约万家。宣统末年，代理边务大臣傅华封，檄曲司家与鱼科土司同时缴印。曲司家遂缴，鱼科抗拒，征服，其地并划归道孚委员管理，拟设治未成。地距道孚设治太远，历任官吏，从未顾及，遂复还为自主区域。

固衣——孔色区与炉霍罗科马接界之地，有番民十余家为一寨。从未完粮当差，居然化外。其民风慓悍善斗，历届官吏，置之不理。

以上各部，唯明正、孔色、麻孜、革西、瓦日5区，为道孚精华之地。沿河一带，村寨鳞比，麦浪如云。全县差粮，半出于此。另呈道孚县境图一幅，详具区界与主要村落道路河流之分布。其泰宁、革西、明正、孔色、麻孜，各区形势，皆经实地步测。至木茹、查坝、榆科、瓦日4区，为视察足迹所未至。系以天主教士古德纯步测图稿补入。

地势 道孚全境为大高原。北自康定折多山麓斜行入炉霍境。数百里中，长平如几。虽丘陵河谷，纵横密布，亦犹雨湿纸面，微有皱棱耳。其间松林口最高，约为海拔3800米突。道孚治最低，约3000米突（据生物观测）。此几状高原之两侧，皆大雪山。东北曰党岭山脉，斜与大炮山接，为道孚、丹巴之天然界线。西南为麦科山脉，斜贯县之南境，与康雅交界之高日寺山衔接。几状高原之水，分自瓦日、泰宁两区，横贯大峡谷，汇于查坝，流入雅龙江。北为炉霍河，自炉霍流入，经治城南，曰瓦日沟，入查坝境，曰查坝河，水量最大，为全县主流。

南曰泰宁河，分自松林口、格达梁子、中古梁子三处流出，会于靖达，入于查坝，为南部干流。二河下流，即当瓦日。查坝境内，水激滩多，岩岸陡峭，颇似丹巴。

地质土壤 道孚高原带，砂质土壤，与拳状角砾，盖被三四十丈厚，通常不见岩骨。弥望丘陵，皆土山也，入龙步沟，渐见云母、片岩与角闪岩、花岗岩、石灰岩之露头。党岭山脉，由是构成。南部高山，森林密蔽，未往视察。察山脚石砾，以长石为多，高原中部土壤之厚润，盖由是化成之黏土丰富故也。

气候 附郭五区，气候并甚温和。余至适当八月，各日平均温度在摄氏20度至24度之间。时方收麦，高田苦旱，麦实不能甚饱而熟。尚无冰雹、暴风之害。泰宁乡地势太高，霜雪甚早，夏秋每有雹灾，故可耕之地，荒弃八九。榆科乡更高寒，竟无农作。瓦日、查坝二区，山高谷深，地斜向南，能长受南洋温暖气流，故其河谷，最为温暖，直与丹巴中部全似。唯山岩险急，农地无多。高山之部，虽有平野，则已寒如鱼科，不足耕矣。道孚雪山，唯党岭附近高部盛夏不融。余部虽有高山，夏不见雪，唯绿草不生，知其断白未久而已。

农业 道孚可耕面积，就气候、土质言，应占全面积十分之四，而实际耕作面积，不过十分之一，其惰耕原因有六：

（一）番民以耕地为差粮田，每1差户，耕地若干，俨如均分，禁止买卖分析（边地殆皆如是）。每家1子，承产当差，余子均寻他业，或为僧，不得有土地。故承产者无增产欲，不愿多事开垦。

（二）番民诱未耕地为神山，禁止人民动土。

（三）番民夙所放牧之丘陵原野，认为私有牧场，拒绝耕垦。

（四）道孚夏季乏雨，麦类含苞期间，必须灌溉。农作非在水滨谷口，难望丰收。故土丘高原，纵甚宜禾，人弃不耕。（曾登海子冈，见丘上所种小麦、青稞、豌豆，皆甚丰美。其地高于河谷30丈，同高之土丘，数十方里，皆旷土。知非不能耕，不愿耕也。）

（五）道孚土民专横骄纵，汉民善垦而不敢垦，土民能垦而不垦。

（六）沿大河部，差徭频繁，农民率多他徙，弃地不耕。中古、八美，其著例也。而荒地尤以泰宁乡为多。

道孚农产，以小麦为最，青稞次之，豌豆又次之，洋芋、芫根、蚕豆、菜蔬又次之，不种玉蜀黍。豆麦皆三月下种，阴历七月收获。麦质甚佳，豆粒渺小，仅及内地之半。农人不知耕耨、除草、施肥之法，唯知下种与收获而已。地内石砾叠积，野草丛生，不顾也。沿河各坝，皆年一收，高地及泰宁，间年一收。耕地用长辕木犁，二牛挽之，入土仅寸许。耕沟间约1尺，不相密接也。一月后，再正交耕之，成井字。一月后，再斜耕之，成对角线……诚能吏治上轨，劝农得人，使之倍获，易如反掌。

林业 道孚山地，皆有茂林。林地面积，占全面积十分之三。木材以雪枞为主，概集山阴，森然比立，俨如插针。微转阳，即无巨木，或为草原，或为矮柞，或为他种阔叶灌木，绝无枞、杉形迹矣。是故任立道孚何处，自北南望，遍地皆林；自南北望，遍地皆草；自东西望，则森林草原，错列如栉齿。游此县者，无须南针，足辨方位。森林最著地方，为松林口、龙步沟与瓦日、麻孜二区之北向山坡地带，并与丹巴青冈坡相似。林内产麝、鹿、熊、狼、文豹、鼯鼠、松鸡、马鸡之属与秦艽、贝母、羌活、大黄等药材，县治与泰宁二处，为药材、兽皮之集散地。

牧业 道孚牧场面积，约占全面积之十分之六，而牧业并不发达。汉民及五区康民，概以农业为主业。唯少数富家，雇养娃子，放牧牛马数十头，自供乳酪与转运之用。唯鱼科与格西麻（大半属康定，详前条）为纯粹牧业区域。其牧场组织、牧业情形，与康定上下牛厂全同。牧畜以牛为主，马次之，羊又次之，牛有黄牛、牦牛二种。黄牛供挤乳，制酥油用，价甚高。牦牛供驮运支差用，牛厂娃之包运货物者，称为驮脚娃，其主要财产即牦牛也。又有仅供肉用者，称为哑牛，价甚贱，每只值数元而已。马种较丹巴、康定种佳。而因产出过多，养者不甚注意训练，故鲜名马。羊以绵羊为主，供肉用及皮毛用，山羊供挤乳用，养者较少。

交通 自康定逾海子山埂、格达梁子，经泰宁城、松林口、道孚县治，逾将军梁子，至炉霍、甘孜，西由昌都入藏，向称关外"北路"，与经巴塘入藏之"南路"对称。清末经营川边，沿途有台站，道路宽平，往来甚便。民国初年，海子、大炮山一带，匪风猖獗，官商北来，改道长坝春、中古、八美、少乌石一路，割松林口大道。先是北路乌拉替换法，康定支三道桥，三道桥支中古，中古支泰宁，泰宁支道孚。此道废后，改由八美，则康定支长坝春，长坝春支中古，中古支八美，八美支道孚。此路民户少，民三以来，关外剧乱，此道军行频繁，中古、八美之民，不甚扰害，相率远徙，以避差徭。于是田土荒芜，房屋尽毁，长坝春至中古乌拉，无人替换，由官役人等，强拉过站。此风一成，他处转相效尤，乌拉弃乱，不可收拾。甲站既估过下站之乌拉，他日甲站差民至乙，乙亦估逼过站，以为报复。于是北路各站，乌拉马匹一经支出，数月不返。乌拉娃携带口粮多少，不能预料，每每远行数百里不能自归，至于卖马乞食，流为劫匪。民国九年，始于泰宁增设乌拉站，以替八美（八美遗民，皆附泰宁支差）。于是南北往来，皆由长坝春，经中古、泰宁、割松林口。唯过站之风，仍未弭息。差民苦痛，毫无衰减。民十五年，道孚欧阳华苴任，始召各站头人结约，永禁过站，违者严罚头人，仍偿脚价。此风既弭，匪患亦息。唯松林口丛林参天恒30里，其东南北三面，又皆旷茂草原，百里无人居。木茹、查坝与革西麻番户，时出行劫。仍赖知事欧阳华邀木茹、查坝番至铜佛山（木茹、查坝番，从不受召入城）晓谕祸福，诚勿劫掠。同时严饬松林口附近牛厂，严防劫掠，如或出事，唯牛厂首人是问。昔松林口为著名险路，近年则清静与关内相同，北道安宁皆欧阳之力也。

以上所记，为北路干道，另有支路数条如下：

1. 循龙步沟，逾党岭，至丹巴，沿途皆山谷。
2. 自县治北经明正区，至鱼科寺，更循二楷沟至曲司家土司地，沿路尽草原。
3. 自县治南渡皮船，至麻孜，沿河至角卡。复渡皮船割将军梁子大道，自角卡沿河至炉霍仁达沟，沿途皆河岸沙坝。
4. 自县治南渡皮船，循瓦日沟、查坝至雅江之八角楼，沿途皆山谷。
5. 自泰宁经八美、塔光寺、耙桑、白桑至康定东俄洛，沿途皆草原。

人民 道孚人民，据粮册，业农者2132户，牧户无册籍可查。唯道孚粮税，久未整理，漏户极多。就观察所见，自可卡至将军梁子之间，沿河平原，人民之密，过于全康。闻瓦日、查坝，亦甚稠密。唯泰宁乡住民稀少，大略估计，全县农民，约有3000户，牧民1000户，就中汉民占百分之三，番民占百分之九十七。汉民唯县城、泰宁、觉乐寺三处有之，其移居历史如下：

县治——道孚县治。土名"日失你"，有孔色、麻书、明正、丹东百姓合建之喇嘛寺。（五区百姓，距各主管土司住地，并极驾远，故合建一喇嘛寺于此。喇嘛寺为番民之信仰中心，亦其政治中心也。）前清中叶，已有川陕商人，贸易于此。民国初年，平复喇嘛寺，以寺产充公，招民耕垦，又增加垦民30余家。现治城市街与附郭垦民，农商合计共200余家。有快枪百余支，足以自卫。团总丁培芝，保正阎朝清、阎朝禄等，并以商业雄长番中。

泰宁——泰宁城，系年羹尧所筑，在惠远寺对岸平原中。方广各2里，土质，建街房40余间。置把总1员，戍兵12名于此，称泰宁营。城内隙地，划为50余区。当时原许戍兵娶妇生子，比于旗籍。每兵给地一区，自耕自食，余区为把总饷糈。其后兵备废弛，化为农民，子孙繁衍，析产增垦。现共四十余家，兼营农业。

觉乐寺——觉乐寺，清季称为觉乐汛，设汛官戍兵如泰宁。清末汛废，兵化为民，凡20余户，多为汉番混种，习俗语言，概已康化。

商业 道孚县治与泰宁二处，为二商业中心。内地汉商，多派人来此坐收鹿茸、麝香、虫草、贝母、秦艽、大黄等药材。本地汉户之富者，与喇嘛寺并自经营队商，或自养驮牛，或雇佣驮脚娃，贩运关外土产、兽皮、药材、盐巴等于打箭炉。自炉运茶布洋货于关外，每三四十驮为一队。携犬及枪，以防劫匪。随地就水草而牧，日行五六十里，不住栈房，不带草料。除炉城外，无关税厘卡，故其利率，较内地经商为胜。每年每家，贩运数次，如无劫掠，终岁温暖有余矣。

至于各区番民，衣食起居，安于粗陋。除茶以外，无需外物。即珍货满山，亦弃不采。故除汉人住地外，悉无商业可言。

工业 道孚无工业，小如烤烧饼，亦唯一二汉人。建屋用全木架壁及屋顶，虽高碉数重，亦层层砌叠，柱不连贯，且即此工，亦倩名山木匠为之，番民不自建也。

矿业 道孚遍地浮土，不见石骨，故无矿苗露头。唯泰宁河哑沟沿途浮砂，中有砂金。清末开厂，一时颇旺。近已废弃，卸任丹巴彭知事，现在上流开厂淘金，已将一年，才得二两。据锤手言，金在河底，现正凿沟觅穴。

……

教育 道孚仅两等小学校一所，创自清末，现由建设委员陈惠中办理。高级班仅学生4人，初级班20余人，皆汉籍。办理尚属认真。番民以学喇嘛受教育，不肯读汉文书。

……

税收 道孚未设征收课，税粮由县署兼收，其各项收入如下：

粮税表

区名	完纳户数	粮石（石）	说明
附城区	256	26.571	每斗向例折收藏洋4元，每年开征，或粮或银，听民自纳。如奉令预征时，每斗以藏元3元折征
明正区	149	44.287	
孔色区	226	58.023	
麻孜区	177	49.535	
瓦日区	165	44.445	
革西区	334	84.385	
泰宁乡	228	186.488	
查坝乡	567	189.129	

观上表，城与泰宁乡各200余户，已征粮各100余石。附城区实包铜佛山垦地在内，与泰宁乡皆高寒薄土，粮税尚如是之多，而革西孔色五区，号称道孚精华之地，各100余户，仅征粮400~500石，可见道孚粮税，最不公允。加以整顿，可增收500~600石。

牲税表

区名	银数（藏洋，元）	说明
附城区	26.3	附近富民有牧厂，在松林口等处，附完牲畜税于城区
木茹（明正区）	50.00	木茹牲税案定50元，木茹娃自云30元，每年第欠20元
竹窝汤龙（革西区）	123.2	原额145元，民十五因有逃户，呈准豁免21元2咀

续表

区 名	银数（藏洋，元）	说　明
麻孜区	24.0	麻孜头人边坝然丁、次绒格西，有牛厂在门土山上，自完牲税
泰宁乡	120.0	泰宁寺有牛厂，认完牲税
查坝乡	210.0	查坝上中下三村，每村认完70元
鱼科乡	600.0	鱼科无粮，只完牲税

查牲税例，每牛马1头，年征税1咀，羊10头1咀，道孚年征牲税总额仅1154元1咀，合牛马47017头，实际不及五分之一。诚使政治势力能达各乡，亦可整理增加。

杂税表

月份	契税（大洋）	契纸（大洋）	印花（大洋）	酒税（藏洋）	屠宰税（藏洋）	金课（藏洋）	学租
一	18.8	1.0	0.5	提	提		学产在泰宁年收租金291元1咀（藏元）
二			0.9	提	提		
三	9.2	1.0	0.8	20	81.2		
四	1.0	0.5	0.7	20	33.1	5	
五	1.6	1.0	0.3	20	34.0	20	
六	4.2	1.0	0.6	20	39.3	20	
七			0.2	20	53.0	16	
八			0.5	20	52.0	16	
九				20	46.2	16	
十	4.2	0.5		20	85.2		
十一	1.68	0.5	0.1	20	399.3		
十二	1.2	0.5	0.6	提	提		
合计	41.88	7.0	505	……	……	93	291.1

屠宰税例，宰牛1头，取税2元，猪1头1元，旺月由财务统筹处派员专收，兼收酒税，直接报解。故县署无卷可查确数，表中填提字者是也。

统计道孚全年收入，共粮560余石，大洋50余元，藏洋2500余元（专提者在外），约共合大洋10000元。支出行政经费、教育经费与惠远寺衣单银等，共大洋6200余元。

教堂　道孚县治有天主教堂，附设小学1所……

喇嘛寺　番俗，一村有一喇嘛寺，一区有一大寺，道孚喇嘛寺之多，不胜记载，最大者为惠远寺与灵雀寺。

惠远寺：在泰宁故城对岸大平原中，俗称泰宁喇嘛寺，创建于雍正间。雍正未克西藏时，曾安置达赖第七世于此。其后征克西藏，达赖徙居拉萨，派一堪布来寺，住持教务，以后世世遣堪布为寺主。寺僧300余人，有寺产100余户。每年收租数百石，发给寺僧人10斗，余存公仓，为商本。又清时，每年由朝廷发给该寺银770余两，供僧零用。故寺甚富，僧众颇骄横。光绪末年，因拒开金矿，曾杀一都司。经痛剿后，寺被毁重修，规模大减。民九康藏划界后，堪布不自安，去年回藏不返。现由寺院僧公推二人为当家喇嘛，暗中仍奉藏王甚虔。唯道孚百姓，多附灵雀寺。此寺百姓，仅泰宁农民200余家，武备缺乏，不敢为乱。此寺有直辖差民百余家，设乌拉站后，中古、八美、少乌石、吉垭等村，亦附之支差。年帮乌拉费于该寺，故该寺设站后，不唯无损，且有余利。其前站康定属之长坝春，仅30余户，与之同样支差，力实不支，屡向康定县署呈请函催道孚恢复中古乌拉站，以轻负担。视察员至长坝春时，村民亦环诉所苦。查考实情，诚有难支之势。目前海子山道，既未恢复，长坝春支差过苦，恐一旦超过弹力，仍蹈中古、八美故辙，相率逃避，则北道势且断绝。随至中古、八美，留心考察，见荒墟满目，逃民未还。及至泰宁，察其支差能力尚大。拟即改订章程，使泰宁支过长坝春之乌拉，延长至康定。俾长坝春只支北上乌拉，不支南行乌拉，负担减轻一半。移于泰宁，在泰宁力固能胜，不足为苦。且其充本（喇嘛商曰"充本"）常整驮队至康定运茶，空马而往，载茶以归。此后即由乌拉驮回，亦颇合算。此意已函商政委会施行矣。

灵雀寺：为道孚第一大寺，在县治之侧。容僧1800余人，合住外各僧，共3000人。院宇大于市街全部，明正、孔色、麻书、瓦日、格西五区百姓，皆出家于此。寺僧骄淫不法，居大多数。宣统三年，赵钦使过此，受人密告，单开不法喇嘛百余人，交设治委员查办。僧众遂率五区百姓作乱，焚教堂，捉设治委员与教士入寺，备诸窘辱。旋由夏海清、朱宪文二营受檄来攻。历二月余，始克讨平。当时因川省有路潮之事，边军不能痛剿，寺僧逃老林中，凝结未散。尹昌衡入康，崇信佛教，妄为抚绥，招回前僧，仍住该寺。其后历任道孚知事，皆无威重，僧焰渐张。五区百姓，仍受指使，动辄要挟官府，威逼汉人。陈遐龄时，往来北道，驻宿该寺。寺僧乞还已充产业，陈面许之，而公文不准，番民遂谓已准，力逼垦民周兆熊等，退还产业，骄妄无法，不近情理。欧知事苦无驻军，不能裁制，唯使人婉阻之而已。视察至道孚，垦民来诉。当传寺僧来寺，宣传本军威德，反复开导，始允不争。及传案讯结，竟推诿不到，但具切结，不敢再受贿而已。该寺主僧有二，一为无卡佛都督，年才20余岁，颇知大义。近因调停鱼科帮差案未成，忿而入山，静坐诵经，不与世事。一为奔龙佛都督，即前次作乱首领，野心不死，时思蠢动。暗中逼勒五区番户，各购快枪，时时潜出点团，其意可知。先是各区番户，各推老年人10人，评议民事，有指挥番民全权。奔龙并与结合一气，挟持官府，阻挠施政。前岁藉口鱼科帮差案，整兵入城，几成大乱，皆奔龙等所为也。此人不除，终酿巨祸。唯目前民团驻军，两无所恃，欲以文吏去此大憨，亦大未易也。窃炉霍民风较驯，其喇嘛寺经去岁惩创后，亦颇恭顺。所驻军队一连，似宜移驻道孚，以抑夷焰，而护垦民。驻军到时，便可因案逮捕奔龙，取消50老人，整饬法纪，清理粮税，使政治势力，永臻巩固；北道门户，无复隐忧，诚防患未萌之计也。

土司 道孚现无土司，唯有前明正、丹东、孔色、麻书各土司之世袭土百户而已。鱼科土司于宣统三年被诛，其弟在鱼科寺为喇嘛，受部民推戴，俨如土司。

视察日程 八月八日，自康定长坝春出发，逾中古梁子入道孚境。九日宿泰宁营，考察八美荒地与河垭金厂一日。十一日自泰宁度松林口，宿河卡。翌日至道孚。十三至十六日，绘康定县地图、康定治城图，撰《康定县视察报告》。十七日接洽官绅。十八日赴龙步沟绘图。翌日回寓。二十日调查灵雀寺争地案。二十一日发铜佛山，绘瓦日沟地图。二十二日与欧阳知事商结灵雀寺争地案。二十三日赴炉霍宿大寨。翌日逾将军梁子，出道孚境。以上计往道孚十七日，在城七日，在乡十日。所至测制地图，绘入日记。调查民风，记于另册。

孚县扎坝乡

任乃强

本文摘于民国二十二年（1933年）新亚细亚学会出版的《西康图经·境域篇》八十节"霍尔部分"。标题为编者所加，格式上进行了编排。

道孚县：查坝乡在瓦日区南，原明正土司属地，设六土百户治之。民元划隶道孚，仍纳乌纳费于康定县。

清代扎坝六村土司表（嘉庆之世）

任乃强

本表摘于民国二十二年（1933年）新亚细亚学会出版的《西康图经·境域篇》第四节"清代之川边土司"，标题为编者所加。

上渣坝恶叠土百户　　　一百户
上渣坝卓尼土百户　　　一百五十户
中渣坝热错土百户　　　一百三十户
中渣坝沱土百户　　　　一百户
下渣坝洼业石土百户　　一百户
下渣坝莫藏石土百户　　一百八十户

以上为查坝六村，今为道孚县之渣坝乡。

雅砻江峡谷

任乃强

本表摘于民国二十四年（1935年）新亚细亚学会出版的民国丛书第五编78册《西康图经·地文篇》"地形"一章中第八节"高原中之浅谷与深谷"，标题为编者所加。

雅龙江峡谷：瞻化、雅江、九龙三县，与道孚之查坝乡及木里等地皆是，为西康境内最广长之峡谷。

鲜曲

任乃强

本文摘于民国二十四年（1935年）新亚细亚学会出版的民国丛书第五编78册《西康图经·地文篇》"山脉"一章中第四五节"入雅龙之水"，标题为编者所加。

入雅龙江之水，鲜曲与里塘河最大，亦最紧重。

鲜曲（She Chu）《一统舆图》作谢楚。民国六年之《川边新图》已作鲜水河。民十九年谭寿田君之《西康地质图》作鲜曲，兹故仍之。自俄洛野番境流出，入甘孜东谷乡，沿岸已有农作。过东谷寺及朱倭土司寨下，两岸村落益盛。至炉霍与尼曲会尼曲，自色达野番境流出，经甘孜尼坝村入炉霍境，与鲜曲会。一统舆图作阿牙哈图河，未识何义。藏语河名，从无如此累赘者，大约是蒙古语也。二水既会，仍称鲜曲，经道孚县治外，折南待瓦日、查坝等部，入雅龙江。道孚以上河谷浅阔，长三百里也，农产丰盛，村落繁密，与甘孜雅曲阔谷，隐约衔连，为北道产业中心。汉人对于此河，随地异名。东谷附近称东谷河，炉霍附近称炉霍河，道孚附近称道孚河，（《建省记》称道坞河）道孚以下称瓦日沟，查坝境内称查坝河。入河之水，除尼曲外，较有名者如次：

仁达沟　自瞻化麦科山北流，入炉霍，以汇口有仁达村故名。

阿拉沟　自罗科马草原流入道孚，以沿岸有阿拉村（属炉霍）故名。

龙步沟　发源于道孚、丹巴界上之党岭，至觉乐寺，与松林口流来之水合。西行至道孚，汇于鲜曲。

甲斯弓河　自瞻化河东区雪，流经甲斯弓入查坝村。

泰宁河　自噶达梁子流经泰宁、八美，入查坝河。

以上诸水，上游皆饶金矿，此其汉名，番名未详。

视察道炉甘德白瞻雅江七县报告书（选）

刘衡如　杨子和　李章甫　郑少成

本文原刊于1938年《新西康》第1卷2—3期。此次关外视察始于1937年9月5日，至10月20日返回康定，历时48天，考察均步行，行程约2900公里。报告书本依县而述，泛无具地，现将其中涉及道孚、泰宁两地及与扎坝相连区域内容摘录如下，可供参考。次序与章目依原报告书排列。

本书作者之一刘衡如（1900—1987年），四川邛崃人，中国现当代著名中医文献学家，硕学淹贯，通达古今，对《素问》《灵枢》《甲乙经》《太素》《类经》《本草纲目》《杂病广要》等，均整理研究，做出重要贡献。其抗日战争时期曾客居西康，参与西康考察工作。

农业　道孚土地，因硗腴不同，别为上地、中地、下地。闻上地所收，约为籽种七八倍，下地三四倍，若炉霍则可收至十倍。

泰宁耕地二年一种，该地农民，均分其耕地为二份。今年种甲地而荒乙地，明年种乙地而荒甲地，谓须如是，收成方多。若甲、乙两地，年年均种，则两年所产，仍与隔一年种者相当。

闻道孚种籽一石之地（官斗重三十斤）约值银二平。

……

泰宁熟荒甚多，问其由，则因民国三年陈步三叛变，经陈裹胁之乡城娃到泰骚扰，农民不堪其虐，弃家远逃，人亡地荒，至今犹无过问之者。若中谷、炉霍等地，曩因军事发生，差徭太重，人民力不能胜，弃而之他。又或遭遇歉收，不能自给，亦竟逃去。故关外熟荒，随处可见。

西康省农场，位在八美，距泰宁二十里，海拔三千六百公尺，场址平坦环山，长约四公里。本年种植苗禾多枯萎，惟试种之贵州大麦及泸定玉蜀黍，则甚蓬勃。

觉罗寺至道孚间，田畴相望，屋舍俨然。道孚气候和暖，果木蔬菜之属，葱子尤为肥嫩可口，莲花白及萝卜每个重至七八斤或十余斤，诚西康之宜农地带也。

瞻化下瞻区之博壳、木居，及雅江之噶拉等地，位当雅砻江河谷，日暖土肥，除产青稞、玉麦外，即南瓜、大麻、海椒、核桃之属亦均生产。农民作工田野及打麦屋顶，恒唱蛮歌以慰疲劳，颇有腹地风尚。

林矿 西康森林多松柏之属，瞻、雅间之雅砻江河谷地带，亦有阔叶树林。闻今日之童山地带，昔日固犹是森林区域也，惜人力摧残，知砍伐而不知培植，年远日久，遂成兀山。如泰宁地方，在昔亦饶林木之胜，因年羹尧、岳钟琪征藏至泰，防夷人潜伏袭击，遂下令砍伐烧毁。又土民入山采药，惧猛兽隐于林中，猝然来犯，亦举火而任意焚毁。今日关外森林灭迹地方，原因率由于此。其未遭摧残，现仍保持丰林状态者，则约有下列各地方：

1. 康定、泰宁间之四通坝及上、中、下板厂；2. 泰宁、道孚间之松林口；3. 甘孜、德格间之松林口、柯鹿洞；4. 冈拖河两岸；5. 白玉环城约百里间之地区；6. 瞻化、雅江间之雅砻江两岸；7. 雅江、康定间之卧龙石、高日寺。

……

关外产金地点如下：1. 泰宁；2. 道孚之将军桥；3. 炉霍；4. 德格之柯鹿洞；5. 瞻化之日巴、麦科，及甲十孔；6. 康定之二道桥、三道桥及东俄洛（东俄洛现有金夫二百余人）。

差徭 瞻化至雅江道上，每遇村落，即须换差。有行程四十里换差至四次之多者，零碎麻烦，行者苦之。且每村住民无多，难支大差。故往来其间者，莫不以支换乌拉，视为行进之障碍云。

噶拉虽在瞻雅道上，但该地惟帮西俄洛之乌拉，而不负往返瞻雅间之供应，因地制宜，是以有此规定也。

西康泰宁实验区调查

踏 雪

本文原刊于1938年《新西康》第1卷2期，为泰宁成为实验区后的综合调查简报。扎坝地区一度为泰宁辖，泰宁简要沿革如下：雍正八年（1730年）置泰宁协，隶打箭炉厅；民国二十六年（1937年）设西康省属泰宁实验区；民国二十八年（1939年）为西康省属泰宁区署；民国二十九年（1940年）改为泰宁设治局；民国三十四年（1945年）置乾宁县；1950年属西康省藏族自治区；1955年属四川省甘孜藏族自治州，辖3区12乡，面积4032平方公里，人口1.7万余人，以藏族为主；1978年7月撤县，将其辖地分别划入道孚、雅江两县。

泰宁原属道孚之一区。二十六年四月，奉西康建省委员会令成立实验区，委军事委员会委员长行营边政设计委员会委员张化初为主任，莅泰宁成立公署，直隶于建委会。实验区公署组织内分四股：总务、教育、公安、垦司经费关系，暂设总务、垦殖两股。现将该区各项概况分别调查于下：

高度——三千五百八十四米突。

经纬度——东经一〇一度二九分三秒，北纬三0度三三分五二秒。

界址——其辖境东南至海子山脚与康定连界，西南至折多山四水塘与康定为界，东至热水塘与丹巴为界，西至扎巴与雅江连界，西北至官寨子与道孚为界。

面积——八二〇〇方里。

人口——全区共二百六十户，总计一千三百二十七人，内汉人三百三十七人，康人九百九十人，男丁四百一十九人，女子五百八十二人，喇嘛二百八十九人。未嫁女子占女子数目百分之六十。全区农民一百五十六户，畜牧者三十七户。

牧畜——全区马一百八十八头，牛一千二百四十五头，鸡十只，小羊二百六十三只，绵羊一百二十只，猪一百二十七头。

差徭——全区乌拉差马十二头，牛二十七头，实不敷分配。

教育——实验区分署成立后，开办区立小学一所，有学生七十二人。

交通——修建通八美之马路，长二十里。

城内——泰宁于清乾隆时有一千余户……今所剩之泰宁路（街名）。今公署成立后，新建街市二路二道，一名中正路，一名文辉路。

保甲——全区重新编为六保，共四十三甲，共成一联保。

计开编制地及户口如下：

1. 城内及附城四十余户，编为第一保；
2. 原来之上村编为第二保；
3. 原来之河垭及少乌寺，编为第三保；
4. 八美及蛮子沟编为第四保；
5. 中古及仙裁编为第五保；
6. 下村编为第六保。

训练——每日举行清洁及识字运动，成绩，汉人较好，康人次之。民众训练每周举行一次，由公署总务股长至各保举行，成绩亦佳。

寺院——全区有喇嘛寺九所，黄教占多数，佛都督三人，城区之惠远寺为最大。

惠远寺——建于清代，为第五代达赖驻锡之地。清季有僧众千余人，历年变故，及去岁□祸之后，流离死亡不少，今仅存二百余人矣。

垦民——垦民十户，由外招来，刻定办法，每十日领饷一次，以饷向消费合作社购粮。每垦地一公亩，给大洋一元，以资奖励。

建设——除城内外建筑马路外，拟于最近将距城半里山下之树林作为公园。八美之农事试验场，今岁之麦、荞子、小菜，均可望收获。

区公署新厦，正在鸠工赶筑中。

西康山地村落之分布

朱炳海

本文原刊于1939年《地理学报》，为中华自然科学社西康科学考察团的考察报告。此考察前后共三个月，而往返跋涉于西康山地中者逾两月。文为西康山地村落的总述文章，总述西康村落之分布情形，阐明人地相互关系，可供参考。文中论及村落分布、人口数量与河流、山地之互动关系，也鲜明体现在扎坝片区。

朱炳海，气象学家，1908年出生于江阴青阳。1931年于中央大学气象学系毕业后，历任国立中央研究院气象研究所测候员，《科学世界》月刊总编辑，国立中央大学气象系副教授、教授，中华自然科学社西康科学考察团总干事及地理气象组组长。中华人民共和国成立后，任南京大学气象系主任、教授，中国科学院专门委员，中国科学院地球物理研究所学术委员，中央人民政府政务院文化教育委员会地球物理组工作委员，国务院科学规划委员会海洋气象组成员，中央气象局学术委员，中国气象学会名誉理事、荣誉委员。

交通不便之区，人口分布全依农业而决定。盖人生所需衣、食、住中，惟"食"一项受地理的控制最威且最显。如西康交通未启之地，其理尤著。故欲村落分布，尝自述植物之分布始。植物分布中以森林之分布最明顺而最有规律，其分布之最高限度曰森林腺，其平均高度在西康山地约四千公尺。森林之巅常多浓厚之层云，据本人推测森林之高度与云之高度有关。此等浓云分布之下限，殆相当于最多凝结层。通常该层灼高一千三百至一千五百公尺，而何以西康有四千公尺之高？此因四千公尺乃拔海的绝对高度，而实际上西康山地对平地之相对高度固不及四千公尺也。如汤古所见之森林线，离地仅六百公尺。森林上限与云之下限（最多凝结带）尖相符合。此处雨量最多，故森林亦最茂，此带之上水气渐少，其下则相对湿度渐减而雨亦较少。三千至四千公尺高度为森林之分布范围，除下部近人烟处有一部被人采伐外，概为苍郁之原始林。四千公尺以上少修木而谨见灌木，四千二百公尺以上则为浅草地，迨升至四千五百公尺以上，即草类之高亦不过一寸矣。偶见牛羊数群点缀其上，盖非人类所能久居之地也。

森林线之下，气温较高，在地形适当平缓处始见耕地。作物之常见者为青稞与圆根。青稞为康人主要食料，外观与大麦相似，土人炒熟其实，磨之成粉，和茶而食之。圆根类似山薯，取食其地下茎也，如上城子（庚定极南）高三千八百五十公尺已有种植者。至梭坡（康定玉龙山以南）三千七百公尺以下始见大麦、荞麦、洋芋、萝卜。至于小麦、玉蜀黍至三千四百公尺高度可勉强生长，若欲其充分发展，则须在三千公尺以下。至此气温较高，生长期较大，即大豆、蚕豆亦得长茂。

山地植物之高度分布，受日照之控制至切。凡向阳之坡，虽高度较高而植物生长期可长于背阳坡之较低处者。如咱日（九龙河南部二千八百公尺）其蚕豆之成熟反而高于三千公尺之他处，此因该处河谷极窄，阳光直射谷底之机会殊少。日照之时简既促，植物之成长乃缓。六百公尺以下，如滥硐一带，向日葵、二季豆、烟草、柳、桑皆历历可见，而蝉声报暑，植物之种类亦大繁。此外，植物之分布与土壤地形等在再关，上述之高度非严格之定规也。

森林线之上，气温低，谷物绝少生长，故仅流动之牧人而无久居者。旋行于五千公尺之高度，往往终日不见一人。迨降至四七百公尺以下始见牛厂。牛厂为驻牛之所，形似大蓬帐，以牛皮为之，可移动逐水草面止。其略具永久性者则以石墙为脚，建筑较坚实。如瓦灰纳山南之四大牛厂海拔四千二百公尺，九龙东南滴疑山东麓之四家牛厂海拔四千二百零五公尺，西麓之七家牛厂海拔四千三百公尺。此等牛厂皆以石墙为脚，似久居者，但在此高度之上，即非石脚之牛厂不可见。归途中己丑山下之龙巴（藏语河意）旁大草坪上有牛厂，其地高四千七百公尺，为所见牛厂中之最高者。自九龙至雅江经拉角山有牛厂，高四千四百公尺。可见牛厂之存在，大概以四千五百公尺为其上限。

四千公尺以下，森林区内，如有宽广之河谷则农作物得以生长。人类之食料既具，村落于是形成。自康定南行，所见村落计有：榆林宫高二千六百公尺，过此升高即不见村落，后二日越盘盘山（高四千五百公尺）至明正土司寨子（高三千八百八十公尺）始见石屋，后到三千八百公尺高之棱坡，亦有一二人家。更南至木居城子（高三千二百公尺）始见五六家之村落，居民以土著为多。过此又升高，经中城子而至上城子，其地高三千九百公尺，为瓦灰纳山北麓最高之村落，其上绝少人烟。迨经四大牛厂，河谷逐渐开广，至汤古（三千二百公尺）乃再见常住之居屋。自九龙南行，上庙儿山前所见之村落，最高者曰麻窝，高三千二百公尺，其上耕地即少。九龙至雅江途中，有一村曰木巴洛（三千五百公尺），有居户十二家，为罕见之大村。至拉角山时经泥马宗（三千八百公尺），为该山东麓最高之村落。雅江至康定途中，在未抵高日寺山前，经卧龙石（三千四百八十公尺）更上即无村落，越山后抵一大村曰东俄洛，高达三千五百二十公尺。

综观上文可叫西康山地村落之分布，大抵在三千五百公尺之下，换言之即在此高度下始有永久居民。所谓村落亦不过居户三二家而已，较大之村落，其形成则由特殊之地方原因。如泥马宗、东俄洛等十余家之大村落，盖皆附近金矿之存在有以致之也。由此可得一结论，西康山地村落之分布殆有下列数原则可循：

一、大多数村落分布于河谷之冲积土上。按在曲流弯曲处之内侧，沉积作用最大，冲积土之面积亦最广，惟在此区域始有农作之可言。但在山地间之河本属狭小，冲积土之面积究属有限，不能供应大量之人口，故村落类皆二三家居户而已。

二、凡高度愈低，河谷开广，则人口渐多。自高山下行，见水流由急而缓，河流由狭而宽，沉积之面积由狭而广，村落之人口亦愈多。

三、二河交会处，每为大村落兴起之地。如木巴洛有居家十二户，因木巴洛河与其支流交会于此，附近且有一喇嘛庙，喇嘛庙二百余人之谱。

四、即为大村落，其房屋之分布亦至为散漫。此因耕地面积，受狭长之河谷限制，仅沿谷成断续之一线而已。居民为便利耕作计，不得不散布居住以适应其地形，如拉角山下之拉角沟，仅住户三四家，而分散至四五里，其房屋田地为森林地形之限制而间隔分为数段。又如木巴洛之十二家，沿河谷分散于六七里之距离。

五、村落各具特征，细察之，亦与分布之高度有关。如食物，三千公尺高度以上之居民都食青稞，其下则都食玉米。又如燃料，森林线以上以牛粪充之，吾人生火一次，化洋壹元之谱。其下则到处修木成林，居民取用不尽，燃料之费可不计焉。

康人之石屋

严钦尚

本文原刊于 1939 年《地理学报》，原题为《西康居住地理》，为中华自然科学社西康科学考察团的考察报告。我们从中摘选出介绍石头碉楼（房）的文章，单独命名。原文附有少量图，因模糊不清，不再编入，但文中提及图片处照旧。原文注释排在文尾，我们以"[]"附在文旁。

严钦尚（1917—1992 年），江苏无锡人，自然地理学家，海洋地质学家，比较沉积学开拓者与倡导者。1936 年，考入原中央大学地理系，次年抗日烽火起，随校从南京迁至重庆，在后方完成了大学学业。就读期间，他除了主修地理学外，还辅修了地质学。因抗战需要，他自发考察西康省交通地理。他的工作为国防事业做了贡献，也为他以后的研究工作奠定了良好的基础。1940 年他进入浙江大学史地研究生部读研究生，师从著名学者叶良辅教授，在叶良辅先生带领下考察了西康地区的自然地理情况，是青藏高原自然地理研究的首批中国学人。

关外诸地，除少数河谷地带外，高度多在二千五百公尺以上，气候寒冷，土壤硗确，耕地稀少，农作贫乏，在若干河谷低□之区，则栽作较繁。食料中以青稞、小麦为主，辅以荞麦、大麦、燕麦、圆根、洋芋诸属，全省输入品，食粮实占大宗。前已述及[即朱炳海文]山地自然环境与高度之关系，即在三千四百公尺以下为灌木林及农作区，其中以三千公尺以下河谷宽广区域尤为重要。三千四百公尺至四千公尺为松杉大林区，此区内除若干滥代[伐]森林后所得极少耕地见有少数房屋外，实稀有经营者。森林线以上，为高山草原地带，晚春雪融，大片黝绿之原野，遂为牧人往还之所；入秋即皑雪遍地，牧群下归河谷度冬，故森林线以上，定居之房屋稀少。九龙至雅江途生，莫拔罗村高三八一八公尺，马宝依高三九二七公尺，汉爷中高三八六八公尺，泥马宗局三八二一公尺，雅江至康定途中，东俄洛高三六〇五公尺，水桥子高三七四〇公尺，此等村落之高度本在森林带内，然今日并无森林存在，其所在缓平河名及起伏极小之锥形地 Cone-shaped relief[锥形地形]仍可栽作耐寒之青稞。

康属房屋之分布，就高度而言，三千公尺以下为最重要，若干县府所在，即在此线以下，如测九龙府所在为二九五四公尺，雅江为二六七七公尺；其他县属如瞻化、甘孜、泸霍、道孚、丹巴等先后经人测定皆位于三千公尺以下。在三千四百公尺密茂之森林区，鲜有人居，或仅有若干草坪可事耕作，乃稀有数家石屋。兹举康九间中城子（高度三八〇三公尺）康人李及贡布家之房屋为例。

城子系合上、中、下三城子而言，三村落各位于河谷中，栽青稞小麦，邻接河谷之两旁无森林在。上城子、中城子相距四·七公里，中城子、下城子相距四·八公里，上城子居民二家，中城子六家，下城子七家，三村合计十五家，分布于县互及九·五公里之河谷中，此种稀疏聚散之特征，在康境内几随处皆是。各村房屋并下吡连，在李及贡布家之石屋上，恒以朗声与邻居遥相呼应。

关外岩石之分布，以黑色板岩为最广，其用于建筑者亦最繁，次为片麻岩、片岩等。墙全由岩块堆砌，特名石屋。石块不若砂岩之能成大块状，而都为小块少有超出一立方尺者。城子西有石灰岩断层矗立之峭壁，故上城子石屋有泥□饰墙者洵不足奇。石墙成正方形，每边十二公尺，高八公尺，墙间每隔一公尺镶以木板，墙罅压以碎屑及黏土，如此可少受□覆之患。以圆木锯方作柱（原来圆木径约一·五尺），柱上安一长三尺之横木，形如丁字，然后将此丁字形之木柱，相距排立，架木其上，以树枝、草类、木条、及泥土诸物平铺叠积。

房屋凡三层，第一层为厩房，墙上窗洞极小，地上为泥土，满堆牲畜粪溺，污臭莫甚，入门处即可缘一木梯而上。李家且以木板将厩房夹为三间。第二层为锅庄所在（今关外石屋中食宿之所统称锅庄），白昼合家于此进餐，晚间则男女狼藉倒卧于一间之地。窗洞十二，每窗大小，约一方尺，窗外槛上有板岩挡雨，木窗常紧闭不启，彼等生活并不重视倏忽隐露之晟日光热，墙边火堆熊熊，架锅其上。全室无烟突（在若干石屋锅庄上有开洞冒烟者），烟雾缭绕，迷漫全室。顶板上，所熏受之灯煤烟黝黑似漆。房屋之忽略通风有如此者。城子离森林不甚辽远，燃料乃揉大枝松杉良木。犹忆于汤古、九龙，燃料之费分文，由于位于森林区中故也。而与草原地带之泥马宗，卧龙石等地，视熏干之粪块亦甚爱惜者不可比拟矣。更缘独木梯而上第三屋之屋顶，为方形泥土平地，作贮晒农作物之用，屋顶之半，有倾斜十五之薄木板架成两缓须斜面之屋脊，上压石块，木板下满贮草料及作物。冬日高山积雪，牧群之饲料，即在夏末将其刈割贮藏于叱。若干康人家中，此层且特别置一小室，洁净精美，专供神佛，及作喇嘛与显客住宿之用。屋顶竖有标杆，上悬印藏字经文之嘛哩旗（或有悬于门首屋角者），图五为瓦绒毕康人之一石屋，第三层之上更有四分之三面积，上架平泥顶，如此则贮藏粮食之处又更多矣。与薄木板架成屋脊之作用相类似。白吕纳氏曾谓："在昂白山各处高山雪庐，屋顶有两个斜面，但其倾斜却不甚峻急，因为山中农民仲冬时，常喜屋顶积雪，以杀寒威，屋顶既顺积室，则其倾斜自不能不比较平缓。"（注十）[任美锷、李旭且合译《人地学原理》，九二页]康地房屋之倾斜及平顶是否有积雪杀寒之作用，未作详究，兹不遑论。

以上就中城子李及贡布家为例，各地房屋之仍多出入，李家不见围墙而其他康人石屋之外类皆见之。玉龙石（高四〇四三公尺）石屋周围有矮树丛围绕，圈成草地，用以在冬日圈拴牲畜。土司、头人之官寨，可至四五层八九层者。雅江东二道桥附近只两层（下为锅庄，上为屋顶）。若干石屋且有侧屋者，就上可归纳其要点如下：

一、气候酷寒，为左右房屋建筑方法之要素，如窗户狭小，不究通风是。屋顶平缓，或由此故。

二、三层之作用，能明显反映当地之生活方式与自然环境：即以畜牧为生外（第一层厩房），尚操晨作（第三层平地及储所）；除食宿而外（第二层），尚为信教义（第三层经堂），草料之贮储处又明示定期之放牧。

三、房屋建筑材料主为岩石与木材，因地取材至为彰明。房屋建筑无穿插钉结，独柱撑持，不相连属，其屋顶又沉重叠积，石墙间又欠凝砌之物，故每多倒塌，如遇地震，则人畜鲜有幸免者。（注十一）[杨仲华著《西康纪要》下册，四九六页]

四、房屋之分布：三千公尺以下，河谷宽广地带为最重要；在密茂森林区中极少；三千五百公尺至四千公尺间之草地仍见之。沿河谷近水源，聚于冲积扇、台地上、避沼洼及绝壁等与前述雅康间汉人房屋无异，盖为山地房屋分布之通性也。

五、关外康人较汉人为多，出关之汉人，因自然环境与生活方式之需求，其所建房屋亦渐采石屋之型式，故石屋几有超越民族界限而上之势，而成自然环境之附属体。

六、房屋与道路关系拨疏浅，严格言，关外道路仅有路线而少有路基者。有耕地然后建房屋，建房屋乃有道路，少有藉道路商旅之给养而建房屋者。

七、除重要城市村镇外，房屋极分散，彼等鲜有群聚之需要，多散居于零星之耕地旁。

康北的圣地——泰宁

尚　诚

本文原刊于 1935 年《康导月刊》第 5 期（5 卷）。此时今上、下扎坝均属泰宁实验区所辖。文中"札坝"即今"扎坝"。

一、历史沿革

（一）改流以前情形

泰宁在清初本为明正土司辖地，后因划出赏赐第七世达赖噶桑嘉措住锡，继又诞生第十一世达赖克主嘉错于下村幽幽寺，康人遂目之为圣地。

清雍正元年，青海罗卜藏丹津叛，遁入藏境，清廷遣抚远大将军年羹尧率师进剿，由打箭炉经泰宁、炉霍、甘孜入藏。时炉霍、甘孜一带，番夷未顺，沿途招抚，于泰宁筑一靴底形土城，周约四里，高一丈五尺，称噶达城，是为泰宁有城之始。

清雍正六年，西藏贝子阿尔布巴等作乱，为台吉颇罗鼐擒获，缚献清营。时清廷为杜衅端计，遂议迁第七世达赖噶桑嘉措于理塘，复由理塘护送来泰，特拨库银敕建惠远寺以居之，裁化林协，改置泰宁协，是为泰宁得名之始。当达赖住锡，果亲王护送至泰宁，置泰宁协，驻重兵，盛极一时，俨然为康藏军政重心，复收明正土司所辖地方番粮，共折银四千零九两八钱五分，悉拨充泰宁协兵饷。清乾隆、嘉庆、道光朝，瞻对土酋罗布七力及其子工布朗吉先后为乱，清廷数度用兵，泰宁仍为转运重镇。嗣后复化林协，裁泰宁协，只设把总一员驻守，由是泰宁之重要性远逊于前。

光绪三十年，商人禀请川省矿务局，转报川督锡良，饬打箭炉厅同知刘廷恕，准令商人采办泰宁沙金。刘复恐藏人阻扰生事，川督严饬进行，并派弁兵前往弹压。甫经开办，惠远庙喇嘛即率土人梗阻，都司卢鸣扬前来镇压，甫抵上板厂，即被土人围杀。四川提督马维骐由南路进兵，与土人相持于众洼。另以一部由河垭绕道进攻，寺破，遂以敉平，是为泰宁开采金矿发生冲突之经过。

（二）改流以后情形

雍正时，达赖住锡泰宁，川督令明正土司拨出土民七十余产，专为惠远寺供役，后增至一百三十余产。宣统三年闰六月，代理川滇边务大臣傅嵩炑，以各地土司业经改流，泰宁应归一律，乃令由西藏派遣驻寺之堪布将从前所领川督执照缴出销毁，是为泰宁改流之始。

泰宁当西康北道咽喉，来往所必经，形势重要。言边事者，均主张设县治，惟以地方贫瘠，不能自给。民国二年设立分县，旋即裁去，遂由道孚县辖。一部分属明正土司所辖之土著居民隶泰宁者，于民国五年均请改隶康定。由是乌拉换站败坏，迭经变乱，人民相率逃亡，口口乱后，几无法收拾。民国二十六年三月，始成立农牧垦殖实验区，直隶于西康建省委员会，民国二十九年六月，西康省政府令划康定第四区，道孚札坝区及朱倭、汤龙两村归泰宁管辖，成立设治局，以作建县之准备焉。

二、地理环境

（一）疆　域

泰宁位康北咽喉，介于道孚、康定两县之间，距省会约二百八十里，为出关乌拉第一个换站地。自成立设治局后，东以大炮山、虾卜龙山与丹巴县连界，南以中谷海子与康定县连界，北以松林口、俄噶纳与道孚县连界，西以绵延不断之雪山与瞻化县连界，西南角与雅江县连界。

（二）区　划

第一区即前泰宁实验区，居民以农业为主，兼营牧畜。民国二十六年由道孚县析出，辖有上下吉垭、中谷、八美、茶垭、河垭、少乌石等村。第二区全属牧民，即原康定县第四区，见巴、恶达、哇须、孔把等村。第三区以农业为主，即札坝区，民国廿九年六月奉西康省政府令，由道孚县划入，辖有红顶、忠义、牙初、札拖、峡拖、各底等村。每村均有一土百户世袭握统治权（札坝六土百产中以札拖曲美最强，现已统一六土百户，执牛耳，政府即假以区长名义，藉资悬召）此外尚有纳贞巴独立保，即龙灯坝子附近一带牛厂娃，辖有朱倭、汤龙两村（现有一独立保长兼队长名降初札西负统治责任）。

（三）山　脉

境内以大雪山脉为主，可分二支，一支即为泰宁丹巴界山，出道孚县境蜿蜒迄康定县之海子山；一支即由木茹俄噶纳大山发脉，绵亘于第二区、第三区之天然界线上。两山之间，即为庆达河流域。另外，即牙多石大山，绵亘于瞻化与泰宁所属札坝之间，遂为两县天然界线，亦即鲜曲河与雅砻江之分水岭。

（四）河　流

鲜曲为境内最大之河流，由道孚木茹入境，经过上、中、下三札坝流入雅江县境与雅砻江合流。次为安归子河，由下札坝流入雅江县境与鲜曲、雅砻二江会合，水势特别浩大。安归子河溯江而上，至鱼肉卡与盘龙沟塞卡河相汇，再上至庆达，即北纳，由龙灯坝子流来之少乌石河，东北纳八美、中谷、噶达诸水：此一水系构成一二两区宜农宜牧之地带（在泰宁境内，概括言之，安归子河流域构成第一、二两区，鲜曲河流域即成第三区）。此外则为板厂河，发源于海子山麓，经上、中、下板厂，热水塘，至丹巴县境流入大渡河。

（五）气　候

泰宁以夏秋为雨季，自十一月以至翌年三月，绝无点雨。午后多风，每刮至夜不止，六七月间尚见霜雪，七、八、九月常有冰雹，惟近年气候变暖，冰雹甚少，已不成灾。气温之变化极大，在冬季尤甚，相差在摄氏寒暑表十二至二十度之间。雨量较西北各地为大。

（六）交　通

泰宁当康北咽喉，来往所必经，尚无新式交通工具，一切运输，均靠牛马。

公务人员来往，必支应乌拉，差民因乌拉频繁，应接不暇，无不叫苦。康青公路业已测定，路线必经泰宁，如此路完成，则交通上之困难，必可迎刃而解。兹将旧有道路，分述于后：

1. 泰康线，分南路、北路。（1）南路由八美、中谷，经长坝春越折多山至康定，约二百八十里。（2）北路由下村格达梁子，经下、中、上板厂越海子山，经新店子、中古、五母、三道桥、二道桥至康定，约二百四十里。以上均为西康北道干线。

2. 泰道线由上村经曲垭、官寨子，越松林口，再经角卡至道孚，约一百八十里，为西康北道干线。

3. 泰丹线。有二路：（1）由下村经格达梁子、热水塘，顺板厂河而下至鹿牛，约九十里，所修泰丹驮道，即取此路线。惟山逼水急，沿河路基及桥梁，最易冲毁。（2）由下村越奶子坡，出撮日沟至鹿牛，约一百二十里，山路崎岖难行。再由鹿牛经东谷至丹巴，约一百五十里，此为支线。

4. 泰雅线。由下村经八美、塔弓寺、白桑、拔桑、东俄洛，越高日寺至雅江，约三百里，此为支线。

5. 泰瞻线。由泰宁经少乌石、色卡、中札坝、上札坝、甲斯空至瞻化。道路险恶，取道者极少。

泰宁仅有邮寄代办所一所，四川懋功邮局来往邮件，亦由此转递。

三、住　民

（一）人　口

泰宁大部分居民为土著康人，受藏族文化陶冶，彼等自称曰"播巴"。另一部分来自俄洛野番，如格西麻奢牛厂是也。余为汉、回，多来自四川，以经商作工为主要职业。人口估计第一区约三百户，第二区约二百余产，第三区约一千户，朱倭、汤龙独立保约八十余户，每产平均三人，总计平民约四千七百余人，外加各寺庙僧侣约二千余人。泰宁人口以此推算至多不过五千人左右，汉人人口约占全人口总数百分之二三。

（二）分　布

汉人聚居城市及金厂，以经商、挖金、佣工为主要职业（另有少数木工，散居四乡为康人营造，有铁匠二家，一在泰宁，一在札坝，专门修理枪械及日需铁器物品）。康人则散居各乡村，经营农牧各业。第一区以农为主，兼营牧畜及商业，分布在噶达、少乌石、八美、中谷沿河两岸。第二区与朱倭、汤龙独立保，全属牧民，附带经商，分布在色卡、龙灯坝子一带草原上。第三区概属农民，分布在河内上，中□□□□，有少数牧民均全在康定第三区住牧。

（三）语　言

此间流行之语言约四类，兹分述于后：

1. 汉话。一般侨居之汉人，通常操四川官话，侨居既久者，其子孙之语言及康人之操汉话者，往往受康语语法之影响，颠倒错乱，初听之极可笑，例如：

他马一个买了（意为他买了一匹马）。

茶拿来（意为拿茶来）。

糌粑一点点吃（意为吃一点糌粑）。

2. 西康官话。第一区（噶达）均操西康官话，可以通行全康。

3. 牛厂话。第二区（色卡）与朱倭、汤龙独立保均操牛厂话，各牛厂通行。多唇音，说话极快。

4. 札坝土语。第三区（札坝）通行，此系札坝方言，别处康人到此闻之，亦全不了解。

（四）宗　教

清雍正六年迎第七世达赖噶桑嘉措来泰宁住锡，敕建惠远寺，川督令明正土司划地拨土民七十一产，专为惠远庙供役。继达赖返藏，仍派堪布（僧官）主持该寺，即与西藏永远发生隶属关系，直至改土归流后……现该寺堪布一职，业已由西康省政府直接委任，现任为格聪呼图克图，与政府关系日益密切。

（五）卫　生

境内人民，大都缺乏卫生习惯，性病、寄生虫病、伤寒较为流行。有病辄求喇嘛寺诵经解之，如不愈，即归之罪孽深重，有死而已。

康人对于卫生习惯，虽不甚了解，但亦有较好之隔离法。例如：（1）吃糌粑之碗，每人均自备一个，随身携带，绝不借与任何人使用。（2）如某人染伤寒病，其家人即与之隔离，递给饮食，亦由洞中以竿挑进，邻居即与之断绝交往。

（六）风　俗

1. 丧葬。人死则往喇嘛寺卜卦，决定丧葬方式及日期，通行之葬礼约有四种：① 天葬：将死者置于尸场（各喇嘛寺附近均有尸场），集喇嘛多人诵经毕，吹法螺，群雕闻声毕至，盘旋上空，旋即割尸肉以饲雕，肉尽复将骨捣碎和糌粑中，群雕争啖，以食尽为吉。② 水葬：将死者足缚于一处，成屈曲状，绳端紧以巨石，舁弃于河。③ 火葬：堆木柴于旷野，将死者置其上，浇以酥油，喇嘛诵经毕，举火焚之。如死者为大德喇嘛，则筑葬塔，以尸灰贮其中，藉资纪念。④ 土葬：汉人仍依汉礼，用土葬方法，如内地然。

2. 婚姻。男女双方家长同意后，由男方先纳聘礼，女方初不使女知。至迎亲日，由男家请托亲友，至女方迎亲。迎亲人藏青稞于身，一见新妇，向新妇抛青稞。女似怒，扑前报复，由女方家人阻之。如新妇防护甚严，青稞抛弃不中，则乱撒于门。新妇骑马出门须绕住屋一转，至新郎家，新郎门前置青稞之糠秕，引火使燃。入门，先入新房，新房前置一水桶，覆以藏经、哈带等物，新妇绕木桶三，始入房，旋即出礼家神，献哈带，复入房中。此乃本父母之命，媒妁之言，亲迎礼成，正式婚媾。亦有男女自由恋爱者，互交换心爱之物以为定。如双方家长同意，即举行正式婚礼。如此方不同意，即逃至彼方同居，反之亦如是。若双方家长均不同意，则一对男女互为盟誓，即密商逃之他方，造成事实，双方家长于无可挽回当中，仍派人寻回，予以追认。

（七）娱　乐

1. 戏剧。演剧为康人之主要娱乐，演员为各喇嘛寺喇嘛，演剧日期各喇嘛寺每年均有一定，多于农暇举行。届期附近男女呼朋引类，毕集剧场（妙龄女郎显家之财富必艳服盛装以观剧，男女服饰均于观剧日着出，甚为欢乐）。上演之剧，多含宗教意义，有唱有不唱。如惠远寺每年农历六月初三日所演之剧，全属哑剧，只表情不唱，上演时先有多人各戴面具扮为神人而出，回环舞蹈，金鼓齐鸣，手舞足蹈，步度齐一，均以鼓声拍奏为准，各依方位舞蹈。舞蹈毕，即双双鱼贯而入。

2. 歌舞。每逢胜会，兴高采烈，即举行跳歌装，康语呼为"坐枪"，意即跳舞，盛装艳服，分成男女两组，互相携手，略成一圆形，中设一凳置酒及其他食物，歌舞即绕凳进行，手舞足蹈，继以歌唱，男组歌停，女组继起，互相代替，兴尽乃止。其词意义，多属赞美官吏、喇嘛及父母之词，间亦有情歌之类。

3. 赌博。骨牌极为流行，牌数较通常多一倍，喇嘛及平民中之有闲分子，常藉以消遣时日，近亦有与汉人赌牌九者。

四、经　济

（一）农　业

第一区（噶达）以青稞为主，其次则为小麦、马铃薯、豌豆、胡豆、圆根、萝卜、白菜、莴笋之属。第二区（色卡）及朱倭、汤龙独立保全属牧民，无农产品。第三区（札坝）以小麦为主，有少数青稞、马铃薯、圆根、白菜等。下札坝产冬麦、南瓜、大蒜，有桑叶，能养蚕。上、中、下札坝跨鲜曲正流，为道孚下游雅江上游，气候温和，物产丰富，人烟稠密，为最宜于农垦之区域，每年有三分之一以上农产品输出。

（二）工　业

各地手工业如织毡、织毯、织牛毛帐幕、纺毛线，均为妇女在休闲中之主要工作。以扎坝妇女所织之花毪为最佳,能自给服用。中札坝所造陶器亦佳,另有铁匠、枪工、银匠,足供当地之需要。木工为人修造,系流动性质。炭工烧桐炭,足供给本地及康定。

(三)商　　业

商业以城区为中心,有滇商四十余家,仅二三家营业较好,余均萧条,改为驮业,获利尚厚,勉可维持生计。以惠远寺资本最雄厚,有贩运货物至康定及拉萨,利必倍蓰。此外,有专走金厂之商人,获利厚薄,纯视金厂旺淡为转移。另有陕商一二家住札坝,专收土产及贩卖康人所需之货物。

(四)矿　　业

产金矿,由西康金矿局统制采购,金夫约二三百人,近年产量不旺,大不如前。二十八年河垭出旺金,金夫多至一千余人。金厂组织以棚为单位,每棚人数多寡不一。

(五)牧　　业

第二区(色卡)及朱倭、汤龙独立保与第一区之一部,草原弥望,为天然之良好牧场,西康省立八美牧场在焉。其选定此地,盖以当地牧业最有希望。就此地居民而论,业牧畜者大多富足。惟省立牧场,因种种关系,尚无显著成绩。

(六)森　　林

森林树类计有红杉、云杉、落叶松、柞树、白杨、白桦等,分布于板厂、热水塘、少乌石、庆达、八美、蒙子石、向俄、官寨子、色卡壳、盘龙沟、上中下札坝各处。板厂、热水塘、少乌石、蒙子石一带森林,交通较便,采伐亦易,为最有经济价值之森林。此外,如盘龙沟与上中下札坝之森林,面积最广,但以交通不便,未能及时开采。

(七)药　　材

药材如虫草、贝母、秦艽、羌活、大黄、赤芍、木通、木香均产。第一区虫草在极盛时代,年产一千余斤,产区在太极口、格达梁子、海子山一带,贝母平均年产一百五十斤,产品在少乌石及格达梁子一带。秦艽、羌活,盛时年可产数千斤,因价值较低,开挖较少。此外,第二区及第三区药材亦多,因康人顽梗,以为神山,禁止药夫前来采掘。

(八)狩　　猎

土人于农隙时间,间从事于狩猎。携步枪,带猎犬,入森林中寻熊、狼、鹿、獐、狐、兔之属，一经发现，射击至为准确，鲜有逃脱者。惟从事狩猎之人究属有限，且均不以此为正业，故全年仅产麝约一百枚，鹿茸数对，狐皮三四十张而已。

五、风景及古迹

（一）热水塘

在泰宁之东，距城约三十里，当泰宁至㲎牛之路，板厂河即经此而流入大渡河，两岸多山，自热水塘以上可骑马代步，以下则险峻难行，仅可通人。其地有温泉十余处，温度最高者在摄氏六十度左右，因其为石灰泉，故较之康定二道桥温泉，浴者颇感舒适，无眩晕及其他臭味。附近多森林，风景优美，当五六月之交，土人多携帐篷食具，前往嬉游，谑浪笑傲，乐而忘返，恒住宿数日或十余日，洵泰宁之天然乐园也。

（二）惠远寺

惠远寺建修于清雍正六年，曾发帑金数十万两，仿西藏达赖本庙图式建筑，为殿堂楼房一千余间，平房四百间，异常宏伟。后地震圮毁，曾一度改建，规模尚在，门首有清世宗钦赐匾额及御制碑文，汉满文并书，今尚存，富有历史价值。果亲王护送达赖入藏，曾驻节于此，赋诗刻石。现惠远寺有喇嘛二百二十五人，佛都督（即呼图克图）二人。

（三）古 城

1. 噶达土城，厚一丈，高一丈五尺，周约四里，城有东西南北四门，泰宁营驻此，大商云集，盛极一时。现城内尚可见败瓦颓垣，城门石斗，不免有沧桑之感。相传为大将军年羹尧修筑。

2. 八立溪卡石城，在中札坝牙槎，位鲜曲河口，依山临水，异常雄伟，如内地石城之建筑，有走墙、城垛、碉楼，似半月形，周约二里。对岸有一关帝庙，金矿局札坝办事处曾借住，庙内已无关帝神，汉人不能立足，汉神亦不保，良可慨也。

查坝调查记（选）

赵留芳

本文原刊于1938年《康导月刊》创刊号。1938年，对于扎坝而言，自然与人为的震动，犹如咆哮的鲜水河，无情洗刷村民。一场罕见的旱灾在1937年降临这个与世隔绝的偏远山地。其时"百里之内炊烟断绝,殁者无人棺殓,生者露处啼饥呼寒,哀傲遍野,目击伤心"。翌年年初,当时的国民政府为调查核实灾情,以便派发救赈之款。一个名叫"赵留芳"的年轻人踏上了通往这片神秘土地的山间羊肠小道。本文即为赵留芳在扎坝的所见所闻,其记述真实而详尽,为民国时期关于扎坝最为系统调查记录,但其观点却未必正确。本文标题为原题,未作改动。

一、沿革及名称

查坝原属明正土司管辖,道孚旧为道孚汛,更早为觉罗汛。汛地在今道孚县城东约二十余里之觉罗寺,后迁至道孚,更名道孚汛。道孚设县后,查坝划归道孚县辖,位于道孚县南。自县城赴其地,必经瓦日、木汝两处,先经瓦日,次及木汝。木汝与查坝毗连,过噶山即两地之分界处。

查坝二字系译音,然一般康人称呼之音,则为扎把(德格亦有一小地名曰扎把)。其文义究何所指,余尚未悉,顾无论任何异族语言,有关地名人名,须译成汉文者,总宜与原音相符,不必在汉文字义上强相附会,致失本意。循此原则,则查坝之正确译音,当为扎把。地图、公文、私函、记载、县志等,一律采用,统一标准,方不致纷杂歧出也。

查坝之坝字,余初望文思义,以为系山谷平原。又问闻人曰:查坝地方甚宽广,出产亦富。益信其为山谷平原,殊亲履其地后,知皆谬误!

二、路线及森林之用途

自木汝村尽头之亚卡,黎明即束装行,整日不见一庄房,须至上查坝之第冗寺,乃得宿处,至寺时已傍晚矣!自亚卡行,必在晨早,至木汝沟尽头处,直走通泰宁,至查坝者则向右转入大森林,渐上渐高,自亚卡行约三小时许,皆大森林,巨木参天,枯株横地,冰雪梗道。直沿东南方行,至森林尽处,前面高山三面环绕,殆无路矣!乃越西南山而过,此处三面之山,皆森林茂密,中部敞开一山坡平原,行人至此,必卸装放马熬茶(因柴水俱便),人马饱息,方行越山,即过噶山也。过噶山之阳,寸草不生,陡峻异常,皆碎石片,曲屈而下,如行壁间,知母即生于碎石片下。自熬茶起至越达山麓止,共需三小时许。

在山顶四望,罡风甚厉,见西面远山如城,高人云际,即中查坝扎拖土百户所辖地方之一部分也。自过噶山麓行约需四小时,乃达第冗寺。寺属上查坝之俄底土百户管辖,此四小时行程。除过噶山麓一短程及将达第冗寺之一部分(约十余里)外,中间皆森林,约行二小时,沿途所见者,即不及噶山森林大矣。

森林之种类，可概分为二段：上段为松林，下段为松、柏、青桐混交林，长度约相等，两山夹峙，河近左山，林则自右山顶沿缓倾斜山坡，跨河绵延。左山近河无林，林均长于山麓至山顶。左山陡如壁，右山缓如坡，路在沿坡近河森林中。河水不干枯，冬季浮冰于上，下面仍流水潺潺，盖河中大小石包最多，冰不易凝断也。余两次过其地，一为阴历腊月；一为正月，正值结冰时也，所见皆如前述。

余意此处森林，大可作为养狐养獐场所，因既不缺水，又易设栅栏。山高处，设了望楼棚，看守亦易。每过其地，经林下闻马鸡，百鸟鸣于林中，颇悦耳怡神也。假令将来政府欲办养獐养狐场，则可将路线改在左山山麓，设棚建棚，皆较容易。

自第冗寺翌晨行，下山坡达山麓，需一小时许，过沟达彼山山嘴，河成三岔形。从西北流来一河，鲜曲也。鲜曲在瓦日、木汝分界处，流入上甲斯空夹谷中，至此复见，过嘴山麓经第冗寺山下之沟渠，至山嘴汇入鲜曲向南流。

木汝乌拉至第冗寺即与上查坝乌拉交换，当差者为第冗寺木沟民。自第冗寺行约二小时许，在鲜曲河边，又换乌拉，当差者为附近鲜曲之山中民，皆上查坝俄底保之百姓也。自此换乌拉后，则直送达中查坝之亚查保俄美卓村，约二小时许，至俄美卓仅正午时分。

鲜曲自第冗寺山嘴纳小河向南流，又纳西北一小河，共同流入中查。小河上通瞻化，行一日夜无庄房，晚上须打野（即露宿），次午乃达瞻化牛厂之某寺（已忘其名）。鲜曲流在亚卓保之南，东西山谷有小溪流来相汇，遂曲屈入狭谷，南流入下查坝矣。杜果寺即在东面山谷小溪尽头处，又名兹汤寺。

自此以下为下查坝，余所未曾到者。询之下查头人及上查、中查之曾到其地者去，自此而下，约一日程，抵夹拖。夹拖，下查坝两土百户之一也。此一日程中途无庄房。有二途：一在山上，距离远；一沿河而下，距离近，但险仄难行，牛马不能过。自夹拖又一日许程，乃至各底，至雅江县界，又不知若干里矣。此次编查户口，余当乘机窥见其全豹，下查各况，容俟以后续记。

大抵查坝地形，皆大山绵亘，高峻险绝，鲜曲中贯，山谷小溪，从旁来汇入。路多在高山腰际，上下转折，时时须下马步行，有时到极陡险处，人骑马上，不敢旁视。民房皆在山之高处，农地成梯台形，盖山麓部分，大率成绝壁也。说者谓查坝地形颇似丹巴。丹巴余固未曾到，质之曾至凡巴者，可以想像查坝之地形矣。

查坝北界木汝，南接雅江，东连泰宁，西邻瞻化，东南则壹下之各底毗连长坝春，四通八达，要以通泰宁及长坝春之路为最平夷。其面积数目，则未经测量，非余所可臆度。

三、政治内容之分析

……

四、户　口

前因查赈之便，暗中曾将查坝户口详册，逃亡及现有壮丁，学龄儿童，私有武器等，皆予注明。但人民蓄疑难释，村保头人，又从旁授意于人民，因是所查多嫌不确。正月，余奉派放赈，再赴其地，事竣临返时，曾召集全查土百户村长等训话，谆嘱将户口数目，先行查确开单（康人村保造册，即开一单纸）听候，稍缓即编查户口，少报或不报者治罪，皆声诺遵办。

计前次便中所查知者：上查俄底四十六户，竹里三十四户；中查亚卓四十八户，扎拖三十二户；下查夹拖二十五户，各底四十八户。丁口则既不确实，无庸臆记。欲求翔实，须俟此次编查，责同头人村长随同实报，庶几可得较精确之统计。

查坝人民，一家多有两处或三处房屋者，因其耕地与住屋距离过远，于耕地附近，每修造庄房，仅耕作与收获时，携带粮食，于中暂居，故平时空房甚多……继以瘟疫，有全家死绝者，房屋亦因之空废。所患之病，据土人言，病状则为痢疾与闷头寒病两种。余去年腊月第一次到该地时，犹见有多数患痢疾者，惟一疗治之方，即第冗喇嘛寺集合大批喇嘛，终日诵经，为病人驱鬼。

五、民性与民俗

查坝人民，性极俭朴，但偶有往康定住居较久者，则言谈举动，即多不免狡诈不诚，与足未出境者大异矣。此等人，当在例外。

一般说来，人民俱诚悫朴讷，对汉官极崇敬，每日生活，除作息饮食之外，敬神转经而已。此外，则一概不闻不知，对于县府一切政令布告，熟视无睹，因既不晓汉文，又不懂藏文故也。称汉官为"本波"，大多呼曰"阿可"。"阿可"者，爸爸也。"阿可甲"则汉人爸爸是也。称其土百户曰"本喀"。凡"本喀"有言，则惟命是从，虽知汉官权威在"本喀"之上，然其心理上之视汉官，不过为一流徙不定之显客，但存畏敬之心而已。对于"本喀"，则如家人父子，纵情爱毫无，亦必长期维系其尊卑关系也。此皆由于人民与汉官亲近之机会太少，以及汉官不能深入民间，解除其疾困所致。有一老妇居杜果寺山沟中，其言曰："昔日闻人言汉官模样如何如何，今日方见。"如是之民，一旦欲施政教于其间，期其顺利无碍，诚非咄嗟之间，所能收效也。

因之头人村长，故得操纵其间，愚民挟官以自养。盖民畏其势，又不悉汉情，易受愚弄。假令废除土百户制，汉官多与亲近，则日久弊消矣。

至民间武力，刻尚未能确知。总之怯懦怕事，为全查一般人民之通性，与木汝娃之剽悍，恰成对照。

人民生计，艰窘异常……因之去岁收获欠佳，现大半煮酸叶及圆根叶洒糌粑粉于汤中而食。闻过去丰收之年，储积丰富者，亦终年未尝一滴酥油也。盖节俭已成风气，其粮则运之四方以求售，故查坝娃之卖粮食，到处著名，粮且极佳。家中妇女，取牛奶制酥油，制成则储积不食。以炫耀于亲友，而示其勤与富。所饲猪，俟其肥则杀而悬挂厨梁间，待其腐臭，不卖亦不食。俟其人死后，即将其一生所蓄之酥油与所积挂之猪肉，全布施于喇嘛，以为念经赎罪之用。喇嘛享食不完，则携回其俗家，与家人父子分而食之。

夫以其人终身之劳苦所得，生前不忍食些须，专为夸耀消愆而存储，工于事神，昧于事人之举动，实为社会历史学者之一大好研究材料。

查坝地方，日用所需，极感困难，不但其他消耗品不易买得，即海椒、盐、猪牛羊肉、圆根、洋芋等，亦不易买得。至夹拖民远来，岂可使耽延一日，粮少者奈何！余为顾全双方计，乃出房至空坝中发放，并给予房主藏洋一枚，曰："你今天进财了。"

……

查坝建筑，皆高三四层，盖其地形皆山坡，坡高且陡，建筑不得宽平地基延广，只能立体发展也。

二十岁左右之青年男子，多结伴入拉萨学经典。自拉萨回，乃有喇嘛资格，犹汉人昔日之赴京坐监读书然。初人本地寺庙者为扎巴，尚不能称喇嘛也。

去年腊月，二十四名扎巴入藏，今年正月，又有二十余名入藏。方入藏时，在启程之先，扎巴则有好酒美食，尽量餐用，有最摩登之衣服，尽量服用。大凡亲友之家，皆结伴往辞行，按户走到，主人无不殷勤招待之。昼饮酒，夜跳锅庄（原注：锅庄为康藏民族最普遍之舞蹈，由四五人至十余人结为一圈，中置小桌一张，上摆酒肴或点心。背微伛，左右脚循环提动，口中咿哑歌唱。虽夜以继日，皆不知倦。汉人观之，不到五分钟即恹恹欲睡矣）。闲则在主人之家，团坐诵经，皆青年健壮，服新衣，饮蛮酒如喝白水，谈笑之间，桶酒喝完，主人复另换一桶。盖扎巴到藏学经典，至少须三年乃归，或竟有不归者。家人亲友，以其行既远，别且久，又且从此皈依，非复我家人矣，故俾食好穿好，尽量快乐，以慰彼此别离之心情。扎巴在途，虽束金在腰，仍须沿途行乞，盖规矩如此也。

跳锅庄之前，一人持哈带（原注：系一种组织稀薄之布，长三四尺、四五尺不等，为常用之见面礼，其普遍之程度，有类于汉人所用之名片）入厨房，挂于灶神前（柱子上扎树枝一丛，即灶神也），口中歌诵不绝，约数十语，皆喜庆话也，盖专为祝贺扎巴进藏。男女各十余人，携手环立，分班而歌，歌且跳，息则饮酒，自八时许开始，至黎明乃止，终夜不眠，亦不困倦。当女子休息时，男子歌正酣，扎巴则视女郎嬉戏而笑，天明各散归家。余早饭后，见昨夜跳锅庄之女子等，又在山间砍柴背水矣！其精神之好，为余所叹服。

六、气候与森林

查坝气候甚暖和，余去年腊月至中查坝时，冻蝇犹四处飞扬，而过噶山则积雪没膝。今年正月秒，再至其地，见杏花桃花已全开，苍蝇活动能力，则大胜于去腊矣！闻下查坝气候更暖和，夏天蚊子臭虫甚多。盖鲜曲贯查坝南流入雅江，河各南向，故气候较道孚尤暖，草木独得先春，亦无足异。

农产品有青稞、小麦为大宗，蔬菜则圆根、洋芋。其余因土人不需，故不肯种。核桃、花椒亦为大宗产品，野樱桃尤多。以其土壤气候而论，则近河之地，可以种稻，距河较高之地，可种粮食、蔬菜、果木，与丹巴之气候无大差别，或更较好焉。

森林则阳山多树，阴山甚少，不过供土人柴薪之用而已。中查以下，鲜曲入夹谷，则两岸多山，森林茂密。余曾乘马特至夹谷处观之。闻下查森林较多，以后至其地，乃得悉所闻确否也。要之，上查山陡险，中查较开阔，下查则更陡峻而狭险矣。

七、语　言

查坝语言，除男子之曾至邻县及在喇嘛寺读过书者能知官话外，其余则均谈查坝之地脚话（原注：即当地土语之谓），然又与道孚地脚话不同。道孚土兵、通司至其地，则非说官话不可。由余说汉话，通司译成官话，再由本地通晓官话者译成地脚话，人民乃能了解。嗟乎，交通不便之害甚矣哉！木汝、查坝毗连耳，而竟言殊俗异若此。关外办事，亦云难矣！

八、交通与教育

因山势所限，交通至感困难，除拓广削平之外，别无良法现。则步行已几不可能，因山势陡峻，上上下下，不藉马力，人莫能胜其劳也。幸余骑马非外行，然每至绝险处，亦手足俱麻，莫敢旁视，关外公务员不谙马术者，则苦矣。闻下查坝之路，则竟有骑马不能通过者。险绝之状，实不敢想象。

至于教育，则人民均不知教育为何事，寺庙即惟一之学校，若不当扎巴，则藏文不识。学龄儿童则放牧牛羊，稍大者则助耕作；女童则砍柴背水，补蛮靴烧茶而已。至于纸墨笔砚，则终年未寓目者，亦不知凡几矣！

九、地　粮

……

十、寺庙与宗教

查坝共有寺庙七所，上查俄底一所，曰第冗寺，约有僧四十余人，为黄教。竹里有寺二：曰生格寺，约有僧二十余人，为红教；曰曲美寺，约有僧八十余人，为黑教。两寺合归一大喇嘛管理，大喇嘛为红教，名土德。中查亚卓有寺一：曰度果寺（又名兹汤），约有僧五十余人，为黄教，寺有呼图克图一，曰登巴赤珠。扎拖有寺一：曰扎拖寺，约有僧三十余人，为红教。下查有寺二：夹拖一，曰卡拖寺，僧约二十余人，黄教；各底一，曰亚都寺，僧约三十余人，为红教。计凡黄教三，红教三，黑教一。喇嘛寺之高利借贷，同于他地寺庙。教规之严，杜果寺较他寺为最，寺僧多为本地人，故每个土百户所属区域，必有一寺。本地之诵经消愆祈禳等事，必请本地寺僧。僧有俗家者，寺中无事，或多居家助理家事，同于俗人焉。

十一、诉讼状况

查坝地方辽阔，距道孚县城又远，其民多终其身未离故乡一步者。以故关于诉讼事项，恒投诉于其土百户或本地之喇嘛寺，是非曲折，由土百户与喇嘛等一言即决，不敢反对。甚至人命索件，亦由土百户喇嘛等从中判和，赔偿命价。大概查坝本地之民与民间，绝无到县府兴讼者，有则属地不同，非其该管土百户喇嘛所能解决者。其私擅司法权，亦不能偏罪土百户。盖交通不便，距县复远，人民毫不了解汉情，势有所不得不然也。

十二、渔　猎

鲜曲河流经查坝，产鱼甚少。土人亦不食鱼，故从事渔业根本无之。其地盛产獐、鹿、狐、豹，土人猎取者甚多。康定陕商，间有派人往其地收买麝香者，麝香且多，土人储而待之，故查坝除著名为卖粮食之地区外，产麝香亦甚著名。

十三、牛　厂

余闻木汝查坝皆有牛厂，然屡过其地，未之见也。询之村保，乃知牛厂皆居高山顶，及山顶平原草坪中，沿大路皆农作地区，故只见庄房，而未见牛厂也。

木汝牛厂多在接近泰宁与朱倭、汤龙等地方。查坝牛厂，则在杜果寺至泰宁方向，下查尤多。……今牛厂户数既大减，而牛羊不如以前之多矣。此次编查户口，当可亲往见之，藉便明了其内容实况也。

雅砻江

李亦人

本文选自正中书局 1941 年 5 月版《西康综览》第一编第二章"西康之山川"第二节"河流"，标题为编者所加。

雅龙江（亦名小金沙江）有东西二源：西源出青海由石渠而入西康境，经邓科、德格而至甘孜；北受绒坝岔诸水，西受白利河之水，至瞻化始名雅龙江。至雅江之北，而与东源会合，东源出巴颜喀喇山，东南青海之固察，入西康上俄洛，经甘孜之东谷乡，而至炉霍之朱倭至上查坝；西受瞻化甲斯土之水，下流百余里；东受泰宁河之水，入雅州县境而与西源会合，经九龙、盐源至冕宁；东会安宁河南流，经盐边境而入金沙江。

道孚县

李亦人

本文选自正中书局 1941 年 5 月版《西康综览》第一编第三章"西康之县区"第一节"康属各县"，标题为编者所加。

东至党岭，交丹巴县界；东南至官寨子交泰宁界；南至雅龙江峡，交雅江县界；西至热噜山，交瞻化界；西北至将军梁子，交炉霍县界；北包鱼科草原，交绰斯甲界。面积七千方公里。

全境属鲜曲河谷，鲜曲旧译谢楚河也。自炉霍东南流入县境，折入雅龙江，县治当其转折处，自此以西北河各宽坦，为故麻书、孔撒两土司辖地。自此以南，河谷深狭，为明正土司属地。自此以东，包有鲜曲支流，可卡河流域，为旧单东革什咱土司属地。自此以北，为旧鱼科土司牧地。改流后，因各旧境画[划]为孔撒、麻孜、明正、瓦日、革西、查坝、鱼科等区，有灵雀寺，霍尔三大寺之一也。

附 泰宁区 东至□岱，交丹巴界；东南至海子山，交康定县；南至中古梁子，交康定木雅乡界；西逾靖达，交查坝界；西北逾高日卡，交康定第三区牛厂界；北至官寨子，交道孚竹窝汤龙牛厂界。面积约九百方公里。

区域为与上木雅相似之高原阔谷，旧为道孚之一区，近以地位重要，画[划]为垦殖实验区，直属省府。有惠远寺，雍正七年建，境内富有金沙，清末迄今采掘失败。

康族

李亦人

本文选自正中书局1941年5月版《西康综览》第三编"西康之种类"第二章。对扎坝藏族族源研究有一定参考价值，故编入。

康族人口之数多于西康各族，分布亦广。据任乃强《西康图经》，合并波密、工布两部估计为六十八万人。假定波密工布为八厅人，康族尚有六十万之多。以此估计，与清末赵尔斗呈报民族部之数目比较，约多三分之一，是则不过四十万人之谱。然此两数，时有先后，人口之异动为出生死亡等，孰增孰减漫无统计，究不能认为确数。又据前武成县县长周晏如曾谓：武成县有二千一百余户。周君握篆武成六年之久，知之固详，而较以任君估计之二千一百户，似又不止六十万。推原其故，或系西康差役频繁，难免无漏报户口，用以规避者。改私人估计之数，多出于官厅编查之数也。其分布区域，除宁、雅两属十四县两设治局，及泸定、波密、工布、白马岗外，各地俱有。此外则散布于川之松、理、茂、汶、懋五县，缓、抚、崇三屯，滇之中缅、维西，甘之西南边境各县与青海，其语言风习大致相同。

自唐迄宋，康族曾服属吐蕃，宗教语言文字均受同化，遂有西番之称，或谓为藏族；然康族与藏族实为两种族，不容混淆，本编第三章尚详述之。曰番、曰藏，皆属不宜。如因古为羌仍称曰羌，亦不通俗，故名之曰康族。此族何时移来，既难详考，或其帝封昌意于若水，戍兵镇抚巩固边围。当是时已有人来居，《禹贡》称："河首部落为昆仑，河曲部落为析支"。应邵谓："析子为河曲。"汉犹称羌中，更彰彰也。

康族富于强悍特征，薄于种族观念，苟与无争，可相安处，互通婚姻，是以其他民族之血液混入正复不少。昌意以来，汉族入康不知变。吐谷浑征服青海，服属羌族后，鲜卑族之迁入，血液又为一混。今之玉树二十五族，西康三十九族，及居于川、甘、青三省边境之康族，其含汉、鲜两族血液当甚多矣。

吐蕃盛时，服属全康，厥后衰亡，而交众往来，康藏通婚，未尝断绝。云南木氏盛时，征服康南乡、稻尔县城边境，今犹杂居。世称古朱族者，即含摩些族血液是也。他如潞子、狯子与康族血液混合之事实，英人瓦特曾一再提及，是康族又非单纯之种族矣。……

康人职业素以畜牧牛、羊、马等为重，少者数十百头，多者数头。近年虽有习耕者，究属寥寥。康地出产以青稞为主，不重蔬菜，日常所食，以青稞制作糌粑，故蔬菜无所用也。康人居住，垒石数丈为碉，其顶平坦，门开下级，内置独木梯，可通上层，游牧人则住牛毛帐篷，形如覆钵。康人衣著以羊皮为衣，面不挂布，缘饰宽二寸许，或以色布为之。间有睿者绸缎为面，或著氆氇，衫袖长而大，下垂过膝，领圆无钮，旁不开岔，合襟束带，裾与膝齐。从衣为囊，中置日常零星用品，右臂裸时，袖扎腰际。盛慨时腰繫薄克，形方如带，以及小刀、火链、骨髑等物。男子尤好佩刀，鞘亦精美。近年则有负枪者，易成好勇斗狠之风，良有以也。女子则繫拭巾，其最改革□则多不著裤也。康人礼俗，席地而坐鞯褥，鞯褥层数之多寡，恒以官秩之高下而定。访谒拜会进[敬]哈达为礼，遇官长军队手挈壶浆以欢迎之。婚姻从父母之命，兄弟数人共娶一妻，或姊妹母姑共养一婿为夫。故一妻多夫，及一夫多妻之制，殊为盛行。土司头人间亦有多妻之习，而一夫一妻者，则罕见焉。

藏　族

李亦人

本文选自正中书局 1941 年 5 月版《西康综览》第三编"西康之种类"第三章。文中谈及东女国，对扎坝藏族族源研究有一定参考价值，故编入。

藏族为一单独种族，与康族有别，吕思勉《中国民族史》辨之详矣。然自来康族著述攸认康藏为一族，而统称藏族。考诸往史，有不能强者。黄帝之时，康族已据有黄河雅龙江上游地方，已如前章所述，兹更录《中国民族史》之藏族来源云：

"今地理学家所谓西藏高原者，就地势别之，可分四区：南山之南岗斯山之北，诸大川上源之西，地势高而且平，水皆储潴为湖泊一也。雅鲁藏布江之东，巴颜哈利山之南，大渡河之西，伊洛瓦谛江、怒江、澜沧江、金沙江、雅龙江之所贯流二也。喜马拉雅之北，冈底斯之南，雅鲁藏布江之域三也。第四区为印度阿利安人分支，吐蕃兴起之地，第二、第三两区皆羌地，第一区，则今所称为藏人者之故居也。"

[此处引吕文不全且有误,原文如下:"今地理学家所谓西藏高原者,就地势别之,可分四区:南山之南,冈底斯山之北,诸大川上源之西,地势高而且平,水皆潴为湖泊,一也。雅鲁藏布江之东,巴颜哈利喇山之南,大渡河之西,伊洛瓦谛江、怒江、澜沧江、金沙江、雅龙江之所贯流,二也。巴颜喀晰之北,南山之南,黄河上游及青海所潴,三也。喜马拉雅之北,冈底斯之南,雅鲁藏布江之域,四也。第四区为印度阿利安人分支吐蕃兴起之地,第二第三两区皆羌地,第一区,则今所称为藏人者之故居也。"]

藏族居于藏,西康之嘉黎、大昭两县亦为藏族,其人口数目向无精确统计。虽《西藏奇异志》所记:"人口尚属繁密。"殊不足以表明人口之的确。志中称为光伯府,藏政权设立七县,任乃强君估计为五万一千人。

藏族之北出名,为嚈哒。南北朝所谓女国,唐时所谓东女国,即其留居后藏者也。《玄奘西域记》:"其地在大雪山中北距于阗,东接吐蕃。"[此处引文不全,《大唐西域记》原文如下:此国境北大雪山中,有苏伐剌拿瞿呾罗国,出上黄金,故以名焉。东西长,南北狭,即东女国也。世以女为王,因以女称国。夫亦为王,不知政事。丈夫唯征伐、田种而已。土宜宿麦,多畜羊马。气候寒烈,人性躁暴。东接吐蕃国,北接于阗国,西接三波诃国。]正今后藏之地。大月氏西徙后,史述其俗,多同大夏,其居山南者,号小丹氏,俗与羌同。藏人有多夫之习,史载四裔诸国,有此习者始于嚈哒,则嚈哒者藏族之首见于史。惟羌俗为多妻制,与嚈哒之多夫适相反矣。惟嚈哒于开元以后不复见载于史,今日康族多妻多夫,一夫一妻之习,俱为所有,其多夫之习,或受吐蕃灭东女国,服属康郡之后,有所传入,又以适于高寒地带,人民之经济状况而存在矣。观南诏与韦皋书有云:"西山女王见夺其位。"[此出《新唐书》,原文"往退浑王为吐蕃所害,孤遗受欺;西山女王,见夺其位"]嚈哒为吐蕃所灭,殆可信欤。

藏人所居皆建重屋,如羌族之居碉,屋之层数可别尊卑。王九层,国人六层。气候多寒,射猎为业,产盐甚丰,行销天竺,其利倍蓰。身女披发彩色涂面,日数改之。

明正宣慰使司

李亦人

本文选自 1941 年《西康综览》第四编"西康土司"第一章第一项。附表一录于"明正土司所辖大土司一览表";附表二录于该书第四编第三章"西康土司现状"中"西康各区土司近况调查表",两表均只列出与扎坝有关内容。

明正宣慰使司驻打箭炉(今康定),亦称明正长河西角鱼通宁远军宣慰司,元治置三安抚司,明令置长河西、鱼通、宁远三者为一宣慰司,阅三百年传十数世最为恭顺,清仍称之曰明正土司。然其印文则仍曰"长河西鱼通宁远宣慰司",不称明正。所管部落东南与四川之越嶲(今画[划]归西康)县境毗连,北接章谷屯,东自冷远(今冷碛属泸定县)土司起,西至中渡之里塘土司止。所辖计番民十三庄,安抚司六,七千户一,土百户四十八,故明正为众土司之首领。清宣统三年,照民政部奏准各省土司改流之案,令明正土司甲木参琼珀(明正土司姓甲木,相传为前清果亲王之后,因甲木二字乃果字之分也,今鱼科姓甲木者尤多云),缴印改土归流,民国二年改康定县。

附一:明正土司所辖扎坝土司一览表(选)

住牧地	住牧土官	管辖户口	备
上渣坝叠额	上渣坝叠额土百户	一百户	今道孚扎坝乡
上渣坝卓泥	上渣坝卓泥土百户	一百五十户	
中渣坝热错	中渣坝热错土百户	一百三十户	
中渣坝泥	中渣坝泥土百户	一百户	
下渣坝业洼石	下渣坝业洼石土百户	一百户	
下渣坝业藏石	下渣坝业藏石土百户	一百八十户	

附二:西康扎坝土司近况调查表(选)

县别:道孚

旧有土司	现存后裔姓名	现住地方	是否任有公务	家族男女人数	现有产业概况	现在是否恭顺	备考
牙搓土百户	有子年十余多姓名未详	渣坝八理	子幼现由村众公推村长代理	男三人女三人		待查	

续表

旧有土司	现存后裔姓名	现住地方	是否任有公务	家族男女人数	现有产业概况	现在是否恭顺	备考
俄德土百户	罗布	渣坝布基	村长	男三人女三人	待查		
甲拖土百户	有弟喇嘛次贞琼白现由村众迫令还俗	渣坝木科	村长	男一人女一人	待查		前土百户全家为牙槎前土百户甲马袭杀,其弟次贞琼白仅免,村众迫令还俗,婚娶延嗣,并抚理全村事务
扎拖土百户	有侄奇麦	渣坝贡拖	村长	男三人女二人	待查		以上渣圾六村地方险远,民俗犷悍,皆屡叛屡抚之夷,向各设土百户一人,改土归流后名虽更,积习犹存,土百户仍能行使权威。往年甲拖、牙搓两土百户,自相残,该地土百户六,现存四人,近尚恭顺
朱你土百户	子高松杜吉	渣坝	村长	男二人女三人	待查		
噶德土百户	女婿夺吉	渣坝	村长	男一人女二人	待查		

扎坝区喇嘛寺名称调查表

李亦人

本表编选自《西康综览》第五编"西康之宗教"附表。

县别：道孚县

区别	寺名	教别	僧数	守寺喇嘛姓名	备
杂坝	枒槎村独呷寺	黄	四五	呼图克图洛松	
	枒槎村俄德寺 枒槎村德戎寺	黄	三二	呼图克图木扎	
	扎拖村扎拖喇嘛寺	红	三四	呼图克图仁青	
	噶德村噶德喇嘛寺	红	二八	呼图克图之马	
	甲拖村独格寺	黄	五零	呼图克图白与夺吉	
	朱你村渣功寺	黑	二二	他本惹	

民国扎坝区喇嘛寺名称调查表

刘赞庭

本文选自《民国道孚县图志》"寺院"。该书系根据今重庆图书馆所藏民国时期的刘赞庭油印稿和北京民族文化宫图书馆搜集到的少量资料汇编复制而成。原书"寺院"一节只附一表，并无正文。我们摘选与扎坝相关内容，另加标题。

寺名	地点	教别	僧数	主教
撒洼寺	甲拖村	黄教	五十余人	马夺吉
噶德寺	噶德村	红教	二十余人	呈马
扎拖寺	扎拖村	红教	三十余人	仁青
德绒寺	俄德村	黄教	四十余人	曲木扎
得卡寺	枒槎村	黄教	四十余人	洛松

民国扎坝喇嘛寺名称一览表

佚 名

本文选编自民国《道孚概况资料辑要》"道孚喇嘛寺名称一览表",另加标题。"扎坝"原文中为"杂坝"。该书1940年由成都祠堂街玉林长代印,原丛书题为《川康边政资料辑要》,线装16册,收录川康各地区概况。每地分别记述疆域、沿革、山脉、河流、气候、建置、种族、户口、官制、交通、民政、司法、财政、教育、警团、垦务、产业、礼俗、生活情形、语文、宗教等内容,附有1:20000比例尺的地图,开本22.8×14.4厘米,手工纸,每册90页。

村别	寺名	教别	僧侣人数	掌教堪布姓名	备考
枒槎	独呷	黄	四五	洛松	系呼图克图
俄德	德绒	黄	三二	曲木扎	同
扎拖	扎拖	红	三四	仁青	同
噶德	噶德	红	二八	芝马	同
甲拖	独格	黄	五零	白马夺吉	同
朱尼	渍工	黑	二二	他木惹	同

民国扎坝面积调查表

佚 名

本文选编自民国《道孚概况资料辑要》"西康道孚县面积调查表",另加标题。

区名:杂坝

纵长里数	横长里数	面积方里数	耕地面积方里约数	牧地面积方里约数	备考
九七	八二	七六〇〇	一·九	一二零	

扎坝乡

佚 名

本文选编自民国《道孚概况资料辑要》"区别",标题另加。

查坝乡,位置县极南。分牙槎、俄德(上查坝);啄托、朱你(中查坝);葛德、甲拖(下查坝)六村,共有康民六百余户。原隶明正土司,设土百户六人治之。归流后改称村长,划为一乡。

扎坝土司一览表

佚 名

本文选编自民国《道孚概况资料辑要》"民十九年西康特区政务委员会土司调查表",此表与以后《西康综览》中"西康土司近况调查表"大同。标题另加。

旧有土司	现存后裔姓名	现住地方	是否任有公务	家族男女人数	现有产业概况	现在是否恭顺抑或强顽	备考
甲拖土百户	有弟喇嘛次贞琼白现由村众迫令还俗	渣坝木科	村长	男一丁女一口	待查		前土百户全家为牙槎前土百户甲马袭杀,其弟次贞琼白仅免,村众迫令还俗,婚娶延嗣,并抚理全村事务
扎拖土百户	有侄奇麦	渣坝贡拖	村长	男三丁女二口	待查	以上渣坝六村地方险远,民俗犷悍,皆屡叛屡抚之夷,向各设土百户一人,改土归流后名虽更,积习犹存,土百户仍能行使权威。往年甲拖、牙槎两土百户,自相残,该地土百户六,现存四人,近尚恭顺	

续表

旧有土司	现存后裔姓名	现住地方	是否任有公务	家族男女人数	现有产业概况	现在是否恭顺抑或强顽	备考
朱你土百户	子高松杜吉	渣坝	村长	男二丁女三口	待查		
噶德土百户	女婿夺吉	渣坝	村长	男一丁女二口	待查		以上渣坝六村，地方险远，民俗犷悍，皆屡叛屡抚之夷。同各设土百户一。改归流后，名义上存百户，仍能使权威。往年甲拖、牙积习。该土百户地自相残，六人仅存四人，近两年尚觉恭顺，别无异状

扎坝乡牲税表

佚 名

本文选编自民国《道孚概况资料辑要》"道孚牲税表"，标题另加。

银数（藏洋）以元为单位	说　明
二一零点零	查坝上中下三村，每村认完七十元

民国道孚风俗

刘赞庭

本文选自《民国道孚县图志》"风俗"。著者刘赞庭。该书系印稿编成，字大多模糊不清。

本县为霍耳瓦述藏族土著及汉人五族杂处之地。人民仆实。自改土归流从还数十年半同化……

交通之皮船

刘家驹

本文选自民国二十一年（1932年）新亚细亚学会编辑出版的《康藏》第九章第四节，著者刘家驹（1900—1977年）为社会活动家。藏名格桑群觉，藏族，巴塘人。1929年任西康巴安国民协进会副会长。1932年出任蒙藏委员会委员兼九世班禅行辕参议，后专任班禅行辕秘书长。九世班禅被任命为"西陲宣化使"后，改任该使署兼任秘书，先后随班禅至内蒙、北平、杭州等地弘扬佛法。《康藏》一书具有百科记述、文约义丰、图文并茂三大特点，产生于中国藏学初创时期，具有奠基意义。

康藏陆路多而水路少，除前藏雅鲁藏布江沿江之多吉、扎曲水、列东香港、念竹卡，后藏之打竹卡、巷噶西、西康之雅龙江、雅江（河口）、金沙江上之牛古渡、竹巴龙等处，有容数十人之官渡置水船一二只外，其他小河支流，均用皮船渡人。其船圆如龟壳，或作长方形，内撑硬木细条，外套生牛皮，以松油糊其隙，大者可容十余人。渡时只需三尺长小桨，舟子一人，随唱随荡，颇觉敏捷；惟翻船之事，则时有所闻。

交通之隐患

佚 名

本文选编自《道孚概况资料辑要》"交通"。标题另加。

民国九年，始于泰宁增设乌拉站，以替八美（八美遗民，皆附泰宁支差），于是南北往东，皆由长坝春，经中古、泰宁、松林口，惟过站之风，仍未□息，差民苦痛，毫未衰成。民十五年，道孚知事欧阳华即任，始召各站头人缔约永禁过站，违者严罚头人，仍偿脚价，此风既弥，匪患亦息，惟松林口丛林参天，恒三十里，其东南北三面，又皆旷邈草原，百里无人居，木茹、查坝与革西麻蛮户，时出行劫，仍赖知事欧阳华邀木茹、查坝蛮至铜佛山（木茹、查坝从不受召入城），晓论祸福，诫毋劫掠，同时严防松林口，附近牛厂，严防劫掠，如或出事，惟牛厂首人是问，昔松林口为著名险路，近年则清静与关内相同，北道安宁皆欧阳之力也。

道孚南路之交通

佚 名

本文选编自《道孚概况资料辑要》"交通"。标题另加。

南路沿东谷河，东岸而下，八十里瓦日，六十里阿曲牛厂，逾贺中山上下七十里上噶坝，七十里中噶坎，八十里下噶坝（亦名渣坝），南通雅江县。

气 候

梅心如

本文选编自梅心如著《西康》第九章"道孚"，由正中书局1934年8月出版。此书为作者奉命派赴川康两地考察实业建设后的报告。文中"淬坝"即今"扎坝"。标题另加。

[道孚]附城五区气候均甚暖和，在盛夏六七月时，平均每日温度恒在摄表二十二度二十四度之间，泰宁地较高寒，榆科乡则地更高寒，瓦日、淬坝较暖和。

河流

梅心如

本文选编自梅心如著《西康》第九章"道孚",由正中书局1934年8月出版。标题另加。

县境内河流有三,一血日河,自炉霍来,由麻孜区入境,至县城南,会自党岭发源之龙步沟河,与自松林口来之大热河合流,南入雅龙境。河面宽数丈,不通舟楫,水浅处,乘马可渡。

面积

梅心如

本文选自梅心如著《西康》第九章"道孚",由正中书局1934年8月出版。文中"渣坝"即今"扎坝"。标题另加。

东至党岭百四十里交丹巴界,东南至松林口接康定之上牛厂,六十里复为本县泰宁乡,又八十里至中古梁子,接康定下牛厂界,南逾渣坝乡交雅江界,二百三十里,西以麦科山脉与瞻化接界,西北至将军梁子交炉霍界,八十里,北至鱼科寺接曲思家土司地,一百二十里。

遇阻鲜水河

李承三

本文选自李承三著《西康地质调查旅行记》第八章"往返麦科道孚间",由镯立出版社1941年5月出版。此书为作者以科学调查团地质组成员身份入康考察的报告。标题另加。

李承三(1899—1967年),河北涉县人。河南大学毕业,德国柏林大学哲学博士生毕业,南京中央研究院、中央大学、重庆中国地理研究所、重庆大学、中山大学、国立女子西南师范学院、师范学院等院校教授、研究员。著有《地质学》等著作，先后发现了西康来子沟铁矿、漳腊冰川式沉积沙金矿、大巴山冰川地形、嘉陵江离堆山地形等。

十四日上午同郭君到河边，拟渡对岸，沿鲜水河向南考察地质，西北风骤起，吹力甚大，几难站立，此即前云道孚黄土生成所赖之定期风也。惟此次适当新雨之后，风虽大，但无尘砂。船因风大，停泊对岸，候渡者计有喇嘛、妇女及余等八人。风愈吹愈猛，寒冷异常，且北方黑云密布，大雨将至，过渡无望，遂遄返锅庄。少顷，雨至。

下编

1949年后扎坝藏族研究文献专题辑要

一、1949年后扎坝藏族研究与调查专著

书　　名：藏彝走廊民族历史文化
作　　者：李绍明
出　版　社：民族出版社
出版年份：2008年7月版
页　　数：362

本书为"藏彝走廊研究丛书"之一，是作者关于藏彝走廊民族、历史、文化研究的论文集。藏彝走廊的调查研究虽为时甚早，但直到20世纪末期才由费孝通先生提出为民族学的一个民族区域概念并由此发展属于民族走廊学说。作者从20世纪50年代迄今一直关注此区域并在此进行民族学与民族历史文化的调查研究。自费先生提出藏彝走廊概念后，作者继续倡导这一学说并付诸实践。

《藏彝走廊民族历史文化》收录了作者关于藏彝走廊研究的代表作27篇。其中有关于藏彝走廊及民族走廊学说的综论、阐述与探讨，有对藏彝走廊中西南丝绸之路要道的调查与研究，有对这一走廊中一些主要民族如藏、彝、羌、纳西与傣等民族以及一些古代民族的研究，基本体现出了作者对藏彝走廊民族、历史、文化的思考与系统看法。同时，也反映出这一阶段学术界对藏彝走廊的研究情况。

作者在《马长寿与藏彝民族走廊研究》《藏彝走廊族群互动、文化多样及和谐共处问题》《藏彝走廊研究中的几个问题》《康巴文化简论》与《康巴学简论》等文中多处论及扎坝藏族的语言与文化，认为其是康巴文化多元一体的典型代表之一，也是康巴学丰富文化多样形态的鲜明体现。本书还是关于"康巴学"学理基础与构成形态的重要著作之一。

目　录

费孝通论藏彝走廊　　　　　　　　　　西南丝绸之路与民族走廊
马长寿与藏彝民族走廊研究　　　　　　"藏彝走廊"研究与民族走廊学说

藏彝走廊族群互动、文化多样及和谐共处问题
藏彝走廊研究中的几个问题
丝绸之路岷江支道的重要作用
南方丝绸之路滇越交通探讨
金沙江文化简论
康巴文化简论
康巴学简论
简论牦牛文化与牦牛经济
古蜀人的来源与族属问题
关于羌族古代史的几个问题
从石崇拜看禹羌关系
唐代西山诸羌考略
关于凉山彝族来源问题
关于东爨乌蛮诸部的族源问题
唐代西爨及昆明的族属问题
从康南石板墓论纳西族族源
论川滇边境纳日人的族属
少数民族开发盐源盐业的贡献
傣族北上入川的实例
凉山、渡口瓮棺葬及其族属问题
说邛与邛竹杖
邛都夷与大石墓的族属问题
僰人及僰文化问题
我的民族学田野调查研究生涯
后记

书　　名：康巴史话
作　　者：格勒
出　版　社：四川美术出版社
出版年份：2014年7月版
页　　数：398

　　本书是部深度挖掘康巴历史文化的典籍。作者从康巴地区的人文、地理、历史、宗教等处着眼，将发生在这片土地上的一系列历史事件按年代和朝代顺序串联，呈现了一部波澜壮阔的康藏民族演变史、康巴文化发展史、民族文化交融史以及民族团结进步史。

　　作者在族属问题中谈到："戈"人从事农业生产，善于治水，居石洞，葬用无底石棺。今东至岷江流域，西到大渡河流域的广大地区发现的大量石棺葬就是古代"哥"或"戈"人生活的见证（我们通过调查了解到，小金纳月山、丹巴革什扎、巴底、中路、金川等地均有石棺葬出土，但未正式发掘）。"哥"或"戈"人被藏族同化后自称"格戎"，他称嘉绒，久而久之，有些地方的"哥"人也自称嘉绒。今马尔康的木尔宗，金川的观音桥，丹巴的革什扎，道孚的城关和瓦日、炉霍的仁达，新龙的下占区等地之现的尔龚语，即李绍明所说"与'哥邻'语相近"的语言，可能与古代"哥"或"戈"族的语言有关。

尔龚语又称道孚语。除嘉绒地区马尔康的木尔宗、金川县的观音桥、丹巴的革什扎（有人把巴旺话也纳入尔龚语，据我们调查巴旺话与四土话相通，属于嘉绒语。）、道孚的城关和瓦日之外，新龙、炉霍还有少数操尔龚语的人。这些夹杂在藏语中的零星羌语支语言的插花语，无疑是被藏族同化、融合的某一支古氐羌语的残留。它们仅保留在某些村落和山沟之中。1985年，我们在实地调查时记录了嘉绒四土话、马尔康木尔宗话、达维话、小金话、丹巴革什扎话和康巴话各90个单词。其中马尔康木尔宗与丹巴革什扎的语言最为接近，在90个单词中有58个读音基本相同；马尔康达维与丹巴革什扎有37个单词的读音基本相同；四土话与丹巴革什扎话有33个单词的读音基本相同；四土话与马尔康木尔宗话也有34个单词的读音基本相同；康巴话与丹巴革什扎话比较，有24个单词的读音相同。从这90个单词的记录比较来看，尔龚语（包括革什扎和木尔宗两地话）与藏语的差别已超出藏语方言之间的差别。据语言学家调查，尔龚语与羌语之间的同源词占26.1%，而羌语与藏语之间的同源词占11%。同源词多少是确定宗属语言远近的一个重要的依据。从上述的比较情况来看，尔龚语显然同羌语比较接近。

与尔龚语同属于羌语支的语言还有木雅语、史兴语、贵琼语、扎巴语、普米语等。其中木雅人和普米族的来源与先秦时期的牦牛羌有较密切的关系。以此分析，这些零星夹杂在藏语支与彝语支之间的说羌语支语言的群体，历史上具有同源异流的关系，即他们同出自从甘青地区南迁的牦牛羌，以后分散各地，彼此隔绝，各自发展，形成了许多支系集团。

唐代载于史籍的"哥邻"羌，当是其中的一支。唐以后，哥邻羌逐渐丧失自己的民族特征而融合于藏族之中，但其语言还未完全被同化掉，保留了一定的原貌，这就是尔龚语。

关于东女国，作者认为：据任乃强先生考证，"康延川"即今昌都一带，所谓"大小八十余城"，指其重辖有80余"纵"，即农业聚邑。大抵而言，"昌都、察雅、类乌齐、八字、察窒龙、盐井、门空、贫台，北至隆庆，西至丹达山之地，皆旧东女国境"。东女国东与茂州（今四川茂县一带）交界，东南与雅州（今四川雅安一带）交界，包括了今四川阿坝茂县以西，甘孜州的巴塘、理塘（白狼夷故地）以北及整个昌都地区，范围十分广大。当时东女国有人口4万余户，胜兵1万余人，散布于山谷之间的80余座集镇之中，所居之处均筑"重屋"，即碉房：一般民众所住的为上下6层，而女王所居则有9层，这表明了东女国有高超的建筑水平。东女国还使用文字，"文字同于天竺"；盛行历法，"以十一月为正"，即以十一月为一年之始。同时认为，东女国文化最突出的特点之一，就是以女性为中心和女性崇拜的社会制度；较为独特的有鸟卜之风和丧葬制度；流行服饰尚黑和赫面之俗。

关于康巴藏区的石碉楼,他认为今天分布在石碉文化区域诸地均有属于羌语支的语言分历,这些语言早在上千年前就存在于这些地区了,故这些操羌语支语言的先民应是石碉的创建者。

目 录

第一章 绪论
第一节 美丽康区圣洁甘孜
第二节 何谓康巴
第三节 康巴文化的多样性
第四节 为何写《康巴史话》
第二章 康区远古时代
第一节 远古人类的故乡
第二节 新石器时代昌都卡若人
第三节 石棺葬的人
第四节 我在新龙谷日发掘的石棺葬
一、墓葬概况
二、出土器物
三、出土一个完整的头颅骨
四、年代
五、族属问题
第三章 康区古代居民
第一节 秦代南徙康区的古羌人
第二节 牦牛羌的分布和牦牛的神话传说
第三节 "旄牛徼外"纳入郡县范围
第四节 驰名中原的"白狼"部落
第五节 东女国与美人谷
第六节 附国就是吐蕃
第七节 郭达将军造箭的传说
第八节 古代西南民族的摇篮
一、藏缅语族先民的居住地
二、夏尔巴人的故乡

第四章 吐蕃统一与康巴藏族的形成
第一节 吐蕃统一前西山诸羌
第二节 吐蕃的统一事业和康巴藏族的形成
第三节 吐蕃同化、融合西山诸羌与嘉绒藏族的形成
第四节 白兰羌与格萨尔"白岭国"
第五节 党项与"木雅娃"起源的传说及史证
第六节 历史的足迹——文成公主庙和勒巴沟岩画
第七节 "公主桥"与"塔公寺"的传说
第八节 吐蕃南下迪庆
第九节 昌都仁达摩崖石刻和造像
第十节 "邦金洛"与吐蕃王朝的崩溃
第五章 "茶马互市"与汉藏关系
第一节 宋代的治藏政策与茶马互市
第二节 元、明、清与茶马互市
第三节 "茶马古道"与马锅头和背夫的故事
第四节 "茶马古道"的历史和现实意义
第六章 元代康区
第一节 元朝的统治和施政
第二节 萨迦派教派东扩
第三节 噶举派(白教)在康区的活动
第四节 八思巴路过康区
第五节 元代入康的汉族——陕西人

第六节 "霍尔巴"的来历
第七章 元代崛起的德格土司及其印经院
第一节 元代崛起的德格土司
第二节 德格印经院
一、史略
二、组织及经营
第三节 宝库
第八章 明代康区
第一节 明朝的统治与政策
一、统治设施
二、"崇教礼僧"政策
三、"大宝法王"与昌都
四、"护教王"与昌都
第二节 明正土司与康定城
一、明正土司的兴起和发展
二、古老的康定城
第三节 鱼通土司
第四节 丽江木氏土司和纳西族迁入康区
第九章 固实汗与康区格鲁巴寺院
第一节 固实汗统一康藏地区
第二节 霍尔三十寺及其创建者霍尔却杰昂翁彭措
第三节 大金寺
第四节 寿灵寺
第五节 藏传佛教传入云南迪庆与松赞林寺
第六节 甘孜藏族地区第一座黄教寺院——长青春科耳
第七节 昌都四大呼图克图和强巴林寺
一、帕巴拉呼图克图世系
二、察雅切仓罗登西饶呼图克图世系
三、类乌齐帕曲呼图克图世系
四、八宿达察济咙呼图克图世系
五、强巴林寺
第八节 乡城桑披寺
第十章 清朝对藏区的用兵和康区移民
第一节 清朝对藏区的用兵和对康区的统治
第二节 源源不断的汉族移民
第三节 彝族迁入九龙和泸定
第四节 幸存的"嘉绒娃"
第五节 移民丹巴的羌族
第六节 清代迁入色达草原的阿虚色达人
第七节 清代进剿"三岩"与神秘的"帕措"组织
一、清代进剿"三岩"
二、神秘的"帕措"组织
第十一章 清代的土司和土司制度
第一节 土司制度概述
第二节 德格土司的衰落
一、土司与头人之间的矛盾
二、土司内部的争权夺位
第三节 甘孜孔萨土司的兴衰
第十二章 出生在康区的四个达赖喇嘛和木里大喇嘛
第一节 七世达赖与惠远寺
一、噶桑加措生平
二、惠远寺与果亲王
三、惠远寺与泰宁金矿事件
第二节 九世达赖隆朵加措
第三节 十世达赖楚臣加措
第四节 十一世达赖克珠加措
第五节 木里大喇嘛
一、藏传佛教格鲁巴在木里兴起
二、木里大喇嘛的形成与发展
第十三章 清末的改土归流
第一节 赵尔丰之前的两次改土归流

一、鹿传霖提出改土归流
二、凤全的改土归流
第二节 赵尔丰的改土归流
一、赵尔丰其人
二、赵尔丰平定南路各县
三、赵尔丰推行的改土归流政策
第三节 改土归流前后的乌拉制度
一、赵尔丰改土归流前的乌拉制度
二、赵尔丰创制乌拉章程
第四节 迪庆土司与改土归流
第五节 改土归流前后生产关系的变化
第十四章 不屈的康巴
第一节 反清暴动
第二节 农奴主与农奴
第三节 农奴反抗农奴主阶级的斗争
一、邛山的怒火
二、布鲁曼暴动
三、农奴的其他斗争方式
第十五章 反对西方殖民主义者的斗争
第一节 西方殖民主义者在康区的活动
第二节 盐井天主教堂的前前后后
第三节 康巴人民反对西方殖民主义者的斗争
第四节 清代为国捐躯就义的康巴汉子
第五节 昌都人民在抗英斗争中的贡献
第十六章 北洋政府和国民党对康区的统治
第一节 政治统治
第二节 经济掠夺
第三节 反对封建军阀和国民党统治的斗争
一、乡城人民的武装起义
二、色达牧民粉碎马步芳经济封锁的斗争

三、贡嘎岭事件
第十七章 康藏纠纷事件
第一节 "类乌齐事件"的背景及过程
第二节 "大白事件"引起的第二次康藏纠纷
第三节 康藏纠纷与治藏政策
第十八章 多事之秋事变频繁
第一节 九世班禅与"甘孜事变"
第二节 两次兵变
一、陈步三兵变
二、康定兵变
第三节 康定居里事件
第十九章 中国工农红军经过康巴地区
第一节 红军来到康区
第二节 红军的民族政策
第三节 藏族人民同红军团结战斗
第四节 建立"博巴"自治政府
第五节 红军走后的斗争
第六节 红军的歌曲
第二十章 "康人治康"的探索和失败
第一节 格桑泽仁的活动
第二节 政客兼学者刘家驹
第三节 夏克刀登几起几落
第四节 叱咤风云的邦达多吉
第二十一章 三位著名康巴高僧
第一节 格达活佛
第二节 格西·阿旺嘉措
第三节 诺那活佛的传奇
第二十二章 西康建省和两次事件
第一节 刘文辉与西康省
第二节 西康建省后的两次事件
一、普雄事件
二、雅属事件

第三节　西康省撤销
第二十三章　康区解放
第一节　巴塘地下党和"东藏民主青年同盟"的革命活动
第二节　天宝和康区解放
第三节　甘孜解放
第四节　支援解放军进藏
第五节　玉树解放
第六节　迪庆解放
第七节　昌都解放
第二十四章　甘孜、迪庆、玉树藏族自治州建立
第一节　甘孜藏族自治州建立
第二节　迪庆、玉树藏族自治州建立
第二十五章　走进大香格里拉

书名：康巴历史与文化
作者：任新建
出版社：巴蜀书社
出版年份：2014年6月版
页数：498

本书为四川省社会科学院重点学科建设资助出版项目，收入的文章绝大部分是近三十年来公开发表过的论文与研究报告，其中包括作者试写的几篇通俗性短文。本书是关于"康巴学"学理基础与构成形态的重要著作之一。

全书分为"历史·地理"与"文化·宗教"两部分。作者在《东女国考辨》中认为：在雅砻江支流鲜水河的一百七十多公里长河谷中的"扎巴"藏族人，至今仍保持着比泸沽湖更完整的母系社会，男不娶、女不嫁，通过暮合晨离的"走婚"方式繁衍后代。其住房一般都有五六层，不少人家房碉合一，这在其他藏区罕见，却与《东女国传》中所说的"国人居六层"相合。在这里一二十口人的大家庭不少，家中由妇女做主，孩子们只有妈妈和舅舅，没有父亲。这种母系家庭实际上就是当年东女国的遗存，而扎坝地区七个乡的村寨可能就是东女国八十余城的一部分残留。扎巴人说着一种极为特殊的语言，只有当地人可懂。从语言上也证明了他们是古代某个特殊族群的遗裔。我们有理由说他们可能就是东女国的后代，值得进行更进一步的研究。

目 录

历史·地理
康巴学简论
康藏与中原地区早期交往试探
三苗、三危、赐支考辨
白狼、白兰考辨
东女国考辨
"朵甘思"考略
论康区民族史中的几个问题
论康、藏的历史关系
我国治藏的历史经验与教训——兼评历代治藏方略利弊
简析清朝治理康区的政策
明正土司考略
中国土司史上的一个典范——汶川瓦寺土司
论清代的瞻对问题
凤全与巴塘事变
清末川军入藏和十三世达赖外逃
四川黄金开采史略
近代四川藏区的黄金开发
明蜀僖王陵藏式石刻考释
康定鱼通新发现的清怀远将军墓考
茶马古道的历史变迁与现代功能
雅安地区几个地名别解
《积淀炉霍的远古文明——鲜水河上游石棺文化探源》序
岳大将军在藏区
文成公主经由何道入藏

文化·宗教
康巴文化概论
论康巴文化形成的历史地理背景
藏族文化构建中对汉文化的吸收与整合
略论中国民族关系史上的文化交流与整合
从饮食看少数民族对中华文化的贡献
青稞酒与藏族文化
藏族茶文化论析
"藏彝民族走廊"的石文化
禹羌文化与民族和谐
康藏研究社介绍
任乃强与西康建省
任乃强与《格萨尔》
我国老一辈藏学家谢国安
记法国作家、藏学家大卫·尼尔
略论藏密源流及其特点
贡嘎上师与藏密东渐
八邦寺沿革及所藏印诰
从八邦寺看噶玛噶举派在康区的兴衰
四川藏区僧人学经制度
从昭觉寺看藏汉文化内在融通性
清净身心自主归宿——藏密破瓦法
文化冲突——西部经济发展中不可回避的重要问题
把握特点促进四川民族文化资源向资本转化

书名：康巴历史与文化
作者：林俊华
出版社：天地出版社
出版年份：2002年11月版
页数：310

本书是作者 20 世纪 80、90 年代对康巴藏区进行实地调查和研究的成果，也是吸收了大量其他学者调查研究成果的集成，是较早期的一本全面而系统研究康巴藏区历史与文化的综合性专著，也是早期铺垫"康巴学"学科形态的重要著作之一。

序中认为该书在体例和内容上自有其特点：一是该书非按方志体例写成，其读者范围相对较广；二是该书在一定程度上吸取了学术界近年一些相关研究成果，同时也有作者自己的一些分析、认识和理解，有一定学术性，但从总体上看是以客观叙述为主；三是该书对康区历史与文化的描述相对详细、系统并兼有一定的学术性与普及性，且难易适中，对于想要相对系统深入了解康区历史文化的读者来说不啻是一部较好的入门书。因此，它可与上述四书互补长短、相得益彰。相信该书的出版对于人们更好地认识和了解康区独特的历史文化定会起到积极作用。

作者书中多处论及扎坝藏族的语言与文化，认为："这些族群不仅自称（或他称）不同、语言不同，而且其服饰、生活习俗等也不尽相同。这些自称或他称、语言、服饰、生活习俗的不同，不仅反映出他们与吐蕃文化的融合程度不同，而且也反映出他们相互间认同度的差异性。"书中在第七章第六节"丧葬文化"中还专门介绍了扎坝藏族的"崖葬"。

目　录

第一章　康区的地域范围与地理背景环境

　　第一节　地理位置与境域沿革

　　第二节　自然环境

　　第三节　民族结构与人口分布

第二章　康区的远古文明

　　第一节　史前文化

　　第二节　古羌部落文化

第三章　康巴藏族的形成

　　第一节　吐蕃对康区诸羌部落的同化

　　第二节　康巴藏族的特点

第四章　康区多民族社会的形成

　　第一节　各民族的迁入与发展

　　第二节　多民族社会形成的社会

第五章　康区的社会历史变革

　　第一节　19 世纪前的康区社会

　　第二节　改土归流

　　第三节　西康建省

　　第四节　民主改革

第六章　康区的宗教文化

　　第一节　康区宗教的基本特征

　　第二节　苯教

　　第三节　藏传佛教

　　第四节　其他宗教信仰

第七章　康区的民俗文化

　　第一节　节日文化

　　第二节　民居文化

　　第三节　饮食文化

第四节 服饰文化
第五节 婚姻家庭
第六节 丧葬文化
第七节 礼仪、禁忌
第八章 文化、艺术、科技
第一节 语言文字
第二节 民间文学、舞蹈、艺术
第三节 格萨尔文化
第四节 民间体育
第五节 科技
第九章 名胜古迹
第一节 《康定情歌》的故乡——康定
第二节 康定门户——泸定
第三节 千碉之国——丹巴
第四节 格萨尔的故乡——德格

书名：扎巴藏族——21世纪人类学母系制社会田野调查
作者：冯敏
出版社：民族出版社
出版年份：2010年7月版
页数：548

  本书为"藏彝走廊研究丛书"之一，是一部田野民族志。第一次系统地对扎坝藏族的历史、社会、经济、婚姻家庭、亲属称谓、文化、宗教、习俗等多方面进行了全方位的调查，重点调查了扎坝母系制与父系制初期的婚姻家庭形态。母系制婚姻家庭主要分布于上扎坝，保留比较完整；父系制婚姻家庭主要分布于下扎坝，具有父系制早期婚姻家庭的特征。这是继20世纪中下叶中国民族学者对永宁纳西摩梭母系制婚姻家庭进行调查研究之后，进入21世纪后所调查的又一个母系制与父系制初期的珍贵新样本。在这个新样本中，蕴涵了母系制对偶家庭的各种新生态式样，父系制初期家庭的各种样貌与特征。它们较古典形态的母系制与父系制初期的婚姻家庭更加丰富与复杂，为人类学婚姻家庭发展史研究提供了新资料和一个认识的新空间，具有较高的学术价值。在描述的基础上，作者在各章文尾以"结语"的方式，对描述内容进行了分析、解释或展示自己的新发现，以使以往的研究得到印证与扩张。

  徐铭在《扎巴藏族母系制走婚习俗研究》一文中认为：扎巴藏族的母系制走

婚习俗，历史文献包括当代的道孚县志都无记载。冯敏《扎巴藏族——21世纪人类学母系制社会田野调查》一书中的"婚姻"部分首次运用人类学方法详细考察了扎坝藏族母系制走婚习俗与父系制初期的婚姻家庭形态，并讨论其对人类婚姻体系演进史的意义、对偶婚比走婚进步的意义以及母系制婚姻存在的解释。通过该书的材料可以发现，扎坝藏族婚姻的变异与男女分工及社会经济状况、国家的婚姻法和计划生育政策紧密相关。面临村寨搬迁的扎坝藏族要妥善安置，不要影响如母系制婚姻家庭的人伦关系。

目 录

第一章 导言
第一节 田野工作与撰写工作概述
第二节 扎坝建置沿革
第三节 有关扎巴族源的探讨
第二章 生计与生计方式
第一节 农业
第二节 畜牧业
第三节 采集狩猎
第四节 商业
本章结语
第三章 经济
第一节 扎坝领地范围
第二节 生态环境与资源
第三节 扎巴集体经济
第四节 扎巴家庭经济
第五节 社会经济
本章结语
第四章 政治组织与政治制度
第一节 土司制度
第二节 民国时期的扎巴政治状况
第三节 新中国成立后的扎巴政治状况
第四节 社会控制
本章结语
第五章 婚姻
第一节 婚姻规则

第二节 走婚
第三节 对偶婚
第二节 嫁娶婚
本章结语
第六章 家庭
第一节 扎巴母系亲族家庭
第二节 扎巴母系对偶家庭
第三予 父系制个体家庭
第四节 家庭代际结构与人口规模
第五节 家庭功能
第六节 收继
本章结语
第七章 亲属称谓
本章结语
第八章 宗教信仰
第一节 民间宗教信仰
第二节 藏传佛教及寺庙
第三节 禁忌
本章结语
第九章 生活习尚
第一节 服饰
第二节 饮食
第三节 民居
第四节 交通
第五节 岁时节庆
本章结语

第十章　生命周期
第一节　诞生
第二节　婚嫁
第三节　老年
本章结语
第十一章　科学技术
第一节　记事和传递信息
第二节　计算和度量衡
第三节　历法、气象和天文
第四节　民间工艺

本章结语
第十二章　文学艺术与娱乐
第一节　文学
第二节　艺术
第三节　音乐舞蹈
第四节　娱乐
本章结语
调查日志（2007）
后记

书名：康区藏族社会历史调查资料辑要
作者：赵心愚　秦和平编
出版社：四川民族出版社
出版年份：2004年9月版
页数：591

　　本书为"全国少数民族古籍整理重点项目"，共搜集整理46篇资料，从涉及的范围讲，涵盖包括四川甘孜、西藏昌都、青海玉树及云南德钦在内的整个康区，其中甘孜地区18个县，每县至少搜集1篇，个别县份多至三四篇。从时间上讲，本资料集的调查时间为20世纪20—40年代，即民国中后期，没有收录清代及民初的相关资料。

　　本书"四川部分"收录有赵留芳的《查坝调查记》与尚诚的《康北的圣地——泰宁》。

目　录

四川部分　　　　　　　　　　　　　（尹子文）
邓柯鸟瞰（云杰）　　　　　　　　　康北的重镇——甘孜（靖唐）
宗科夺科归并色耳巴设治之探讨　　　视察道炉甘德白瞻雅江七县报告

书（刘衡如等）

  石渠现状素描（蒙永锡）
  边坝调查记（玉叔）
  三十年来之白玉（傅真元）
  康南八县纪要——白玉（李中定）
  炉霍概况（尹子文）
  德格写真（文阶）
  瞻化上瞻区调查记（许文超）
  瞻化土酋之过去与现在（欧阳枢北）
  西康泰宁实验区调查（蹈雪）
  康北的圣地——泰宁（尚诚）
  查坝调查记（赵留芳）
  榆科见闻记（王涤瑕）
  康定县视察报告（任乃强）
  康定概况（王业鸿）
  孔玉考察记（任汉光）
  鱼通缩影（蒋五骥）
  泸定县视察报告（任乃强）
  丹巴调查报告（庄学本）
  四年来的九龙（段崇实）
  理化濯桑垦区调查记（张子惠）
  理化喇嘛寺之面面观（贺觉非）
  理化喇嘛寺之经营组织（贺觉非）
  康南八县纪要——理化（李中定）
  康南八县纪要——巴安（李中定）
  西康的新巴安（巴人）
  三岩概况（羊泽）
  康南八县纪要义敦（李中定）
  康南八县纪要雅江（李中定）
  三乡一瞥（张朝鉴）
  定乡素描（蓝希夷）
  康南八县纪要——定乡（李中定）
  稻城县四大势力之分析（乔鉴平）
  乡稻见闻录（蓝希夷）
  康南八县纪要——稻城（李中定）
  今日之得荣（朱刚夫）
  得荣鸟瞰（朱刚夫）
  康南八县纪要——得荣（李中定）

云南部分

  云南阿墩子——一个汉藏贸易要地（李式金）
  云南德钦设治局社会调查报告（黄举安）

青海部分

  青海玉树二十五族之过去与现在（方范九）
  玉树二十五族现况（倪云杰）
  囊谦及其附近（倪锴）

西藏部分

  昌都调查（陈文瀚）
  杂瑜区概况调查记（左仁极）

下编　1949年后扎坝藏族研究文献专题辑要 / 77

书名：康区藏族社会珍稀资料辑要（上下）
作者：赵心愚　秦和平　王川编
出版社：四川民族出版社
出版年份：2004年9月版
页数：1007

　　本书系《清季民国康区藏族文献辑要》《康区藏族社会历史调查资料辑要》的姊妹篇，这三部书籍合称为《康区藏族社会历史资料集》，主要收录稿本、抄本或市面上少见的资料。由于它们数量少，篇幅不一，难以按照内容加以分类，所以只是依时间先后顺序排列。本辑共搜集了各类资料13部，其中稿本有6部，它们分别为《西藏改流本末记》《道孚公牍》《治理康区意见书》《昌都历史述》《廿四军机要处有关康区交通档案》以及《玉树地区调查记》。

　　书中收录的《道孚县风俗纪略》，记有碉楼、男女婚俗等民俗文化，虽统于道孚未言及具体地点，但与扎坝民风民俗均有同工之妙。

目　录

前言
吴光耀：西藏改流本末纪
卷一
卷二
卷三
卷四
卷五
卷六
卷七
卷八
朱增望：川边政屑
序
边游杂弁存言

序二
一、呈文
二、谕令
三、批判
四、告示
五、杂文
六、信函
附录：道孚县风俗纪略
吕国璋：道孚公牍
卷一上行
卷二平行
卷三下行
卷四镇守使等文牍

孙绍骞：平乡纪事
序
凡例
平乡纪事
军中杂录
尹昌衡：西征纪事
出师记
援巴记
防边记
驭兵记
告边藏番人文
上中央救亡书
再上中央救亡书
上王总理书
与恽公孚书
与重庆张培爵书
西征别川人书
财政部印刷局：民国八年康区财政预算书
国民革命军第二十四军川康边务宣传辑要
一、治边之意义
二、边地之重要
三、边民性情、风俗、习惯与内地人民之差异
四、边民之痛苦
五、旧时治边者不能解除边民痛苦之原因
六、本军责任在抚慰边民
七、本军治边之策略
八、解除边民之武力高压在统一边地军政
九、提高边民之政治地位在统一边地民政

十、解除边民之经济束缚在统一边地财政
十一、边民欲起自决，应集中于革命旗帜之下
十二、本军为完成国民革命的使命而保护边民
十三、边民须本互助之精神而援助本军
十四、本军是边民之唯一拥护者救星
佚名：治理康区意见书
一、引言
二、自然界之概略
三、社会现况
四、社会诸问题
五、康南
六、康南几点特殊情形
七、康南在全康地位上之估计
八、康北
九、问题之建议
十、结论
王廷选：昌都历史述
佚名：廿四军机要处有关康区交通档案
刘文辉：建设新西康十讲
总论
第一讲　建设新西康的基本认识
一、认识新西康为建设新西康之前提
二、从历史上认识新西康建省之由来
三、从地理上认识新西康特殊之环境
四、从军事上认识新西康经营之

惨淡

　　五、从国防上认识新西康地位之重要

　　六、从蕴藏上认识新西康建设之可能

　第二讲　建设新西康的理论体系

　　一、理论体系的范型

　　二、建设新西康的根本点

　　三、建设新西康的出发点

　　四、建设新西康的着眼点

　　五、建设新西康的着手点

　　六、建设新西康的着力点

　　七、建设新西康的归宿点

　第三讲　建设新西康的三化政策

　　一、三化政策的哲学背景——仁的哲学

　　二、三化政策的简单说明

　　三、三化政策的比较研究

　　四、三化政策的五大特性

　　五、三化政策的由来和成果

　　六、三化政策下的军政责任

　　七、三化政策在新西康建设上的地位

　第四讲　建设新西康的三进原则

　　一、三进原则的理论基础

　　二、三进原则的不可分性

　　三、三进原则与建设新西康

　　四、结论

　第五讲　建设新西康的四力政纲

　　一、四力政纲的来源和意义

　　二、四力政纲的优点

　　三、四力政纲的性能

　　四、四力政纲的实施要点

　第六讲　建设新西康的六项任务

　　一、厉行经济建设

　　二、加强民族联系

　　三、发展边疆教育

　　四、加紧组训民众

　　五、改善人民生活

　　六、彻底澄清吏治

　　七、结论

　第七讲　建设新西康的干部政策

　　一、认识干部政策

　　二、干部政策与干部政治

　　三、干部政策与民众

　　四、建设新西康需要的干部

　　五、干部政策与干部的建立

　第八讲　建设新西康应有的努力

　　一、冲破一般人所谓努力的困难

　　二、先从自克上努力

　　三、多在事实上努力

　　四、把握工作重心努力

　　五、认清权责努力

　　六、找出方法努力

　　七、照着步骤努力

　　八、认定作风努力

　第九讲　建设新西康的心理建设

　　一、心理建设为建设新西康的精神动力

　　二、打破世俗观念为从事一切建设事业的起码要求

　　三、建设精神根源为五种干的心理

　　四、事业心启发于四种基本认识

　　五、要成为健全的干部必须实践公忠廉勇的团训

　　六、对新西康建设必须树立"后来居上"的信心

　第十讲　建设新西康与复兴民族

一、复兴民族的力量必起于地方　　四、建设新西康与复兴民族之关系
二、复兴民族的地方必在于川康　　任乃强：西康通志撰修纲要
三、"复兴民族"口号下之川康地位　　徐兰生：玉树地区调查记

书名：鲜水河畔的道孚藏族多元文化
作者：刘勇　冯敏　奔嘉等
出版社：四川民族出版社
出版年份：2005年12月版
页数：312

关于本书的成因，作者在前言有较为详尽的叙述：

西南民族大学民族研究所课题组与原道孚县委达瓦书记等领导，就调查的具体内容达成一致意见，即课题的任务包括：对道孚全县的人文旅游资源做一次全面普查，对道孚县的族群身份、文化构成和性质做一个基本判定，就传统文化的开发、利用价值做一个评估，并提出具体建议。根据这一要求，我们将这次课题的名称拟定为"道孚县人文旅游资源调查与研究"，计划完成《道孚县人文旅游资源调查与研究报告》，最终以正式出版的形式来结题。《调查报告》包括民俗文化、婚姻家庭、宗教文化和语言文化四个部分，每个部分包含前人的研究成果，实地调查资料和评价，关于文化资源开发、利用建议等三方面的内容。

是时，得知四川省民族研究所也于2003年成立了"四川省道孚县扎巴母系制婚姻家庭调查"课题组。鉴于四川省民族研究所的刘辉强先生长期从事藏缅语研究，冯敏研究员正主持道孚县扎巴区婚姻家庭的课题，为了整合学术力量，院所优势互补，在四川省民族研究所袁晓文所长的建议下，经双方协商，决定由西南民族大学民族研究院的刘勇、奔嘉、贡休扎西、梁敏、姜丽和四川省民族研究所的冯敏、刘辉强、尚云川等9人组成联合课题组。由刘勇、冯敏任组长，奔嘉、刘辉强任副组长，进行这一课题的研究。

考虑到道孚县社会历史文化构成的特点和任务的特殊性，我们决定从藏族语言、婚姻家庭、宗教和民俗等四个方面展开调查，我们认为从这四个方面入手，基本可以把握一个社区族群的文化历史、现状、构成及其性质，并有利于弄清该

地族群的身份。因此，我们将课题组分为民俗组、婚姻家庭组、宗教组和语言组四个小组。刘勇、梁敏、胡静负责民俗文化调查，冯敏、姜丽负责婚姻家庭调查，奔嘉、贡保扎西负责宗教文化调查，刘辉强、尚云川负责语言调查。

我们制定了详细的调查计划，将调查研究工作分为三个阶段进行，即2004年6月15日～7月7日为准备阶段，各组制定各自的调查提纲，了解前人的研究状况；7月7日～28日为调查阶段（7月7日～17日在尼措区，7月18日～25日在扎巴区，7月26日～28日在八美区）；8月1日～25日为整理、撰写报告阶段。为了获得客观、翔实的第一手资料，我们主要采用了民族学、民俗学、宗教学的田野作业客位调查法和描写语言学的有关方法。经过近一个月的努力，我们对道孚县尼措区、扎巴区等地的藏族婚姻家庭、宗教、民俗和语言等文化资源作了客观的记录和分析，对道孚县的藏族历史文化传承、变迁及其性质有了基本的把握；撰写了《道孚县人文旅游资源调查与研究报告》，完成了预期的任务，最终以《鲜水河畔的道孚藏族多元文化》之名正式出版。

本书共分四个部分，分别介绍了道孚县藏族民俗文化、道孚县藏族婚姻家庭、道孚县藏族宗教文化、道孚县藏族语言文化。四个部分对扎坝藏族均有所介绍。如第一部分有专节介绍扎坝地区的家庭手工业，建筑文化中又专门介绍了扎坝碉楼；第二部分中有扎坝地区母系制婚姻与家庭的专门调查；第三部分有专节介绍扎坝地区的藏传佛教寺院；第四部分有专节介绍扎坝语。

目 录

前言
概述：道孚县藏族传统文化资源的总体评价
　一、族群构成的复杂性
　二、文化现象的独特性
　三、经济文化类型的多样性
　四、文化历史构成的多层次性
　五、道孚县藏族传统文化精神
第一部分　道孚县藏族民俗文化
　一、传统农耕文化
　二、扎巴地区的家庭手工业
　三、建筑文化
　四、服饰习俗
　五、饮食习俗
　六、婚姻习俗
　七、丧葬习俗
　八、诞生及成人礼
　九、岁时习俗
　十、民俗文化资源的旅游开发价值
第二部分　道孚县藏族婚姻家庭
　一、扎巴区母系制婚姻与家庭
　二、尼措区婚姻与家庭
　三、婚姻家庭文化资源旅游开发建议
第三部分　道孚县藏族宗教文化
　一、道孚县藏传佛教发展概况
　二、部分典型寺院
　三、道孚殊胜塔

四、民俗宗教

五、宗教文化名人

六、关于宗教文化开发利用的几点建议

第四部分 道孚县藏族语言文化

一、道孚县的民族语言分布

二、尔龚语音系

三、扎巴语研究

四、扎巴语的发展趋势

五、保护人文语言资源，稳步开发旅游事业

后记

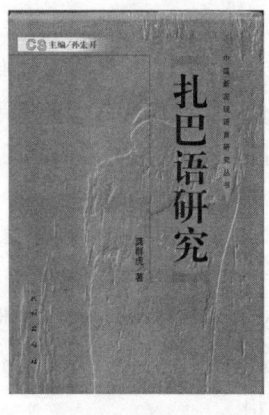

书名：扎巴语研究
作者：龚群虎
出版社：民族出版社
出版年份：2007年12月版
页数：414

　　本书系"中国新发现语言研究丛书"之一，为至今唯一一本专门研究扎坝语言的专著。作者调查地集中于雅江县扎坝片区。

　　全书从语音、词汇、语法三个方面全面介绍和研究了扎坝语，并辨证了扎坝语在汉藏语系藏缅语族中的地位，论证了扎坝语羌语支内与其他语言的亲疏关系。附录有扎坝语词表，为至今收录数量最多的扎巴语词表；扎坝语长篇语料收录有：陈猪肉、头顶盘辫、扎坝人的房屋、扎坝人的名字、俗语二十五则、谜语四则，极具史料价值。

目　录

序

第一章　概况

第一节　扎巴人概况

第二节　扎巴语概况

第二章　语音

第一节　一般特点

第二节　音节结构

第三节　声母

第四节　韵母

第五节　声调

第六节　汉语借词音

第七节　语音变化

第三章 词汇
第一节 词汇的构成特点
第二节 构词
第三节 固有词与借词
第四章 语法
第一节 词类
第二节 句法
第五章 扎巴语在汉藏语系藏缅语族中的地位
第一节 扎巴语是汉藏语系藏缅语族的语言
第二节 扎巴语属于藏缅语族羌语支
第三节 扎巴语同羌语支内诸语言的亲疏关系
附录一 扎巴语词表
附录二 扎巴语长篇语料
主要参考文献
后记

书名：藏缅语十五种
作者：戴庆厦　黄布凡　傅爱兰　等
出版社：北京燕山出版社
出版年份：1991年2月版
页数：414

  本论集系北京市哲学社会科学"七五"规划研究项目《藏缅语研究》的阶段性研究成果。全书共介绍与研究了15种藏缅语，其中"扎坝语"一章由黄布凡编写，介绍并研究了扎坝语的语音、词汇和语法。
  书中认为：扎坝语在语音、词汇、语法三方面都有较多的成分和现象与羌语支语言相接近。语音方面辅音声母较多，无辅音韵尾（历史上的辅首韵尾一部分移入后音节，与后音节声母合成复辅音），声调少。语法方面，动词有趋向、人称、体、语气、式、态等范畴，表现手段也大体相同。尤以趋向范畴表现手段与羌语支语言最为相似。叠音形容词较多，这一特点与羌语支的道孚、木雅等语言相同。形容词词根加趋向前缀构成自动动词，这也是多数羌语支语言共有的特点。词汇方面，与羌语有关的词虽然不及与藏语有关的词多，但相对来说，在语言三大要素中，词汇是最易受到影响的部分，语法是最稳固的部分。操扎坝语的藏族居民在历史上受到西部藏族宗教文化的深刻影响，因而与藏语相近的词较多。但在语法上较多地保留了与羌语相近的成分,这是扎坝语的底层部分。从发生学角度来看,扎坝语宜划入藏缅语族羌语支。

目 录

道孚语　　　　　　　怒　语
却域语　　　　　　　嘎卓语
扎坝语　　　　　　　浪速语
木雅语　　　　　　　勒期语
吕苏语　　　　　　　波拉语
纳木兹语　　　　　　仙岛语
史兴语　　　　　　　克伦语
独龙语

书名：藏缅语新论
作者：马学良　胡垣　戴庆厦　等
出版社：中央民族学院出版社
出版年份：1994年3月版
页数：312

本书是北京市哲学社会科学"七五"规划"藏缅语研究"项目继《藏缅语十五种》之后的又一研究成果。其中部分又是国家教委哲学社会科学"七五"规划《藏缅语研究》的研究成果。由马学良、胡垣、戴庆厦、黄布凡、傅爱兰等人的相关论文合编而成。

在前言中作者认为:由于藏缅语包括的语言多,分布广,发展很不平衡,特点极其丰富,各语言分化久远,影响语言分化的条件非常复杂,不少语言的研究还处在刚刚发现、记录、描写的状态,加上大多数语言都没有文字,缺少研究语言历史的文献材料,要建立藏缅语的历史比较语言学,困难很多,难度很大。目前，尚无条件全面进行这一研究，只是就作者所接触和熟悉的语言材料，分专题一个一个问题地去探索。本书反映了作者们近年来探讨藏缅语发展规律中的一些新收获、新认识，发表出来，目的在于抛砖引玉。（其中部分专题已在有关刊物上发表过）

该书部分文章引用了扎坝语进行对比研究。

目 录

一、关于我国藏缅语的系属分类
二、藏缅语和汉语的亲属关系
三、藏缅语声母对韵母演变的影响
四、彝缅语鼻冠声母的来源及发展
五、藏缅语的声调
六、怒语的声调
七、嘉戎语梭磨话的声调
八、藏缅语动词的趋向范畴
九、藏缅语的情态范畴
十、藏缅语个体量词研究
十一、藏缅语"指代—名"偏正结构语序
十二、藏语中的名·动组合
十三、彝语义诺话动物名词的语义分析
十四、藏缅语的"马"和古汉语的"骉"
十五、彝族洪水故事长篇语料释例
十六、中国藏缅语族描写语言学的现状及展望
十七、藏缅语族语言的研究与展望——马提索夫教授访问记

书名：藏缅语族语言研究
作者：戴庆厦
出版社：云南民族出版社
出版年份：2010年8月版
页数：570

本书是作者藏缅语族语言研究论文合集，从1990年起已先后出版了5册，分别为：1990年《藏缅语族语言研究》（一）、1998年《藏缅语族语言研究》（二）、2004年《藏缅语族语言研究》（三）、2006年《藏缅语族语言研究》（四）、2010年《藏缅语族语言研究》（五），均由云南民族出版社出版。

书中论文先后大量引用了扎坝语进行对比研究。

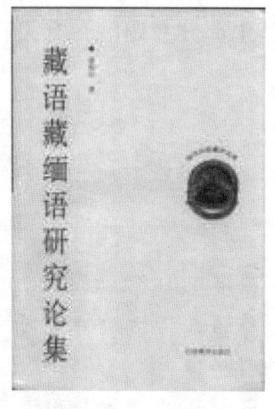

书名：藏语藏缅语研究论集
作者：黄布凡
出版社：中国藏学出版社
出版年份：2007年1月版
页数：644

本论集是作者二十多年来对藏语和藏缅语族语言（简称藏缅语）所作的专题研究部分成果的集录。书中选收的29篇论文都已在国内有关学术刊物或论集中发表过，有些在国内、国际有关学术会议上宣读过，有些被译成英文刊登于国外学术刊物上。论文中有3篇是和其他研究人员和研究生合作的。篇末署明了发表的刊物（或论集）、时间和合作者。

论文按内容分为两类，分别汇编成上、下两编。上编12篇是藏语研究，有1篇是有关藏文和藏族文化的，也收入在内；下编17篇是藏缅语研究。上编内容包括对藏语语音、语法、词汇的断面和纵面（历史演变）的分析研究，对部分藏语方言的来历和地位的研究，对吐蕃和元初的藏译汉音文献的考辨和藏译汉典的研究。下编内容是对包括藏语在内的藏缅语的共性研究和对部分藏缅语某个方面的专题研究。

目 录

上编藏语研究
12—13世纪藏语（卫藏）声母探讨
藏语方言声调的发生和分化条件
从巴尔蒂话看古藏语语音
玉树藏语的语音特点和历史演变规律
白马话支属问题研究——白马话与藏语历史比较

古藏语动词的形态
藏语词汇演变的速率和方式——对敦煌藏文写卷抽样的电脑统计分析
敦煌《藏汉对照词语》残卷考辨订误
敦煌《藏汉对照词语》残卷考辨综录及遗留问题
敦煌藏文写卷《尚书》四篇古藏

文译文研究
　　阔端召请萨迦班智达书信译解兼论其历史背景
　　象雄历史地理考略——兼述象雄文明对吐蕃文化的影响
　　下编 藏缅语研究
　　藏缅语声母对韵母演变的影响
　　藏缅语动词的情态范畴
　　藏缅语动词的趋向范畴
　　藏缅语"指代→名"偏正结构语序
　　原始藏缅语动词后缀-S 的遗迹
　　原始藏缅语动词使动前缀 S-的遗迹
　　藏缅语的"马"与古汉语的"肱"
　　同源词比较词表的选词范围和标准——以藏缅语同源词比较词表的制订为例
　　从藏缅语同源词看藏缅族群的史前文化
　　语言变异刍议——对藏缅语调查的体验之一
　　道孚语语音和动词形态变化
　　羌语语音演变中排斥鼻音的趋势
　　羌语的体范畴
　　羌语构词词缀反映羌族对事物分类的某些思维特征
　　西夏语表"一"数词
　　观音桥话语属问题研究
　　拉坞戎语词汇中的藏语借词和同源词辨析
　　附录
　　藏文转写符号

书名：八江流域的藏缅语
作者：孙宏开
出版社：中国社会科学出版社
出版年份：2013 年 8 月版
页数：396

　　本论集为"中国社会科学院学部委员专题文集"之一。1980 年 10 月在贵州贵阳召开了中国民族学界的代表大会，并成立了"中国民族学研究会"（1984 年 10 月改称为"中国民族学学会"）。会上决定成立"中国西南民族研究学会筹委会"，马曜任"筹委会"主任，李绍明任秘书长，何耀华、童恩正、李干芬、周光大、平措次仁等人任委员，随后开始了"中国西南民族研究学会"的筹建工作。1981 年 11 月在昆明，中国西南民族研究学会成立，并举行了首届年会，本书作者为研究会顾问之一。西南民族研究学会成立不久,就组织发起了六江流域(怒江、澜沧江、金沙江、雅砻江、大渡河和岷江)的民族综合考察,其中包括历史学、民族学、考古学、语言学和体质人类学等方面。本书作者在其中专事语言学研究,本书也为作者"六江流域民族综合考察"的成果之一。

作者在前言中云:本文所涉及的八江流域的民族语言,都是属于藏缅语族的。在国内,就目前初步掌握的情况看,我国属于藏缅语族的独立语言,约有40种,分属5个不同的语支。笔者进行了一定的调查研究,并综合各方面的意见和研究成果,提出初步意见。这五个语支应该是:① 藏语支:藏语、门巴语、仓洛语、白马语;② 彝语支:彝语、纳西语、哈尼语、白语、拉祜语、基诺语、土家语、柔若语、怒苏语、末昂语、堂郎语、撒都语、傈僳语;③ 羌语支:羌语、普米语、嘉绒语、木雅语、尔龚语、拉坞戎语、史兴语、尔苏语、贵琼语、扎巴语、却隅语、纳木义语;④ 景颇语支:景颇语、独龙语、阿侬语、格曼语、达让语、博嘎尔语、苏龙语、义都语;⑤ 缅语支:阿昌语、载瓦语、浪速语、波拉语、仙岛语、勒期语。语言系属划分,本来应该建立在科学的历史比较研究基础上,但由于藏缅语族历史比较研究尚未全面展开,特别是关于土家语、珞巴语和怒语的系属划分,情况比较复杂,需要做更细致更扎实的比较工作。以上分类的初步意见只是根据平面材料的比较得出的。

本书介绍的民族语言,除了部分藏语支及彝语支的语言外,大部分属于羌语支和景颇语支。其中对一些大家比较了解的语言情况,则从简从略,对过去介绍得比较少的一些语言,则介绍较详。书中"雅砻江流域"一章,第二节(151页至163页)专门全面介绍了扎坝语。包括:扎坝语简介、语音、语汇与语法。

目 录

自序
壹 八江流域的藏缅语
八江流域民族语言分布示意图
前言
嘉陵江上游地区
岷江流域
大渡河流域

雅砻江流域
金沙江流域
澜沧江流域
怒江流域
雅鲁藏布江流域
结束语
贰 川西民族走廊地区的语言

书名：康巴藏族民俗文化
作者：凌立　等
出版社：四川人民出版社
出版年份：2012年9月版
页数：549

本书既是四川省教育厅人文社会科学研究重点项目《康巴藏族民俗文化》（07SA003）的最终成果，又是教育部人文社会科学研究一般项目《康巴民族文化史》（编号 11YJA850012）的阶段性成果。其研究涉及康巴藏族文化的方方面面。这些内容着眼于藏区，其重点放在康巴地区藏族传统文化的梳理、归纳、研究与介绍等方面，是一部较为完整的有关康巴藏族传统民俗文化的著作，也是一部研究并反映康巴藏族习俗文化的专著。其特点是以研究康巴藏族习俗文化为契机，对该地区藏族在长期生产生活中产生、发展和积淀下来的民族习俗文化进行一次全面系统的搜集、整理，在研究的基础上尽量呈现康巴藏族习俗文化的原生态。运用系统分析和比较分析的方法，把康巴藏族习俗文化分成15大类：即康巴藏族的服饰、岁时节日、饮食、生产经营、居住与建筑、人生历程、传统体育、民间文艺、社会组织、民间信仰、交通运输、礼仪与禁忌、家族及姓氏、土司制度、吉祥民俗等。《康巴藏族民俗文化》把康巴藏族习俗文化横向编排，以考察康巴藏族习俗文化多个方面的不同点与共同点，从整体与部分的相互联系、相互作用中揭示康巴藏族习俗文化的特征与发展规律。

在该书第二章"康巴藏族饮食文化"第三节"康巴藏族特色食品"中重点介绍了扎坝人的"臭猪肉"。

目　录

第一章　康巴藏族服饰文化
第一节　康巴藏族服饰古老倩影
第二节　康巴藏族服饰类型
第三节　康巴藏族各地服饰
第四节　康巴藏族服饰审美
第二章　康巴藏族饮食文化

第一节　康巴藏族饮食概况
第二节　康巴藏族炊具
第三节　康巴藏族特色食品
第四节　康巴藏族饮食习俗
第三章　康巴藏族生产经营习俗
第一节　康巴藏族种植业
第二节　康巴藏族畜牧业
第三节　康巴藏族副业
第四节　康巴藏族手工业
第五节　康巴藏族商业贸易
第四章　康巴藏族居住与建筑
第一节　康巴藏式建筑的历史追踪
第二节　康巴藏式建筑的基本类型
第三节　康巴藏式民居建筑文化
第四节　康巴藏式建筑的自然风格
第五章　康巴藏族民间交通运输
第一节　康巴藏族传统交通设施
第二节　康巴藏族传统交通工具
第三节　康巴藏族传统交通运输业
第四节　康巴藏族民间交通习俗
第六章　康巴藏族人生历程
第一节　康巴藏族的历史历程
第二节　康巴人的精神历程
第三节　康巴藏族的生命历程
第四节　山水见证人生
第七章　康巴藏族民间信仰
第一节　康巴藏族自然崇拜
第二节　康巴藏族动植物崇拜
第三节　康巴藏族其他崇拜
第四节　康巴藏族宗教信仰
第五节　康巴藏族嘛呢石刻

第六节　康巴藏族风马
第八章　康巴藏族民间文艺
第一节　康巴藏族民歌
第二节　康巴藏族民间舞蹈
第三节　康巴藏族民间谚语
第四节　康巴藏族民间谜语
第五节　康巴藏族民间神话
第六节　康巴藏族民间故事
第七节　康巴藏族民间史诗
第八节　康巴藏族传统绘画唐卡
第九节　康巴藏族壁画
第九章　康巴藏族民间节日
第一节　康巴藏族节日概略
第二节　康巴藏族岁时年节
第三节　康巴藏族生产节日
第四节　康巴藏族游乐节日
第五节　康巴藏族宗教节日
第十章　康巴藏族传统体育
第一节　传统体育与军事
第二节　传统体育与生产
第三节　传统体育与宗教
第四节　传统体育与节庆
第五节　传统体育与竞技活动
第六节　民间游戏活动
第十一章　康巴藏族礼仪与禁忌
第一节　康巴藏族礼仪
第二节　康巴藏族的禁忌
第十二章　康巴藏族家族及姓氏
第一节　康巴藏族家族及传承
第二节　康巴藏族家族等级与家规
第三节　康巴藏族房名及姓氏

第四节 康巴藏族姓氏的象征
第十三章 康巴藏族传统社会组织
第一节 康巴藏族村落
第二节 康巴藏族习惯法
第三节 康巴藏族社会组织
第十四章 土司制度与文化
第一节 中国土司制度
第二节 中国藏区土司制度
第三节 康巴藏区土司制度
第四节 康巴藏区改土归流
第五节 民主改革与土司制度终结
第六节 土司制度下的文化
第十五章 康巴藏族吉祥文化

第一节 吉祥字符
第二节 吉祥颜色
第三节 吉祥植物
第四节 吉祥自然物
第五节 吉祥动物
第五节 吉祥礼物
第六节 吉祥佩饰物
第七节 吉祥器物
第八节 吉祥供物
第九节 吉祥图案
第十节 吉祥节日
第十一节 吉祥仪式
参考文献

书名：走廊上的秘境
作者：林俊华
出版社：四川民族出版社
出版年份：2006年9月版
页数：130

本书为"香格里拉·康巴文化"品牌丛书之一，书中内容均为作者关于康巴藏区历史与文化的论文及调查报告。其中，《扎坝"走婚部落"的远古景象》一文最早收录于2003年《"藏彝走廊历史文化"学术讨论会会议论文集》中，为国内较早系统介绍扎坝藏族和研究其族源的论文之一。

目　录

康巴文化的华丽面容
"孤岛"上的鱼通人

纳木日和他们的巫师
呷尔坝里的呷尔娃

扎坝"走婚部落"的远古景象
藏文化汪洋中的霍尔部落
流连在康巴的木雅人
森林绝谷中的山岩戈巴
九龙藏族中的普米
康南纳西文化的由来与变迁
为清政府戍守边防的羌族
从大凉山来的彝族

野人寺：喇嘛和道士共同生活过的世界
康定锅庄：行将消失的记忆
塔公：菩萨喜欢的地方
丹巴：嘉绒文化之源
用牦牛创造的文化
康巴的格萨尔

书名：寻找东女国：女性文化在丹巴到泸沽湖的历史投影
作者：王怀林
出版社：四川民族出版社
出版年份：2007 年 1 月版
页数：139

本书为"香格里拉·康巴文化"品牌丛书之一，书中包括作者对扎坝、丹巴县、九龙县、木里县以及泸沽湖母系文化的实地考察和对相关史籍的研读。其中第九节专论扎坝的走婚习俗。

目　录

女权与男权——一个难解的千年课题（代前言）
　一、中国女性的前世今生
　二、横断山——人类学秘境故事
　三、西王母——中华民族总先妣
　四、母系流风
　五、母系文化与性崇拜
　六、另类身——青藏高原的女性文化遗存
　七、从苏毗到东女国——老祖母风光无限的女儿们
　八、泸沽湖——母系社会活化石
　九、扎巴——鲜水河边女儿国
　十、走进丹巴美人谷
　十一、探秘东女国之都
　十二、从丹巴到泸沽湖——一条女国文化的绚丽金带
　后记

书名：女儿谷：1937
作者：李左人
出版社：中国文联出版社
出版年份：2014年5月版
页数：367

本书是一部文化人类学长篇小说，以康巴文化风情场面为背景，借助虚构的故事和人物形象"还原"历史，呈现了作者多年对鲜水河扎坝实地考察的现场感悟及文化人类学的研究成果，为读者揭示1937年女儿谷扎坝人的生活本相，呈现一幅全景式的历史画卷。

目　录

第一章　边城
第二章　茶马道上的重镇
第三章　穿越险象
第四章　初次交锋
第五章　女儿谷，别样的风流
第六章　纠缠不清的恩怨
第七章　女国遗韵
第八章　嘛呢坪上
第九章　蛊惑
第十章　放浪不羁
第十一章　围捕
第十二章　心怀叵测
第十三章　走婚人家
第十四章　较量
第十五章　迷惑
第十六章　意乱情迷
第十七章　初露端倪
第十八章　爱恨情仇
第十九章　山雨欲来
第二十章　喋血官寨
第二十一章　泣血的红月亮
后记

书名：山河是一种慢——西康故地的人文镜像
作者：焦虎三
出版社：重庆出版社
出版年份：2007年4月版
页数：367

甘孜州位于四川省西部、青藏高原东南缘，民间习惯称之为"康巴"地区，简称"康区"。"康巴"一词系藏语音译。在作为族群概念时，其意为"康区人"（过去专指康巴藏族，现在泛指生活在康区的所有人）；在作为地域概念时，它则是指"康巴人生活的地区"，即"康区"。这一地区为我国三大藏区（卫藏、安多、康）之一。在清末至民国初期，汉文史籍将这一地区称为"川边"或"川滇边"；西康建省后，又有"西康"之称。

康区地处青藏高原向成都平原的过渡地段，为横断山系的高山河谷区。地势西高东低、北高南低。长江水系的金沙江、雅砻江、大渡河由北向南贯穿全境，黄河水系也在康区北部有90公里的流长。该地区地理环境复杂，自然资源丰富。既有广袤的草原和原始森林，也有大量的可耕地，能为采食、牧业、农业等不同生活方式的人类群体提供相应的生存条件。康区的气候环境也十分独特，河谷亚热带、山地暖温带、山地凉温带、山地寒温带、高山亚寒带、高山寒带等6种气候在区内呈垂直分布。"一山有四季，十里不同天"就是对这种复杂气候条件的真实写照。这种地理环境在生产力欠发达的历史上，给人们的生产、生活和交流带来了诸多的不便，但它却孕育出了独具魅力的康巴文化。

《山河是一种慢》一书融知识、揭秘、人文探索于一体，以人文地理作家独特的视角，为读者第一次揭开生活在藏彝走廊大峡谷中众多民族人文与历史神秘的面纱。书中第三章与第四章分析介绍了扎坝"走婚部落"与扎坝黑陶。

目 录

总序：一条走廊的命名及穿越
第一章 1939 年的康定
第二章 末代女土司的似水人生
第三章 "走婚部落"的田野报告
第四章 黑陶部落的最后传人
第五章 木雅芭羌的面具报告
第六章 营盘小街的发现之旅
第七章 茶马古道的"背子"
第八章 2000 公里的康巴八记
后记

二、1949 年后扎坝藏族研究与调查文献

（一）康巴学

标题：浅谈甘孜州康巴文化的主要特点
作者：亚西 曲梅
来源：《西藏研究》，2003 年 4 期
摘要：地处藏东横断山区的甘孜州康巴文化是藏族文化的重要组成部分，其文化内涵极其丰富，可细分为物质、制度、精神等三个层面，且具与众不同的特点，了解它的个性对于藏学研究及旅游开发等颇具价值。
关键词：甘孜州；康巴文化；内涵；主要特点
文中认为制度文化层面是康巴文化的中层，反映了人与社会的关系，是人们在共处中创造的规范和组织形式，主要包括康巴社会的组织结构、立行方式、风俗习惯、行为规范等文化内容，如道孚县的扎坝母系氏族残存等社会文化。

标题：试论康巴文化的多元性
作者：林俊华
来源：《康定民族师范高等专科学校学报》，2004 年 3 期
摘要：康巴文化是一个以藏族文化为主体的多元文化系统；而且康巴藏族文化也是吐蕃文化与康区土著文化和其他多种文化相互融合的结果。康巴文化的多元性是由该地区地理环境的多样性、主体文化的开放性和宽容性、民族文化的相融性、政治势力的分散性所决定的。

关键词：康巴藏区；文化；形成；特点

作者文中论及在康巴藏族中至今还存在着若干不同自称（或他称）的族群，如：生活在大小金川流域区的"嘉绒"，康定、九龙等地的"木雅"，丹巴、道孚、炉霍、新龙等地的"布巴"，康定大渡河地区的"鱼通"，雅江、新龙一带的"却域"，道孚、雅江交界处的"扎巴"，九龙境内的"普米""耳苏""鲁汝"等。这些族群不仅具有不同的自称（或他称），而且其语言也有较大差异，当地把这种不同族群的语言称作为"地脚话"，学术界称之为土语。

标题：藏彝走廊研究中的几个问题
作者：李绍明
来源：《中华文化论坛》，2005年4期
摘要：费孝通先生对藏彝走廊问题曾有五次阐述。经多年研究，学术界对藏彝走廊的研究取得了多方面成果，但仍有一些问题需要进一步深入探讨。本文从以下八个方面对这些问题进行了归纳阐述：民族走廊理论、藏彝走廊范围、考古学、民族史、民族语言、民族文化、生态与民族的关系、民族经济的发展。

关键词：藏彝走廊；理论；学术；问题与研究

本文为国家社会科学基金项目"长江上游古文化与中国文明起源——从宝墩文化、三星堆文化到金沙遗址"（编号：04XKG002）的阶段性成果。

文中认为：民族文化是一个广义的文化概念，包括物质文化、制度文化和精神文化等诸多方面。藏彝走廊中各民族均有丰富的文化，既保持自身的特点，又相互影响。迄今我们对这条走廊的研究还不充分，如迄今对藏彝走廊中的民族没有严格意义上的完整的民族志，而只有按省（区）、州、县分开来写的某些民族志，故难以对这条走廊中的民族文化进行历时或共时的文化比较研究。比如走婚文化，尽管今天在川滇交界的泸沽湖和四川道孚、雅江一带的扎坝地区都还较典型地存在着，但这种文化间有什么关系？又与唐代的东女国有什么关系？都还没有认真研究。

标题：康巴学简论
作者：李绍明　任新建
来源：《康定民族师范高等专科学校学报》，2006年2期
摘要："康"是一个历史地理概念，其地域包括今四川省的甘孜州以及阿坝州、凉山州的一部分，西藏的昌都地区，青海省的玉树州和云南省的迪庆州。康巴学是藏学的一个分支，是一个以康巴藏族和康区为主要研究对象的综合性学科。建立康巴学是康巴文化的特殊性及其康巴研究的独特价值所决定的。国内外

关于康巴的研究成果，为康巴学的建立奠定了牢固的基础。

关键词：藏语；康巴；学科体系

作者认为：道孚、雅江间的扎坝地区的"走婚"制度，是比泸沽湖更完整的母系氏族社会遗存。

标题：说"鲜水"：康巴草原民族交通考古札记

作者：王子今　高大伦

来源：《中华文化论坛》，2006年4期

摘要：先秦两汉南北朝时期历史文献记录的地理位置不同的"鲜水"，可能与曾经在康巴草原保留历史文化遗存的少数民族的活动有关。康巴草原曾经是历史时期西部民族活动与迁移的走廊，考古资料显示这一地区当时也是文化交汇的纽带。地名"鲜水"，也成为我们考察中国西部草原南北通路的线索之一。

关键词：鲜水；草原；交通；康巴地区

文中认为思考"鲜水"水名在不同地方共同使用的原因，不能不考虑到民族迁徙的因素。古地名的移用，往往和移民有关。因移民而形成的地名移用这种历史文化地理现象，综合体现了人们对原居地的忆念和对新居地的感情，富含重要的社会文化史的信息。"鲜水"地名在不同地方的重复出现，从许多迹象看来，与古代羌族的活动有密切关系。其中康巴草原的历史作用更值得关注。康巴地区可以看作古代中国西北地区和西南地区实现文化交接的重要地带。东部地区的若干影响，也经过这一地区影响西部地区。有的学者从交通作用出发，赋予康巴区域以"藏彝走廊"或"民族文化走廊"之称谓。对于相关定名的学术合理性，还可以继续讨论。然而进行康巴地区的民族考古，确实不能不重视交通的文化因素。

标题：关于康巴学几个基本概念的认识

作者：林俊华

来源：《康定民族师范高等专科学校学报》，2007年2期

摘要：每一门学科都有一些自己的基本概念，"康（区）""康巴""康巴文化"在康巴学中具有基本概念的地位和作用。康（区）是个地域概念，是我国"藏地三区"之一，其地域范围大体包括鲁共拉山以东，大渡河以西，巴颜喀拉山以南，高黎贡山以北的青藏高原东南部地区。"康巴"既是一个地域名称，也是一个族群名称。作为地域名称，它是康区的同名词；作为族群概念，它专指康巴藏族。"康巴文化"是以康巴藏族文化为主体的多元文化系统，是一种极富特色和典型意义的地域文化。

关键词：康；康巴；康巴文化

作者认为扎坝至今还保留着母系制家庭遗风，正是康巴文化呈现出丰富多彩多样性的原因之一。

标题：康区藏族民俗的成因探讨——藏彝走廊文化解读之二
作者：杨健吾
来源：《地方文化研究辑刊》，2008年
摘要：康区藏族民风民俗的形成和延续是康巴人文精神的生动体现，也是康巴文化这一具有显著民族地域特色的藏族传统文化的重要组成部分，是近些年学术界提出的"康巴学"研究应当关注和探讨的重要问题。本文拟初步探讨康区藏族民俗发生、形成、传播、延续的主要原因，以更为全面、深入地了解和认识其特殊魅力，更为深刻地认知和评判这一独特文化现象所蕴涵的多方面复杂原因。
关键词：藏彝走廊；婚俗文化；文化性格；传统婚俗；宗教礼仪；康巴
作者认为道孚的扎坝母系氏族残余和奇异婚俗，是古老婚俗文化的活化石。

标题：论李绍明先生的藏彝走廊研究观
作者：木仕华
来源：《西南民族大学学报（人文社科版）》，2010年8期
摘要：藏彝走廊研究时下为国际中国学研究领域的一门热门学问，国际化的研究趋势日益突显，中国学者研究藏彝走廊的学术成就与理念尤须加强。李绍明先生终其一生奔走于藏彝走廊各民族间，参与民主改革、少数民族社会历史调查、民族识别，对费孝通先生提出的"藏彝走廊"概念理会深刻。他先后亲自领导组织了"六江流域""南方丝绸之路"的综合考察，从田野中逐步育成其藏彝走廊研究观，见解独到，领袖当下，推阐其藏彝走廊研究观的内涵和所指，意义非凡。
关键词：李绍明；藏彝走廊；南方丝绸之路；茶马古道；人类学
文中提及了李先生的期待，即：比如走婚文化，尽管今天泸沽湖的纳日人和扎坝的扎巴藏族都还有，但这些文化间有什么关系？与东女国又有什么关系？都还没有好好研究。

标题：康巴文化历史与康巴文化简述——从藏学家任乃强先生康巴历史研究谈起
作者：曾义　重曦
来源：《中央民族大学学报（哲学社会科学版）》，2014年5期
摘要：康巴是三大藏区之一，藏族传统地理学上的"边地"，其文化结构复杂，却少有文献记载它的发展历史。藏学家任乃强先生的康巴历史研究成果首次

让世人触及康巴的历史肌理。在历史的快速变迁中和现代文明的冲击下,如何发掘、抢救和整理康巴传统文化并使之续流,如何使康巴的人文精神和生态文化焕发出新时代的气息,是当前康巴研究所面临的问题。

关键词:康巴文化;文化变迁;传承发展

本文为教育部规划基金一般项目"康巴民族文化史"(编号:11YJA850012,四川省教育厅2013)重点项目"康巴文化资源数字化建设研究"(编号:13SA0122)成果之一。作者认为康巴由高海拔草地和众多河谷所形成的呈梯级状山川交错的地形以及复杂多变的气候,构成了康巴民族的生存背景。牧区、半牧半农区和农区文化构成的康巴文化多样性形态,因为交通阻隔而少于流动,更少于变化。因此,曾经生活和迁徙在这些高山大川之间的部族被吐蕃文化同化的同时,也使区内众多小国(部落)在复杂的地理环境里得以完整地保留文化的多样性。如白玉县三岩地区残留的原始父系氏族制;康定鱼通和泸定岚安有语言孤岛之称的贵琼语族,其虽是藏族身份,但自称西夏人后裔;道孚的扎坝乡保留了母系制家庭遗风(也可以认为是东女国以女性为中心的社会形态,这种文化形态也说明羌文化的女性中心制持续时间之久,是区别于其他文化的显著特征)。其中,游牧文化是古羌文化的活态载体,因为它的古老而成为中华文明的源头之一。

(二)民族学与文化学

标题:论藏族的多元一体格局

作者:李绍明

来源:《南方民族考古》,1991年

摘要:"中华民族的多元一体格局"是费孝通先生近年来提出的一个民族学概念。这一概念既反映了中华民族形成的历史进程,又反映出了中华各民族的客观实际。藏族是我国人口较多、分布较广、历史悠久且文化灿烂的民族之一,对于藏族的多元一体格局的形成与表征进行研究,不仅具有代表性,而且也可揭示各民族形成的客观规律,有着重要的理论意义与现实意义。

关键词:多元一体;历史进程;民族形成;费孝通;吐蕃;羌语支;雅隆

标题:清代移民与川西藏区开发

作者:刘正刚　唐伟华

来源:《西藏研究》,2002年1期

摘要:清代四川属于典型的移民社会,移民遍布巴蜀各地。四川西部有相当部分为藏族聚居地，据乾隆《西藏志·疆困》载，雍正三年勘定川藏疆址，"始定于南墩宁静山岭上为界，并建分界牌：岭东之巴塘、里塘属四川，岭西属西藏。其中叫察卡、中甸属云南，三处疆界始分。"本文所论川西藏区，主要指川西的松潘、懋功、杂谷、雅州、宁远等地，这些地区在清代有众多的汉民移入聚居，对汉藏民族间的社会经济文化交流作出了积极贡献。

关键词：移民社会；打箭炉；雅州府；茂州；藏人；汉藏；巴安；理番

在"打箭炉陕帮知名商号一览表"中列有"利盛公"在扎坝的支号。资本额两三万两，主要业务为康香、黄金、虫草、贝母、皮张，1951年歇业。

标题：坚持安康稳藏 确保长治久安
作者："四川藏区发展"课题组
来源：《中国民族报》，2002年12月31日3版
摘要："康"是藏语的音译，亦称为"喀木"，原字义是指"边地"。作为地域概念，"康"是我国藏族三大聚居区——卫藏、康、安多——的一部分，又称"康区"或"康巴"地区。历史上"康"的范围大致包括今天四川省甘孜藏族自治州的全部，阿坝藏族羌族自治州的一部分，凉山彝族自治州的木里藏族自治县，西藏自治区昌都地区，云南省的迪庆藏族自治州及青海省玉树藏族自治州。由于地理、经济和政治上的特殊地位及其与其他藏区的互动关系，康区稳定一直是保持藏区社会稳定、民族团结，维护祖国统一的重要条件。

作者在"康区的社会子系统多元并存"中谈及道孚（尔龚）语和扎坝语。

标题：发展文化产业，实现产业互动——甘孜州文化产业发展刍议
作者：汪晓萍
来源：《康定民族师范高等专科学校学报》，2003年2期
摘要：该文结合甘孜州实际发展文化产业的基本理念，以及甘孜州发展文化产业的基本策略，论述了甘孜州文化产业发展的优势。在基本策略中具体论述了甘孜州文化产业发展的规划问题、发展模式问题、创新管理问题、产业门类问题、人才问题等。

关键词：甘孜州；文化产业；优势；规划；模式

文中作者认为雅江间扎坝母系氏族等古代社会的活化石显示了康巴文化的深厚底蕴。

标题：扎坝藏族的母系制原始婚姻形态

作者：《道孚、雅江扎坝藏族母系制遗留的调查与研究》课题组
来源：《民族》，2003年4期

标题：扎坝"走婚部落"的历史与文化
作者：林俊华
来源：《藏彝走廊历史文化学术讨论会会议论文集》，四川大学中国藏学研究所，2003年

本文为国内较早系统研究扎坝历史与文化的论文。全文分为：扎坝释义、扎坝文化的基本特征、文化的源流三个部分。作者认为东女国在被吐蕃吞并后，其主体部分逐渐为吐蕃所同化。但其中有一支人生活在鲜水河峡谷中（也有可能是在遭受吐蕃军事打击后，从别处逃入鲜水河峡谷），由于地理位置偏僻，地理环境封闭，受吐蕃文化影响较小，因而将东女国的文化保存了下来。这支人就是今天的扎坝人。

标题：明代藏地施政的特殊性：古代中央王朝治理藏区的一种范式研究
作者：邓前程
来源：四川大学专门史，2003年

摘要：本文以现有汉藏文献为依据，并在广泛吸取和参考国内外有关研究成果的基础上，运用宏观考察与纵横比较相结合的方法，对明朝治藏政策出台的背景，以及政治、经济、宗教与文化等有关举措进行了深入系统的分析研究，进而展示出明朝对藏施政不仅符合其自身实力，而且顺应了藏地的历史与现实状况，不失为古代中央王朝治藏的一种较为成功的范式。

关键词：明朝；藏区；古代中央王朝；施政；特殊性；范式；相对自理；直接控制

本文为对明代藏地施政的宏观研究，文中只简单谈及"扎坝语"，并无更多介绍。

标题：走婚部落的远古镜像
作者：林俊华
来源：《西藏旅游》，2004年2期
本文为《扎坝"走婚部落"的历史与文化》一文的缩编版。

标题：康巴文化的华丽面容
作者：林俊华

来源：《西藏旅游》，2004 年 4 期

本文在社会形态中介绍了扎坎的母系制家庭遗风。

标题："藏彝走廊历史文化学术讨论会"综述
作者：高泽祯
来源：《中国藏学》，2004 年 4 期

摘要：由教育部人文社科重点研究基地四川大学中国藏学研究所和中国西南民族学会联合主办的"藏彝走廊历史文化学术讨论会"于 2003 年 11 月 6—8 日在四川成都举行。本文为本次学术讨论会的综述。

关键词：藏彝走廊；学术讨论会；父子连名制；人类学理论；中国藏学；地区史；费孝通

文中论及康定师专林俊华的《雅砻江上游扎坝"走婚部落"的历史文化》一文，介绍了扎坝人文化的基本特征，考察了其文化源流，推测扎坝人极可能就是《唐书》中所载东女国之后裔。

标题：神秘的女国文化带
作者：王怀林
来源：《康定民族师范高等专科学校学报》，2005 年 4 期

摘要：从丹巴到扎坝，再到泸沽湖，构成了一条神秘的女国文化带。走婚、石碉、黑陶、猪膘、苯教、白石崇拜……构成了女国文化带的重要特征。

关键词：丹巴；扎坝；泸沽湖；女国文化

文中认为正是西部游牧走廊地理的畅通和隔绝并存，以及民族的迁徙、融合不断，才造成这样多姿多彩的自然景象和多元并包的人文风光。虽然游牧民族的迁徙、冲突和交融，造成了卡若遗址中一千年内有三种迥然不同的文化遗存，遍布该区域的新石器时代石棺葬文化的突然消失以及灿烂的三星堆文明风云流散，也造成了众多民族和族群的脉络不清，身份难断，但也孕育出了繁花似锦、丰富厚重的族群文化；虽然地理的隔绝使得交通不便、土司林立、人民生活困苦、经济发展滞后，但是也保存了像华夏远古文明和女国文化这样的人文胜景，成为人类学研究的宝贵财富，也成为历史学、民族学、语言学以及旅游专家们大显身手之地，其天人合一的香格里拉胜景，也为当地民众的未来展现出了美好的发展前景。

标题：扎坝大峡谷"走婚"民俗的人类学思考
作者：刘波

来源：《西藏民族学院学报（哲学社会科学版）》，2005年6期

摘要：本文从人类学的角度分析了雅砻江中游扎坝大峡谷的走婚民俗个案，认为走婚既非传统观念中落后的婚俗，亦非母权制的产物，走婚看似自由，实有许多代价。同时指出，每一种文化都有其独特的价值和功能，应以文化平等的态度对待全球化浪潮下土著文化的族群性和特殊性。

关键词：走婚；民俗；母权制；人类学

文中认为，作为原始婚俗的遗存，走婚在中国西部民族地区多处均有遗存，如在四川省阿坝藏族羌族自治州的嘉绒藏区至今仍存，当地称"爬房子"之俗；在雅砻江中下游地区亦有藏、纳西、蒙古等多个民族，中游木里县屋脚乡的蒙古族，泸沽湖畔的纳西族等均有这种原始婚俗。由于扎坝地区处于高山峡谷地带，交通闭塞，对外联系不便，因而当地千百年来流行的走婚习俗得以较为完整地保留了下来，而且具有影响面广、表现充分、历史文化因素保存完整等特征，因而可以说是走婚的典型类型。这种保存完好的原始婚俗，对探讨人类婚姻的各种争鸣有着重要的补充和佐证意义。

同时作者认为，走婚习俗随着时间的推移，会逐渐消失，这是社会的共识也是正在发生着的现象。现在扎坝依旧保存着比较完整的走婚习俗和独特的语言，一个重要的原因是因为这里交通不便，从外面进入的人较少，所带来的文化侵扰还较有限。但随着今后当地交通、通讯的改善，一定会有越来越多的旅游者进入，尤其是通了电，有了电视、收音机等现代化的传播工具后，很多原始的东西完全有可能迅速消失。外来信息的本土化成为现代扎坝人婚俗逐渐改变的主要原因。

标题：川西扎巴藏人亲属制度初探
作者：冯敏
来源：《康定民族师范高等专科学校学报》，2005年6期

摘要：亲属称谓制度是传统人类学研究的重要内容。扎巴藏人至今保留着完整的母系制，是迄今为止继泸沽湖摩梭母系制发现后的第二个母系文化区。扎巴藏人的亲属称谓以我为坐标，仅限于上下三代，只有类别式与说明式两种。扎巴藏人语没有产生出单独的亲属制度，这反映出了母系制婚姻家庭的特点。

关键词：扎巴藏人；亲属制

文中认为，扎巴藏人的亲属称谓以"类别式"和"说明式"为主要特征，印证了杨堃先生的论断。杨堃先生认为"类别式"产生于群婚制，"说明式"产生于专偶婚，并认为母系氏族是单系的分类亲属制。在母系氏族初期阶段，其亲属制度是母系氏族的亲属制度，由于这时人们仅知母而不知父，故只能有母系亲属称谓，而无父系亲属称谓，亦无姻亲称谓。这些，都在扎坝藏人的亲属称谓中得

到了佐证。其次，扎坝亲属无姻亲称谓。扎坝藏人的亲属称谓只有母系或父系的血亲亲属称谓，而无姻亲亲属称谓，姻亲均直呼其名。显然，无姻亲称谓是母系氏族的单系的分类亲属制。扎坝藏人的亲属称谓反映了这一特点。最后，扎坝藏人父系家庭现今的亲属称谓，说明父系家庭无自己独立的称谓系统，而全部借用母系称谓，揭示出父系历史的短暂。显然，他们曾经是扎坝母系社会的一个部分，在"不久"前才从母系制脱胎而出，由于诸多特殊原因，家庭形态演变为父系制家庭。这也可以从其一夫一妻婚姻中所遗留的走婚痕迹得知一二。

下拖乡虽基本上为父系制婚姻家庭，但却带有浓厚走婚影响的烙印。具体表现在以下几方面。其一，大多数男子在娶媳前也走婚，为自己物色以后明媒正娶的媳妇，而长呷依是未来媳妇的首选者。因此，这种一夫一妻家庭明显地带有先走婚后结婚的双重婚姻形式。其二，该乡的父系家庭也与其他父系家庭不同，一兄娶妻，其他兄弟必定上门，姊妹出嫁。家中兄弟几个没有同时娶媳的。因此，扎坝地区的父系家庭无联合大家庭。因此，从父系称谓也可以佐证母系家庭形态的历史悠久。

标题："扎巴"族源初探
作者：林俊华
来源：《藏学学刊》，2005 年
关键词：扎巴；东女国；族源；木雅

标题：甘孜州东南部藏族民居形态研究
作者：刘长存
来源：《西南交通大学建筑设计及其理论》，2005 年
摘要：藏式建筑艺术独具特色，它不仅是我国建筑艺术的珍宝，也闪耀于世界建筑艺术的历史长河。藏族民居艺术，因各地不同的居住环境、气候、取材、生产生活方式而不同。如农区的藏房多采用木、石、土等材料，在木材丰富的地区采用干栏形式，木作采用井干等结构，多雨的地区采用盖着石板的坡屋面。现在藏族民居越来越注意把实用和审美结合起来。
关键词：藏族民居；甘孜州东南部；民居形态；发展；影响因素

标题：川西藏区的扎巴母系制走访婚
作者：冯敏
来源：《民族研究》，2006 年 1 期
摘要：川西扎巴藏人的婚姻家庭形态与纳西族摩梭人 20 世纪 60 年代的婚姻

家庭形态惊人地相似，扎坝地区是迄今继泸沽湖之后发现的第二个母系文化区。由于当地比较闭塞，受现代社会冲击较晚，走访婚和母系亲族家庭一直占据主导地位，母系制特点鲜明。这一调查结果为人类学对母系制的研究提供了新的田野样本。

关键词：川西藏区；扎巴；母系制；走访婚

文中认为：扎坝藏人的走访婚属于对偶婚的范畴。对偶婚是男女配偶在或长或短的时间内的某种偶居，这是母系氏族早期流行的一种婚姻形式。在扎坝藏人走访婚过程中，随着年龄的增长，男女双方通常都会有一个相对稳定的走访对象，即所谓"长呷依"。主妻主夫维持较为经常、持久的婚姻关系，这在扎坝藏人的走访婚中表现明显。可以确定，扎坝地区是继泸沽湖地区之后发现的第二个母系文化区。扎坝藏人的婚姻家庭形式主要是由生态环境与文化所决定的。起主要决定作用的因素就是人地关系。扎坝藏人所处的恶劣环境与他们对土地的需求导致了村落的分散。扎坝地区地少、缺水、自然灾害严重的现实，使得一个家庭不可能无限分裂下去，走访婚就是为了家族乃至族群的生存与发展所做的一种选择。扎坝藏人的走访婚有效地延续了他们的血脉，也维系了大家庭的家产。

扎坝藏人的走访婚与母系家庭，证明了蔡华先生关于"纳人……可能是唯一的一例曾经既无婚姻制度亦无家庭组织的社会"的学术推断不能成立。调查显示，扎坝走访婚与"纳人"走访婚在婚姻形式及文化方面的同质性很高，表现为以下几方面：第一，其走访婚均以性关系为主要特征，走访双方必须有性关系才能使用特定的称谓（扎巴为"呷依"，摩梭为"ax ia"），没有性关系的男女双方不能使用这样的称谓。第二，在实行走访婚之前，均有"抢东西"（"纳人"还有交换东西）的程序，走访时都有"爬墙"和"爬房子"的过程。第三，有暗访与明访两种形式，女居男访，暮至晨离。第四，走访婚均具有多偶性和不稳定性。第五，有严格的乱伦禁忌。第六，子女由母亲抚养，男子主要养育其姊妹的孩子。第七，扎巴藏人和"纳人"都有"共居"的母系对偶家庭，等等。扎坝藏人走访婚及母系制的发现，作为人类学的另一田野个案，打破了蔡著关于"纳人"母系制的"唯一"说，从而丰富了人类学领域中关于母系制走访婚的研究样本，并就学术前辈对摩梭母系制研究中所缺少的实证做了某些补充，因此具有一定的学术价值和学术意义。

标题：甘孜州非物质文化遗产资源中的亮点——兼谈非物质文化遗产保护方面的几个常识性概念

作者：杨嘉铭

来源：《康定民族师范高等专科学校学报》，2006年2期

摘要：文章共分两个部分：第一部分是根据国家非物质文化遗产范围，结合甘孜州非物质文化遗产资源的实际，作了深入浅出的提示。第二部分是对非物质文化遗产保护中几个比较模糊的基本概念作了简要说明，以便做好今后的工作。

关键词：甘孜州；非物质文化资源；亮点

标题：探秘东女国之都
作者：王怀林
来源：《康定民族师范高等专科学校学报》，2006年2期

摘要：东女国是唐初活动在青藏高原地一个部落，唐时为吐蕃所灭。关于东女国具体位置，学术界颇有争议。本文通过调查，在丹巴梭坡乡的一个丛林中找到了一个古建筑遗址。并通过文献和文化依存的调查，证明丹巴就是东女国的核心地区，梭坡的古建筑遗址即东女国王宫。

关键词：丹巴；东女国；历史；文化

作者认为，从丹巴、扎坝到泸沽湖（扎坝、九龙、木里、泸沽湖都同属雅砻江流域），通过大渡河、鲜水河、雅砻江及其中间的草原低地，容易沟通。近闻邻近泸沽湖的木里县屋角乡的母系遗存也保存完整，至今尚有人数达30余人的母系大家庭，木里俄亚纳西族的"安达"婚，也是以"走婚"为其主要婚姻形式。可知东女国文化仍如女王谷之河，一直在静静流淌着。

标题：扎坝"走婚部落"的历史与文化
作者：林俊华
来源：《康定民族师范高等专科学校学报》，2006年4期

摘要："扎坝"是对藏语"扎巴"的音译。扎坝人实行走婚，属母系制家庭，喜欢住碉楼、吃臭猪肉，实行岩葬，善制陶，有自己独特的语言。扎坝人的文化与《唐书》中的东女国有着明显的渊源关系。

关键词：扎坝；走婚；母系制；东女国

作者认为：东女国是一个以女性为中心的部族，兴起于唐代，后为吐蕃所吞并。从此以后，史籍中再不见其踪影。而东女国的文化也好像从此在康区大地上蒸发。近年来，有的学者提出四川的丹巴县是东女故地，也有一些学者认为东女国故地是在西藏的昌都区。其实这些观点都带有一定的猜测性。扎坝文化的发现使我们又看到了将已经中断了上千年的东女国文化重新链接上的希望。

标题：扎巴藏人的亲属称谓
作者：尚云川

来源：《中华文化论坛》，2006年4期

摘要：扎巴藏人的亲属称谓是母系制的，其父系亲属称谓极不完整，并且在其亲属称谓中没有表达姻亲关系的称谓，表明其亲属制起源于母系制，并经历过漫长的母系社会。

关键词：扎巴藏人；亲属称谓；母系制；婚姻形态

作者认为：在遥远的古代某个时期，扎坝藏人经历过普拉鲁雅群婚制度。在这种制度下，每一个扎坝男人都可以作为任意一个扎坝女人的婚姻伴侣，而每一个扎坝女人都可以作为任意一个扎坝男人的婚姻伴侣，所以男人与新郎为同一称呼，女人与新娘为同一称呼，但这是排除了辈分的不同。另外，扎坝藏人没有表达"夫""妻"等两性关系的的词汇，可以看出扎坝藏人的亲属制起源于母系制。

标题：弘扬西部文化，推进文化资源转变

作者：王怀林

来源：《康定民族师范高等专科学校学报》，2006年4期

摘要：西部地区不仅有广阔的地域和悠久的历史，而且拥有丰富多彩的文化资源。西部地区是华夏文明的重要发源地，也是中国革命的重要发祥地。西部地区又是我国少数民族及其文化的集萃地，这里生活着50多个少数民族，几乎包括了我国所有的少数民族。西部地区拥有的历史文化资源和民族文化资源，是西部大开发的重要组成部分。我们应该充分重视这些得天独厚的资源优势，加强对它们的抢救、保护、涵养和合理利用，建立良好的民族民间文化生态环境，为推进西部大开发作出贡献。

关键词：西部文化；文化资源；开发利用

作者认为横断山独特的地质地貌以及地处汉藏结合部的地缘文化，使得这一区域既封闭又开放。由于高山峡谷的阻隔，使得自然条件恶劣、交通不便、封闭，但从文化的角度看，反而使得人类演进中不同阶段的母系父系文化、部落及部落联盟文化等众多人类"活化石"能够保存至今。这对我们研究社会演进、发展有重要启示和作用。嘉绒、木雅、扎坝、鱼通、道孚、西番、查加、瓦须等古族群，也成了一个人类学文化宝库。文化重点在于传承，能够延续下去的文化才是具有生命力的、可以进行开发的文化。目前，许多地方都在为此进行努力。如格萨尔的申遗，千幅唐卡画的建设，建立康巴文化、康定情歌、扎坝文化、嘉绒文化博物馆等。我们要利用现代科技手段将这些文化保护传承下去。

标题：民国时期国人对西康的社会考察及其影响

作者：曹春梅

来源：四川师范大学中国近现代史，2006年

摘要：民国时期国人对西康的社会考察，是对近代西康政治、经济、文化的全面反映，是中国边疆考察的一个重要组成部分。本文旨在以历史学为本位，辅以民族学、社会学等相关学科的观点，对民国时期国人对西康的社会考察进行研究，以期还历史以真貌，并分析考察活动的意义，为今天藏区的建设以及西部大开发提供更翔实的历史依据。

关键词：民国时期；西康；国人；社会考察；影响

文中收录了多篇民国时期风俗习惯方面的文章，主要有：笑棠．西康雅江风情记[J]．连载于《康藏前锋》第2期（1933年，37—40页）、第3期（1933年，47—48页）、第8期（1934年，53—57页）；李笑岩．康藏特殊风俗[J]．康藏前锋，1933（2）：41—43；柯一实．西康风土谈[J]．边事研究，1940，11（3）；余苑．康藏印茶风俗[J]．边政公论，19443（11）；徐益棠．康藏一妻多夫制的又一解释[J]．边政公论，1941，1（2）：18—23；谭英华．康人农业家庭组织的研究[J]．连载于《边政公论》第3卷第6期（1944年，43—48页）、第3卷第8期（1944年，41—49页）、第4卷第2—3期合刊（1945年，23—28页）、第4卷第4—6期合刊（1945年，33—38页）；任乃强．西康图经（民俗篇）[M]．新亚细亚出版社，1934；庄学本．羌戎考察记[M]．上海良友图书公司，1937年。其中许多文章谈及康藏"一妻多夫制"。

标题：20世纪甘阿地区交通演替与社会经济发展

作者：屈洪斌

来源：四川大学历史地理学，2006年

摘要：本文借鉴历史地理学、历史交通地理学、交通运输地理学、人文地理学、区域经济学、民族学等多学科的研究方法，研究百年间甘阿地区的交通演替和发展，复原交通线路走向与区域社会经济格局变迁，总结交通与社会经济发展之间的相互制约与相互促进的内在互动发展关系。本文主要对五个方面进行了探讨：一是甘阿地区交通发展的自然、人文环境，二是甘阿地区的古道交通与社会经济发展，三是甘阿地区的公路交通与社会经济发展，四是水路、航空交通与社会经济发展，五是甘阿地区交通发展格局现状的特点、影响交通发展的主要因素等。其中，重点研究了区域交通发展的历史地理背景、区域交通发展史、区域交通与社会经济发展关系、区域交通历史文化、区域交通演替规律等方面。基于上述研究的基础上，本文最后提出了进一步加快甘阿地区交通开发的战略举措。

关键词：20世纪；交通演替；社会经济；甘孜州；阿坝州

本文在"甘孜地区的古道网络及地理走向"与"古道交通格局及其特点"中

多处谈及道孚交通，涉及道孚去雅江之道雅路。

标题：藏区水电工程移民安置工作调查与思考——以四川甘孜州两河口电站为例
作者：庄万禄　张友　贾兴元
来源：《西南民族大学学报（人文社科版）》，2007 年 1 期
摘要：水电工程移民是水电工程建设的重要组成部分，是一项复杂的系统工程，不仅直接关系到水电工程是否顺利建设，而且关系到广大移民的切身利益，甚至关系到社会稳定。四川甘孜州移民工作存在主体特殊、地域特殊、文化特殊、宗教信仰等诸多特殊因素，其移民工作更具有一定的特殊性、复杂性。本文基于对两河口电站移民工作的艰苦细致调研，对四川藏区大中型水电工程移民问题及解决思路做了较为系统的思考。
关键词：四川藏区；水电工程移民；移民状况；迁移特殊性；补偿问题；调研与思考

标题：丹巴婚恋文化调查
作者：林俊华
来源：《康定民族师范高等专科学校学报》，2007 年 1 期
摘要：丹巴各族一般都实行一夫一妻制。青年男女自由恋爱的现象十分普遍，但婚姻一般都需要经"父母之命，媒妁之言"才能完成。婚姻习俗因民族、地域的不同而各有特色。
关键词：丹巴；恋爱；婚姻；民俗
作者调查发现，在巴底乡，当一个未婚男子喜欢上某个未婚女子时，他们便会用自己的双手和双脚去攀登这个女子家的墙壁，然后从窗口进入姑娘的卧室与之谈情说爱，并在天亮前（鸡叫二遍）离开。在道孚县的扎坝地区，男子走婚也要"爬墙子"，但对比后认为二者之间是否具有某种联系，尚需作进一步的调查。

标题：论培育和壮大甘孜州民族文化产业的重要性问题
作者：戴刚
来源：《康定民族师范高等专科学校学报》，2007 年 1 期
摘要：民族文化产业是甘孜州今后较长时期民族经济发展的重要途径和支柱产业。甘孜州历史悠久，民族构成复杂，具有丰富的民族文化资源，为民族文化产业的发展提供了良好的基础。解放思想、更新观念，牢固树立和落实"以人为本"的科学发展观，按照因地制宜、分类指导的原则，深入发掘、整理和充分利

用民族文化资源，增强战略意识，找准文化和旅游产业的互动运行机制，坚持走可持续发展战略。

关键词：甘孜州；民族民族文化资源；丰富多彩；文化产业

文中认为以"东女国"为代表的"女性文化"作为嘉绒文化的重要组成部分占有十分重要的位置，被越来越多的学者和社会各界所关注。

标题：试论现代化语境下的族群亚文化的发展路向——以"走婚制"为例

作者：尹伊　陈昌文

来源：《南方论刊》，2007年5期

摘要：本文主要以"走婚制"为例探讨了其作为一种反现代性的族群亚文化在现代化语境下的发展模式。在否定了保护主义和快速现代化两种模式后，笔者提出了一种地方性知识实践的理念，试图找到一种族群亚文化发展的第三条路径。

关键词：现代化；族群亚文化；地方性知识

文中认为扎坝"走婚"是不同于现代"一夫一妻制"的婚姻形式，构成了对现代性的挑战。对于这种文化在现代性的语境下如何发展是需要探讨的。它不同于一般的文化模式，不能够与现代文明共生。

标题：少数民族地区水电移民安置的特殊性问题——来自四川少数民族移民的调查

作者：李丹　孙爱芬

来源：《黑龙江民族丛刊》，2007年4期

摘要：西部水电资源的开发使少数民族移民问题日益突出，政策与实践的不匹配集中体现了现行政策框架未充分考虑少数民族的特殊性。目前水电移民研究多集中于移民安置补偿、扶持政策、利益分配等一般理论与实践层次，尚缺乏针对少数民族地区水电移民特殊性的深入研究。本文欲通过对少数民族地区水电移民安置特殊性问题的分析及探讨，探求适应其发展的相应政策和途径，真正实现少数民族地区资源、人和社会的和谐发展，从而促进我国西部水电资源的可持续开发。

关键词：水电移民；少数民族地区；特殊性；探讨

作者认为少数民族地区民风民俗特殊。少数民族地区水电移民不同于汉族移民，他们具有特殊的民风民俗，水电开发对其影响很大。如甘孜州雅江县的两河口电站的主淹没区涉及5个讲"扎坝语"的"语言孤岛"乡，而且还涉及"走婚大峡谷"。

标题：康巴文化与文化旅游

作者：李能武

来源：《康定民族师范高等专科学校学报》，2007年5期

摘要：本文通过简释康巴文化的厚重性、神秘性、兼容性、独特性、区域性等特点，分析甘孜州旅游业在资金投入、资源挖掘、民俗展示、人才队伍、管理服务、经济总量、宣传促销等方面客观存在不同程度的不足，提出了更新观念、加大宣传、增加投入、模式转型、注重特色、打造品牌、保护资源、搞好服务等对策建议，以解决游客"想来""能来""值得来""再来"的问题。

关键词：康巴地区；文化；特点；文化旅游

标题：隐藏的神性：藏彝走廊中的碉楼——从民族志材料看碉楼起源的原初意义与功能

作者：石硕

来源：《民族研究》，2008年1期

摘要：青藏高原的碉楼作为一种独特的历史文化遗存，近年日益受到外界的关注与重视。目前学术界普遍将其作为与战争相关的防御性建筑看待，认为碉楼起源于防御。本文对此提出了不同看法。文章依据藏彝走廊碉楼分布地区相关民族志材料，指出碉楼明显具有神性，为权力之象征。当地流传碉楼为"祭祀天神"或"镇魔"而建等传说，可能反映了碉楼更原始的形态，碉楼最初产生可能是作为处理人与神关系的一种祭祀性建筑，以后才转变为处理人际冲突的防御性建筑。文章还进一步讨论了碉楼起源与藏彝走廊本土信仰及宗教观念之间的关系等问题。

关键词：碉楼；扎巴；神性

本文为教育部人文社科基地重大项目（编号：05JJDZH239）。作者认为：从扎坝及其他地方有关碉楼的使用、观念与传说中，可以看到三个事实：第一，关于碉楼的由来，扎坝的传说是"为祭祀天神而建"，马尔康一带则说是"由本教徒为该地镇魔修筑"，这两种说法实际上是相通的，均反映了碉楼的修建最初是为了处理人与神的关系，求得神的护佑；第二，碉楼具有明显神性，碉楼所在地区过去可能普遍存在将碉或碉之顶层用作祭神场所的习俗，扎坝地区不过是较好地保存了这一习俗而已，且按扎坝的说法，碉还是神活动之地，故住户搬迁时房可撤而碉不可撤；第三，碉楼还象征权力与财富，角越多、碉越高越能体现权力与财富。因为碉楼是"为祭祀天神而建"并具有神性，碉楼才可能演变为权力的象征物。就世界民族志材料看，在古代神性与权力往往有更紧密的联系，最初世俗权力的确立无不是借助于神的光环。因此，碉楼由最初有神性的建筑逐渐演变

成一种权力的象征和标志物就再正常不过了。另外，修建碉楼需要耗费财力和人力，角越多、越高的碉楼的修建所需更多，所以那些多角、更高或体积更大的碉一般来说只有有权势者和富有者才能修建，所以这一类碉后来便逐渐成为体现权势与富有的标志。在藏彝走廊碉楼地区的调查中不难发现，在一个区域或村寨中，那些最高、角最多和体积最大的碉，几乎都是过去土司或头人及有一定地位的大户人家所建。2005 年作者在小金县沃日土司官寨调查时，当地村民告知，过去一般百姓建碉在高度上绝对不可超过土司的碉。这表明，以碉的高度和角的多少来象征权力乃是过去普遍遵循之惯例。以碉作为权力象征的现象，恰恰揭示了一个古老事实——碉楼最初具有神性。也就是说，碉楼得以作为权力象征必以其最初的神性为基础，它既是碉楼原始神性派生的结果，也是对碉楼最初具有神性的证明。

标题：食臭习俗的分布及成因初探
作者：赵科峰　姚周辉
来源：《温州大学学报（社会科学版）》，2008 年 2 期
摘要：饮食民俗是民俗文化的重要组成部分，中国食俗在中国民俗文化乃至整个中国文化中都占有重要地位。在中国的饮食文化中存在一种特殊的食臭习俗。食臭习俗的分布和流传有其自身的规律。
关键词：食臭习俗；分布；流传；原因；态度

作者认为食臭习俗广泛存在于汉族各个地区，在少数民族中也有分布。我们一方面要理解食臭习俗是由于旧时食物储存技术落后、食物匮乏等原因而形成的一种嗜食习俗，特定民俗文化圈的人们不会因为身份和地位变化而抛弃包括饮食习惯在内的文化传统，因而对食臭习俗要加以理解和尊重；另一方面我们应提倡科学的饮食观，对蛋、肉、鱼等腐败变质后不但失去营养价值而且还会产生毒素，有害健康的臭食，提倡少食和不食。对臭豆腐之类维生素 B_{12} 丰富，有开胃助消化、增进食欲效果的食物（研究表明过臭的臭豆腐对人的健康是无益的），国家应建立统一规范的质量检测标准，把中国传统的食臭习俗与现代化的高科技结合起来，使得各族群众在保持传统饮食习俗的同时注意饮食健康。

标题：四川西部碉楼建筑的初步研究
作者：黄晓帆
来源：北京大学考古学及博物馆学，2008 年
摘要：本文从对碉楼建筑研究历史的梳理出发，总结了近百年来碉楼研究中

的焦点及研究中存在的主要问题。在此基础上，文章以本人实地勘查的四川西部地区甘孜藏族自治州、阿坝藏族自治州境内的近 90 座碉楼样本作为研究的基本材料，以历史时期考古学分区分期方法为基础，运用"文物建筑形制年代学"研究方法对现存四川西部地区碉楼建筑形制进行了分期分区研究，获得了碉楼内外平面、碉楼顶部及碉身射孔等主要形制随时间演变的排序，并对各遗存集中分布区域的区域特征以及各区域之间的演变与传播关系及其文化背景等进行了初步探索。随后，本文在建筑形制研究结论的基础上，归纳和总结出了碉楼遗产的特点、性质及价值，进而归纳了本遗产所满足的录入世界遗产名录的标准，并有针对性地对其保护提出了初步的建议。

关键词：碉楼；研究史；分期分区研究；价值研究

作者认为本区域样本中唯一一座顶部形制完整且保持原构的星形碉楼位于今甘孜州道孚县扎坝地区的莫罗村，该碉在其碉身顶部各内角上以木梁出跳，其上承托片石一圈，而在片石之上承托平面为八边形的女墙，墙头又以片石出跳为短檐。该碉顶与相邻的卡拉村内一座四边形碉的做法极为相似，应为同一时期的遗存；大雪山以西的地区，碉楼遗存的碉顶部分基本都已损毁，因此无法对此形制进行分期讨论。唯有今道孚县扎坝地区莫罗村一座八角碉保存有形制较为特殊的顶部作法，但其顶部以木质方木出跳上承女墙应是晚近时期改建的结果。作者将四川西部现存碉楼的分布范围大致分为四个区域，即：1. 岷江流域，以黑虎羌寨、布瓦羌寨、桃坪羌寨为代表的羌族聚居区；2. 大雪山以西，以热么德藏寨、扎坝藏寨、瓦日藏寨为代表的藏族聚居区；3. 大雪山以东，以松岗土司官寨、理县苍旺土司官寨为代表的藏族聚居区；4. 大雪山以东，以古章谷屯、巴底巴旺土司官寨为代表的藏族聚居区。

标题：社会转型期康区藏传佛教情况研究——从社会发展史观到文化生态学
作者：张永华
来源：中央民族大学民族学，2008 年
摘要：中国地形西高东低，最高处是青藏高原，但在东经 95 度至 105 度间，却有多条南北走向的大江大河将青藏高原东部切割出条条深谷，形成南北通道。上古以来，西北、西南地区民族的大迁徙，多经由这一地区的这些通道。拉铁摩尔称此地为中国内陆边疆。中国民族学界称其为历史民族走廊、藏彝走廊或汉藏走廊。本文是笔者基于多年在康定的工作经历，研究这一地区宗教信仰变迁的结果。

关键词：康区；藏传佛教；社会发展史；文化生态学

作者谈及康区各地民俗文化异彩纷呈，至今还保存着许多古文化的"活化石"。道孚、雅江间的扎坝地区的"走婚"制度,是比泸沽湖更完整的母系氏族社会遗存。

标题:少数民族婚俗的误解误读之修正
作者:周贵发　余文武
来源:《贵州民族研究》,2009年1期
摘要:研究借助民族学文献和田野调查,对公共常识中有关民族婚俗中的"串公房"和"走婚"的误解误读进行了修正,同时亦充分考虑了"文化隔离"原则,恰当使用了"他者"考察原则。
关键词:民族伦理;民族婚俗;串公房;走婚

文中作首先认为实行走婚制的摩梭人是泸沽湖边的多氏族的群体,国家民族事务委员会并未审议通过"摩梭族"的身份界定,所以摩梭人不能被称之为摩梭族。摩梭人的主要成分是藏族、纳西族、彝族和汉族,这说明走婚制并不只是在一个民族盛行。由于对摩梭人的走婚的研究较为成熟,且考察多聚焦在泸沽湖边的摩梭人,使得以往的讨论始终锁定在这个藏缅走廊中的"活化石"上。随着研究视角的扩展,第二个走婚习俗的地区——扎坝被发现,由于发现扎坝相对较晚,对它的研究还处于"现在进行时",这个事实又说明走婚制并不只是一个地区盛行。因此对于走婚制的误读的纠正,重点从摩梭人的走婚习俗来展开,同时提及扎坝人的走婚习俗。

文中纠正了对"串公房"的误解。认为媒体曾经对"串公房"和"串姑娘"的习俗作过有失公允的报道,错误地将它与"婚前性混乱""性自由""性开放"等联系在一起;更有迎合大众猎奇心理和出于商业炒作的《中国奇风异俗》等类似的书籍在婚制部分对于少数民族婚姻习俗的失真介绍,以及世俗普遍流行的不明真情的传说,已将某些民族的婚俗严重地歪曲,从而对"串公房"和"串姑娘"习俗存在严重的误解。

其次,改正了对"走婚"制的误读。作者认为,摩梭人自己称这种婚姻形式是"走婚"或"走婚",而扎坝人称他们的走婚为"爬房子"。不管名称如何变幻,实质上就是通过"走"来实现婚姻的最终内涵,不过"走婚"二字传神的表现力在现代社会已经有所转变。摩梭人在1949年以前由于少有社会舆论的干预,其走婚离合是相当自由的,年轻人的配偶更少有固定。和钟华认为摩梭人的贞节观念与我们有所不同,那就是他们有着更多的性自由,不过并不是以单纯的性生活为基础。摩梭人的走婚不受门第限制,在类似转山转海这样的节日中物色"阿肖",一旦寻找到如意的伴侣,就把这样的关系确定下来,形成相对稳定的走婚关系(即长期阿肖),因此它并不是世俗所想象的那样变幻无常。

标题：康区藏族的历史源流回眸
作者：廖建新
来源：《西藏民族学院学报（哲学社会科学版）》，2009年1期
摘要：康区藏族历史源流十分漫长，影响深远。本文对康区自有文字记载以来的历史作了回顾和梳理，重点剖析了清末以来的改土归流、西康建省的历程以及期间发生的重大历史事件。
关键词：康区；吐蕃；土司；改土归流；西康建省

标题：非物质文化遗产价值评价——以四川西部少数民族地区为例
作者：郭剑英　余晓萍
来源：《乐山师范学院学报》，2009年4期
摘要：非物质文化遗产属于民族传统文化，具有社会价值、历史文化价值、旅游价值和科学价值等。本文构建了非物质文化遗产的价值评价体系，提出采用模糊综合评判方法来评价非物质文化遗产的价值，并对四川西部少数民族地区的非物质文化遗产的价值进行了评价。
关键词：非物质文化遗产；模糊综合评判法；民族地区
本文为四川省教育厅人文社会科学重点研究基地四川旅游发展研究中心项目——川西部少数民族地区非物质文化遗产价值及保护研究（编号：LYM07-12）。该文采用模糊综合评判方法对四川西部少数民族地区的非物质文化遗产的价值进行了评价。其中涉及扎坝"嘛呢经舞"。

标题：雅砻江流域鲜水河谷扎巴藏人研究评述
作者：叶静珠穆
来源：《西南民族大学学报（人文社科版）》，2009年6期
摘要：扎巴藏人是藏彝走廊中有着自己独立语言及独特习俗的一个藏族支系。扎巴藏人实行独特的走婚习俗，被媒体誉为继云南泸沽湖摩梭人后中国第二个走婚部落。扎巴研究肇始于20世纪30、40年代，认真梳理并总结学界关于扎巴藏人研究的成就与不足，探讨扎巴藏人与藏彝走廊中其他人群支系之间的关系，促进该项研究不断深入具有重要的学术意义和学术价值。本文从扎巴藏人研究的发端、研究焦点及存在的问题三个方面着手，试对学界的扎巴研究作一番评述。
关键词：扎巴；扎巴藏人；评述
本文为2005年度国家社会科学基金重点项目"藏彝走廊的民族互动与文化发展"（编号：05AMZ002）的阶段性成果；由四川大学985"南亚与中国藏区"

创新基地资助。

　　作者认为近二十年来，关于扎坝藏人的研究虽然取得了一些可喜的成果，但也存在许多缺憾与有待进一步探讨的问题。例如，关于扎坝藏人的族源问题，目前学术界存在的笮人说、西夏说、东女国说均由推测而来，且论证依据均显单薄，无法确切定论，故还有进一步探讨的空间。尽管不能确定扎坝藏人的族源，但毫无疑问的是扎坝藏人与东女国在社会形态、文化因素方面有高度的相似性。有学者发现雅砻江流域存在一些母系文化元素，进而从历史人类学的视角提出"母系文化带"的观点。扎坝地区恰好处于该文化带中，故可以肯定扎坝藏人在历史上必然与周围处于母系文化带的人群发生过密切联系。

　　另外，关于扎坝藏人婚姻家庭形态的研究也存在局限，到目前为止，还没有人将扎坝地区置于藏彝走廊的视野中，与同样具有母系走婚特征的人群进行比较研究。如果能将扎坝藏人与处于"母系文化带"上具有相似母系文化遗存的民族、人群进行比较研究，会有助于我们深入理解扎坝藏人与藏彝走廊中其他人群支系之间的关系。在研究方法上，目前主要采用的是实地调查方法。笔者认为研究者应该不断开拓扎坝藏人的研究视野，尝试用新的研究方法与研究视角，尽量实现多方面、多角度的研究。比如，可以开展扎坝地区族际互动、文化变迁等方面的研究，关注扎坝藏人与周围人群、民族的关系；扎坝藏人地处藏区边缘，如何看待自己与核心藏区藏族的关系，如何保存自己独特的文化等等。对于这些研究，除了运用人类学、民族学、语言学等专业知识以外，还可以借鉴、采用一些社会学、经济学等学科知识，将扎坝藏人研究进一步深入下去。

　　标题：试论四川藏族服饰文化的多元特征
　　作者：李玉琴
　　来源：《康定民族师范高等专科学校学报》，2009年5期
　　摘要：四川藏族服饰文化是藏族服饰文化的组成部分，它以康巴和安多的服饰文化特点为主，兼具边缘服饰文化的特征，文化多元特征极其鲜明。本文从物质形态、社会控制和文化习俗三个层面诠释了该区域服饰文化的多元性内涵，并探讨了影响服饰多元文化形成的几个重要因素，包括地理环境、多元文化并存、多民族文化交流以及经济发展不平衡等。

　　关键词：四川；藏族服饰；文化；多元性
　　本文为四川省教育厅人文社科重点研究基地地方文化资源保护与开发研究中心资助科研项目"四川藏族服饰文化遗产的保护和发展"（编号：07FWH016）成果之一。在论及边缘地区服饰形态的丰富多彩时谈到扎坝女装的褶裙时，作者认为，扎坝一带姑娘穿着一种高腰长袖无领镶边外套，与20世纪初在四川甘孜

藏区流行的一种服饰非常相似,这种款式在别的地方已几乎见不到了。

标题：清代四川明正土司所辖 49 员土千百户今地考述
作者：李宗放
来源：《西南民族大学学报（人文社科版）》，2009 年 11 期
摘要：明正土司居于康区入内地门户，在康区藏族研究中地位重要。明正土司所辖 49 员土千百户今地，已有的研究虽逐个列出，但有的解说较模糊，仅列出在某县，有的甚至有误。有的地名发生变化，应予更新。本文考订:今地全部更新，本文新考订出的今地确切地点有 23 员土百户，特别是对沙卡土百户、作苏策土百户、拉哩土百户、姆朱土百户、药壤土百户、呷哪工弄土百户、吉增卡桑阿笼土百户、本滚土百户、白隅土百户的考订，是以前专家未考订出的。对 23 员土百户之外的进行了更新或修正。另增加了 49 员之外的章谷土千户。
关键词：明正土司；49 员土千百户；今地考订
本文为四川省哲学社会科学规划项目一般项目"四川古代民族史"（编号：SC06B0445）的阶段性成果。作者考证认为：中渣坝热错土百户位于今道孚县亚卓乡扎坝；中渣坝业窟石土百户位于今道孚县下拖乡；中渣坝沱位于今道孚县扎拖乡；莫藏石土百户位于雅江县（原扎麦区）瓦多乡和木绒乡。

标题："藏彝走廊"碉楼研究的回顾与展望
作者：刘俊波　石硕
来源：《国际人类学与民族学联合会第十六届大会论文摘要第七分册》，2009 年
会议名称：国际人类学与民族学联合会第十六届大会
会议时间：2009 年 7 月 27 日
会议地点：中国云南昆明

标题：追求美好生活　保持民族传统：摩梭人和扎坝人的应对
作者：刘小幸
来源：《国际人类学与民族学联合会第十六届大会论文摘要第四分册》，2009 年
会议名称：国际人类学与民族学联合会第十六届大会
会议时间：2009 年 7 月 27 日
会议地点：中国云南昆明

标题：中国少数民族婚姻家庭多样性的跨文化比较
作者：翟明安

来源:《国际人类学与民族学联合会第十六届大会论文摘要第四分册》,2009年

会议名称:国际人类学与民族学联合会第十六届大会

会议时间:2009年7月27日

会议地点:中国云南昆明

标题:中国西南部落走廊的星形塔楼

作者:[法]弗雷德里克·达拉贡著;孙吉译

来源:《族群·聚落·民族建筑——国际人类学与民族学联合会第十六届世界大会专题会议论文集》

会议名称:国际人类学与民族学联合会第十六届大会

会议时间:2009年7月27日

会议地点:中国云南昆明

标题:浅谈地域性与地方高校的办学特色——以四川民族学院为例

作者:李能武 林俊华

来源:《四川民族学院学报》,2010年1期

摘要:打造办学特色是地方高校提高办学质量,提升竞争能力的需要;服务地方经济是地方性高校有别于综合性大学、部属院校最大的特色;地方高校必须树立主动为地方经济社会发展服务的观念,充分开发和利用地方资源。

关键词:地方高校;地域特征;办学特色

文中作者认为康巴地区还保留着大量的历史文化遗存,有的甚至被视为是古代文化的"活化石"。例如:在道孚和雅江交界的扎坝,至今依然保存着比较完整的母系氏族制度。

标题:民国时期西南民族的识别与分类

作者:朱映占

来源:《思想战线》,2010年2期

摘要:民国时期的西南民族分类,一方面继承了中国古代以来的民族分类传统,另一方面又受到近代西方学者建立在语言学、民族学基础上的分类方法的影响。民国时期从事民族研究的知名学者,先后都尝试着对西南民族进行识别与分类。此外,随着国内、国际政治环境的变化,民国中央政府和西南地方政府也先后对西南各省的民族情况进行了调查。然而纵观整个民国时期,无论是学者还是政府部门,对西南民族究竟有多少种并没有形成一致的看法,而这是与当时国人的民族思想和国家观念密切相关的。

关键词:民国时期;西南民族;民族识别;民族分类

本文为云南大学"211"工程三期民族学重点学科建设项目"民国时期中国西南民族的社会历史发展研究"阶段性成果（编号：21131011-09004）。文中在"对四川、西康民族的分类与识别"中谈到：对于四川的民族，民国时期的学者多聚焦于凉山的罗罗或夷，川西的羌戎、番族，川东南的苗。由于四川少数民族的分布相对集中，民族种类较之滇、黔两省而言相对较少，因此民国时期专门对四川民族进行分类和识别的论著，据目前了解是很少的。对于西康的民族，1934年，任乃强在《西康图经民俗篇》中认为西康民族分番族、汉族与其他各族。番族或康番包括卡拉米、木雅娃、霍尔巴、俄洛娃、理塘娃、乡城娃、巴巴、三岩娃、麻康娃、乍丫娃、昌都娃、纳夺娃、德格娃、察龙娃、杂巴、巴、波巴、边巴、八宿娃、甲得娃、色须娃、古宗。其他民族包括么些、栗粟、猓猓。文中的"杂巴"即今扎坝（扎巴）。

标题：扎坝地区水库移民问题研究
作者：冯敏
来源：《四川民族学院学报》，2010年2期
摘要：本文基于人类学的视角，从扎坝的历史、文化、经济切入，透视移民问题，分析研究扎坝移民当前的诉求、原因，提出在移民工作中值得重视的问题及对策思考希望能给移民工作一点新的启示。
关键词：扎坝；移民；库区建设

作者认为扎坝藏族是一个特殊的族群。扎坝水库移民问题应该提高到这样一个高度来认识：人口较少的具有独特文化的族群是人类群体和人类文化的重要组成部分。现代水电工程项目影响与威胁其传统文化以及他们的族群文化命运，关涉这部分特殊群体的生存权和发展权。在当今世界范围内，保护一个小族群的独特文化，就意味着保护了一种人类文明的形态和方式，保护了一种文化生态。因此，在搬迁过程中应高度重视，倍加保护。当然，从民族文化发展和变迁的基本特点与规律来看，随着社会的进步，任何民族文化都是不断变化发展的，我们不能因为保护民族文化而将扎坝社会定格于某一历史发展阶段，扎坝社会也要发展，也在发展。因此，地区民族文化的保护和发展必须尊重当地大多数人民的愿望和选择，以当地人民的利益最大化和文明发展为取向。

标题：沟通人神：藏族服饰的象征意义及解读
作者：李玉琴
来源：《西藏大学学报（社会科学版）》，2010年2期
摘要：藏族服饰具有神圣的宗教意蕴。文中对神巫祭祀服、格萨尔说唱人（仲

巴）的帽子、藏族宗教法舞"羌姆"形象、佛教僧人发辫以及藏戏服饰进行了解读，在相关的活动和仪式中，服饰是神圣的精神力量，表达着一种复杂的观念和象征意义，是沟通人神的神圣物质。藏族民间服饰也秉承了宗教象征的基本精神，以神秘的形式展现了他们对神灵的敬畏、膜拜和祈求，以获得心灵的慰藉和愿望的达成。

关键词：服饰；神灵；象征

作者认为在民间，藏族服饰秉承了宗教象征的基本精神，以一定形式的外在物相引起人们的联想、想象和情感体验，来满足人们对求福避灾的心理愿望。这种思维能力的形成，最终实现了服饰由视觉形象向内涵象征的转化。文中引用了《鲜水河畔的道孚藏族多元文化》中的例证：扎坝地区仲西乡女子的长袖高腰外套后背有一个三角形的切口，向外翻呈三角形。当地人讲，这主要是为了镇服活鬼。在旧时，该地人认为一百个女子中有九十九个是活鬼。为了防止女子成为活鬼，缝衣服时在其后领处剪一道口子，并将其向外翻呈三角形，当地人将其视为魔鬼的心，意思是剖开了魔鬼的心，消除了女子的魔气。另外，在女子上装后背裙摆上有黄、蓝、红不同颜色的三角形若干，当地人将其称为"吉珠"（意为三角形），其形状似活佛驱鬼时所做的三角形糌粑，也是用于防止魔气的。

标题：以文字书写典范与以文化融合多元之间的互动与生成——以羌语发展与羌族认同的社会史为例

作者：赵旭东　罗涛

来源：《广西民族大学学报（哲学社会科学版）》，2010年3期

摘要：本文叙述了羌语的发明和失语，以及羌族通过文化和历史的典范书写来形成民族认同的过程。国家认可用中华民族交流和形成过程的羌族典范史来确立其民族合法性，但是羌族的认同却出现了失语的困境，只能借助于中华民族史的融合才能表达出来。羌族文化和历史的近代建构在一定程度上促进了羌族认同，但是却使得多元的文化被典范化，出现了消失的危险。

关键词：多元文化；典范书写；族群认同

作者认为20世纪60年代初，中国从事少数民族语言研究的一些学者为了解决羌语的支属问题，借助同语族有关亲属语言的平面比较后，初步提出在藏缅语族内设立一个羌语支。后来随着研究的进一步深入，以及研究语种的增多，80年代初，学者们在一些文献和著作里正式提出了羌语支的说法。羌语支语言包括12种现行语言和一种文献语言，包括羌语、普米语、木雅（古称"弥药"）语、嘉戎语、尔龚语（道孚语）、扎语（扎坝、扎巴）语、却域语、贵琼语（鱼通语）、尔苏语（栗苏语、多续语）、纳木依语、史兴语、拉乌戎语和西夏语（文献语言）。

标题：甘孜州乡城传统藏式民居的艺术特点
作者：蔡光洁
来源：《艺术探索》，2010年4期
摘要：白色藏房是甘孜州乡城藏族文化的表现形式之一。乡城藏房的艺术特点主要体现在简洁的外观造型、单纯的色彩、强烈的视觉秩序感以及装饰技法的多样性四个方面。特殊的自然环境、民族宗教信仰以及多元文化的交融是形成其特点的主要因素。
关键词：乡城；藏式民居；艺术特点

本文为2009年四川省教育厅重点规划课题"甘孜藏族民居艺术风格及其文化多样性研究"（编号：09SA038）。文中作者谈及碉在汉代被称为"邛笼"，《后汉书·西南夷传》中就有羌族人"依山居止，垒石为屋，高者至十余丈"的记载，在历史上主要功能为军事防御，目前在四川横断山区的藏族、羌族聚居地区分布最为密集。碉房是碉与房宅的合称。在横断山区，碉房修建非常普遍，但各有侧重：有些碉与房组合而建——碉矗立向上，房横向展开，如鲜水河一带的扎坝、道孚民居；有些碉与房分别独立而建，如大渡河流域梭坡、九龙一带的民居。乡城的藏房将碉与房融合为一体，使其远看似碉，近观为房。

标题：试论藏族的一妻多夫制与国家法的调适
作者：张祺炜
来源：《四川民族学院学报》，2010年4期
摘要：目前我国的藏族部分地区仍然还保存有一妻多夫的习惯。研究藏族一妻多夫制度，有助于我们更好地采取对策，在其与国家法之间找到一个很好的平衡点。本文研究了藏族一妻多夫制度的历史、现状，以及该制度的内容和形式，并针对如何调适藏族一妻多夫制度和国家婚姻法律，提出了相应的建议。
关键词：藏族；一妻多夫；国家法

文中作者谈及中华人民共和国成立后，虽然藏族地区一妻多夫的现象逐渐减少了，但并没有完全绝迹。直到最近，在世系家庭中，希望把劳动力保存在一个家庭中的想法仍相当普遍。四川省甘孜州丹巴县（应为道孚、雅江两县——编者注）扎坝至今仍保留着一妻多夫的习俗。

标题：藏族婚姻家庭法律制度的变迁与调适
作者：张祺炜
来源：中央民族大学民商法学，2010年
摘要：本文研究了藏族婚姻家庭法律制度的历史变迁及现状，以及如何调适

其与国家婚姻法之间的关系等问题。文章共分为五个部分。绪论部分论述了文章的选题背景和意义，国内外的研究动态以及当前对选题研究中存在的问题等。文章综合运用了调查研究、实证分析、比较分析和历史分析的多种研究方法。选题的意义首先在于全面性，对藏族各地区的不同制度都有论及；其次在于创新性，很多观点之前尚无人提出；再次在于对立法提供了具有一定可操作性的学术参考价值。

关键词：藏族；婚姻家庭法；国家法；调适

对于扎坝至今仍保留着一妻多夫的习俗。作者指出：藏族一妻多夫制的产生是基于一定的经济原因的，它既然能够传承千年而经久不衰，自然有其道理。我们知道，即使现在，藏族地区尚有很多非常落后的地方，这里地域广阔、人口稀少、地势高耸、交通不便、其农牧业的生产方式十分原始。环境愈是封闭，人口分布愈是分散，家庭作为建立在婚姻和血亲基础上的社会组织形式愈需要具备较强的独立存在能力和功能。家庭与家庭之间相隔较远，由家庭成员完成本家庭的一切事务，这客观上突出了家庭单位的独立存在形式，强化了家庭独立存在应具备的功能。家庭经济的独立自给能力客观上形成了较强的需要，要求具备较强的独立自给能力以适应所处的生存环境。一妻多夫的婚姻结构形式正表现出了较强的独立自给能力，具有对这一特定环境的较强适应性。采用一妻多夫制度的家庭经济情况明显好于其他制度的家庭，这正好可以印证以上观点。因此，我们应该对一妻多夫制度采取一种宽容的态度。

标题：康巴藏区碉房体系的类型与分布规律研究
作者：王及宏　张兴国
来源：《首届中国民族聚居区建筑文化遗产国际研讨会论文集》，2010年
摘要：本文在实地调查与文献研究的基础上，以空间扩展为发展动因，以结构构造技术合理性调适为演进的逻辑主线，分析了碉房体系的构成，并结合自然、文化习俗因素，对其地域性分布规律加以总结分析，以获得对康巴藏区碉房体系的完整认识。

关键词：康巴藏区；碉房体系；类型；分布规律

作者指出，墙柱混合承重式碉房体系的分布现状显示，"边混式碉房"各地都有，由于缺少有效的外围护构造，故多用作建筑的附属部分。"全混式碉房"主要分布于四川省甘孜州理塘、雅江、康定、九龙、泸定与阿坝州壤塘等县以及凉山州木里藏族自治县的部分地区。南北两条茶马古道之间的中部地区，自西向东分布着三岩、新龙、扎坝、丹巴以及北部向牧区过渡的壤塘县宗科乡、色达县翁达镇等地，因地理环境相对封闭，受周边影响较小，故而至今还保持着各类型

交融、多元并存的状态。

标题：以文字书写典范与以文化融合多元之间的互动与生成——以羌语发展与羌族认同的社会史为例

作者：赵旭东　罗涛

来源：《走进原生态文化——人类学高级论坛2010卷》，2010年

摘要：今天，这个世界上的每一个人都身陷全球化的洪流之中，社会科学也无可避免的在这一领域展开了许多讨论。西南地区由于地理生态具有隔离性和相似性，几千年来不同民族社会文化之间不断进行交流，使该地区具有多元复杂的政治、经济、社会、语言、文化和宗教特色。形成"你中有我，我中有你；族同语不同，语同族不同；教同族不同，族同教不同"等复杂现象。其中羌族是具有典型接触特征的少数民族。

文中谈及羌语支的设立问题。

标题：藏传佛教格鲁派在道孚的传播和影响

作者：根呷翁姆

来源：《四川民族学院学报》，2011年1期

摘要：道孚位于青藏高原东南缘，是康巴藏区的一个重镇，历史悠久，文化积淀丰厚。藏传佛教传入道孚地区以后，由于历代封建领主的支持，藏传佛教格鲁派得到了广泛的传播，成为道孚地区社会生产和人们生活中不可分割的重要组成部分。本文从道孚地区宗教格局、藏传佛教格鲁派传入道孚的社会历史背景、格鲁派寺院——灵雀寺在道孚的创建以及格鲁派对道孚社会的影响等诸多方面探讨了藏传佛教格鲁派在道孚地区的传播和影响。

关键词：藏传佛教；格鲁派；道孚

本文为西南民族大学中央高校基本科研业务费专项资金资助项目阶段性成果（编号：10SZYZJ29）。本文在道孚地区宗教格局概况中谈及，道孚县是信奉藏传佛教的藏民族聚居区，藏传佛教传入道孚已有近千年的历史。藏传佛教各教派传入道孚后经历了盛衰消长的过程，故在道孚县境内形成了大小不等的以寺院为中心的教区。据调查，苯教是道孚地区最早的宗教，后来，随着藏传佛教在康区的不断发展和传播，宁玛派、噶举派、萨迦派、格鲁派陆续传入道孚地区，一时形成藏传佛教各教派寺院林立的局面。噶举派已经消失殆尽，原因是寺院规模小，又分布在边远山区，外加格鲁派的兴起，不少寺院改宗为格鲁派。如道孚县扎坝区的格鲁派寺院杜呷寺，早期是噶举派，后改宗为格鲁派寺院。

标题：康巴藏区碉房体系的类型与分布规律研究

作者：王及宏　张兴国

来源：《新建筑》，2011年2期

摘要：在实地调查与文献研究的基础上，本文以空间扩展为发展动因，以结构构造技术合理性调适为演进的逻辑主线，分析碉房体系的构成，并结合自然、文化习俗等因素，对其地域性分布规律加以总结分析，以获得对康巴藏区碉房体系的完整认识。

关键词：康巴藏区；碉房体系；类型；分布规律

文中认为扎坝地区为边混式碉楼集中代表区。

标题：扎巴研究的开拓与突破——评冯敏《扎巴藏族——21世纪人类学母系制社会田野调查》

作者：李佐人

来源：四川民族学院学报，2011年2期

摘要：《扎巴藏族》是研究四川鲜水河扎坝地区藏族母系制社会的第一部专著，系统全面地介绍了扎巴藏族的历史与现状，对走婚作了深入的探讨，分析了它产生的历史、经济、文化等背景条件，揭示了正在发生的演变。对走婚以外的对偶婚、嫁娶婚及父系制个体婚初期各种并存的婚姻新生态式样，也进行了全面的探讨，成为近年来对扎巴藏族最深入、最具分量的学术研究。

关键词：扎巴藏族；母系制；走婚；田野调查；文化人类学

作者认为《扎巴藏族——21世纪人类学母系制社会田野调查》运用民族学、文化人类学的科学理论对扎坝进行的研究，取得了多方面的突破。

标题：甘孜藏族自治州原生态音乐文化的初步研究

作者：王博

来源：《四川民族学院学报》，2011年4期

摘要：甘孜藏族自治州原生态音乐文化具有鲜明的地域、民族特色，是千百年来生于斯、长于斯、情系于斯的广大劳动人民创造并传承下来的精神财富，蕴含着丰富的历史、文化、艺术价值。本文对甘孜藏族自治州现存的原生态音乐做了分析研究，认为甘孜藏族自治州原生态音乐文化的产生及现状与其人文历史、地理环境有关，并对该地区原生态音乐文化做了初步的美学分析。

关键词：原生态音乐文化；甘孜藏族自治州

标题：鲜水河谷扎巴藏族走婚制度研究

作者：袁旭川

来源：《西南大学学报（社会科学版）》，2011年4期

摘要：扎巴藏族走婚制度的保存和运行除了得益于扎坝地理生态和经济条件等社会因素外，最根本的原因来自于扎巴藏族的观念形态，可以归纳为"血亲不分离原则"。在"血亲不分离原则"和"禁止血亲走婚原则"的相互作用下，扎巴藏族选择并保持着走婚制度。这种制度符合扎巴藏族的心理诉求，是扎巴藏族观念形态在现实生活中的反映。

关键词：鲜水河谷；扎巴藏族；走婚制度；血亲不分离原则

作者认为"血亲不分离原则"排斥外来者加入母系大家户，拒绝对外联姻。"禁止血亲走婚原则"规定了家户不能依靠家户自身来实现家户的延续，产生了对外联姻的需要。这两种相互矛盾的规定，在扎坝社会通过男方对女方的走访而得到妥协：交换的不再是妇女也不是男人本身，而是男人的精子。不具人格化的精子摆脱了经济上的权利和义务，相应的男人也脱离了对走访对象应承担的权利和义务。毕竟是带有外来者气息的东西进入了血亲家户，冒犯了排斥外来者加入的规定。所以妥协的结果是，来访者必须是晚上悄悄到来，必须在家人察觉的早上偷偷地离开，以示对"血亲不分离原则"和"母系大家户"形式上的尊重。扎巴社会为保持其最重要的合作团体——母系血缘家户创造了许多合法手段：女方可以根据自己的意愿选择自己的性伴侣，伴侣之间可以不独占，非排他；父亲可以对自己的子女不尽养育义务；子女可以终身和自己的母系血亲生活在一起。这些制度的设计支持着扎坝母系家户在禁止血亲走婚的规定下，在没有联姻的基础上实现家户的繁衍。扎坝社会中上一辈唯一得到承认的男性是舅舅，男性的角色是儿子、舅舅或兄弟。女性的角色是母亲、女儿、姨妈、姐妹。家户中不需要也不存在丈夫和妻子的角色。每个家户成员根据性别和年龄，对家户承担相应的义务，享有平等的权利。

标题：扎巴藏族走婚制度、家户分工及社会性别

作者：袁旭川

来源：《广西民族大学学报（哲学社会科学版）》，2011年4期

摘要：在田野调查的基础上，本文采用罗莎多"二元划分"法对扎巴藏族社会性别及家户分工进行了剖析，认为扎巴家户成员按年龄和性别自然分工。在家户领域妇女享有平等的权利，但是公共领域依然属于男人。在现代化进程中，因社会性别不同，对本族群传统文化认同、语言及其现代知识的掌握出现了不对称性：扎巴妇女因为从事传统生产活动而趋于保守，男人则因为和市场的联系而显得现代和时尚。

关键词：扎巴藏族；走婚；母系制；社会性别；社会分工

作者在结论部分认为，扎坝藏族以农耕为主要生计方式，采集为补充的自然经济，要求成员之间按照性别、年龄自然分工、相互协作。老年人看孩子、放牛，做一些力所能及的家务，妇女承担田间管理和采集劳动。男人主要是挣钱和重体力劳动。扎坝妇女在家户生产活动中扮演着重要的角色，享有相对平等的经济权利和生育及其恋爱的自由，摆脱了父权、夫权的统治。扎坝妇女在家户中占有重要的地位，并不意味着她们在社会上拥有和男人平等的地位和权利，政治、宗教等公共领域依然是属于男人，在扎坝社会，有限的公共领域家户化掩盖了男女性别问题。扎坝妇女在家户中享有的平等权得到了极大地延伸。市场经济的发育，导致了扎坝社会性别性的模式：妇女和生产相联系，男人和消费货币相联系，扎坝男人扮演着妇女和市场之间桥梁的角色。扎坝妇女因为从事传统生产活动而趋于保守，男人则因为和市场的联系而显得现代和时尚。

标题：特色扎巴文化保护

作者：江红

来源：《旅游纵览（行业版）》，2011年10期

摘要：当前，随着全球化趋势的加强和现代化进程的加快，我县非物质文化遗产保护工作形势严峻：非物质文化遗产生存的文化生态环境急剧改变，资源流失状况严重，后继乏人，一些传统技艺面临灭绝。

关键词：物质文化遗产；文化保护；文化生态环境；河谷地带；母系氏族；抢救性保护；濒危状态

保护特色扎坝文化，作者建议首先建立名录体系，逐步形成科学完备的非物质文化遗产保护制度和保护体系；其次，加强领导，落实责任，建立协调有效的工作机制。本文认为要广泛动员和吸纳社会各方面力量来共同开展非物质文化遗产保护工作。教育部门和各级各类学校要逐步将优秀的、体现民族精神与民间特色的非物质文化遗产内容编入有关教材，开展教学活动。各级公共文化机构及各种新闻媒体要积极开展对非物质文化遗产的展示和传播活动，努力在全社会达成共识，从而营造保护非物质文化遗产的良好氛围。

标题：少数民族地区水电资源开发移民补偿模式研究

作者：汲荣荣　夏建新　吴燕红

来源：《中国人口、资源与环境》，2011年S2期

摘要：移民工作是水电工程建设的重点之一，这不仅关系到工程建设的计划，还关系到库区的社会稳定，尤其是少数民族地区移民工作。少数民族移民在整个

移民安置补偿中要充分考虑其民族特性，在全面总结移民物质资本补偿、社会资本补偿的基础上，本文结合具体实际案例对少数民族地区水电资源开发移民补偿模式进行深入分析，以期为解决水电资源开发建设中少数民族移民安置补偿问题提供一些建议。

关键词：少数民族移民补偿；物质资本；社会资本

本文为教育部新世纪优秀人才支持计划（编号：NCET08-0597），国家民委民族问题研究项目（编号：210-GM-012）。作者将补偿模式分为物质资本与社会资本两类。认为少数民族民居建筑具有鲜明的民族特色，其建筑结构、风格和建筑材料不同于一般民居建筑，建筑与少数民族古老的传统文化相结合，蕴含了丰富的民族传统文化。保持独特的民族风格将增加少数民族民居建筑的成本，需要在房屋补偿中得以体现。比如四川藏族移民多用条石、块石、片石垒砌的石木结构楼房，建筑别具特色，不仅结构牢固，而且也加入了藏族独特的浮雕、镂刻、彩绘等工艺并且与神崇拜等有机结合，充分体现了藏族特有的传统民族文化。少数民族文化、宗教等活动场所，是少数民族传统文化的重要载体。水电开发移民中，除对房屋居住功能损失补偿外，还需多支出一部分经费，以便能够搬迁或重建蕴含少数民族文化、建筑风格的独特传统民居建筑。同时，以四川康藏地区两河口电站为例，本文指出移民春夏找虫草、夏秋捡松茸，另外还可挖贝母、知母、秦艽、羌活、大黄、当归等汉藏药材，每年仅虫草、松茸两项收入最少5000元/人左右，还可放牧牦牛、羊子等获取经济收入。水电资源的开发，迫使他们移民搬迁，而搬迁后，少数民族移民失去了生存所依赖的地理环境，少数民族特色产业、特色种植业受到严重的影响，家庭经济收入下降。移民这一部分经济来源所受到的损失，应当加入到移民补偿中，为移民搬迁后，能够从事正常的生产生活奠定基础。

标题：西部能源开发中库区移民若干问题研究
作者：李丹　郭文学　杨丽
来源：《西部发展研究》，2011年

摘要：西部能源开发是国家能源发展战略的重要组成部分，而水能开发在西部地区的能源开发中占有很大的比重。水电移民问题已成为制约当前西部水能开发的关键因素，受到各级政府与社会各界的广泛关注。本文通过调查分析发现：西部库区移民面临"以农为主"安置向"非农安置"方式的转变，要与城镇化建设有机结合，并着力解决移民的技能培训与就业问题等，从而真正实现移民的安居乐业，促进库区经济、社会可持续发展。

关键词：移民工程；西部能源；库区经济；水能开发；移民问题；能源发展战略；能源开发；安置方式；水库移民；就业问题

作者文中认为两河口库区是我国重要的生态屏障，生态环境极其脆弱，生态恢复期较长；受特殊的气候、地形地质等条件影响，库区耕作条件较差，耕地资源匮乏，人均耕地面积不到1亩（不含退耕还林地），且产值低；农牧民人均收入低，贫困面广，雅江、道孚、理塘、新龙四县人均年收入均低于甘孜州平均水平。此外，两河口库区具有独特的民俗文化。水库主要支流鲜水河流域淹没区的8个乡，其中道孚的5个乡是"语言孤岛"，群众说的是特殊的"扎坝语"，与邻村群众都难以进行语言沟通；鲜水河流域至今还沿袭保留着一些母系氏族社会生活习惯、生产方式与部族语言等，保留着走婚风俗，是甘孜州著名的"走婚大峡谷"所在地。因此，移民搬迁对这些非物质文化遗产可能带来的影响将备受关注。作者建议：第一，将库区产业发展与当地自然资源优势相结合，兼顾库区人力资源的现状，优先发展劳动密集型的绿色产业，通过产业发展带动移民就业，并将移民就业容量纳入产业发展考核指标中；第二，尊重移民意愿，因地制宜，创新移民安置方式，将农业安置与非农安置方式相结合，探索将集中安置与城镇化建设相结合，解决移民的长期生计与稳定发展问题；第三，重视移民人力资源开发，不断拓宽移民就业渠道。建立移民分类培训及绩效考评制度，包括移民人群的分类与培训项目的分类，并瞄准与市场需求的对接，从而提高移民培训绩效；第四，逐步建立和完善移民养老保险制度，将土地数量少，进行复合安置的移民纳入失业保险试点，并给予相应的政策优惠；同时，设立移民临时救助专项基金或互助基金，以避免移民返贫风险；第五，有序加强移民基层自治组织建设，建立移民集体决策与申诉机制，从而奠定移民安置区稳定的社会基础；第六，加强民族地区库区非物质文化的调查建档，实施分类保护，并从移民安置规划入手，有目的地将其非物质文化符号融入移民社区的重建中，从而维护民族地区移民民俗文化、宗教文化的多元性。在技艺传承、表演艺术与口头传说、口头表达等保护方面，应建立长效技艺传承机制，如建立专项保护基金，设立专门的技艺传习所，以及产品销售渠道，从而做到技艺的传承保护。在民族风俗、礼仪节庆等保护方面，可根据情况建立民俗博物馆、生态博物馆，并与移民城镇化发展有机结合起来。

标题：清嘉庆二十五年至二十世纪末四川藏区的政区变迁

作者：刘娇艳

来源：云南大学历史地理学，2011年

摘要：本文以中国历史政治地理作为基本的研究取向，结合社会史和文化史，对嘉庆以来的四川藏区政区变迁展开专门研究，即以清代中后期以来四川藏区地方行政区划的调整为中心进行考察。试图复原嘉庆二十五年至二十世纪末，四川藏区地方行政区划变迁的过程，并系统分析其变迁的原因、特点、对后世的影响及政区地名的变更。

关键词：清中期以来；四川藏区；行政区划；变迁

文中谈及扎坝行政沿革。

标题：藏彝走廊民族传统体育文化的融合与发展研究

作者：韩爽

来源：成都体育学院民族传统体育学，2011年

摘要：将"藏彝走廊"这一民族学、历史学的学术概念，引入到民族传统体育的研究领域，不仅在对象上扩大了其研究范畴，而且对于民族传统体育学的文化视野亦有积极的推动作用。从时空关系上看，本文所涉及的藏彝走廊即横断山脉或六江流域，居住着藏缅语系的藏、羌、彝、白、纳西、傈僳、普米、独龙、怒、阿昌、景颇、拉祜、哈尼、基诺等众多少数民族。

关键词：藏彝走廊；民族传统体育文化；融合；发展

文中对扎坝地理和族源进行了简介。

标题：论甘孜藏区小学汉语文教学中对学生口语交际能力的培养

作者：李曦

来源：《四川民族学院学报》，2012年4期

摘要：甘孜藏区小学存在比较复杂的语言环境，重视提高学生的口语交际能力，不仅是新课程标准对汉语文教学提出的新要求，也是提高甘孜藏区小学汉语文教学质量、增强学生对外交往能力的需要。从实际来看，通过加强课堂教学和抓好课外活动这两方面工作可以提高甘孜藏区小学生的口语交际能力。

关键词：少数民族；小学；汉语文；口语交际教学

本文为国家语委普通话培训测试科研规划课题"四川藏区双语教学研究"阶段性成果（编号：PG10018）；国家民委2010年科研项目（自筹）"四川藏区中小学教师继续教育研究"阶段性成果（编号：10SC01）。在甘孜藏区小学汉语文教学背景中，作者谈及2007年甘孜州雅江县瓦多小学教师曾告诉调研人员："这个地方跟其他地方不一样，基本的语言交流都是问题，大家的话都不通，我们老

师说的是藏语和汉语,而这里的人说的是扎坝话,新课程改革更是没有办法上"。在教学上,家长同老师的交流不多,学生之间交流都用扎坝话,在一定程度上反映出甘孜藏区的小学学校中常常出现的学生同时使用本族群的语言(甘孜地区的人称其为"地角话")、藏语康方言、汉语普通话和汉语川方言的复杂语言现象。作者认为甘孜藏区的小学汉语文教师只有在高度重视对学生汉语口语交际能力培养的基础上,通过课内课外两条途径对学生运用汉语进行交际的能力进行锻炼,才能提高学生学习使用汉语文的积极性,才能最终提高甘孜藏区小学汉语文的教学质量。

标题:略论康巴民族文献构成方式与挖掘保护措施
作者:曾义
来源:《四川图书馆学报》,2012年4期
摘要:康巴地理环境决定了民族文献产生的类型和内容,其文献由纸质文献和口碑文献构成。纸质文献绝大多数出自于德格印经院,口碑文献则存于广袤的康巴山水之间的广大农牧民中,是以诸多个体生命为载体的活态文献,其中许多内容和载体已成为"非遗"项目和"非遗"传承人而加以保护。民族地区高校图书馆应加强这些文献的挖掘与保护,并参与到相关文献的搜集、整理与利用的文化科研活动中。
关键词:民族地区;民族文献;文献保护;民族高校图书馆;康巴文献

本文为教育部规划基金一般项目"康巴民族文化史"(编号:11YJA850012)的阶段性成果之一。作者认为,康巴藏区的每条河谷,每个村寨都有自己族群里交流的"地脚话",如道孚县境内的扎坝语,与他们保留的母系社会形态和走婚习俗一样仅限于当地高山峡谷中的几个村寨,被学者称为"语言孤岛"和"语言活化石"。因此,历史上康巴很多地区的文化受外来文化的影响极少,保持了民族文化原生态特征。然而,这些世代传承的口碑文献又必须通过他们的本民族语言来表达才能绘声绘色,传神达意,精彩纷呈,而目前的直译水平实难触及这些文化的深沉内涵。究其原因,是因为这些口碑文献载体就是由这些与自然和人文环境水乳交融的诸多个体生命构成的,即笔者认为的"活态文献"。作者建议,图书馆民族文献工作者应适时介入、参与进去以获取一手资料。如我馆民族文献工作人员随课题组深入康巴藏区基层村寨,搜集民间口承故事、传说、神话和谚语等民间文学,还搜集包括石渠真达锅庄、木雅锅庄、得荣学羌、丹巴阿克日翁、乡城恰热、新龙锅庄、德格卓且、甘孜锅庄和巴塘弦子、芒康弦子、道孚扎坝嘛呢舞、巴塘热巴舞、甘孜踢踏等在内的原生态民间歌舞。口述民间故事、神话和传说等录音和歌舞实况摄像资料是最真实和最具价值的一手民族文献资源,因为采集对象均为民间文学和民间歌舞的高龄传承人和最后守望者。

标题：21世纪初康巴藏族地区民族图书出版状况分析

作者：白冰　孙洋洋

来源：《民族学刊》，2012年6期

摘要：80年代，康巴藏族地区民族图书出版业主要以内向传播为主，总体上处于缓慢增长时期；90年代，虽没有突破性的进展，但在国家政策的扶持下，发展持续稳定；进入21世纪后，随着文化旅游业的发展，康巴文化研究兴盛起来，康巴地区逐渐被人们熟知，并以其独特的地理、人文底蕴，产生了"康巴学"。在这样的背景下，康巴藏族地区民族图书出版业进入了一个新的繁荣发展阶段。在21世纪的头十年，康巴藏族地区出版了"康巴文化丛书"、"康巴民间故事集成丛书"和"香格里拉·康巴品牌文化丛书"，同时培养了一批优秀的康巴作家群体，这是沉寂了半个世纪的康巴出版业在21世纪的一个亮点。

关键词：21世纪；康巴藏族地区；民族图书出版

本文为2012年四川省哲学社会科学规划项目的（编号：SC12B047）阶段性成果。作者谈及康巴地区保留的民俗多种多样，至今还保留着许多古老的民俗，如扎坝地区的走婚制度、芒康地区的一夫多妻制度等，保留了许多古老的婚恋形态。《打开女湖》《寻找东女国：女性文化在丹巴到泸沽湖的历史投影》就描写了这些习俗。"几千年来，在父权制文化一统天下的中华大地上，在西部广袤的高原和幽僻的山谷中，却有另一种女性文化在默默生长，从作为华夏文明源头之一，以西王母昆仑神话为代表的母系社会，到唐代与之一脉相承的苏毗和东西女国，直到当代还留存在横断山谷间的泸沽湖、扎巴、丹巴女性文化，她们不仅成为中国传统女性文化谱系的另类，其女权国家形态更为世界人类学史增添了探究的价值。"王怀林在《寻找东女国：女性文化在丹巴到泸沽湖的历史投影》一书中对此作了详细的介绍。

标题：少数民族发展权法律保障研究

作者：彭建军

来源：武汉大学宪法学与行政法学，2012年

摘要：发展权是联合国《发展权利宣言》（1986年）所确认的一项基本人权，同时在其他国际人权文件中也有涉及。发展权的提出，是基于发展中国家面对发展困境，反思旧的国际政治秩序和国际经济秩序，主要向发达国家和国际组织提出和主张的一项权利。发展问题法治化、发展问题人权化是研究发展权的重要路径，这样，就需要将发展问题置于人权保护和法治建设的视野下进行分析，使发展具有理论思辨和制度重塑的意义，而不是就发展论发展，甚至将发展问题简单等同于经济发展和自由竞争。同时，将发展权问题进一步向国内政策和制度变革

延伸，向不同的社会阶层和不同文化背景人群的权利保护拓展，是发展权进一步深化的重要内容之一。当今世界，多民族国家普遍存在，且这些语言、宗教和文化多样性的少数民族由于在人口数量上居于少数、各方面发展处于不均衡甚至十分落后的处境下，如何运用与发展权有关的理论和制度分析不同国家针对少数民族的政策和制度，揭示其所面临的发展困境及原因，进而从人权和权利保护角度提出发展框架和路径，是本文主要论证的内容。

关键词：少数人；少数民族；人权；发展权；法律保障机制

作者认为四川省甘孜藏族自治州道孚县扎坝地区因水库移民而产生的问题具有代表性。两河口水电站建设征地的水库淹没区包括道孚县上扎坝的5个乡和雅江县下扎坝的瓦多乡、木绒乡，涵盖了扎坝人居住的全部行政面积的7个乡。道孚县上扎坝5个乡水库涉迁移民为610户，雅江县下扎坝的瓦多乡、木绒乡水库涉迁移民共250户，两县共涉迁移民860户。重要的是，这里的移民是一个特殊群体，涉及弱小族群的博爱户、发展问题与人类珍稀文化的重视、保护问题，这种"双保护"，使得扎坝水库移民的问题十分突出。水库移民不是单靠行政命令和当面的宣传工作就可以解决问题的。移民的心态问题关涉扎坝的历史、经济与文化，如果措施得力，还可以尽可能地减少后续问题的发生。作者指出，经济利益是群众的根本利益，这是扎坝移民的现实心态，是不愿搬迁的最直接、最现实的原因。就目前了解的情况而言，宣传说对扎坝移民的经济补偿由原先的经济补贴变为以实物补偿为主，而且以汉区低补贴为标准，这就直接损害了当地移民的利益，引起了移民群众的不满，也违背了国务院开发办"让老百姓从当地资源的开发中受益"的政策精神和西部开发的根本宗旨。

标题：我国藏族民事习惯法研究

作者：泽朗初

来源：重庆大学民商法学，2012年

摘要：居住在雪域高原的藏民族，因其所处的地理位置、生存环境、生产生活方式、宗教信仰以及风俗习惯，使得藏族民事习惯法"独具特色"。藏族民事习惯法是藏区各村落内部成员所认可并信守的，由人们在千百年来不断生产、生活实践中逐渐积淀形成的调整该地区人身关系与财产关系的一种社会规范。其作为藏区行为规范的重要依据，对维系藏族地区的政治经济和生活秩序起着不可替代的作用。即使在当今，不论从藏区的文化环境、经济状况、伦理道德以及法律资源供给等方面来看，藏族民事习惯法仍有存在之依托，仍然对藏区社会发挥着至关重要的作用。但不可否认的是，藏族民事习惯法中许多内容是封建农奴制社会的产物，具有浓厚的阶级性和等级特权色彩。藏族民事习惯法中这种良莠并存的现状，使得其与国家法之间产生了一系列相互碰撞、相互对峙的现象。由此，我国在法治现代化建设过程中，如何调适藏族民事习惯法与国家制定法之间的关系，实现各种法律渊源之间的统一性成为颇费思量的一个问题。

关键词：习惯法；民族地区；藏族民事习惯法

该文在婚姻习惯法规范中谈及扎坝至今仍有一妻多夫的婚姻形式。

标题：民族特色仪式对维护民族地区社会稳定的功能研究

作者：胡耀腾

来源：贵州财经大学行政管理，2012年

摘要：由于少数民族地区大都地处偏远山区，经济落后，交通不便，文化闭塞，国家权力意志难以渗透其中，所以运用象征国家权力的控制手段如国家权力机关制定的法律法规难以取得预料效果，反倒是在不同文化传统下形成的具有各民族特色的习惯"活法"——风俗习惯，在规范和制约当地社会人们的日常行为方面起到很好的控制效果。但是民族风俗习惯基本上属于一种文化、观念和思维模式的抽象状态，如何将其具体外化表现，进而更为直接地影响当地人们的行为意识，起到控制并整合社会的作用，这就要求必须通过一定的象征体系外化为具体的操作形式——仪式，策略性地将这些抽象的文化价值观念具体外化表现，并赋予其合理性和权威性，才能实现社会控制、维护社会稳定的功能。

关键词：民族特色仪式；风俗习惯；社会稳定；功能分析

作者认为在四川省雅江县瓦多乡扎坝部落至今仍保留着走婚的藏族婚俗制度。正所谓在以多民族统一为特征的国家形态结构里，少数民族的政治生活有其独有的特征——双重性的特征"既生活在统一国家的政治体制与政治运营之下，又同时不同程度地生活在他们本民族的政治生活之中"。这种有别于一夫一妻制的婚姻制度有其固有弊病，带有很浓的封建色彩，长期存在下去，有悖于国家法的统一性，进而削弱国家法的权威性，不利于社会秩序的稳定发展。

标题：民国时期的西南民族

作者：朱映占

来源：云南大学中国少数民族史，2012

摘要：民国时期，西南地区多民族、多种社会形态、多元文化的现象依然存在。此种状况是政府和知识分子力图改变的，他们希望通过国族和国族文化的建构来取代地方性和多样性的族群形态和文化。为此，政府出台了一系列政策，并采取了一些举措；知识分子也发表了大量研究成果，并提出了许多解决办法。然而，总体来看，民国时期西南民族的社会文化状况却鲜有大的改变，这就表明，主流社会对西南民族地区的治理目标并没有达到。实际上，这与民国时期的国人对西南民族的认知有着密切的联系。

关键词：民国时期；国族建构；西南民族

文中引用史料记载：康东专区即西康省第一行政督察区共辖县设治局，即康定县、九龙县、雅江县、道孚县、丹巴县、乾宁县和金汤设治局。在各个县和设治局都有番族分布，分别为康巴、嘉绒、木雅、扎坝等群体。

标题：重叠多功能模式的类型学研究

作者：王芳

来源：南开大学语言学及应用语言学，2012年

摘要：本文是对重叠多功能关联模式的类型学考察。全文共分八章。

关键词：重叠；类型学；多功能；象似；儿语模拟；去重叠化；对称结构

文中认为羌语、藏语、赛夏语、巴则海语、阿美语、布农语、扎坝语、卑南语、木雅语、纳西语、赛德克语等语言中的重叠都能表示动作的反复发生。另外一些语言，如纳木依语、尔苏语、普米语、拉乌戎语、尔龚语等，尚未看到相关记录。我们倾向认为，重叠式可以编码"反身"和"相互"概念的原因在于重叠编码的复数功能，这两个概念都与复数义[89]相关。但具体说来，在动词上实现的"相互"义应该会更直接的与动作的复数——反复义相连。

标题：对甘孜地区历史文化的考古调查

作者：温玉成

来源：《社会科学战线》，2013年3期

摘要：甘孜区域的古代文化，虽然古史中有断续的记载，先贤也有所论述，但迄今为止，还没有一部完整、系统的专著。文章在实地考察的基础上，对甘孜地区的古代文化做了比较全面的研究。

关键词：甘孜地区；苯教；藏文化；嘉戎文化

作者认为史书所记"东女国等八国"有方位可考的有："白狗国"，或写作"白苟""白嘎"，主要分布在丹巴县东谷河流域，少部分在理县薛城镇；"拙霸国"，今写作"渣巴""札坝"，分布在鲜水河的扎坝区各乡及以南的雅江县北部，说独特的札巴话；"南水国"（河水向南流），约在今康定县雅拉河一带；"清远国"，可能在丹巴县梭坡乡；"哥怜国"即嘉戎之译音；"弱水国"在澜沧江；

至于"东女国"的位置，我们倾向于在金川县嘎达山，有人主张在丹巴县梭坡乡，尚无定论。

标题：网上图书馆对康巴文化遗产的保护和作用——以四川民族学院图书馆为例

作者：泽罗磋

来源：《云南开放大学学报》，2013年4期

摘要：高校图书馆将文化遗产保护工作视为重要使命，康巴文化是藏区文化遗产保护的内容，建立网上图书馆是保护康巴文化遗产的重要手段之一，网上图书馆对康巴文化推广宣传起到重要作用。

关键词：网上图书馆；康巴；文化遗产

本文为四川民族学院校级课题"藏文文献现状与保护研究"（编号：13XYZB012）。高校图书馆要保护和展示文化遗产，应建立康巴文化遗产保护的技术团；全方位的记录康巴文化遗产，建立信息数据库；构建网上图书馆新模式推广宣传康巴文化。文中"甘孜州非物质文化遗产名录"列有扎坝嘛呢经舞。

标题：嘉惠士林 服务藏学——评《清季民国康区藏族文献辑要》

作者：佚名

来源：《中国民族》，2003年11期

摘要：新中国建立以来，我国的藏学研究有了很大的发展，取得了丰硕的成果。比较而言，藏学的研究成果多集中于卫藏地区，康区、安多的研究相对薄弱，因此，辑录文献及编制索引的工作显得尤为重要。西南民族大学赵心愚、秦和平编著的《清季民国康区藏族文献辑要》近期由四川民族出版社出版。

关键词：藏学研究；安多；研究成果；民国年间；资料集

标题：四川康巴卫视促进康巴藏区发展与稳定的策略与机制研究

作者：徐晓光

来源：电子科技大学传播学，2013年

摘要：本文在实地调研中，通过调查问卷、个案访谈等手段，对康巴藏区观众的收视环境、接收心理、收视需求、行为特征和收视模式进行了分析总结。藏区观众具有强烈的沉浸式观看特征，语言优势让康巴卫视成为多数康巴藏区观众的首选。然而市场信息类、宗教类、藏医药类和教学类等内容的匮乏，则说明康

巴卫视在信息的传递上仍存有诸多空白。

关键词：康巴卫视；康巴藏区；发展与稳定；策略与机制

文中提及康巴藏区的语言极其复杂。康巴地区特殊的地理环境、高山峡谷、河谷通道所形成的相对封闭的自然环境，是造成康区"地脚话"的主要原因，费孝通先生将这种现象称之为"语言孤岛"，不仅在藏族地区鲜有耳闻，在其他民族地区也十分罕见。在社会形态上，昌都地区和甘孜州交界的金沙江两岸的山岩地区，在解放初还保留着原始的父系氏族制度残余。而在道孚、雅江交界处扎坝地区的扎坝，至今还保留着母系制家庭遗风。

标题：泸沽湖畔摩梭人母系制社会的文化人类学探析——以四川省盐源县左所区为例

作者：闫磊

来源：西南财经大学人口学，2013年

摘要：泸沽湖位于云南和四川的交界，在云南西北的宁蒗县和四川省西南的盐源县之间。本文所从事的调查研究主要在四川省盐源县的左所地区，故为文章的标题。盐源县的民族构成复杂，有汉族、藏族、彝族、蒙古族、回族、苗族、摩梭等16种民族和族群，少数民族比重较大。"纳汝"，即摩梭语，属于汉藏语系藏缅语族彝语支，是一种口头语言，没有文字形式。摩梭人有自己的宗教信仰——达巴教，把自然崇拜、鬼神崇拜和祖先崇拜结合为一体。不过，西藏传入的喇嘛教对摩梭人的宗教生活也有很大影响。摩梭地区的灌溉农业已经相当发达。摩梭社会最显著的特征是异居走访制度，这是摩梭人的一种主要的制度化性联盟形式。

关键词：左所区；摩梭人；母系制度；走访制

作者认为，现在甘孜州道孚县的扎坝人仍行母系制。经近年的调查，冯敏教授等人认为扎坝人可能是冉駹的后裔。施传刚则认定摩梭源自冉駹。《后汉书·南蛮西南夷列传》还记载了冉駹的居室和生产："皆依山居止，累石为室，高者至十余丈，为邛笼。又土地刚卤，不生谷粟麻菽，唯以麦为资，而宜畜牧。"这些说法都有继续研究的价值和必要，根据严汝娴的《母系制度研究》，2006年"在调查甘孜州道孚县实行母系制的扎坎人时，严亲眼看到他们的居室仍是用石片砌成的碉楼，颇类似史载的邦笼"。扎坝人至今仍称此种建筑为碉楼，看来并非偶合。文献还反映出母系制并非只此一例。《后汉书·西羌传》载："其俗氏族无定，或以父名母姓为种号。"说明当时诸羌中，父系制和母系制均存在。

标题：藏彝走廊地区嘉绒藏寨高碉建筑文化研究

作者：李星桥

来源：西安建筑科技大学建筑历史与理论，2013年

摘要：嘉绒藏族分布在今四川省西部甘孜、阿坝等地，具有悠久而独特的民族特征与演化进程。嘉绒藏寨的高碉建筑是在多重社会因素的影响下逐渐形成发展的，具有独特的历史背景、建筑形制、文化内涵及建筑工艺等特点，属于我国建筑多元化形态中一个重要分支，被列为我国珍贵的建筑遗产。由于地理位置偏远，社会发展进程缓慢，高碉建筑仍保持着传统的建筑面貌及建造手法，因而具有较大的研究价值。论文以嘉绒藏族的民族产生、演化过程为出发点，通过历史考证嘉绒藏族的产生出现、相互融合、发展进化来佐证高碉建筑的产生原因、发展变化至衰败的历史演化脉络。在梳理清楚高碉建筑历史脉络的基础上，通过总结高碉的建筑类型、区域分布及建筑空间造型特征、建筑材料、建造工艺来反映特有的建筑文化特征。并且本文在归纳研究结论的基础上，从现实角度出发，分析总结目前高碉建筑保护管理的现状问题，探讨嘉绒藏寨高碉建筑的未来保护与世界遗产价值等问题，讨论在当地自然、社会背景下优秀的建筑文化传承性问题。本文在既往研究资料的分析总结基础上，通过文献考证与实地调研相结合的方法，从建筑历史角度进一步加深了对藏彝走廊地区嘉绒藏寨高碉建筑的历史与建筑本体之间的关联研究。

关键词：嘉绒藏族；高碉；演化；建筑文化；遗产保护

作者认为道孚县高碉分布在瓦日乡、少乌乡、扎坝乡、仲尼乡、红顶乡、扎拖乡、下拖乡和亚卓乡。在平面形制分类中，在四川省甘孜藏族自治州的丹巴，八角碉是平面对称星形高碉中数量较多的高碉类型。道孚、康定、雅江、九龙、巴塘等县和阿坝藏族羌族自治州的金川、马尔康、小金、茂县以及凉山彝族自治州木里藏族自治县皆有分布。其中道孚县瓦日乡八角碉为代表之一。

标题：四川藏区水电移民安置的特殊性及政策路径探索

作者：劳承玉；张序

来源：《中共四川省委省级机关党校学报》，2014年1期

摘要：四川藏区水电开发大多位于高山峡谷区，自然条件、社会文化背景都与汉族地区有很大差异。藏区水电移民安置存在其独特的自然、经济、社会环境条件下形成的特殊矛盾，对此应当尽快细化民族地区移民政策，结合四川藏区水电移民安置的实践，补充完善移民安置补偿的相关政策法规。

关键词：四川；藏区；水电；移民安置

本文为国家社科基金重点项目"藏区水电开发的区域经济影响与移民特殊投资研究"（编号：13AJY014）。文中谈及雅砻江扎坝地区至今仍保留着类似于

泸沽湖母系社会遗迹的走婚习俗和独特的扎坝语言，这具有重要的社会、学术价值和保护价值。作者认为应探索实施以货币为基础的多渠道安置方式。目前甘孜州两河口电站库区移民拟实施货币逐年补偿安置方式，这种方式是在当地既没有可调剂耕地又无可开垦新耕地可能、移民外迁受到民族宗教文化制约的情况下提出的，得到了库区广大移民群众和干部的普遍认可，是对我国传统农村移民安置方式的重大突破。据测算，按甘孜州农村人均耕地数量计算，4口之家耕地约5亩，根据四川省国土资源局公布的甘孜州各县统一年产值估算，两河口水电站枢纽工程所在地的雅江县农村移民平均1户家庭（按4人）每年应得到的耕地货币补偿额为7900元，加上为期20年的后扶资金每年2400元，家庭一年的现金收入超过1万元，这对于偏远的农村家庭来说是比较可观的。再加上原有的退耕还林补偿金、牛羊和虫草菌类收入，农村移民家庭基本生活开支短期没有问题。所以货币逐年补偿安置方式能够得到当地移民的支持，大大减轻了地方移民干部的工作压力和精神负担，使水电移民安置工作得以顺利推进。然而，这种货币逐年补偿方式，实际上是一种对移民的生活补助方式，而不是生产安置方式，不可避免地存在弊端：一是藏区每年采集虫草、松茸的时间很短，缺乏打工技能的农村失地青年大部分时间都无所事事。如果不为他们提供生产条件和谋生职业，当虫草、松茸因气候变化、生态破坏、过度采挖越来越少乃至资源枯竭时，他们的收入就会大大减少，他们可能将不满情绪发泄到水电开发上，长远来看必定会增加社会不稳定因素；二是对需要投入大量劳动和生产资料才能取得同样收入水平的"以土安置"的移民不公平，会助长水电移民安置补偿的攀比之风；三是授人以鱼不如授人以渔，直接发放货币现金不利于鼓励劳动致富，不利于可持续发展和社会稳定。鉴于此，本文建议对四川藏区水电移民补偿安置实行以货币为基础的多渠道安置方式，这种方式是复合安置方式，它以一定的现金补偿保障移民的基本生活，并以移民后代的教育培训、劳动力转移为重点，为年轻移民创造提供就业和增收机会，保障其长远发展。同时，针对不同年龄段移民采取不同的安置措施。

标题：中国"老人自死习俗"相关历史记忆重释
作者：徐永安
来源：《江汉学术》，2014年3期
摘要：中国早期文献记载了在历史上存在过的"老人自死习俗"的各种形式，但已失去了解释性。一些"老人自死习俗"在汉代之后的文献中始终被置于道德批判的视角下，另一些经过象征性仪式与文化解释的改变而得以在官方与民间同时延续下来；在民间历史中则不同程度保留着有关习俗与解释性传说；无论在古

代文献还是民间叙事中，这些事项之间的相互联系与统一性早已被割裂、打碎，甚至遗忘；借助经典人类学理论，针对文献记载和现实遗存，理清其演变的规律，还原其共同的文化本质，建立起内在的统一解释，可导致对历史文献和现实认知两个层面的民族记忆的重新认识和改写。

关键词：老人自死习俗；自死窑；巫术思维；民俗信仰；民间叙事

本文为教育部人文社会科学研究规划基金项目"自死窑——中国的老人自死习俗与传说研究"（编号：12YJAZH170）。作者文中谈及：生活在四川省甘孜州道孚县最南端扎坝地方的"扎坝人"，属于康巴藏族中的一个重要支系。2004年11月17日，就职于中国民间文艺家协会中国非物质文化遗产研究院羌文化保护与发展研究中心的焦虎三老师给作者介绍，上世纪70年代，扎坝地区还有这样的习俗。在其撰写的《神秘的崖葬仪式》一文中，他记下了茨珠老人的口述："我们扎坝人热爱劳动，父辈们从小便向后代灌输不劳动而得食是可耻的事情。在我爷爷辈那时，一个人老得再也不能劳作了而又每天消耗粮食，老年人便会有一种负罪感。于是，感觉自己快不行了的老人们便会自己去山中找寻一个比较秘密的岩洞住下。身边只带上一个土陶罐，罐中装满清水，饿了便喝上几口水，就这样，直至自己在洞中无病而终。"七天后家人寻其尸体，遂用片石将洞口封闭，便算埋葬。作者认为，在这些例子中，老人自死之原始的民俗信仰已经被遗忘，逐渐代之以老年人为了不给晚辈增加负担而自我牺牲的"美德"，或者说，这种遗存的习俗中的信仰内涵已经完全改变。

标题：《女儿谷：1937》——成功的跨界艺术之旅
作者：张建锋
来源：《理论与改革》，2014年3期
摘要：李左人从2005年起开始关注扎巴母系制婚姻家庭，多次赴扎坝作文化人类学田野调查。三年考察，五年创作，他完成了文化人类学长篇小说《女儿谷：1937》。作者以文化人类学的视野来观照扎坝鲜水河走婚大峡谷的历史、社会和文化，以作家、学者的双重身份游走在文学与文化人类学之间，融文学性与学术性于一体，取得了艺术和学术的双重成功。

关键词：文化人类学；文学想象；婚姻家庭；生活画卷；二位一体；生活场景
本文为《女儿谷：1937》的书评。

标题：民族文化、民族身份及其他——以康巴藏区为例
作者：曾义

来源：《前沿》，2014 年 ZA 期

摘要：民族文化、民族身份以及相关的制度政策，都涉及民族文化认同与中华文化认同的关系以及民族身份认同与公民身份认同的关系。从内在因素看，我国任何少数民族的文化都不是孤立存在的，都与其他民族文化产生碰撞融合而成为中华文化的组成部分。包容是中华文化形成的基石，今天要缩小文化差异，包容是必不可少的。根据现代社会发展需要民族文化自身优化和调整，民族身份过渡到国家公民身份需要具备一定的现代文化素质，为此，现行的制度与政策都要与时俱进地进行调整。

关键词：民族文化；民族文化认同；中华文化认同；民族身份；公民身份

本文为教育部规划基金一般项目"康巴民族文化史"（编号：11YJA850012）阶段性成果。文中认为，区内不能用于彼此交流的"木雅话""扎坝话""贵琼话""嘉绒话"等，说这些话的人也都分别自称"木雅人""扎坝人""贵琼人""嘉绒人"。他们自称是在强调自己的族群身份，同时也在不断加深对自己文化的记忆。康巴虽然有共同的文字（藏文），事实上只属于特殊阶层的极少数人，在民间几乎是以个体生命为载体用口耳相传的方式延续着具有族群属性的文化传统。这些不同地域的民族个体所传承的是自己鲜活的原生态文化。

标题：甘孜州音乐类非物质文化遗产保护现状研究

作者：邱敏

来源：《音乐时空》，2015 年 22 期

摘要：甘孜州音乐类非物质文化遗产丰富，是甘孜州非物质文化遗产的重要组成部分。文章分析了音乐类非物质文化遗产的申报项目与分布情况，研究了政府、文化部门、学者对非遗的保护所取得的成果。提出了甘孜州在音乐类非物质文化遗产保护中遇到的问题，强调要加强对甘孜州音乐类非物质文化遗产的保护。

关键词：甘孜州；音乐；遗产；保护；现状

本文为 2011 年度四川省"高校教育质量工程"建设项目（川教函〔2011〕659号）阶段性研究成果。在甘孜州音乐类非物质文化遗产介绍中谈及扎坝嘛呢经舞。

标题：论李左人《女儿谷：1937》

作者：张建锋

来源：《成都大学学报（社会科学版）》，2015 年 5 期

摘要：长篇小说《女儿谷：1937》以文化人类学的视野来观察扎坝鲜水河走

婚大峡谷的历史、社会和文化,将田野调查的实证与文学想象的虚构杂糅,文学性与学术性融合,富有开拓性和探索性。从文化传统、文化环境方面揭示走婚文化的传承性和存在的合理性,体现了文化相对主义的理论视野;立足于扎坝女儿谷特殊的地理环境和走婚文化,突出描写康藏女性的地域文化品格,体现出反思中国正统文化的倾向。作者游走在文学与文化人类学之间,取得了多方面的成功,但跨界之旅还有拓展的空间。

关键词:文化人类学小说;走婚文化;康藏女性;跨界的限度

本文国家社科基金西部项目"巴蜀交通与巴蜀文学的关系研究"(编号:11XZW017),为《女儿谷:1937》的书评。

标题:我国藏族聚居区内藏汉双语网络教育资源建设现状与应用研究
作者:梁亮平
来源:西藏大学课程与教学论,2015年
摘要:本研究主要是针对藏汉双语网络教育资源的应用情况进行的,希望通过研究了解我国藏族聚居区内藏汉双语网络建设和使用中存在的问题,提出解决的对策,有效地促进藏族聚居区内藏汉双语网络的发展。

关键词:藏族聚居区;藏汉双语;网络平台;网络教育资源

文中四川省分析对象选择的是"藏地阳光网(http://zangdiyg.com)"分为藏语言文字和汉语言文字两个子平台,新闻专题下的内容是相同的,其余的内容是各有千秋,首先对汉语文字的子平台进行分析。其中"区域文化"专题共有35条,包括象雄(4条);康巴(5条);嘉绒(7条);木雅(3条);迭部(4条);扎坝(5条);五省藏区(7条)。

文中认为"藏地阳光网"的网络利用情况是根据其网络平台建立到网络平台改版为止,网络平台的利用率从百度权重的角度进行分析,网络平台的利用率相对来说比较稳定,但是利用率都不高。其次,藏汉双语网络教育资源建设方面的问题主要表现为:网络平台设有栏目,但是栏目中的内容不是空白就是显示在建设中;网络平台的专题内容单一,没有深入的研究,不能突出其特点;学校教育网络教育资源不完整,没有形成体系。

(三)语言学

标题:羌语语音演变中排斥鼻音的趋势

作者：黄布凡

来源：《民族语文》，1987年5期

摘要：一种语言的语音演变常受一种趋势所左右，这种趋势在一个时期内，在一定条件下能影响一个或几个音素朝相同的方向演变。羌语固有词中鼻音音素的出现频率较低，通过方言和亲属语言的比较，我们推断羌语在历史上某一时期内曾出现过一种排斥鼻音的趋势，这种趋势表现在前置音*S后面的鼻音口音化和古鼻冠音脱落两方面。

关键词：羌语；语音演变；鼻冠音；固有词；嘉戎语；藏缅语；道孚；辅音韵；亲属语言；贵琼语

本文中作者认为道孚、却域、扎坝等语言是甘孜藏族自治州部分藏族居民所说的不同于藏语方言的"地脚话"。道孚语分布于道孚、丹巴、新龙、炉霍等县，却域语分布于新龙、雅江、理塘等县，扎坝语分布于道孚县的扎坝区（又称"扎堆"）和雅江县的扎麦区。这里所说的"扎坝语"与陆绍尊在《扎巴语概况》里所说的"扎巴语"互不相通，差别较大，不是一种语言。陆绍尊所说的"扎巴语"与"却域语"基本能通，似为同一种语言。

标题：川西藏区的语言关系

作者：黄布凡

来源：《中国藏学》，1988年3期

摘要：本文分析了川西藏区语言的复杂情况及其形成原因。川西藏区十多种语言相互毗邻、相互接触，也就自然产生了相互影响。在藏语与"地脚话"、藏语与邻近民族语言、藏语与汉语、"地脚话"与汉语、"地脚话"与邻近民族语言、各类型语言内部之间等诸多关系中，历史上以藏语对其他语言尤其是对"地脚话"的影响最大。

关键词：四川省西部；语言关系；木里藏族自治县；绵阳专区；道孚；宝兴；汉源；语言种类；藏语文；平武县

本文中作者认为道孚语分布于甘孜州道孚、丹巴、炉霍、新龙、色达和阿坝州金川、马尔康等县的部分地区，使用人数约有45 000人。扎坝语分布于甘孜州道孚县和雅江县，使用人数7000余人。各"地脚话"中都有不少藏语借词和汉语借词。扎坝语的2221个词中，有藏语借词586个（含半借48个），占总词数26.4%。由于分布地区较小、较集中、交通较闭塞，"地脚话"语言内部分歧还不大。如扎坝语虽然分布地区分属道孚和雅江两县，但内部差别不大，因为其地理位置连成一片，历史上把这一地区叫"扎坝"，把道孚县的那一片（今扎坝区）叫"上扎"，把雅江县的那一片（今五区）叫"下扎"。两个区在建制上合在一起的时间也较长,在清代都属道坞汛,1940年划归泰宁县,设扎坝区,1946年,泰宁改为乾宁,1978年撤销乾宁县建制,扎坝区才一分为二,将上扎划入道孚县,下扎划入雅江县,两地分开的时间不长。

文中以道孚县为例分析了双语人和多语人的产生情况,据1982年普查,认为道孚县有藏族32 683人,汉族8 946人。早在民国三十三年(1944年),仅在城镇内汉族就有309户,545人,当时全县藏族是105户,2 584人。藏汉两族人民杂居于道孚城至少有二百年的历史。远在元明时期,道孚就划入长河西、鱼通、宁远宣慰使司辖境,清康熙中叶设明正宣慰司。雍正五年(1727年)至同治二年(1863年),为阻止蒙古准噶尔入侵西藏,清军两次在此设防汛屯兵驻防,同时由随军眷属并招民佚垦殖台站附近的荒地。光绪二十三年(1897年)川滇边务大臣赵尔丰对川边藏族地区实行改土归流,建立道孚县,兴办屯垦、练兵、设官、兴学、通商、开矿等事业,从四川内地招来大批贫民垦殖和采金。经过移民的艰苦创业,小商小贩摆摊串户的经营,加之道孚地处川藏交通要道,土地肥沃,气候温凉,物产丰富,地理优势和交通条件使道孚成为当时茶马互市的一个交易中心。今天道孚土著的汉族大多是垦殖移民、定点商贩、随军工匠和少数军政人员及其眷属的后裔,如早期来道孚居住的陕商阎达、孙达和臀达,川籍的丁家、李家和徐家在道孚都已繁衍了六、七代人,成为藏化了的汉族居民。汉藏两族人民在一起生活,通婚联姻,互相学习对方的语言。中华人民共和国成立后,大批藏族参军参干,上学做工,加上电影广播、商业贸易等多方面的影响,便有了更多的藏民学会汉语,长期在地方工作和与藏族通婚落户的汉族干部也有一些学会了当地语言。历史就这样造就了一代又一代的双语人。其他"地脚话"分布区包括藏语方言区双语人形成的原因和历史,大多和道孚地区相类似。

标题:藏缅语的"马"与古汉语的"骹"
作者:黄布凡
来源:《中央民族学院学报》,1989年2期
摘要:藏缅语族中一些语言的复辅音声母在沟通藏缅语乃至汉藏语的同源词上,起着桥梁作用,一些复辅音保留了藏缅语或汉藏语某些古老声母的特征,这些特征可以让我们较易弄清那些现代语言意义相同或相近、但语音不同的词相互之间的联系,从而去追溯它们之间的同源关系。本文试图从比较藏缅语"马"的声母入手,探讨藏缅语的"马"与古汉语"骹"的同源关系。
关键词:藏缅语;汉藏;语言意义;同源关系;道孚;构拟;怒苏;彝语;嘉戎语;紧元音

文中多处引用了扎坝语进行比对研究。认为"马"应该是一个很古老的词。

马在新石器时代即已成为驯养的牲畜，在山东龙山文化遗址中曾发现大批兽骨，其中马、牛骨的数量仅次于猪、狗骨。因此从南到北三大语系诸多不同语言中的"马"字在语音上的相似，不能轻易地认为是偶合，它可能是各民族在原始社会尚未分开时所共有的词，也可能最早是某一个语系或某一个语族的民族所共有的词，后来通过互相借贷在几大语系的语言中流传开来。总之，它的来源可能是共同的，但最早发源于哪个语系则有待于进一步研究。

标题：中国藏缅语描写语言学的现状及展望
作者：戴庆厦
来源：《民族语文》，1989年4期
摘要：中国藏缅语描写语言学自本世纪30年代发展到现在，形成了一套适合于我国特点的理论与方法，认识、总结其现状与发展趋势，有利于藏缅语的研究。本文分三部分：1. 论述中国藏缅语的复杂性、中国藏缅语描写语言学产生的客观条件及其经历的三个阶段，概要地总结了所取得的成绩。2. 分析了中国藏缅语描写语言学的几个主要特点。3. 论述中国藏缅语描写语言学的弱点，并展望其发展趋势。
关键词：描写语言学；藏缅语；语法问题；紧元音；载瓦语；现代汉语口语；共时；羌语；松元音；错那门巴语

标题：扎坝语概况
作者：黄布凡
来源：《中央民族学院学报》，1990年4期
摘要：扎坝语是我国四川省甘孜藏族自治州部分藏族居民使用的一种语言。它分布于道孚县扎坝区和雅江县扎麦区，两个区的话差别不大，互相可以听懂，使用人数共有7700余人。扎坝语一般在家庭和村寨内使用，对外交际多用汉语。使用扎坝语的居民自称"扎人"，将其居住地称作"扎坝"。扎坝区与扎麦区原称"扎兑"和"扎麦"（意为"上扎"和"下扎"），原来都是乾宁县辖区，1978年取消乾宁县县制后，扎兑与扎麦分别划入道孚县和雅江县。扎坝语与周围语言都不相通，北部相邻地区使用道孚语，南部相邻地区使用却域语，西部和东部相邻地区通行藏语康方言。扎坝语与陆绍尊写的《扎巴语概况》中介绍的扎巴语差别很大，不是一种语言。前人尚未对扎坝语作过调查与介绍，现将作者1986年在道孚县调查记录的扎坝区扎拖乡扎拖村话语材料作一整理，简要介绍其语音、词汇和语法特点，以供比较研究。

关键词：单音节；格助词；叠音词；羌语支；指示代词；乾宁；否定式；四川省甘孜；道孚县；位数词

本文作者认为扎坝语在语音、词汇、语法三方面都有较多的成分和现象与羌语支语言相接近。语音方面，复辅音声母较多，无辅音韵尾，声调少且不大稳定。语法方面，多数语法范畴和表现手段与羌语支语言相同，特别表现在趋向、式等动词诸范畴上，但比羌、嘉戎、道孚等语言要简化些。如其人称范畴只分两个人称，而且没有数范畴。构词特点与道孚、木雅等语言很相似。词汇方面，虽然与藏语有关的词（包括同源词与借词）约占2150个词中的36%，多于与羌语有关的词，但它与藏语的异源词多达63%。在语言三大要素中，相对说来，词汇是最易受影响的部分，语法是最稳固的部分，使用扎坝语的藏族居民在历史上受到西部藏族宗教、文化的深刻影响，因而与藏语相近的词较多，但在语法上较多地保留了与羌语言相近的成分，这是扎坝语的底层部分。从发生学角度看，扎坝语属于藏缅语族羌语支。

标题：民族语言学的某些理论问题——读《民族语文散论》札记
作者：孙竹　秦楠
来源：《民族语文》，1990年5期
摘要：民族语言学作为一门新兴的学科，加强自身的理论建设至关重要，贾晞儒《民族语文散论》一书涉及许多值得研究的理论问题。本文仅就民族与语言的关系、民族语言与民族文化的关系、民族语言的现状与发展、语言与方言的划分、语言兼用和语言转用、民族文字的作用、有语言无文字的少数民族是创制还是选用文字等问题，展开了较为广泛的讨论，发表了笔者的看法。
关键词：民族语言学；民族语文；少数民族语言；散论；语言变异；理论建设；汉藏语系；语言类型；语言研究；交际系统

标题：藏缅语的情态范畴
作者：黄布凡
来源：《民族语文》，1991年2期
摘要：我国藏缅语中形态变化较丰富的语言中有一些语法现象表现说话人对自身的动作行为与主观意识的关系以及说话人对他人动作行为的感知情况等语法意义。本文提出应将这种现象作为独立的语法范畴即情态范畴来研究。文中用藏、羌、景颇等语支的语言材料就情态范畴的概念、我国藏缅语情态范畴的类别、情态范畴与其他语法范畴的关系、不同语言在情态系统上的差异等问题提出了作者的见解。

关键词：藏缅语；语法范畴；情态系统；动作行为；语法现象；说话人；语支；语法手段；完成体；名物化

文中多处引用了扎坝语进行比对研究。本文认为扎坝语的情态范畴除了有听说、亲见情态外，还有测知（推测而知）情态，三者是平行的；扎坝语分亲见、听说、测知情态，亲见情态又分亲见·过程和亲见·结果两种。

标题：道孚藏语双擦音声母的声学分析
作者：孔江平
来源：《民族语文》，1991年3期

摘要：本文以实验语音学的方法和从动力语音学的观点，对藏语道孚话的双擦音复辅音声母进行了声学分析，证明双擦音声母虽然可处理成两个独立的单辅音音素音位，但语音上和感知上绝不是单辅音的机械相加。因此，在音位学和音系学上，复辅音声母和单辅音声母一样，作为音节中一个层次的语音单位，有充分的声学和感知上的依据。

关键词：道孚；声学分析；音系学；实验语音学；语音结构；轮廓线；语音现象；语图；共振峰；藏缅语族

标题：关于语言关系的研究
作者：孙竹；赵明鸣
来源：《青海民族研究》，1992年4期

摘要：本文仅就《民族语文》上刊载的有关语言关系研究的论文进行评价，同时，也提出一些看法。

关键词：语言关系；少数民族语言；民族语文；保安语；维吾尔语；台语；附加成分；汉藏语系；南方方言；大杂居

本文分析了竟成在《汉语和藏缅语的一种是非问句》中的说法，即"藏缅话族的白马语、纳西语、独龙语、普米语、木雅语、尔龚语、史兴语、尔苏语、扎巴语、纳木义语中有一种很特别的是非疑问句，就是在动词前加一个附加成分来表示疑问。"本文认为这是一种极其古老的语法成分。

标题：论藏缅语语法结构类型的历史演变
作者：孙宏开
来源：《民族语文》，1992年5期

摘要：本文通过对藏缅语族文献及数十种口语材料的比较，发现其语法结构类型存在着十分明显的差异。文章对差异性质和状况作了大体分析，指出这种差异反映了一个历史演变过程：黏着型→屈折型（不十分典型）→分析型。文章分析了一些重要语法形式从粘着向屈折型演变的途径和方式，论证了分析型语法成分的来源和发展趋势。文章认为：原始藏缅语为黏着型，它与现在多数变成分析型的藏缅语之间存在一个演变链。语言类型的历史演变是不平衡的，有密切亲缘关系的语言也可能在类型上存在着较大的差异。当一种语言处在演变过程中时，往往有多种形式并存。藏缅语语法结构类型的演变与语音演变有密切关系，如弱化音节、音节减缩、声调产生等，但有其特定的条件和环境，这并不意味着一切黏着型语言都必须经过"黏着→屈折→分析"这一公式。文章还驳斥了语言类型优劣论。

关键词：藏缅语；语法成分；语言类型；弱化音节；屈折；语法体系；嘉绒语；语法形式；分析型；历史演变过程

文中作者认为，分布在中国境内的40多种藏缅语族语言，按形态类型来分，大体上有3种。其中，扎坝语属黏着型。这些语言，表达语法意义的方式主要靠加前缀（包括重前缀）、后缀（包括重后缀）。这些前缀或后缀，都是表示单一语法意义的，这里说"主要"，意思是除了黏着形态外，还兼有别的语法形式。因为现在看来，藏缅语中没有一种语言是单纯用一种方式来表达语法意义的。说绝对一点，如果把表达语法意义的各种形式进行量化，那么，如果语法体系中有50%的语法形式采用黏附性前、后缀表达的语言，就可以算黏着型语言了。

标题：80年代以来汉藏语系语言研究的主要收获及评价
作者：李锦芳
来源：《西南民族学院学报（哲学社会科学版）》，1992年6期

摘要：80年代以来汉藏语言研究进入了一个蓬勃发展的阶段，无论是面的扩展还是点的深入都达到了相当的水平，研究的理论和手段也较前有了进步，研究队伍的人数、发表的论著数量和质量大大提高，所涉及的领域、解决的难题也是前所未有的。本文认为80年代以来汉藏语学界所取得的成绩主要体现在语言调查研究、语言系属研究、声调研究、语法研究、汉语与少数民族语互相影响研究等几个方面，这些领域所取得的突破性成果较多，发展较快。下面以我国汉藏语学者的研究情况为主进行概述并加以评析，以期对近年来汉藏语言研究所取得的主要成果做个总结。

关键词：语言研究；汉藏语系；语法研究；系属；侗语；壮侗语族；描写语言学；汉语研究；语法分析；语支

本文作者认为（20世纪）80年代以来学者陆续发现了道孚、却域（却隅）、扎巴、扎坝、贵琼、尔苏（多续）、纳木义（纳木兹）、史兴、吕苏等9个语种。

这些语言的使用人口从数千到数万不等，他们与藏、汉、彝、普米等民族杂居，大部分被划入藏族。学术界目前倾向于将上述语言与羌、普米、嘉戎、木雅等语言共同划归羌语支。这些语言的发现为 60 年代才确定的藏缅语族羌语支增添了丰富的内容，更有力地证明了划分羌语支的必要性，同时也有助于对藏缅语面貌的深入了解。

标题：说"龙"
作者：尉迟治平
来源：《语言研究》，1993 年 2 期
摘要：本文依据古汉语内部证据和亲属语言比较材料，构拟"龙"的原始语音形式，并分析其演化的途径。
关键词：亲属语言；构拟；上古音；羌语支；原始汉藏语
文中引用了扎坝语进行对比研究。

标题：白马话支属问题研究
作者：黄布凡；张明慧
来源：《中国藏学》，1995 年 2 期
摘要：白马人最早使用的语言可能是氐语，这种语言虽然已经消失了，但它不会消失得无影无踪，失败的语言总是要在胜利了的语言中留下一些踪迹和影响，成为所转用语言的"底层"。现代产生的藏语方言有的是原始藏语因地域、社会分化而分化出来的，有的则是藏语同化其他语言与其他语言相融合而产生的，白马话就属于后一种情况。从现在白马话的情况来看，其与藏语相同部分为主体，与藏语相异部分所占比例小，是原有语言的底层。
关键词：支属；格助词；羌语支语言；后置辅音；门巴语；语法成分；变音；语素构成；安多；舌尖辅音

标题：中介语与底层研究的关系
作者：盖兴之
来源：《民族语文》，1996 年 2 期
摘要：中介语是第二语言习得者特有的一种目的语系统，不同于第二语言习得者的母语，也不同第二语言。目的语规则泛化是产生中介语的最基本因素。研究中介语与底层语言的关系，在一定程度上可以窥视底层的发展历史，为历史比较语言学、民族史学提供参考资料。
关键词：中介语理论；第二语言；底层研究；史比较语言学；语音变化；少

数民族语言

本文将甘肃嘴头话人称代词复数形态变化与藏缅语言进行了比较,其中涉及扎坝语言。本文认为根据嘴头话人称代词和其他底层现象与彝语的比较,完全可以确信嘴头话人称代词复数形式的屈折变化来源于氐羌语,是古代氐羌语在现代汉语嘴头话中的底层遗存。

标题:汉藏语同源问题研究

作者:吴安其

来源:《民族语文》,1996年2期

摘要:语音系统有自己的演变方向和规律,可以从复音词根占优势成为单音节词根占优势和有音节声调的类型。汉台苗诸语语音类型上的相似应是共同基础上相互影响的结果。汉、侗台、苗瑶和藏缅诸语有同源关系,汉语和藏缅语词汇上的相近除原有的共同成分外,当与上古早期密切接触有关。

关键词:藏缅语;台语;嘉绒语;汉藏;汉台;民族语文;演变方向;语音系统;侗语;四等字

文中引用了扎坝语进行对比研究。文中认为,汉语中的藏缅语词除了春秋时代的表层词外,往上推应当还有夏、商和西周三个时代的底层词、表层词和其他方式来的借词。殷人的语言中似有来自藏缅语的语音、语义,藏缅语中这种关系是易见的,尚未在侗台和苗瑶语中发现这种语音和语义的关系。同时认为,东亚史前最有影响的应当是原始汉藏南岛语,后来产生了原始藏缅、苗瑶、汉台和南岛诸语。原始藏缅语可能不晚于仰韶文化时代已分布于黄河中上游地区,汉语、侗台语的原始语是古东夷语和古越语,分布在东部沿海地区,南岛语分布在沿海岛屿和一些半岛上,原始苗瑶语分布在长江中游地区。汉语较晚才成为不同于东夷语的语言,形成的时代可能是夏代或稍早一点。汉语大约到了商代才成为中原的主要语言。

标题:首届西夏学国际学术讨论会综述

作者:云史

来源:《宁夏社会科学》,1996年2期

摘要:首届西夏学国际学术讨论会于1995年8月22—26日在宁夏回族自治区银川市举行。本文为这次讨论会的综述。

据综述介绍,其语言文字方面许多论文都引用了扎坝语进行对比研究。典型如陈康(中国北京)的《西夏语鼻冠音谏议》一文,采用比较语言学的方法,把西夏语的亲属语言——木雅语、道孚语、扎坝语、却域语、贵琼语、吕苏语、嘉戎语、纳木义语、彝语、纳西语等带鼻冠音声母的同源词与西夏语注音词进行比较，推测西夏语是有鼻冠音声母的。

标题：西夏月份名称考
作者：黄振华
来源：《宁夏大学学报（人文社会科学版）》，1996年4期
摘要：西夏月份称谓用字奇特，方式异常，除使用数字者外，均深受汉族文化传统的影响。
关键词：西夏月份称谓；月月乐诗
文中引用了扎坝语进行对比研究。

标题：论语音对应关系中音值差异悬殊的成因
作者：江荻
来源：《民族语文》，1996年6期
摘要：本文通过非线性音变微观过程的刻画，建立熵变和特征投射音变模型。这两类模型力图揭示语音演变的复杂性和随机性，并对这些现象作出解释，在语音面貌极不相同而又有语音对应关系的词之间搭起识别同源关系的桥梁。
关键词：语音面貌；熵变；状态空间；微观过程；羌语支；熵值；语音演变；藏缅语；道孚；缅语支
文中引用了扎坝语进行对比研究。

标题：同源词比较词表的选词范围和标准——以藏缅语同源词比较词表的制订为例
作者：黄布凡
来源：《民族语文》，1997年4期
摘要：同源词在比较词中所占的比值是判断语言亲属关系亲疏远近的重要依据，用不同比较词表往往会得出不同的结论。需要制订能真正反映出发生学关系远近的比较词表。文章讨论了以往比较词表的缺陷，提出比较词表的选词标准，并以制订藏缅语族同源词比较词表为例，阐述其观点和方法。
关键词：比较词；藏缅语；源词；选词范围；羌语支；亲属关系；核心词
文中引用了扎坝语进行对比研究。

标题：喉音考
作者：潘悟云
来源：《民族语文》，1997年5期

摘要：本文通过民族语的比较材料，古代的译音材料、古代文献以及汉语的谐声系统和假借关系，论述上古汉语存在小舌塞音，它们到中古变成影、晓、匣、云。

关键词：上古汉语；匈奴语；上古音；源词；上古韵母

文中大量引用了扎坝语做对比研究。

标题：论汉藏语系语言塞音韵尾的发展演变
作者：石林　黄勇
来源：《民族语文》，1997年6期
摘要：辅音韵尾的发展变化是汉藏语系语言一个突出的演变特征。本文对汉藏语系语言所共有的塞音韵尾的结构特点、演变规律和发展方向进行研究，并从语音原理、地域特征和语言接触等方面探讨其发展演变的原因。

关键词：塞音韵尾；汉藏语系；辅音韵；现代汉语方言；羌语支；侗语；主要元音

文中引用了扎坝语进行对比研究。

标题：羌缅语群刍议
作者：李永燧
来源：《民族语文》，1998年1期
摘要：本文根据有关人文背景和语言特点，提出羌缅语的概念，羌缅语处于藏缅语族下位，羌语支和缅彝语支上位的一个语群。羌缅语词汇反映了本语群语言间同源关系的重要方面，文章根据词汇统计学的初步分析，拟测羌缅语群与本语族藏、景颇等语支、语群分离以及本语群内部分离出语支的大致年代。本语群有的语法形式的歧异，反映在粘着式和分析式的差别上，但这两者有同源关系：几个主要语法范畴的粘着形式源于分析式已被证实。反响型句式的构拟，可以解释"代词化现象"及其粘着化的历史演变。

关键词：语群；羌语支；藏缅语族；彝语支；词汇统计学；民族语文；语法形式；语法范畴；词化；古羌人

本文作者认为嘉戎人、却域人、史兴人和扎坝人的民族成分均为藏族，人数不多，除嘉戎外其余分别为千把或数千人，这些语言群体的族源未详。把他们的语言归入羌缅语群，主要是根据其语言特点。

标题：试论我国少数民族语言文字和党的民族语文政策
作者：塔伊尔江

来源：《新疆社会经济》，1998 年 2 期

摘要：我国少数民族有 55 个，但是语言有 80 多种。有的民族不同的支系使用不同的语言。民族语言的广泛使用、规范和深入调查研究，对于提高各族人民的文化素质，促进各民族地区的社会主义物质文明和精神文明建设，对于增强中华民族的凝聚力和大团结，实现各民族共同繁荣以及维护社会安宁，巩固祖国统一，都已起到并将要起到十分重要的作用。

关键词：民族语文；语言文字；民族政策；双语人才

标题：康巴人的服饰和佩饰
作者：妮玛娜姆
来源：《中国西藏（中文版）》，1998 年 3 期
摘要：藏族地区的服饰颇具独特民族色彩的，而就康巴服饰言，更是以其自然环境条件和人对美的追求而衍变发展成具有独特风格的服饰。

关键词：康巴；服饰；佩饰

标题：白狼王远夷乐德歌新解
作者：黄振华
来源：《宁夏大学学报（哲学社会科学版）》，1998 年 3 期
摘要：近数十年来，白狼语研究为中外学者所关注，依据中古时代的西夏语试解《白狼歌》，这不失为探求通解白狼语的一种新尝试。通过对译，意在说明西夏语尚更多地保存着今天已消失或无文献传世的西南少数民族所曾经使用的语言。以西夏语试释"白狼语"，或有助于最终解读这种令人扑朔迷离的语言。

关键词：白狼歌；白狼语；西夏语

本文对译中多处引用了扎坝语进行对比和应证。

标题：说"肉"
作者：刘根辉
来源：《古汉语研究》，1998 年 4 期
摘要：本文试图从对汉藏语系各亲属语言"肉"的语音语义历史比较入手，采用"同步构拟法"，构拟出"肉"在汉藏语系中的原始语音形式。本文依照李方桂、罗常培等先生的观点，将苗瑶语族和侗台语族也划归汉藏语系，因此对苗瑶语族和侗台语族中"肉"的原始语音形式也一并展开讨论。

关键词：语支；方言点；语音形式；肉声；鼻冠音；上古汉语；藏缅语族

作者认为语音形式清楚地显示出"肉"的声母中擦音的存在。鼻化元音和前置鼻辅音成分（n）的存在，又暗示鼻冠音存在的可能性，九龙和扎坝的两读显示语音过渡中鼻冠音的弱化至消失对元音产生影响的过程，大量卷舌音 S 的存在表明声母与卷舌音—r—有关。—r—作为后加成分，既可对元音产生影响，使其央化，也可对前面的主要辅音产生央化作用，使其前移或后靠。根据藏语支 xha 与彝语支中的反映形式，可知"肉"的原始语音形式中主要辅音是发音部位靠后的音。

标题：从藏缅语同源词看藏缅族群的史前文化
作者：黄布凡
来源：《民族语文》，1998 年 5 期
摘要：本文从藏缅语分布面广的关系词中确定年代久远的同源词，将其中与文化有关的词与黄河上游等地区的考古遗存和历史、民族等资料相对照，从中观察藏缅族群的史前文化。这是语言学与考古学、历史学、民族学相结合探讨史前史的尝试。
关键词：藏缅语；源词；缅族；语支；史前文化；关系词；民族语文；核心词；语言词汇；嘉戎语

本文作者认为扎坝方言有部分继承于原始的藏缅语，是原始藏缅语的遗存；有部分是在原始藏缅语分化过程中产生的共同创新。认为语支按一般支系划分法，羌语支包括羌、普米、嘉绒、道孚、却域、扎坝、木雅、贵琼、史兴、吕苏。

标题：论景颇语在藏缅语中的地位
作者：戴庆厦
来源：《云南民族学院学报（哲学社会科学版）》，2000 年 1 期
摘要：美国语言学家白保罗先生在《汉藏语概论》一书中提出了景颇语是藏缅语"中心语言"的观点，但对于什么是"中心语言"，以及景颇语为什么是藏缅语的中心语言，并没有系统论述过。本文使用藏缅语的研究成果，进一步论述白保罗的这一论点，并兼论中心语言、中介现象对于语言研究的价值。
关键词：景颇语；中心语言；藏缅语；中介现象
文中引用了扎坝语进行对比研究。

标题：汉藏语研究的一些思考
作者：戴庆厦
来源：《南开学报》，2000 年 4 期

摘要：进行汉藏语研究，首先要从宏观上进行把握，同时还要充分认识到汉藏语系各语言的复杂性。在考虑语言系属关系时，要把同源关系与类型学的相似区分开来，既要注意语言的"源头"，又要注意语言发展演变的"流向"。汉藏语的研究要有系统的观点，要通过分类来解决语音对应规律，多搞一些下位的微观比较；要从重视分析描写走向重视解释。

关键词：汉藏语系；藏缅语族；亲缘关系；理论思考

作者认为，汉藏语内部的语言发展很不平衡，呈现出语言演变的不同阶段。拿声调来说，藏缅语中有的语言有声调，有的没有。藏缅语不同语言的声调根据其发展特点，大致可以分为 4 种类型，其中扎坝语属不发达型。声调在音节上虽已固定，但区别意义的功能不大，只有少部分的词靠声调的不同来区别意义。在几个调中，有的调只出现在一定的条件上，与别的调构成条件互补，有的音节的声调可以自由变读。

标题：宾语前置刍议
作者：李禾范
来源：《南京师大学报（社会科学版）》，2000 年 5 期

摘要：汉语的宾语一般位于动词谓语之后，但在上古时期的文献里，我们常常看到宾语挪到动词谓语之前的现象。这种宾语前置是上古汉语常用的句式，而从现代汉语的角度看，却变为变式句。本文考察从古文献中能看到的宾语前置句式，探究宾语前置在汉语发展当中的演变过程及其地位。

关键词：宾语前置；词序；上古汉语

本文作者以扎坝方言为例，认为从古到今，一般藏语的词序是谓语动词在宾语之后，句子主要成分的基本词序是 S+O+V 的格式。藏语一般用格标志来表示语法意义，而有的不用格标志。

标题：论汉藏语言演化的历史音变模型
作者：江荻
来源：中国社会科学院研究生院汉藏语言学，2000

摘要：文章通过大量例证讨论了藏缅语言的元音、辅音和声调问题并通过这些讨论建立起语音演化的各种历史音变模型。包括元音演化的 7 种模型：长元音在演化中上移，短元音在演化中下移，元音复音化的演化原理，后元音在演化中前移，元音央化的演化原理（元音在开放系统状态前移或上移，却在封闭系统状态内移）；声母演化的 4 种模型：弛化模型、耦化模型、嫡化模型和特征投射模型，以及各种模型的合一作用；声调方面，文章透过音段层面提出了自主与不自

主调控型嗓音机制原理,认为人类嗓音发声特征的变迁是声调起源的根本原因和内在因素。

关键词:汉藏语言;语言系统;历史演化;音变模型

标题:西夏语动词的体范畴
作者:马忠建
来源:《宁夏社会科学》,2001年3期
摘要:本文通过对西夏语语料的分析,叙述了西夏语动词体范畴的具体内涵、语法形式和语法意义。

关键词:西夏语;动词;体范畴

文中引用了扎坝语进行对比研究。

标题:藏缅语人称代词和名词的"数"——藏缅语"数"范畴研究之一
作者:李大勤
来源:《民族语文》,2001年5期
摘要:本文在考察藏缅语人称代词"数"范畴的类型及其表达形式的基础上,讨论了藏缅语人称代词的"数"与名词"数"词之间的关系。文章指出,藏缅诸语言在人称代词"数"的表达系统和名词"数"的表达手段之间大致呈现出三种情况:两者使用相同的表达系统、各使用不同的表达系统、两种系统有一定的"交叉";但就整体来说,人称代词"数"表达系统中形式手段的更新与名词"数"系统中形式手段的创新有着极为密切的关系。

关键词:人称代词;藏缅语;范畴研究;复数形式;表达系统;形式手段;指人名词;门巴语;载瓦语;名词复数

文中作者认为,与代词的单、双、多数三分对立在藏缅语中占主导地位成强烈反差的是,名词内存在单、复数两项对立的语言在藏缅语中占据绝对优势。比如:独龙语、拉祜语、傈僳语、义都珞巴话、嘉戎语、仓洛门巴语、羌语、纳西语、基诺语、木雅语、柔若语、哈尼语、土家语、藏语、错那门巴语、怒苏语、道孚语、却域语、扎坝语、纳木兹语、嘎卓语、墨脱门巴语、达让僜语、格曼僜语等。单数、双数、多数三分的语言只是少数,如:扎坝语、普米语、载瓦语、吕苏语等。尚未见到明确报道哪种语言的名词中存在单、双、多、集体四项对立的情况。

标题:"稻子"一词从华东向四周传播的痕迹
作者:李炳泽

来源：《民族语文》，2001年5期

摘要：中国长江中下游是比较重要的栽培稻发源地。早期在这里从事水稻耕作的民族的语言中"水稻"一词向周围传播，向东传入日本和朝鲜半岛，向南传到菲律宾和印度尼西亚，向西则经过苗瑶先民分布地区，再传入藏缅语地区，进而传入阿拉伯世界再进入英语。

关键词：栽培稻；藏缅语；朝鲜半岛；侗语；种稻；嘉戎语；鼻冠音；稻作文化；杂谷；大田话

文中作者引用了扎坝语进行对比。结论认为藏缅语的"稻子"早期读音近似于今天嘉戎语的读音 mbrgs，而藏文的"稻子"应该转写为 mbras。

标题：西夏语同义词词源研究刍议
作者：黄振华
来源：《民族语文》，2002年5期

摘要：作者联系现代藏缅语不同语言的读法纠正《文海研究》中若干西夏语词的释义，并批评了当前学术界的浮躁作风。

关键词：源学；文海研究；藏缅语；西夏文

文中引用了扎坝语进行对比研究。

标题：说"羊"
作者：孙德平
来源：《语言研究》，2002年S1期

摘要："羊"是一个古老的核心词，本文分别为"羊"字构拟了原始汉语的语音形式、原始藏缅语的语音形式、原始苗瑶语的语音形式、原始侗台语的语音形式，最后在此基础上构拟了"羊"的原始汉藏语音形式。

关键词：羊；汉语；藏缅语；苗瑶语；侗台语；汉藏语

文中引用了扎坝语进行对比研究。

标题：土家语的支属问题
作者：何天贞
来源：《中南民族学院学报（人文社会科学版）》，2003年1期

摘要：土家语的支属问题迄今尚无定论。本文以黄布凡的《藏缅语300核心词词表》为基础，扩大到400个核心词，在此范围内考察了土家语和藏缅语族的亲缘关系。文中运用历史比较法，将土家语同藏缅语族5个语支39种语言54个调查点的词汇材料逐一进行了比较，从中揭示出同源词的比率及语音演变规

律，就语法范畴问题同羌语支语言作了异同比较。文章在充分论证的基础上，提出了土家语属于羌语支的结论。

关键词：土家语；支属问题；历史比较法；同源词；羌语支

文中引用了扎坝语进行对比研究。通过同源词和语法方面的深入比较，认为从发生学关系上来看，土家语是藏缅语族中属于羌语支的一个语言，是从羌语支语言中最早分化出来的一个语言，也是简化最多最快的一个语言。

标题：土家语核心词"男"
作者：熊英
来源：《宁夏大学学报（人文社会科学版）》，2013 年 6 期
摘要：通过"语义场—词族—词"三级词义比较，土家语"男"语义场内"男性"词族各词与汉语、缅彝语、藏—缅语语音对应规则，即同源。从亲缘关系来看，土家语"男"与缅彝语最接近。其语义演变类型与汉语、藏语等藏—缅语言一致。

关键词：土家语；核心词；"男"

本文为 2013 年度国家哲学社会科学基金项目"土家语基本词研究"研究成果之一（编号：13CYY078）。文中引用了扎坝语进行对比研究。

标题：汉语长度单位词的来源
作者：孔祥卿
来源：《南开语言学刊》，2003 年
摘要：本文通过对语音和语义的比较，认为汉语的长度单位词主要有两类：一类与手有关，一类源自人的身高。源于手的一类与藏缅语有对应关系，源自身高的一类与壮侗语有对应关系。由此推断，汉语的长度单位词可能有两个来源：一是原始汉藏语，一是古东夷语。

关键词：汉语；藏缅语；壮侗语；长度单位词

文中引用了道孚语作对比研究。

标题：《诗经》象声词的音韵分析
作者：施向东
来源：《南开语言学刊》，2004 年 2 期
摘要：本文分析了《诗经》象声词的声韵和声调，分析了不同声调在模拟自然声音时的不同价值，探讨了上古汉语声调与韵尾的关系。文章运用了汉藏语言的材料和比较方法，重点指出上古平声和上声在韵尾方面有不同的表现，上声具

有塞音韵尾,平声没有塞音韵尾。

关键词:《诗经》;象声词;声调;韵尾

本文引用了部分道孚语以证明汉藏语言较早的一批核心语词阴声韵部是没有塞音韵尾的。

标题:土家语核心词"女"

作者:熊英

来源:《湖北民族学院学报(哲学社会科学版)》,2013年6期

摘要:通过"语义场—词族—词"三级词义的比较,土家语"女"语义场内各词与汉语、缅彝语、藏—缅语语音对应规则,即同源。从亲缘关系来看,土家语"女"与缅彝语最接近。其语义演变类型与汉语、藏语等藏—缅语言一致。

关键词:土家语;核心词;"女"

本文为2013年度国家哲学社会科学基金项目"土家语基本词研究"研究成果之一(编号:13CYY078)。文中引用了扎坝语进行对比研究。

标题:土家语核心词"人"

作者:熊英

来源:《湖北文理学院学报》,2014年10期

摘要:通过"语义场—词族—词"三级词义比较,土家语"人"语义场内各词与汉语、缅彝语、藏—缅语语音对应规则,即同源。从亲缘关系来看,土家语"人"与缅彝语最接近。其语义演变类型与汉语、藏语等藏—缅语言一致。

关键词:土家语;核心词;"人"

本文为2013年度国家哲学社会科学基金项目"土家语基本词研究"研究成果之一(编号:13CYY078)。文中引用了扎坝语进行对比研究。

标题:藏语安多方言动词的自主非自主研究

作者:多杰东智

来源:中央民族大学中国少数民族语言文学,2004年

摘要:本文以藏语安多方言动词自主非自主的语法范畴为研究对象,运用藏文传统文法和现代语言学相结合的理论方法,在海内外研究安多方言动词的基础上,从描写法、归纳法、分析法入手,系统地分析、研究安多方言动词自主非自主的语法特征。

关键词:自主动词;非自主动词;安多方言;格关系

本文分析了扎坝语和安多方言中自主动词和非自主动词与体范畴关系的异

同。作者认为和安多方言一样,在扎坝语中,自主动词和非自主动词与体范畴构成一定的关系,即自主动词有五种体:将行体、已行体、现行体、完成体、经验体。不自主动词有四种体:将行体、现行体、经常体、已行体。在扎坝语和藏语中自主动词与体的关系是非常密切。自主动词有表示将行、现行、已行、完成、经验等五种体。自主动词的这一特点在安多方言和扎坝语中无任何差异,可以说是两种语言的共同特征。

通过对藏语与普米语、扎坝语、门巴语、苗语、汉语之间的比较,本文得出以下结论:属于汉藏语系的大部分语言都有自主非自主动词的语义范畴,只是这一自主非自主动词的语义范畴在汉藏语系各语言中具有不同的表现形式和不同的表现方式。比如:在以语音交替形式和分析形式表示自主非自主动词的命令式时,普米语以语音交替形式与人称的单复数有直接的关系,分析形式既可以用在自主动词之后,也可以用在非自主动词之后。而在藏语中,语音交替形式与人称的单复数没有直接的关系;分析形式只可以用在自主动词之后,不可以用在非自主动词之后。又如:在扎坝语和藏语中,动词的自主非自主与人称、体发生关系时,既有相同的特点,也有不同之处。相同点是:扎坝语和藏语的自主动词都有表示将行、现行、已行、完成、经验等五种体。不同之处是:因人称的不同,体的表现形式就不同,并在两种语言中具体表现人称与非自主动词的体之间的关系时,其表现的形式在扎坝语和藏语中的情况也有所不同。

动词的自主非自主不仅仅是藏语安多方言动词所独有的语法特征,还存在于像普米语、苗语、扎坝语、汉语等其他与藏语有亲属关系的语言中,可以说,自主动词和非自主动词是汉藏语系各语言共有的特征。而这一共性在每一种语言的具体表现不尽相同,各具特色。

标题:说"五"道"六"
作者:丁邦新
来源:《民族语文》,2005年3期
摘要:汉语和台语(侗台语)之间究竟是同源关系还是接触关系尚未有定论。本文先介绍李方桂先生汉台语同源论的主要内容,然后从数目字中的"五六"两字说明台语的读法不可能是从汉语借过去的,然后利用"汉藏语同源词库"的资料,进一步拟测原始汉藏语"五六"两字的古音。
关键词:台语;原始汉藏语;源词
文中引用了扎坝语进行对比研究。

标题:汉藏语四音格词研究

作者：孙艳

来源：中央民族大学中国少数民族语言文学，2005年

摘要：本文以汉藏语系为研究对象，描写了汉藏语四音格词的基本特征（包括共性特征和个性特征），并揭示了四音格词产生、发展的内部动因和外部影响。研究表明，汉藏语系的语言普遍存在四音格词，在特征上呈现出高度的一致性。这种一致性并非来源于原始汉藏语的共同特征，而是在各自的语言系统中形成和发展的。因此本文认为汉藏语四音格词是语言类型作用的结果。

关键词：汉藏语；四音格词；共时描写；历时考察；类型学

文中认为，羌语支包括羌语、普米语、嘉戎语、道孚语、却域语、扎坝语、贵琼语、木雅语、尔苏语、纳木义语、史兴语各等种语言。语支中各语言都有按一定语音格式构成的四音格词，其中有单纯词、合成词，多数是形容词，少数是动词。羌语支四音格词的总体特征相似，同时，每种语言又有自己的特点。从现有的描写材料看，羌语支绝大多数语言有四音格词，个别语言没有，如嘉戎语。与其他语支相比，羌语支的四音格词不是很发达，一般不超过四种类型，但仍然与同语族的其他语言一样保持着语音结构的音节规律。羌语支四音格词有AABB、ABAC、ABCD、ABCB等四种常见格式。扎坝语为ABAC和ABCB格式。

标题：汉藏语系语言判断句研究

作者：张军

来源：中央民族大学中国少数民族语言文学，2005年

摘要：判断句是汉藏语中普遍存在的语法现象，但这方面的研究还不够深入。本论文运用构式语法、语言类型学、语法化学说等现代语言学理论，对汉藏语系语言的判断句进行专题研究，目的在于认识汉藏语判断句的本质，分析其在形式、意义、功能等方面的特征，明确它在汉藏语语法研究中的地位和价值，揭示判断句发展演变的过程和规律。本文在一定程度上填补了汉藏语判断句研究的空白，从新的角度解答了判断句研究中和认识上的一些问题，深化了对汉藏语类型特征的认识，同时对亲属语言范围内进行语法对比研究的方法和途径进行了有益的探索。

关键词：汉藏语系；判断句；语法构式；类型学

标题：朝鲜语中的上古汉语借词

作者：潘悟云

来源：《民族语文》，2006年1期

摘要：上古汉语带复辅音声母的词，被借到朝鲜语中后往往被拆成两个音节，

而且后一个音节在弱化的过程中失去了韵母，与前一个音节结合成一个闭音节。本文通过对"丝""麦""马""力"等词的讨论，探讨朝鲜语中上古汉语借词的追踪方法及古代东亚民族的文化接触。

关键词：上古汉语；朝鲜语；文化接触；民族语文；音节结构；东亚语言；中古音；蒙古语；固有词；怒语

文中将扎坝语等东亚其他语言中的同源词用以比较。

标题：汉藏语唇辅音与半元音 w 的交替

作者：施向东

来源：《语言研究》，2006 年 2 期

摘要：上古汉语中唇音声母字与晓母字的通转现象反映了汉藏语中唇辅音与半元音 w 的交替，与现代汉语方言中 h 与 f 交替的现象是完全不同的两回事。

关键词：唇音；半元音 w；通转；交替

文中引用了扎坝语进行对比研究。

标题：拯救羌语支濒危语言——尔苏语、纳木依语、贵琼语、扎巴语的资料记录和保存

作者：刘辉强　尚云川

来源：《西南民族大学学报（人文社科版）》，2006 年 12 期

摘要：本文简要介绍了民族语言中的尔苏语、纳木依语、贵琼语、扎巴语四种濒危语言的情况，对四种语言的调查研究进行了回顾，提出了语言调查研究中遗留的问题，强调了濒危语言、弱势语言保护的重要性。

关键词：羌语支；濒危语言；记录；保存；保护

文中作者建议：1. 抓紧补充调查这些分布在我省藏彝族走廊地区的濒危语言（尔苏语、纳木依语、贵琼语、扎巴语）。不仅要继续补充搜集语言学的资料，而且还要搜集人文学科方面的资料，如历史、宗教、文学、民俗方面等。2. 我省还有一些小语种，20 世纪 80～90 年代，已经进行过调研并出版了一些资料，如木雅语等。这些语言，虽然不是濒危语言，但说的人不多，在历史上有很大的影响，作者认为也应做好调研及今后的保存工作。3. 作者认为为了保护这些濒危语言和弱势语言，对语言资料进行记录和整理，是民族语文工作者的责任，但光靠语言工作者本身的努力还不够，更重要的是要靠政府部门在财政方面的大力支持。

标题：汉藏语系名量词研究

作者：蒋颖

来源：中央民族大学中国少数民族语言文学，2006年

摘要：本文主要根据类型学理论和历史比较语言学理论，通过对汉藏语各语言名量词的比较，疏理汉藏语名量词的特点，描述不同语言名量词发达程度的不同类型，进而揭示制约名量词发达或不发达的机制，探讨名量词产生、发展、成熟的演变过程。

关键词：汉藏语；名量词；共时与历时；词源比较；类型学

文中大量引用了扎坝语来进行对比研究。作者认为汉藏语名量词的起源存在不同的历史层次，一般是非标准度量衡量词和集体量词先产生，这是原始汉藏语里最古老的量词，然后才有个体量词。个体量词中，反响型量词出现得最早，它是个体量词丰富发展的中介，起到了承上启下的作用。此后才有性状量词、类别量词、通用量词等类量词的出现，使名量词得以丰富发展。标准度量衡量词，大多数语言都是近代通过语言接触后才产生的。

标题：藏缅语宾语比较研究
作者：田静
来源：中央民族大学中国少数民族语言文学，2006年

摘要：本文以中国境内的汉藏语系藏缅语族语言的宾语作为研究对象，运用现代语言学理论、方法对藏缅语宾语进行共时分析和历时考察，揭示藏缅语宾语的共性与个性特征。汉藏语系语言中，藏缅语的形态相对发达些，藏缅语宾语的特点主要体现在句法标记上。所以，本文以藏缅语宾语的句法标记为切入点，对藏缅语宾语进行描写和分析以及跨语言的比较，旨在对藏缅语宾语的类型学研究有所增益。

关键词：藏缅语；宾语；语言比较；句法标记；类型学

文中多处引用了扎坝语进行对比。作者认为，羌语支的扎坝语和尔苏语属同源关系，表明羌语支中部分语言的宾格助词之间有语音对应关系，但在整个语支层面不对应。羌语支语言的宾格助词可能是在语支分化后，由于各语言内部机制的作用而分别产生的。

标题：从几个词语讨论苗瑶语与汉藏语的关系
作者：潘悟云
来源：《语言研究》，2007年2期

摘要：东亚人群中，从Y染色体角度，汉藏与苗瑶O3-M122的出现频率很高，而侗台与南岛O1-M119的出现频率也很高，这说明汉藏与苗瑶有相当近的

发生学关系。苗瑶与上古汉语、藏缅语的几个同源词"月亮""土""田地"等可以为此提供有力的证明。

关键词：苗瑶语；汉藏语

文中少量引用了扎坝语作为对比参照。

标题：SOV 语言宾格标记的考察

作者：罗天华

来源：《民族语文》，2007 年 4 期

摘要：绝大多数 SOV 语言都有格标记，其功能主要是区别施受关系。根据施受关系的显豁程度，本文探讨了宾格标记的隐现规律。文章还讨论了 SOV 语言的替换性语序问题，认为替换的动因主要来自语用和语义两方面。文章最后指出 SOV 语言向 SVO 转变可能有两个原因：格标记销蚀及 VO 优势。

关键词：SOV；施受；格标；名物化；有定；现代英语；虚拟式

作者写作中初步查证了 53 种 SVO 型少数民族语言材料，包括扎坝语。

标题：汉藏语"冰雪"类词的音变及关系溯源

作者：江荻

来源：《民族语文》，2007 年 6 期

摘要：本文依据音变规则及冰雪类词语的地理分布特征等要素初步构拟了藏缅语"冰""雪""霜""雹"的声母形式，并评价了目前"冰""雪""霜""雹"的汉藏语构拟。

关键词：缅语支；类词；构拟；羌语支；汉藏；藏缅语；舌尖辅音；嘉戎语；彝语支；尔龚语

文中引用了扎坝语进行对比研究。

标题：《白狼歌》解读

作者：吴安其

来源：《民族语文》，2007 年 6 期

摘要：本文以东汉音的构拟为基础，解读了东汉年间汉字记录释义的《白狼歌》。解读表明，原文本由古彝缅语构成，内容为诉说统治者的无知和贪婪，山地民族生活的艰难，而不是以往所解释，是对朝廷的歌颂。

关键词：白狼歌；怒苏语；彝语支；博嘎尔；汉音；郑张尚芳；纳西语；怒语；亲属语；哈尼语

本文为《后汉书·西南夷列传》所载《白狼歌》的解读。文中多处使用了扎

坝语来进行判读和释义。

标题：汉藏语系"的"字结构研究

作者：闻静

来源：中央民族大学语言学及应用语言学，2007年

摘要：本文主要根据类型学理论和历史比较语言学理论，通过汉藏语各语言"的"字结构的比较，梳理了汉藏语"的"字结构的特点，描述了不同语言"的"字结构发达程度的不同类型，进而揭示了影响"的"字结构发达或不发达的内部机制，并探讨了"的"字的结构产生、发展的演变过程。

关键词：汉藏语；"的"字结构；共时特征；词源关系；类型学

标题：藏缅语否定范畴研究

作者：吴铮

来源：中央民族大学语言学及应用语言学，2007年

摘要：本文较系统地研究了藏缅语的否定范畴，内容包括：1. 比较系统全面地描写了藏缅语各语支的否定范畴，包括语音、语义、语法等方面的共时特征；2. 进行语支内部和语支之间的比较，总结出藏缅语否定范畴的共性和特性；3. 探讨了藏缅语否定范畴的历时演变，论证了语言接触对藏缅语否定标记的功能和否定句式的影响；4. 以类型学为背景，通过与其他非藏缅语的比较，深入认识藏缅语否定范畴的特点。

关键词：否定；藏缅语；比较

文中使用了大量扎坝语进行对比研究。作者认为，扎坝语的否定标记有 $ma^{13.}$、ma^{33}、$mə^{55}$、mu^{55} 等，分别用于将行体、进行体、已行体和完成体。在将行体中动词的高平调要变成中平调。扎坝语的否定标记数量较多，各有不同的功能。但它们的语音相似，和同语支语言的否定标记的语音也相似，估计是由早期的否定标记分化而来。同时认为扎坝语命令句的否定式较为复杂。语义方面，所描写的各种羌语支语言或方言中，除了嘉戎语，其他种语言主要分为一般否定标记和禁止标记。在一般否定标记中，羌语桃坪话、却域语、吕苏语、纳木兹语等各种语言只用一个否定标记而羌语曲谷话、普米语、嘉戎语、道孚语、扎坝语、木雅语、史兴语等各种语言需采用两个或两个以上的否定标记。采用哪一个标记主要由动词的时体决定，将行体、进行体一般采用同一个标记，而已行体则采用另一个标记。

标题：论缅语语音的历史分期与历史发展
作者：钟智翔
来源：中国人民解放军外国语学院亚非语言文学，2007年
摘要：缅语是汉藏语系藏缅语族中的一种重要语言，其自身的研究对整个藏缅语族乃至汉藏语系的研究都是十分重要的。通过对缅语的研究，我们可以从一个侧面了解甚至说明藏缅语言的起源问题。
关键词：缅语语音；历史分期；语音发展演变规律；历史语言学研究
文中作者在文中认为在藏缅语的语音发展过程中，最显著的声母特征当推复辅音声母的变化和塞擦音的出现。古藏缅语时期，存在着大量的复辅音声母。到了现代，藏缅语族语言中仍有一些语言具有多个复辅音声母。如道孚语有251个复辅音声母，扎坝语有71个；同时认为普米语、扎坝语、贵琼语、木雅语、史兴语、彝语、傈僳语、哈尼语、拉祜语、纳西语、白语、土家语、克伦语、博嘎尔珞巴语、缅语则没有辅音韵尾。

标题：论元结构：标记、语序及其关系
作者：罗天华
来源：南昌大学汉语言文字学，2007年
摘要：本文从语言类型学的角度考察了论元结构的形态标记、基本语序及其关系。
关键词：形态标记；语法关系；基本语序；语言共性
作者写作中初步查证了53种SVO型少数民族语言材料，包括扎坝语。

标题：基于通假字的上古声母研究
作者：国一姝
来源：首都师范大学汉语言文字学，2007年
摘要：上古声母研究一直是上古音研究中的薄弱环节，其中一个重要的原因就是可利用的材料不像韵母研究的材料那样丰富。直到汉藏语的比较研究成果注入上古音研究领域后，上古声母研究才得以长足发展。但是由于汉语自身的特点，古音研究的内部证据还应放在第一位。一直以来上古声母研究的最主要的也是最重要的内部材料是谐声字，通假异文材料因为清代学者零散的使用而有主观性和不成系统之嫌，因此没有得到后世学者应有的重视。我们通过对高亨的《古字通假会典》和张儒、刘毓庆的《汉字通用声素研究》中汇集的约14 000个对通假、异文等材料进行周遍性的统计分析以及与谐声字的对比分析发现，通假和谐声材料对上古声母的研究价值是相等的，有时两者的表现惊人

的一致，有时可互相补充。

关键词：通假字；以母；上古音；舌齿音；二等字；明母；定母；知组；构拟

文中多处引用了扎坝语进行对比研究。

标题：大型国情学术专著《中国的语言》出版
作者：禹言
来源：《语言科学》，2008年1期

摘要：《中国的语言》是中华人民共和国成立以后，学者们开展对我国语言调查尤其是少数民族语言调查取得成果的全面反映，是凝聚了几代语言学家劳动和智慧的结晶。自20世纪50年代起，国家就组织了大规模的少数民族语言调查，为无文字的少数民族创制文字，为文字不完备的民族改革和改进文字，开展了全国性的少数民族语言普查工作，积累了丰富的第一手资料。完成的第一批研究成果——部分少数民族语言的介绍，1959年曾作为国庆10周年献礼。其后，随着少数民族语言调查研究的不断深入，中国的语言状况全貌陆续展现，直至20世纪末，我们实际调查研究了130种语言，除俄罗斯语外，本书对已经掌握的语言逐个进行了简要的介绍，每种语言都有2至3万字。

关键词：语言识别；少数民族语言；汉藏语系；出版发行；孙宏开；图瓦语；嘉戎语；羌语支语言；卡卓语；怒苏语

该书第五节羌语支中收录有扎坝语。

标题：《中国的语言》，一部中国语言生存状况的实录
作者：何欣　牛志男
来源：《中国民族》，2008年4期

摘要：由中国社会科学院民族学与人类学研究所编写的大型国情专著《中国的语言》由商务印书馆作为国家"十一五"重点图书出版发行。1月18日，实施单位中国社会科学院在北京举行新闻发布会暨专家学者座谈会，向外界介绍课题的研究情况及科研成果。本书16开，豪华精装带封套，正文2638页，约360万字，王均、许嘉璐、江蓝生作序。全书分概论、汉藏语系、阿尔泰语系、南岛语、南亚语、印欧语、混合语等7编，收录了129种分布在中国境内的语言，每种语言有500字左右的英文提要。

关键词：语言生存；少数民族语言；语言濒危；民族语文

该书第五节羌语支中收录有扎坝语。

标题：多语环境中的道孚"语言孤岛"现象分析

作者：根呷翁姆　胡书津
来源：《西南民族大学学报（人文社科版）》，2008年5期
摘要：西藏区道孚的语言情况比较复杂，同一区域的同一民族就有四种语言流行，且各种语言在县域内相对形成了"各尽其能，各守其位"的语言孤岛态势，因此，可以说它是我们研究语言和方言类型转换的一块宝地。本文在道孚县县域内语言情况调查研究的基础上，从其地理位置、历史沿革以及经济发展等诸多因素入手，多角度、多方位的探讨和分析了道孚语言的多样性的成因、使用特点、多语环境中不同语言折叠层的未来发展趋势和作为土著原生态文化支撑点—道孚话"语言孤岛"现象受周围语言的影响程度等现实问题。力求通过道孚这一特殊文化现象揭示出语言孤岛特殊的语言形态特征和发展规律。
关键词：川西道孚；语言孤岛；使用特点；影响
作者认为道孚县的语言在语言类型上从整体看属一种驳杂型、变异型和各为其主的孤岛型语言。以今天的州府区域划分其语言层次虽有困难，但结合历史上的行政区划仍可确定其语言层次；从语言发展趋势看，在道孚的各种语言中，藏语康方言目前属于扩展型方言，安多方言次之，而道孚话语层、扎坝话语层属于收缩型和萎缩型语言；在道孚虽然语言情况比较复杂，各种语言相互竞争，但是由于各话语人在相互交往中不约而同地使用汉语作为现今的共同语，因此不同的语言在各自区域内部相对的形成了"各尽其能，各守其位"的语言和谐态势；在分析和处理道孚这种语言孤岛现象时，必须考虑到社会历史情况、语言发展演变的情况、语言的系统性、语言基本特点的共同性等因素，单根据语言的差异是得不到合理的解释的。因为在藏区语言还包含有地域、文化和政区的含义。

标题：从《说文解字》方域词看先秦语言关系
作者：马婧贤
来源：兰州大学汉语言文字学，2008年
摘要：本文从关系词出发，对《说文解字》的方域词进行研究，进而观察先秦时期语言关系。
关键词：方域词；历史比较语言学；关系词
本文在方言语译藏语"盐"时，对比引用了扎坝语。

标题：上古音影母音值之检讨
作者：马毛朋
来源：《古汉语研究》，2009年1期
摘要：潘悟云先生以译音、异文假借、亲属语等材料为据，认为上古汉语

音系统中影母应构拟为小舌塞音,但潘先生的这些材料仍有重新检讨的余地。重新分析上述材料的结果表明,将上古音影母构拟为小舌塞音的理由是不充分的。

关键词:影母;小舌塞音;喉塞音

作者认为羌语支除扎坝语没有小舌音外,其他都有小舌音,在该语支集中这么多的有小舌音的语言是羌语支区别于其他语支的重要特征。羌语支内部同源词的比较结果及各语言地理分布的分散状况都表明,小舌音不是后起的语言现象,可能是藏缅语族语言古老语音特征的遗留。但是这组小舌音的具体来源是什么,却是个很复杂的问题。

标题:东亚语言常见爆发音的类型学特征

作者:田阡子　江荻　孙宏开

来源:《语言科学》,2009年6期

摘要:我们依据394个语言样本数据库,通过分析双唇、齿龈和软腭三套爆发音在四个基本模式和若干个破缺模式里清、浊、送气的对立特征,归纳出了东亚语言爆发音的普遍语音类型。同时,针对每一种类型中存在的例外情况,我们运用历史语言学、语音学的知识对其形成的原因进行了解释。

关键词:基本模式;破缺模式;普遍类型;例外

本文引用了扎坝语作为对比。

标题:保护扎巴藏族的语言文化

作者:尚云川

来源:《国际人类学与民族学联合会第十六届大会论文摘要第七分册》,2009年

会议名称:国际人类学与民族学联合会第十六届大会

会议时间:2009年7月27日

会议地点:中国云南昆明

标题:东亚语言复合元音的类型及渊源

作者:田阡子

来源:中国社会科学院研究生院中国少数民族语言文学,2009年

摘要:东亚的语言和方言可以划分成藏缅语群、侗台语群、苗瑶语群、南亚语群、汉语群和南岛语群等六个语群,每个语群又可以划分成不同的次语群。本文在东亚六个语群684个语言和方言的范围之内,利用数据库技术和专家学者田野调查获得的资料,对复合元音的概念、性质、分类、语言类型、历史形成原因及历史形成类型进行了综合性研究,充分描写了复合元音在共时层面的语言共性

及语言差异,深入挖掘了语言类型特征,讨论了复合元音形成及演化的几种途径,归纳复合元音在东亚各个语群的历史形成类型,并寻找了语言的共时类型和历史发生类型之间的内在联系。

关键词:复合元音;数据库;分类;类型;历史形成原因

文中作者认为复合元音产生比较多的语言和方言多集中分布在羌语次语群和景颇语次语群里,羌语次语群更多。其中,扎坝语有单元语 13 个,复合元音 18 个,最多的是尔龚语,有 24 个复合元音。这些语言和方言复合元音音位都比单元音音位多。

标题:藏缅语工具格的类型及源流

作者:朱艳华

来源:《民族语文》,2010 年 1 期

摘要:本文通过对 34 种藏缅语的比较,发现工具格标记存在粘着式和分析式两种不同的类型。藏缅语的工具格标记,无共同来源,是后来各个语言自己创新的。

关键词:藏缅语;格标;语支;格助词;分析式;语法形式

文中作者认为史兴、扎坝、普米、羌等语言同属羌语支,但其工具格标记不存在同源关系。

标题:从地理视时还原历史真时

作者:潘悟云

来源:《民族语文》,2010 年 1 期

摘要:本文讨论了历史的真时音变在各亲属语言中的地理视时分布,以及自然音变、音变链、音变链类型等概念。并以"四""夜""田"等为例,讨论/l/型音变链和与之相关的自然音变规则,以及从地理视时还原历史真时的方法。

关键词:亲属语言;真时;收紧点;变化方向;发音器;韵字

文中少量引用了扎坝语作为对比参照。

标题:西夏语的格助词

作者:张珮琪

来源:《西夏学》,2010 年 1 期

摘要:本文以语法形式的概念为出发点,对比现代羌语支语言的格系统,分出了十种格助词:主题标记、作格、主格、属格、受格、具格、伴随格、比格、目标格及处所格。其中西夏语的属格、比格、目标格及处所格都可以从藏语、阿

尔泰语和现代羌语支中找到对应关系。

关键词：西夏语；语法形式；格助词

文中引用了扎坝语进行对比研究。

标题："安多藏语 i 的舌尖化及其类型学意义
作者：王双成
来源：《语言研究》，2010年2期
摘要：本文主要讨论安多藏语元音 i 的舌尖化音变问题。舌尖化是汉藏语系不同语言中较为普遍的一种音变现象，很多汉语方言（吴语、徽语等）都有突出的表现。比较汉藏语系不同语言元音 i 的舌尖化特点，我们会发现 i 的舌尖化似乎有着一种共性，即 i 先变为摩擦较重的 j，然后再变为舌尖音。

关键词：安多藏语；高元音 i；摩擦化；舌尖化；类型学意义

本文为国家社科基金项目"安多藏语语音研究"（编号：07XYY017）上海高校比较语言学研究院资助项目（2006）。在论证"i 舌尖化音变的类型学意义"时引用了扎坝语。

标题："十八土司"属地及语言探析
作者：王玉琴 德吉卓嘎
来源：《西藏大学学报（社会科学版）》，2010年3期
摘要："十八土司"属地虽以嘉绒藏族为主，通常被称作"嘉绒十八土司"，但其属民所说语言却远非嘉绒语一种。文章在前人调查研究基础上，对"十八土司"的分布范围及属地上存在的语言种类（包括一些尚未调查的语言）进行了系统梳理，指出实际上除嘉绒之外尚有十几种人群在该区域活动着。

关键词："十八土司"；嘉绒；语群；濒危语言

作者经过查阅文献以及实地调查，发现在"十八土司"属地内，居民所操语言包括嘉绒语、却域语、尔龚语、扎巴语、贵琼语、木雅语、普米语、鲁汝语、纳木依语、藏语（康方言和安多方言）、羌语、汉语、苗语和彝语等。而且，除冷边、格什杂、巴旺三个土司辖区的人群不讲嘉绒语之外，其余十五个土司属地的居民多数或部分均讲嘉绒语。同时认为，龚群虎对扎巴语进行了较为全面地研究。陆绍尊则介绍了扎坝语的概况，并指出扎巴人的分布范围较广；刘辉强和尚云川对扎巴语的分布、使用情况、语音、词汇以及未来的发展趋势做了探讨。

标题：中国南方民族语言塞擦音的类型与系属特征
作者：燕海雄；孙宏开；江荻

来源：《语言研究》，2010年4期

摘要：中国南方民族语言塞擦音的类型特征一方面极为复杂，另一方面又有规律可循。从调音部位来看，塞擦音类型体现出一条倾向性的等级序列式，即龈＞龈腭＞卷舌＞龈后＞硬腭；从语言系属分类来看，中国南方民族语言在塞擦音类型层面上正处在不同的发展阶段，即：无塞擦音阶段→南岛语→侗台语→南亚语→苗瑶语→藏缅语。从次类调音方法来看，塞擦音类型基本上是三分格局，即不送气清塞擦音、送气清塞擦音以及不送气浊塞擦音。上述塞擦音的类型特征表现在地理层面上就是从东至西、自南往北塞擦音的数量在逐渐增多。

关键词：《汉藏语同源词研究》检索系统；塞擦音类型；系属特征；特征类检索

本文为中国社会科学院语音学与计算语言学重点实验室资助项目（2010）；中国社会科学院青年学者资助项目（2010）。

标题：南诏王号的语源和语义
作者：杨海潮
来源：《大理民族文化研究论丛》，2010年
摘要：研究南诏的历史文化，可以有多种策略和路径，前人贡献已经不少，但争论也非常多。为什么对于同一文献的记载，后代的研究者往往众说纷纭？除了文献本身语焉不详导致的模糊性之外，我认为研究者在解读文献时所使用的理论和方法不同是根本的原因。本文将《蛮书》《旧唐书》《新唐书》《资治通鉴》以及《南诏德化碑》《南诏图传》等古代文献记录的南诏王号视为对音材料，利用民族语言材料来分析其语源和语义。采用这种研究方法是基于一个考虑:与文学性的联想、抒情之辞相比，语言分析具有更大程度的可验证性，可以为后来的有关研究提供一个相对坚实的基础。

关键词：南诏国；阁罗凤；异牟寻；德化碑；大理国；白语；细奴逻；《蛮书》

文中作者认为扎坝语来源于古藏语，并在藏缅语族诸语言或方言"皇帝"的发音中引用了扎坝语。

标题：汉藏语系语言差比句研究
作者：邓凤民
来源：中央民族大学语言学及应用语言学，2010年
摘要：本文本着汉语和非汉语研究相结合的思路，通过田野调查、问卷调查、文献参阅等研究手段，从差比句构成、比较标记、差比句历时发展、类型学下的汉藏语差比句等多个方面，对汉藏语差比句进行了全面、细致的考察，探寻了

汉藏语差比范畴的表达形式，揭示了汉藏语诸语言差比句的构成要素的表现形式及其省略现象，考察了比较标记的类型、来源和标记模式，汉藏语差比句的历时演变规律，最后从类型学和语言接触的角度探讨了汉藏语差比句的特点和变异现象。

关键词：汉藏语；差比句；比较标记；语言类型；语言接触

文中大量引用了扎坝语进行对比研究。文中认为扎坝语有一些语言的形容词具有级的区别类似英语形容词的"级"的语法范畴。这些语言形容词比较级的语法手段为附加法，附加的成分或者前置于形容词或者后置于形容词，使得差比句出现次要标记现象。次要标记的出现使该语言的差比句形成双重标记——比较标记属从属标注，而次要标记为核心标注。藏缅语族义都语、扎坝语、仓洛门巴语等语言的比较结果的级标记是强制性的。

标题：云南香格里拉纳西语研究
作者：周及徐
来源：四川师范大学汉语言文字学，2010年

摘要：本文研究的对象是云南省迪庆州香格里拉县新仁乡的纳西语，在语言系属分类上，纳西语属于汉藏语系藏缅语族彝语支。过去的学者对纳西语的研究，主要集中于丽江纳西语和部分维西么些语的研究。本文是第一篇全面调查、记录并系统研究香格里拉县新仁乡纳西语的文章。本文在前人探索和实践的基础上，通过实地调查和录音，总结了香格里拉纳西语的语音系统，介绍了该地纳西语词汇、语法的基本情况，归纳了香格里拉县新仁乡纳西语与云南方言和其他藏缅语词汇的对应关系。

关键词：纳西语；语音；词汇；语法；词汇对应关系

文中将扎坝语归入羌语支。

标题：戎语支的创新和划分
作者：金理新
来源：《民族语文》，2011年4期

摘要：深受"感染"的亲属语言，同源词的多寡不足以确定彼此之间的亲疏关系。同样，语言的语法类型也会因"感染"而发生根本性的改变。确定语言间的发生学关系和亲属语言间的亲疏远近，最关键的还要靠语音规则以及语音形式上的创新。本文依据戎语支的元音创新对戎语支语言进行划分。

关键词：语支；亲属语言；开音节；嘉戎语；央化；纳西语；藏缅语；道孚；卓克基；语音形式

标题：汉藏语的"的"字结构
作者：戴庆厦　闻静
来源：《汉语学报》，2011年4期
摘要：本文认为汉藏语"的"字结构的共性特征是类型学上的共性，而非发生学上的共性。"的"字结构的发达与否与语言的分析性强弱存在着蕴涵关系，即分析性强蕴涵着"的"字结构发达或趋向发达，反之亦然。此外，还对汉藏语"的"字的词源关系，以及汉语对少数民族语言"的"字结构的影响进行了探讨。
关键词：汉藏语；"的"字结构；类型学
文中引用了扎坝语进行对比研究。

标题：先秦两汉文献所见楚语词札记
作者：郑伟
来源：《汉语史学报》，2011年
摘要：本文借用比较语言学的方法，建立音义对应和音变规律，具体考察了先秦两汉时期的传世文献中几个楚语词的语源，发现在汉代，楚方言仍包括有藏缅、侗台、苗瑶语等各种非汉语的底层成分。
关键词：古楚语；传世文献；语源；底层；语言接触
文中引用了扎坝语进行对比研究。

标题：汉藏语系语言存在句研究
作者：余成林
来源：中央民族大学语言学及应用语言学，2011年
摘要："存在"是一切事物的运动方式和表现形态。任何事物都存在于一定的时空。面对纷繁复杂的外在世界，人们需要不断地认识、感知这个世界、这个人类，从而达到认识自己。而语言就是这种认识、感知的外化形式。存在句就是以表现事物的存在性为主体的语言形式。本文以汉语与非汉语相结合为基础，通过田野调查和文献参阅等研究手段，从存在动词的类别差异，存在句的结构模式、分类、句法和语义、语用以及类型学等多个方面，对汉藏语系各语言及方言的存在句进行了全面、细致的考察，分析汉藏语存在句的结构模式、类别及各构成要素的句法、语义、语用特点，揭示汉藏语存在句的共性特征和个性差异，探寻汉藏语存在动词的演变轨迹。
关键词：汉藏语；存在句；存在动词；类型学特征
文中作者大量引用了扎坝语作为参照和对比。作者认为藏缅语除了藏语支、

彝缅语支内部的一些语言及方言之间"有/在"类存在动词同源以外,其他各语言及语支之间看不出有同源关系。语源关系上,我们可以看到藏缅语"有/在"类存在动词是在语支分化之后产生的,不是原始藏缅语的遗留。"有/在"类存在动词的数量多寡不一,说明其产生存在阶段性和层次差异。因为藏缅语"有/在"类存在动词可以通过不同的形态、声调变化以及元音的松紧表示新的附加义。我们推测,由于人们认知的不断发展和交际的需要,藏缅语"有/在"类存在动词的演变轨迹是由少到多,其表达附加义的范围越来越大。

在所考察的 59 种语言方言中,"有/在"类存在动词只有一种形式的有 17 种语言(方言),占所考查语言的 28.8%,这些语言都只用一种形式表达"有/在"类存在动词所要表达的各种场合和范围。"有/在"类存在动词有两种形式的有 12 种语言方言,占所考查语言的 20.3%,这些语言的两种形式分别表示有生物和无生物的存在。而有 9 种和 10 种形式的分别只有扎坝语和哈尼语,分别只占所考查语言的 1.7%。随着"有/在"类存在动词形式的不断增多,每一种形式表达存在的范围越小、越精确,也反映人们对客观世界认识的不断深入、全面。

标题:汉语是如何表达序数范畴的
作者:王霞
来源:华中师范大学汉语言文字学,2011 年
摘要:本文在多样性研究与倾向性研究相结合的视点下,按照由面到点、突出典型、逐步深入的思路,运用形式与语义互证、定性与定量配合的方法,研究汉语序数范畴的表达。所有研究均建立在 1400 万字的汉语普通话语料统计的基础上,通过细致地分析汉语序数范畴的语义构成基础和序数参照的类别,详实地描写了汉语序数范畴的三大表达形式。全文把研究重点放在序数语法表达式上,揭示了它在句法、语义上的诸多特征,探讨了它的典型性问题,并以"第"和量词的隐现为视点寻找不同序数语法表达式的区分点,最后概括了汉语和中国少数民族语言中序数语法表达式的共性特征。
关键词:序数范畴;基数范畴;序数参照;序数表达式;评估体系;隐现机制
文中认为利用专门性标记表示序数的语言比较多,语言之间专门性标记的借用现象也比较普遍。扎坝语是借用藏语的 Pa 来表示序数。

标题:一般否定标记的类型学考察
作者:姜鸿青
来源:上海师范大学汉语言文字学,2011 年
摘要:本文以中国境内少数民族语言为样本,进行量化统计分析,描写一般

否定标记的编码形式和语序类型，区分出否定标记不同的形态地位，并在此基础上分别研究否定语序和主导语序是否有蕴含关系，以验证并扩大类型学倾向性结论的有效范围。

关键词：一般否定标记；编码形式；语序类型

文中引用了扎坝语进行对比研究。

标题：汉语方言语音的类型学研究
作者：叶晓锋
来源：复旦大学汉语言文字学，2011年

摘要：目前，对汉语方言的调查和研究已经取得了很大的成绩，但是，学界尚未从类型学的角度对汉语方言语音进行充分的研究。本文从公开发表的语言调查报告中，选取了140个方言进行语音类型学研究，以此对 Maddieson 等学者所总结的人类语言的语音共性进行验证和补充。此外，还对汉语方言中的语音演变的类型进行了初步的探讨。

关键词：汉语方言；语音类型学；语音演变；语音共性；本字

文中作者引用了扎巴语作为参照和对比。

标题：汉藏语系鼻辅音的类型及历史演变
作者：钱虹
来源：《安徽师范大学汉语言文字学》，2011年

摘要：藏语系一般分为藏缅语族、苗瑶语族和侗台语族。本文以前辈学者田野调查的资料为基础，在汉藏系50种语言和方言的范围内，利用数据表对汉藏系语言单鼻辅音、复鼻辅音和鼻韵尾的分布及类型进行了综合性的探讨。同时基于汉语同汉藏语系其他语言同源这一认识，利用汉语方言材料，讨论了古汉语声母的形态，以及清鼻音和鼻冠音的历史演变情况。最后通过对比分析，利用少数民族语的材料以及语音声学分析成果，对汉语鼻音的分布以及历史演变的情况进行了新的认识。

关键词：汉藏语系；鼻辅音；类型；语音演变

文中引用了扎坝语进行对比研究。作者认为，羌语各方言都没有鼻冠复辅音，而羌语支的其他语言如嘉绒语、木雅语、尔龚语、纳木义语、史兴语、贵琼语、扎坝语等都有鼻冠复辅音。木雅语、嘉绒语等保存了完整的鼻冠音，藏语、扎坝语等的鼻冠音保留在部分词语里，景颇语的鼻冠音从原来的声母中分离出来成为前一个音节的韵尾。由此推断，羌语古时可能亦有过鼻冠音，后来发生了脱

落。现代羌语与同语支其他语言在鼻冠音声母上的区别,反映了羌语自身排斥鼻音的特点。

标题:紧缩及其句法语义后果
作者:王姝
来源:《吉林大学语言学及应用语言学》,2012年
摘要:纵观学界目前对紧缩研究的现状,成果比较丰富的是复句紧缩(如果你饿了,你就吃吧。——饿了就吃。)和构词紧缩(政治协商会议——政协),可以说这两个领域已经研究得比较充分了。相比之下从词组到词组的紧缩(排队分房子——排房子)尚未引起学界的充分关注,是紧缩研究最薄弱的部分,本文重点研究的就是这个部分。
关键词:紧缩;连动式;轻动词;轻介词;动词重叠;"一V"结构
文中引用了扎坝语进行对比研究。

标题:汉藏语数量名结构语序研究
作者:黄平
来源:中央民族大学语言学及应用语言学,2012年
摘要:本文以汉藏语数量名结构为研究对象,运用类型学、比较语言学的研究方法主要分析了该结构的语序组合规则并兼及论述了历时演变过程。
关键词:汉藏语;数量名结构;语序;类型学;演变
作者在文中认为,藏缅语族中数量名结构属于"名数量"语序类型的语言主要分布在羌语支、彝语支和缅语支,包括羌语、普米语、独龙语、嘉戎语、道孚语、扎坝语、傈僳语、哈尼语、拉祜语、纳西语、基诺语、卡卓语、阿昌语、载瓦语、浪峨语、波拉语、白语、土家语等。该类型的大部分语言都具有反响型量词,即限制中心名词的量词与中心名词具有相同的语音形式或部分语音形式相同。扎巴语形容词修饰"名数量"结构,一般后置于中心名词,但当形容词超过两个音节时,则可前置于中心名词。

标题:再论西南民族走廊地区的语言及其相关问题
作者:孙宏开
来源:《西南民族大学学报(人文社会科学版)》,2013年6期
摘要:民族走廊与藏彝走廊是中国西南地区人类迁徙、商品交换、战争等最频发的地区之一,它可以延伸到喜马拉雅南麓的广大地区。有大量证据表明,在这一地区存在一个有数百个族群,使用着有亲缘关系语言的人群,他们是从远古

时期由古羌集团长期分化演变而来，我们从他们现在仍然使用着的语言，可以清楚发现他们的共同来源。这一问题曾经引起费孝通、马耀、李绍明等已故专家学者的关注，但是仍然有许多没有解开的谜团需要学术界共同努力，进一步从历史学、考古学、人类学、民族学、语言学、分子生物学等方面进行多学科的综合调查研究，解开这一地区许多尚未解开的大大小小疑点。

关键词：民族走廊；藏彝走廊；藏缅语族；亲缘关系

本文为中国社会科学院"学部委员创新岗位"项目"跨喜马拉雅藏缅语族语言研究"的阶段性成果。文中例证采集于"汉藏语系词汇语音数据库"中的藏缅语族部分。这个数据库共收集了360多种汉藏语系语言和方言的词汇材料，其中藏缅语族共收集了140多种，包括喜马拉雅南麓的部分藏缅语族语言。所列的这5个藏缅语族同源词的语音形式有一定的差异，但是它们都有明显的语音对应关系。作者认为：要把藏彝走廊的族群放到整个民族走廊来考察，看看他们的历史地位、发展状况和整个藏缅语族各族群的关系。考察从青藏高原通过纵横交错的各条迁徙通道，将古代藏缅语族的祖先（古羌），经过4000年到5000（有一说6000年）年的分化（期间也有接触、相互影响和融合），形成目前使用上面10个语支的各族群这样的格局。喜马拉雅虽然高万丈，但挡不住民族的迁徙和互动。在当今信息化时代，更挡不住各族群的互动和交流，挡不住他们迈向现代化的步伐，挡不住经济一体化的潮流。研究这一带的语言和文化，就是要揭示他们的共性和差异性，促进各族群的民族自觉，发扬优秀传统文化，走向现代化。

标题：文化语言学视角下的康区方言

作者：李华平

来源：《社会科学论坛》，2013年10期

摘要：语言承载着文化，语言的各个层面都带有文化的印记，对这些印记的分析有助于揭示语言背后的文化现象。本文以四川康巴地区民族语言为例，从词义、词源、词的组合与聚合关系、语法、语言接触等各个层面，考察了康巴地区方言表现出的文化现象。

关键词：康巴；方言；藏语；藏缅语；文化语言学

作者认为同样一个离散对象，在不同的语言中对应的可能是不同的语言形式。这说明不同的语言对相同意义的概念化程度不是完全相同的。以"平坝"这一意义为例，康区不少方言中有其独立的词汇形式，如藏语（理塘话）、道孚语、普米语，但在扎坝语中却要用短语形式才能表达出来，表述意思是"平坦的地方"。一般来说，与日常生活紧密相关的对象都会被概念化并以常用词的形式体现，对象越常用，词形越简单。扎坝语"平坝"词形与其他方言的不同，似乎表明扎坝

人曾经的生活环境与众不同，值得进一步研究。可见，词义的不同形式也具有文化信息。

标题：中国境内民族语言的状语语序调查
作者：蔡金福
来源：南昌大学《语言学及应用语言学》，2013年

摘要："和谐"原则在语言学中是一条很重要的原则，可以用来解释很多语言现象。状语的"和谐"位置应当与宾语处在动词的同一侧。根据Dryer&Gensler（2011）的统计，存在状语违反"和谐"的语言有三种，实际上，中国境内存在很多种状语违反"和谐"的语言。本文就是在详细考察大量民族语言实际语料的基础上，通过整理分析，发现规律，而后进行一些尝试性的解释。

关键词：民族语言；状语语序；和谐；语义靠近；可别度领前

文中认为扎坝语所有状语都不违反"和谐"，语言都属于SOV语序，却存在状语后置的例子。

标题：上古汉语前置音的语音性质
作者：马毛朋
来源：《古汉语研究》，2014年4期

摘要：在上古汉语的语素音位学研究中，学者们一般认为，词根前的前置音的语音性质为辅音。有学者为前置音构拟了次要音节，这一构拟改变了一个汉字代表一个音节的一般看法，是对上古音研究的一大变化。本文从次要音节的性质、来源、方言中分音词与次要音节的关系等几个方面讨论了"次要音节说"的根据。讨论结果表明，次要音节的证据尚不充分，上古汉语前置音的语音性质仍应确定为辅音。

关键词：次要音节；前置音；语音性质

作者认为包括扎坝语在内的数种羌语支语言，学术界对其只有复辅音没有次要音节的看法是没有争议的。这一事实说明响度顺序原则不能作为区分复辅音与次要音节的标准。那么为什么民族语学界不把这些不符合响度顺序原则的辅音序列界定为次要音节呢？这要从次要音节在语音上的特点来分析。马学良总结出了次要音节的两个特点：（一）在发音特征上，与主要音节相比，次要音节读音短且弱；（二）次要音节大多出现在单元音韵母上，复合元音韵母和带辅音尾的韵母较少弱化。孙宏开（1982）指出，次要音节的韵母元音在一定条件下可以失落，这是语速很快，音节读得很弱时的语流音变现象。在正常语流中，这个韵母元音还是存在的。可见，次要音节的虽然韵母元音很弱，但是却是存在的，虽然在语

流中常常失落，但总能找出它没有失落时的形式。这正是民族语学界不把上面所列那些不符合响度顺序原则的复辅音界定为次要音节的原因，因为这些组合在一起的辅音音素之间是根本没有元音的。

标题：藏缅语给予类双及物结构类型比较研究
作者：施维
来源：上海师范大学中国少数民族语言文学，2014年
摘要：双及物结构是一种十分常见的语法结构，其中给予类双及物结构是最具普遍性的，也是语法调查中十分重要的句式之一。前人已经对此有了众多而又深刻的研究，但是对于藏缅语的给予类双及物结构的研究尚不充分。本文力求在大量语料的基础上，将藏缅语给予类双及物结构的基本语序类型、语法标记手段做一个初步的梳理，并与汉语进行了一些简单的比较，希望借此能够丰富"给予类双及物结构"的语言类型。
关键词：藏缅语；给予类双及物结构；语序类型；语法标记；语言比较
文中认为扎坝语是四川省甘孜藏族自治州部分藏族居民使用的一种语言，它的助词标记亦是属于宾、与不同形的。同时，施格——与格助词类型的语言有：白语、藏语、白马语、仙仁土家语、龙山土家语、格曼语、扎坝语、毕苏语、贵琼语、义都语、怒苏语、仓洛门巴语、错那门巴语、拉坞戎语和木雅语。其中义都语和怒苏语既可以出现与格助词，又可以施格助词和与格助词同时出现，而其他语言只能出现一种；白语、藏语、白马语、哈尼语、仙仁土家语、龙山土家语、格曼语、扎坝语、毕苏语、贵琼语只能出现与格助词；仓洛门巴语、错那门巴语、拉坞戎语、木雅语施格助词和与格助词必须同时出现。

标题：藏缅语的比较句研究
作者：陈仕君
来源：海师范大学中国少数民族语言文学，2014年
摘要：本文力图通过对汉藏语系藏缅语族与其他语族之间的相互比较，找出藏缅语差比句的语法特征，比较标记的来源以及特点，尽可能地考察差比句的类型学表现，对其进行较为全面的共时性描写，深化语言内部机制的语法研究。
关键词：藏缅语；比较句；类型学；比较标记

标题：土家语否定范畴研究
作者：杨溢
来源：暨南大学中国少数民族语言文学，2014年

摘要：本文较为系统地研究了土家语否定范畴，其中包括：土家语否定范畴的语音、语义特点；土家语否定范畴的语法特点；土家语否定范畴南北方言差异及土家语否定范畴与藏缅语否定范畴的比较。土家语北部方言的否定范畴从语义方面看主要有一般否定、存现否定和禁止这三大类，语音形式主要为 t-；土家语北部方言否定范畴的语法形式较为丰富：通过声母送气与不送气交替这种屈折手段表达主观与客观否定的差别及时态；土家语北部方言的否定范畴有"体"的范畴，通过表"体"的后缀及助词，表达否定的完成体、将行体等；禁止的表达是通过语序调整来实现的；而这些语法变化同时也都可以通过助词的使用来实现。本文除对土家语否定范畴进行共时描写外，还将土家语否定范畴与藏缅语否定范畴进行比较研究，探讨了土家语否定范畴的历史演变。

关键词：土家语；否定范畴；否定形式

本文在藏缅语否定范畴的语音特点中引用了扎坝语。

标题：土家语核心词"手"
作者：熊英
来源：《湖北民族学院学报（哲学社会科学版）》，2015年2期
摘要：通过"语义场—词族—词"三级词义比较，土家语"手"语义场内各词与汉语、缅彝语、藏—缅语语音对应规则，即同源。从亲缘关系来看，土家语"手"与缅彝语最接近。其语义演变类型与汉语、藏语等藏—缅语言一致。

关键词：土家语；核心词；"手"

本文为2013年度国家哲学社会科学基金项目"土家语基本词研究"的研究成果之一（编号：13CYY078）。文中引用了扎坝语进行对比研究。

标题：汉藏同源词例证——以鱼部字为例
作者：施向东
来源：《云南师范大学学报（哲学社会科学版）》，2015年2期
摘要：本文试图用规范化的程式作汉藏同源词的比较研究。以汉语上古音鱼部字为例，列出与此同源的藏文词，以相当数量的声韵母比较作为支持，以申明其为同源词的理由。每个词以汉语方言和藏缅语中该词的语音形式作为佐证。

关键词：汉藏同源词；鱼部；汉语方言；藏缅语

本文为国家社科重大项目"基于大型词汇语音数据库的汉藏历史比较语言学研究"项目（编号：12&ZD174）。在"汉语—藏缅语词汇对应"中本文多处引用了扎坝语进行对比分析。

标题：浅论康藏道孚"方言"与古藏文的渊源

作者：伍金多吉

来源：《四川民族学院学报》，2015年3期

摘要：语言本是一个民族的生命之本，而在同一个文化区域里不同的方言正是组成一个民族通用语言文字的基石。近来，学界对民族文化的全方位、详细研究，已成了无可阻挡的热潮，道孚"方言"的研究是其中之一。本文主要讨论的是道孚"方言"与古藏文的渊源关系，以此来论证道孚"方言"是通用藏语言文字的一个组成部分，同时详细地论述了藏文中的字词与方言之间的相似处。

关键词：古藏文；藏语；道孚方言

本文为四川民族学院大学生创新创业训练计划项目的成果之一（编号：20141161010）。文中谈及：道孚县境内不仅有丰厚的矿产资源，森林资源和旅游资源等丰厚的物质资源，更多更广的是其文化资源，比如嘛尼舞、藏房建筑、扎坝和沙冲等具有母系氏族余留的走婚风俗，原生态地保留了古时遗迹对于道孚乃至整个民族的研究都具有深刻的历史研究价值。同时论及，道孚县总人口40 000人（2010年统计），藏族占90%，汉族占8%，其他占2%。村落的布局由河谷、草原、盆地构成，除了藏区较为通用的安多方言（牧区语）和康方言外还有具有地方性的扎坝土语和道孚土语。扎坝语又称扎坝地脚话（扎坝语言称为扎坝地脚话），在多儿吉的《道孚语、格什扎话研究》中，扎坝语被定为四川西北部的方言，与雅江县扎麦区的扎坝无论在语言、地方习俗还是生活方式上都基本一致，道孚扎坝称为上扎坝而雅江扎坝称为下扎坝。因扎坝地区较为封闭，因此语言上扎坝语中至今还运用着许多古藏语。

标题：嘉绒藏区语言研究

作者：多尔吉

来源：《中国藏学》，2015年4期

摘要：嘉绒地区是费孝通先生提出的"藏彝走廊"核心区之一，是文化交流、融合的重要地带。其语言在语音结构、词汇关系和形态变化等方面独具特色，有很重要的语言学研究价值。本文概述了这个地区语言的基本情况，分析了研究历史、主要特点和形成差异的主要原因。本文认为，语言和方言、同源词和借词的划分标准、描写语言研究的深度和广度等问题是导致系属分歧的主要原因，提出这个地区或许没有这么多语言，但与藏语其他方言的差异是客观存在的。

关键词：嘉绒；藏区；语言特点

本文中作者认为，如果要绘制一幅语言分布图，嘉绒藏区西部大片地区及相邻接地区是藏语区，东部相邻接地区是汉语区，南部相邻接地区是藏语支语言区。

所以，嘉绒地区的语言形成了星罗棋布的语言岛。将范围缩小一点来看，各语言分布交错，呈插花状态。拿道孚县来说，北部玉科区和东南部八美区的两个乡（都是牧区）是藏语安多方言；中部城关区和瓦日区的瓦日、下甲、木茹等乡及八美区的沙冲乡是道孚语；西南部扎坝区是扎坝语；八美区有两个乡和瓦日区上甲乡（农区）是藏语康方言。在大的语言岛中往往还有小的语言岛，例如上述说道孚语的瓦日区木茹乡共有 177 户 914 人，其中有 43 户 245 人说藏语安多方言。

标题：甘孜州木雅人的语言使用现状及发展趋势
作者：达瓦卓玛
来源：《四川民族学院学报》，2015 年 5 期
摘要：木雅地区处于历史上各民族融合、交流之地，其语言使用情况较为复杂。本文根据木雅地区的历史文献资料和实地语言调查，简要论述了木雅人的语言使用情况及其发展趋势。
关键词：木雅人；语言使用；现状
文章谈及，依《木雅五学者传记》载："上部自道孚以南，包括扎巴地方；下部抵达木里的八窝龙地方，雅砻江（中游）边界山峦以北，理塘附近的雅砻江以东，南达汉地边界的甲桑卡、鱼通以西，嘉绒丹巴娃以南，就是多墨六岗之一的木雅热岗。"以上地区的具体位置在折多山以西，大渡河和雅砻江之间，以营关寨为中心，分上下两部分，上木雅为康定县营关区（瓦泽、朋布西、东俄洛）、塔公区、雅江县扎麦乡、道孚县的八美、扎坝等地。下木雅为康定县沙德区（吉居、六巴、普巴绒、沙德）以及九龙县北部的汤古乡。上下木雅以营关区的甲根坝为界，其中营关区是木雅王所在地，而色巫绒曾是木雅人最多的地方。上木雅和下木雅是从地理分布上划分的，但上下木雅的语言可以分为上、中、下三种情况，上部（新龙、炉霍、道孚县八美）讲藏语康方言，中部（塔公、新都桥、营关、甲根坝）除讲康方言外，还保留着部分木雅本土语，下部（吉居、六巴、普巴绒、沙德、朋布西、九龙县汤古乡、雅江县的祝桑乡）以木雅本土语为主，兼用藏语康方言。

标题：东亚地区的语言及其文化价值
作者：孙宏开
来源：《暨南学报（哲学社会科学版）》，2015 年 9 期
摘要：东亚地区的语言极其复杂，根据传统分类，大体分为汉藏、南亚、南岛 3 大板块。下位又可分为汉、藏缅、苗瑶、侗台、南岛、越芒、孟高棉等相关语族。他们之间的发生学关系错综复杂。本文拟根据史前人类学和考古学资料，

梳理东亚地区早期人类活动及文化遗迹，探讨现今东亚地区语言大体的格局及其可能的渊源关系。

关键词：东亚地区；史前文化；汉藏语系；发生学关系

本文中为国家社会科学基金重大招标项目《基于大型词汇语音数据库的汉藏历史比较语言学研究》（批准号：12&ZD174）的项目。

（四）考古学

标题：四川炉霍县呷拉宗遗址发掘简报
作者：唐飞　宫本一夫　陈卫东　等
来源：《四川文物》，2012年3期
摘要：2009年，四川省文物考古研究院和日本九州大学等单位联合对四川炉霍县呷拉宗遗址进行了发掘，发掘面积300平方米。此次发掘共清理唐代冶炼窑炉1座、石棺葬14座。出土器物主要有铜器、陶器、骨器等。唐代窑炉的发掘对研究西南地区金属器的独立起源提供了重要资料；而石棺葬的发掘，完善了雅砻江中上游地区石棺葬文化的内涵。

关键词：呷拉宗；窑炉；石棺葬；雅砻江流域

文中作者认为，雅砻江中上游地区的石棺葬的分布及其特点，历来是考古学界研究的重点。其石棺葬墓地分布较为广泛，沿达曲河、泥曲河、鲜水河两岸均有大量的分布，目前发现的石棺葬墓地约有25处。

标题：四川炉霍县宴尔龙石棺葬墓地发掘简报
作者：唐飞　宫本一夫　金国林　等
来源：《四川文物》，2012年3期
摘要：2008年10~11月，作为"中日共同开展西南地区北方谱系青铜器及石棺葬研究合作"项目的一部分内容，四川省文物考古研究院、日本九州大学考古学系等单位在四川炉霍县宴尔龙石棺葬墓地进行了考古发掘，发掘面积350平方米。清理石棺葬13座、建筑基址1处，出土铜器、石器、骨器等器物。本次发掘发现了川西高原上目前为止最早的石棺葬，为研究川西高原石棺葬与北方谱系青铜器的关系提供了重要材料。

关键词：鲜水河流域；宴尔龙墓地；石棺葬；商周时期

文中作者认为，鲜水河作为雅砻江上游的重要支流，也是甘青文化进入西南地区的重要入口之一，两岸分布着较多的石棺葬墓地。

（五）经　济

标题：民族地区经济跨越式发展研究——以四川民族地区为例
作者：鄢杰
来源：四川大学政治经济学，2004年

摘要：民族地区是我国经济社会发展较为落后的地区，民族地区是一个具有特殊的社会经济结构和地域空间结构的民族聚居区。20世纪50年代，四川民族地区一步跨千年，从封建农奴制社会或奴隶制社会直接进入了社会主义社会，实现了生产关系的跨越，但是其生产力却没有实现相应的跨越。四川民族地区要实现对发达地区的经济赶超，必须通过生产力的跨越来实现经济的跨越发展。随着对民族地区开发力度的加强和投入的加大，民族地区逐渐出现了一些新兴的现代工业部门，城镇建设步伐加快，现代信息技术逐步深入到民族地区的城市生活中，城乡经济、工农业经济之间差异日渐凸现，使得民族地区经济的二元化特征逐渐显露出来，民族地区正在从"非典型二元经济结构"状态向"典型二元经济结构"状态转换。

关键词：民族地区；经济；跨越式发展；四川

文中认为就康北片区而言，建议取消石渠县城镇附近的色须贡巴作为城镇的规划，而把石渠县的长须贡玛、起坞和甘孜县的扎拉作为未来的新兴城镇，在甘孜、石渠、色达之间构建起一个小的三角形增长区，这样更能带动康北经济的发展。另外，康北道孚县的扎坝、塔公、龙灯应该作为新兴小城镇来规划，以此取代原来规划的龙灯、甲拔、街村等。

标题：四川省甘孜藏族自治州八美生态旅游区旅游产品深度开发探讨
作者：李娴
来源：成都理工大学构造地质学，2004年

摘要：文章在简略介绍了八美生态旅游区地理位置、交通条件、选题依据及研究意义的基础上，重点叙述了本区发展旅游业的战略意义及其区域地质背景；详细介绍了八美生态旅游区旅游资源类型及资源特色，深入分析旅游市场供需关系；在对资源-产品转化可行性研究之后，提出了旅游产品深度开发的理念，并按近期、中期和远期三个阶段对八美生态旅游区旅游产品深度开发进行了详细深入地探讨。

关键词：八美生态旅游区；旅游产品；旅游市场；深度开发

"八美生态旅游区中期旅游线路产品图"中认为自驾车越野旅游线为：成都

—丹巴—八美—龙灯草原—鲜水镇（玉科）—扎坝—雅江—成都；历史文化寻踪旅游线为：八美镇—龙灯格萨尔大草原—鲜水镇—扎坝。

标题：康巴民俗文化民族艺术的资源价值（上）
作者：徐学书 况红玲 王瑜
来源：《四川烹饪高等专科学校学报》，2006年2期
摘要：甘孜州是四川省生态环境保存最为完好、自然风光极为优美的地区，要充分利用康巴文化的民俗文化和民族艺术资源发展甘孜州的文化产业和旅游产业，就必须在更加广泛的范围内让人们了解和认识康巴文化的民俗文化和民族艺术的资源价值，促进资源优势向产业优势的转化。
关键词：崩康；木结构建筑；资源价值；转山会；猪膘；嘉绒；婚姻形式；饮食习俗

文中谈及在婚俗方面，甘孜州康巴地区的主要婚姻形式为一夫一妻制，个别地区保存有兄弟共妻的一妻多夫、姊妹共夫的一夫多妻现象。道孚与雅江临界的上、下扎坝地区则保存着母系社会残留的"走婚"习俗。

标题：道孚县建设社会主义新农村调研报告
作者：陶勇 罗绒扎西
来源：《康定民族师范高等专科学校学报》，2006年6期
摘要：本文通过对道孚县农牧区走访调查，并对有代表性的乡村进行比较分析，找出了目前制约道孚县新农村建设的瓶颈因素，主要是思想上、基础设施上、基层组织建设上、教育卫生上存在的多种不足，在此基础上对道孚县新农村建设提出了一些建议和意见，以供我州新农村建设者们参考、借鉴。
关键词：道孚县；新农村建设；调研报告

文中多处谈及由于历史欠账太大的原因，扎坝"三农"工作中还存在的主要问题，并提出了合理化建议。

标题：四川道孚地区旅游产品开发与品牌打造研究
作者：田华 向志虹
来源：《职业技术》，2006年24期
摘要："大香格里拉旅游圈"包括四川的甘孜藏族自治州、阿坝藏族羌族自治州、西藏的昌都和林芝、云南迪庆等地，其中的核心区域被称为"康巴"地区，道孚县即位于康巴地区的中央东部地带，拥有道孚藏族民居、扎坝走婚大峡谷、玉科草原等独特的景观。但同康巴其他地区一样，道孚旅游发展时间短、基础设

施落后、旅游人才匮乏。本文在大量实地调查的基础上，提出了道孚旅游的品牌策略、文化旅游产品策略、自然旅游产品策略等，对理清道孚旅游发展思路、开发民族地区旅游资源具有积极意义。

关键词：四川道孚；旅游；产品开发

在道孚文化旅游产品策略中，作者认为扎坝旅游区景点多且串成线，文化内涵复杂，旅游吸引力强，但路况不好，可以考虑小规模开发一日游和二日游旅游线路。

标题：四川道孚亚拉雪山风景区旅游项目创业方案
作者：倪世聪
来源：四川大学工商管理，2006年
摘要：随着我国旅游业的进一步发展，旅游景区成为了投资的热点，拥有丰富自然生态旅游资源的四川省道孚县也越来越受到人们的关注。天然林禁伐后，道孚县提出了发展生态旅游经济思路，历史发展机遇呈现在旅游景区开发企业面前。四川广安金亿旅游开发有限公司在道孚县副县长李鹏的引见下，拟按碧峰峡开发经营模式与道孚县政府、四川道孚水电公司共同开发亚拉雪山风景区。2004年11月笔者参加了亚拉雪山风景区旅游项目可行性分析论证小组，主要承担旅游地形象策划、旅游地产品策划、旅游地市场策划、公司组织和人力资源设计、营销方案制订、财务方案制订等工作，并负责全论证方案整理和编写。值2006年笔者硕士毕业之际，以此论证方案为初稿，按照四川大学硕士学位论文要求，对原方案做了更深一步的研究与实证分析，形成了笔者硕士毕业学位论文。

关键词：道孚；亚拉雪山；旅游；创业方案

作者认为鲜水河大峡谷文化、生态旅游区以扎坝文化和高山峡谷生态系统为代表，鲜水河大峡谷扎坝母系走婚文化、宗教文化为当地二级重要性旅游资源。

标题：香格里拉四川片区旅游产品开发的"三部曲"
作者：易小力
来源：《黑龙江民族丛刊》，2007年5期
摘要：香格里拉四川片区不仅具有世界级的旅游资源，而且还是罕见的多民族聚居区和文化汇集区。人们在普遍关注该区域的生态旅游资源时，却忽略了该区域独具魅力、丰富多彩的多民族文化资源。如何挖掘和展示该区域丰富的多民族文化资源呢？笔者认为：通过开发该区域的旅游产品，以多民族文化为依托，分步骤分阶段有条不紊地来展现，不失为一计良策。

关键词：香格里拉四川片区；旅游产品开发；多民族文化

作者认为香格里拉四川片区的道孚民居堪称藏区一绝，神奇的扎坝大峡谷及"走婚"习俗，及著名的亚拉雪山等，为香格里拉四川片区的优势资源。

标题：论构建生态环境友好的水电开发管理体系
作者：劳承玉
来源：《经济体制改革》，2007年6期
摘要：四川省将建设全国最大的水电能源基地和"西电东送"基地，在未来较长的时期内，水电将成为四川经济发展的支柱产业，对全省国民经济和社会发展发挥较大的影响作用，但水电工程对生态环境的影响也日益受到社会各界的关注，成为工程的限制性因素。以科学发展观为宗旨，建立与生态环境友好的水电开发管理体系的对策措施为：因地制宜选择适当的开发目标；研究水电开发与库区经济的统筹协调发展；切实解决好移民安置和补偿问题；研究建立移民区、移民共享水电开发成果的机制和途径。
关键词：水电资源开发；多重影响；统筹协调；共享机制
作者认为雅砻江上游鲜水河流域的扎坝地区，在语言、服饰、婚恋、饮食文化等方面都十分独特，至今还保留着"爬墙"走婚的母系社会遗风，被称为"鲜水河走婚大峡谷"。电站淹没后，如果移民采取插花式分散搬迁，意味着一些语言、文化可能在融合中逐渐消失了。此外，这些地区的移民由于文化水平低、缺乏生产技能，对外界环境的适应性差，要实现产业结构调整转移难度很大，其中的一部分人很可能会因生产生活环境的改变而陷入新一轮贫困中。

标题：道孚县种植业结构调整策略
作者：陈庭珍
来源：《现代农业科技》，2007年15期
摘要：本文针对道孚县种植业结构调整的必要性、可靠性，提出建立合理的区域布局，发展第二、第三产业，提高农民收入和经济效益的对策。
关键词：种植业结构；调整策略；效益；四川道孚
作者认为应搞好间作、套作，提高耕地复种指数，充分发挥耕地潜能。该县虽为一年一熟区，但光、热资源满足一茬作物生长绰绰有余，特别是扎坝、瓦日两区，光、热资源尤为丰富，一季作物成熟后，还可余两个月左右耕地纯粹在空闲着，1年只种一茬作物就白白浪费了两个月光阴和土地资源。

标题：滇川藏交接地文化旅游产品开发研究
作者：苟雪芽

来源：云南师范大学人文地理学，2007年

摘要：本文在对文化旅游和文化旅游产品综述、分析滇川藏交接地旅游发展现状的基础上，通过对滇川藏交接地文化旅游资源、文化旅游产品的分析，提出了滇川藏交接地文化旅游产品开发的具体构想。

关键词：滇川藏交接地；文化旅游产品；文化旅游资源；开发

标题：1903—1949年国家边疆开发政策下的康区土地利用及其环境变化
作者：刘祥秀
来源：陕西师范大学历史地理学，2007年

摘要：本文是关于1903-1949年晚清政府和民国政府边疆开发政策实施下的康区土地利用及其环境变化的研究。文中主要再现了清末民国中央及地方政府开发康区政策的出台和实施的过程。论述了此次开发活动的效果及对康区土地利用的影响。在此基础上，笔者又进一步分析了因土地覆盖变化而对康区自然环境产生的影响。笔者希望通过本文的研究来探索国家制度如何作用于人类活动，进而因人类活动改变土地覆被而给生态环境带来的影响。

关键词：1903-1949（晚清-民国）；康区；开发政策；土地利用；环境变化

在清末康区已知矿产地的大致分布表中（以金矿为主）列有道孚4个点：1. 道浮鲜水河沿岸矿区从将军桥经磨子沟、甲斯孔、木茹直至上、中、下扎坝产沙金；2. 道孚八美矿区位于旧泰宁沿八美河一线"百里之内。悉产砂金"；3. 河娅沟地方产金；4. 中古一带产金。

标题：上海与大香格里拉文化驱动型旅游互动战略研究
作者：张华亮
来源：华东师范大学旅游管理，2007年

摘要：区域旅游合作是目前旅游产业发展的一个重要趋势，这是区域之间经济联系和文化交流不断增强、旅游产业规模不断扩大的必然结果。政府通过旅游合作实现产业结构的调整，企业和旅游者希望通过区域旅游合作使异地性的旅游经营和消费活动更加便利。区域之间的旅游合作，有利于资源整合，优势互补，实现"双赢"的发展目标。

关键词：文化驱动；区域旅游互动；旅游文化资本；香格里拉；上海

作者在文中认为"走婚"制度和"一妻多夫"制是东女国文化在当代的大香格里拉地区的残存。"走婚"制度目前主要存在于鲜水河大峡谷的藏族扎坝人和泸沽湖畔的摩梭人之中，"一妻多夫"制则散布于整个大香格里拉地区。这两种制度都是以女性为中心组成家庭，是适应当地严酷的自然环境维持种族繁衍而形

成的一种大家庭制度，因此，绝不能说是一种落后的、过时的制度。不仅如此，现代婚姻制度下的很多矛盾，反而在这里得到了很好的解决。

标题：甘孜藏区文化旅游产品的开发研究
作者：唐静
来源：西南交通大学旅游管理，2007年
摘要：本文从实用性和可操作性的角度讨论了甘孜藏区文化旅游产品的开发模式，以及开发此产品的资金支持——"引进私营资本"，还有开发所需要的行政支持——"完善旅游管理机构的设置和职能"。在结构上，首先对文化旅游这个概念进行了辨析，详细介绍了甘孜州旅游业的发展现状以及文化旅游资源的概况，并对其进行了模糊综合评价。接着，在现有文化旅游产品的基础上，从文化旅游项目和文化游憩项目两个方面探讨了甘孜州文化旅游产品的开发途径；对于文化旅游项目，针对专题线路产品、地域特色文化旅游产品以及节庆文化旅游产品这三个有代表性的产品，提出了文化旅游产品设计的一般性思路；而对于文化游憩项目，又提出了两个具体可借鉴参考的模式："云南民族村模式"和"唐古拉风模式"。随后，在强调了私营资本对于开发文化旅游产品的重要性后，从引资模式、拓宽招商引资渠道的途径、投资综合评价这三个方面，探讨了如何将私营资本引进文化旅游业。
关键词：甘孜藏区；文化旅游产品；开发；私营资本；旅游管理机构
作者认为从特色文化的开发途径角度而言，扎坝文化目标市场为背包族、自驾族、摄影爱好者；开发方向以观光、猎奇游为主。

标题：香格里拉地区的自然与人文多样性及发展模式
作者：徐柯健
来源：中国地质大学（北京）生态地质学，2008年
摘要：本论文以中国川、滇、藏交界区的香格里拉地区为研究对象，通过野外考察、资料搜集、室内整理，对"香格里拉"进行了全面的梳理和科学的诠释。
关键词：香格里拉；自然多样性；人文多样性；发展模式
作者认为聚居于甘孜道孚县与雅江县接界的雅砻江支流——鲜水河谷地一带的扎坝人，绝大多数家庭都是以母系血缘为主线而构成，家庭中基本上没有夫妻，三世或四世同堂的情况居多。在这些家庭中，母亲是家庭的核心人物，是绝对的权威，是子女的养育者，也是家庭劳动的主要承担者。扎坝人的走婚与泸沽

湖的摩梭人的走婚并没有本质上的区别。在"香格里拉地区旅游资源分类"中，雅江县扎坝等地的红军石刻标语为"作为景观建筑与附属型建筑"；扎坝古碉可视为传统建筑。

标题：川西体育旅游开发模式及对策研究
作者：段彩丽
来源：西南交通大学旅游管理，2008年
摘要：川西具有发展体育旅游的巨大潜力，但是在体育旅游开发模式研究方面不足，而使得体育旅游没有形成规模化发展。本研究结合了旅游与体育旅游的相关理论，运用文献资料法、田野作业法、专家访谈法、统计分析法等多种研究方法，阐述了体育旅游的概念、特点、类型、开发理论、开发原则等体育旅游基本理论，总结分析了国内外体育旅游的开发模式，分析了川西体育旅游开发现状以及川西体育旅游资源特点，结合川西开发体育旅游的优势、劣势、机遇与挑战等对开发川西体育旅游进行了SWOT分析，揭示了川西体育旅游在产业类开发模式上应以"旅游+体育"模式为主，在资源类开发模式上应选用综合中心型开发模式、区位附加型以及资源组合互补型相结合的多层次、多角度全面开发模式，共同促进川西体育旅游开发。

关键词：体育旅游；川西；开发基础性分析；开发模式；对策

作者在文中将成都—道孚7天旅游路线视为川西"十条经典自驾游路线"之一（成都—卧龙—日隆—丹巴—八美—亚拉友措—八美—道孚—扎坝—道孚—八美塔公—新都桥—康定—成都）。

标题：四川省甘孜州温泉类型、成因及旅游开发模式研究
作者：傅广海 殷继成
来源：《西北大学学报（自然科学版）》，2009年1期
摘要：本文研究目的：为了充分利用四川省甘孜州温泉旅游资源的观光和康体休疗价值。方法：运用旅游学、构造地质学理论以及野外考察相结合的方法。结果：对四川省甘孜州温泉资源的区位特点、交通空间分布、旅游区划分布、温泉出露的构造部位和地层进行了分析。研究表明碰撞接触带内高温温泉及沸泉和碰撞接触影响地带中低温温泉有着不同的形成机理。结论：地质构造对温泉分布起着重要的控制作用，而温泉所处的交通区位、旅游区位则制约其开发效果。

关键词：温泉；分布；成因；旅游开发；甘孜州

本文为四川省杰出青年学科带头人培养计划基金项目（编号：06ZQ026-014）。文中谈及在康巴文化中至今还保存着许多古文化的"活化石"：道孚、雅江间的

扎坝母系氏族残余和奇异婚俗，反映了康巴文化历史内涵的古老和广博，是"东女国"文化的活化石；大渡河、雅砻江河谷内保存的固尨、嘉绒、里汝、尔苏、木雅、扎坝、尔龚、曲域等多种特殊方言和习俗，更是绝无仅有的古代民族文化遗存的活化石。这些无不饱含着历史积淀的厚重与深沉。

本文认为，金沙江、雅砻江、鲜水河、大渡河断裂带及其相应的水系属于高山峡谷地貌景观。同时伴随强烈的新构造运动，该区发育了如稻城-理塘地区、贡嘎山区、雀儿山区等大片花岗岩地貌景观，金沙江、雅砻江、鲜水河、大渡河断裂带也是当今重要的地震强烈活动区，并伴有大量可供旅游开发的地热资源（温泉与地热蒸气）。鲜水河地热带分布温泉42处，其中低温温泉（25～40 ℃）11处，中温温泉（40～60 ℃）23处，中高温温泉（60～80 ℃）7处，高温温泉1处（80 ℃～当地沸点）。甘孜州境内的金沙江、雅砻江、鲜水河、大渡河断裂带孕育了大量可供旅游开发的地热资源（温泉与地热蒸气）。强烈而活跃的地质构造环境为甘孜州造就了国内乃至世界上都少有的大量地质、地貌、动植物与人文生态景观。

标题：四川道孚县地质遗迹旅游资源
作者：姚学良
来源：《四川地质学报》，2009年S2期
摘要：道孚县地质遗迹资源十分丰富，如八美变色石林，道孚古裂谷事件，亚拉雪山的冰川遗迹，水晶洞等。这些都是道孚县闪光的地质遗迹亮点，如能与其他旅游景点配套开发，发挥综合优势，将会给旅游经济带来莫大效益。
关键词：四川道孚；地质遗迹；石林；亚拉雪山；水晶矿；古裂谷

文中作者建议：1. 道孚县水晶矿资源极其丰富。主要有南部的哈若山、惹卡两个大型水晶矿床，此外还有旗杆、切白、色拥、俄古村等矿床、矿点。拥有水晶矿资源量数百吨。水晶地质遗迹资源丰富；2. "古裂谷"地质遗迹资源。道孚"古裂谷"遗迹分布在道孚县南侧，呈北西向条带状展布，向北西经麻孜乡、孔色乡后延入炉霍县境内，向南东止于葛卡乡的葛卡岩体，县境内延长48 km。"古裂谷"遗迹的证据——"混杂岩"在靠近断裂处连续性较好，向南远离断裂带则零星产出。沿雅道公路可至瓦日乡的白崖子一带，断续宽度达10余千米；3. 八美变色石林。八美变色石林产于道孚县八美镇东南的中谷村，处于《四川省旅游发展总体规划》中所确定的"四川省旅游发展的重头戏"——熊猫生态旅游西环线：成都-卧龙-丹巴-亚拉景区-八美-塔公-康定-海螺沟-成都。这条黄金旅游线通过该景区，同时也处于四川进入川西和西藏的要道上，交通位置十分优越；4. 亚拉雪山冰川地质遗迹。在这里现代冰川连接着古冰川遗迹，在道孚地区具

有广泛的代表性和重要意义。山上雪盖冰封的万年雪连接着多条悬谷冰川,冰川之下数条冰瀑布从悬崖上飞泻而下,似凝固的冰帘,大有悬崖百丈冰的气势。这些现代冰川的美学价值为景区增光添彩。同时作者认为,地质遗迹资源也像矿产资源一样是一种不可再生的地质资源,它能成为推进地球科学的普及、提高人民素质的重要教育基地,可以让它们在旅游事业中闪光,让道孚人民受益。

标题:四川省甘孜州温泉类型、成因及旅游开发模式研究
作者:孙传敏;殷继成
来源:成都理工大学第四纪地质学,2009年
摘要:本文在简略地介绍研究区的地理位置、区位特征、选题依据及研究意义、国内外研究现状和研究思路后,对甘孜州的温泉资源进行了系统研究,探讨了温泉的空间分布、类型划分及形成与产出规律。在归纳前人大量研究成果的基础上明确指出甘孜州温泉主要富集于德格-巴塘-乡城地热带、甘孜-理塘地热带、炉霍-康定地热带,地下热水明显地受金沙江断裂、德格-乡城断裂、鲜水河断裂控制。在此基础上,本文根据温泉形成的地质背景、温度、水化学类型、旅游开发功能等对甘孜州温泉进行详细分类;同时对甘孜州温泉的成因与地质构造关系进行了深入探讨。结合康定榆林宫热矿泉,对其自然环境、地质条件、矿泉成因和水质类型划分进行了实例分析。
关键词:温泉类型;温泉成因;温泉旅游;开发战略;开发模式;甘孜州

作者认为自古至今该区仍然是青藏高原新构造运动最活跃的地区。古近纪以来的强烈构造运动,因受三大板块边界与俯冲力的控制,该区在快速隆起成为青藏高原东部最高地势的同时,因受沿南北向为主的板块缝合带与构造线方向的控制,该区山脉与水系均呈南北走向展布,沿巨大的缝合带及构造线形成了著名的金沙江、雅砻江、鲜水河、大渡河断裂带及其相应的水系以及高山峡谷地貌景观。同时伴随强烈的新构造运动,该区发育了如稻城-理塘地区、贡嘎山区、雀儿山区等大片花岗岩地貌景观,金沙江、雅砻江、鲜水河、大渡河断裂带也是当今重要的地震强烈活动区,并伴有大量可供旅游开发的地热资源(温泉与地热蒸气)。而以大渡河、鲜水河河谷为中心的"西番"文化圈,包括泸定、康定、九龙、道孚等河谷地带,居处分散,村落各具文化特色,居民有贵琼、罗汝、多须、扎巴、佰木依、纳木依等历史上被称为"西番",现为藏族的族群。其语言、风俗、生活方式、宗教信仰等均有不同,包含着古代民族走廊中遗存的历史文化。

在鲜水河地热带分布温泉42处,其中低温温泉(25～40℃)11处,中温温泉(40～60℃)23处,中高温温泉(60～80℃)7处,高温温泉1处(80℃～当地沸点)。流量一般0.3～20 L/s,最大可达50.05 L/s。温泉水化学类型复杂,

以 $HCO_3\text{-}Na$、$HCO_3\text{-}Na\text{-}Ca$ 型水为主。前者温泉出露于燕山期花岗岩体中，矿化度较高，一般在 1~2 g/L，最高可达 4g/L，SiO_2 含量较高，多在 50 mg/L 以上；F 偏低，一般小于 2 mg/L。后者主要分布在围岩饰变带上的变质砂岩、板岩和碳酸盐区，矿化度较低，一般在 0.5~1.5 g/L；SiO_2 低小于 25 mg/L；F 偏高，多在 2 mg/L。气体成分主要有 CO_2、N_2、H_2S 及 O_2。游离 CO_2 和 H_2SiO_3 普遍偏高，有的已达到天然饮用矿泉水标准。

标题：论东女国的经济生活
作者：吕变庭；王阔
来源：《青海民族研究》，2010 年 2 期
摘要：东女国是沟通唐朝与吐蕃之间政治和经济联系的重要桥梁，当然，在唐朝和吐蕃政治、经济、宗教、社会习俗等综合因素的影响下，加之东女国自身社会生产力的发展变化，东女国的经济生活逐渐形成了自己的民族特色，而这种民族特色不仅被保留了下来，而且作为一种文化资源和旅游品牌，在振兴西部经济的伟大战略中必将发挥着越来越突出的"鼓手"作用。
关键词：东女国；经济；碉房

文中作者认为今四川的道孚、炉霍、甘孜、德格、邓柯等县为康区出产小麦、青稞最多之地，然独不产荞麦，此实为东女国农业生产的一个突出特点。这种农牧业并重的经济生产类型，加之自然条件的特殊性，遂造成了东女国吃"糌粑"，喝酥油茶，并以牛、羊肉和乳酪佐食的饮食习惯。与畜牧业的发展相适应，东女国的手工毛织业较为发达。与毛织业的发展相伴生，东女国的皮革手工业亦比较发达。食盐开采是东女国的主要手工业部门。东女国的辖域内有一个善于制陶的民族，那就是"笮"。在藏语里，笮人的"笮"是"陶"的意思，而"笮巴"指的就是制陶人。现在，人们不仅在四川茂县、理县及汶川等地所发现的石棺葬群中出土了大批由战国至秦汉时期的陶器，如罐、碗、豆、簋、瓮、鼎等，而且生活在今四川道孚、新龙、雅江等地的笮巴（或称扎巴）人仍以制陶闻名。商业贸易方面，丝绸和布帛既是东女国与汉族之间同时又是东女国与吐蕃之间进行商品贸易的主要物质载体。

标题：川西藏区民族村寨旅游开发初探——以甘孜州康定县三道桥村为例
作者：池玉雪
来源：成都理工大学自然地理，2010 年
摘要：民俗旅游已成为世界和我国旅游业的一个亮点，是一种高层次的文化旅游，是当今的旅游时尚，具有广阔的市场前景，正呈现出迅猛发展的势头。川

西藏区的藏民族民俗旅游资源丰富，具备开展少数民族民俗旅游的先天优势。但是川西藏区的藏民族民俗旅游开发，由于其苛刻的地理环境、独特的经济类型、复杂的历史文化等诸多因素的影响，依然处在初级阶段，对资源的开发利用还存在诸多问题。如何充分合理地对藏民俗旅游资源进行开发和利用，促进区域经济的发展，是急需研究的一个重要课题。根据川西藏区藏民族的地域和语言等方面的不同和差异，民俗资源呈现出不同特色，可划为康巴、安多、嘉绒、白马四个藏民族民俗资源区。其中，本文实例研究的康定县三道桥村便属于康巴民俗资源区，川西藏区境内的康巴藏区即本文所指的康巴藏族民俗资源区，该地区是我国历史早期民族频繁迁徙的"民族走廊"的核心地带，古代南、北民族在此留下了大量的历史遗迹和文化积淀，同时也是通往西藏的交通枢纽和汉藏贸易的主要集散地。在长期的历史发展过程中，各种文化在如今的康巴藏区所在地相互碰撞、相互吸纳，从而形成了既具有与其他藏区相同的藏文化共性，又具有自身多元性文化历史印记的鲜明地域特征。

关键词：川西藏族；村寨；民俗旅游；开发；保护

作者在"川西藏区民俗旅游资源分类表"中认为川西藏区婚嫁主要的婚姻形式是一夫一妻制。极少部分地区还可见兄弟共妻的一妻多夫、姊妹共夫的一夫多妻的现象，道孚、雅江的扎坝地方尚保存着母系社会残余的"走婚"习俗。

标题：基于旅游资源评价的四川民族地区旅游开发战略研究——以甘孜藏族自治州为例

作者：钟洁

来源：《国土与自然资源研究》，2011年3期

摘要：旅游资源的科学评价是确保旅游开发成功的重要条件之一。本文以甘孜藏族自治州为例，科学地对四川民族地区旅游资源进行了分级评价与特色评价，并最终针对甘孜州旅游资源的特色与优势提出了旅游开发的战略构想，以期为甘孜州、四川省乃至我国民族地区旅游开发探索出一条切实可行的路径。

关键词：四川；旅游资源评价；开发

本文为2010年度四川省哲学社会科学"十一五"规划项目资助（SC10C003）；2011年度西南民族大学中央高校基本科研业务费专项资金资助（11SZYQN23）。在"四川甘孜藏族自治州主要旅游资源构成"中，作者将道孚县、雅江县的扎坝走婚大峡谷列入"地文景观"中的谷地型旅游地、峡谷段落两小类。

标题：四川民族文化资源赋存特色及其旅游开发中的保护研究

作者：李嘉

来源：《西南民族大学学报（人文社会科学版）》，2011年9期

摘要：四川民族文化资源丰富独特，开发潜力巨大，利用价值极高，是四川宝贵的民族文化旅游资源。四川民族文化具有独特、厚重、神秘、鲜明、兼容、并蓄和吸纳整合的特点。然而四川民族地区所处的文化生态和自然生态非常脆弱，在旅游开发中对其进行抢救性保护尤为迫切和必要。为此，本文主要探讨了对其保护的对策和措施。

关键词：旅游经济；四川民族文化资源；赋存特色；旅游开发；保护研究

本文为四川省教育厅人文社会科学重点研究基地——四川革命老区发展研究中心年度课题（SLQ2010C-03）阶段性成果。文中将大渡河、鲜水河河谷为中心包括泸定、康定、九龙、道孚等河谷地带称为"西番"文化圈，视为四川亚文化区域。

标题：锅庄体育文化旅游资源开发研究
作者：张冰松
来源：《体育文化导刊》，2011年7期

摘要：本文运用问卷调查法等分析锅庄文化旅游资源及客源市场对其认知情况。锅庄文化旅游资源非常丰富，包括风俗、文艺、头衔、健身、经贸等资源，但其开发不够，游客对于锅庄文化的认识仅停留在舞蹈艺术这一表象层面。建议引入旅游资源评价指标体系，合理定位并挖掘锅庄文化资源内涵，以期有助于锅庄文化这一藏民族独特的文化精髓得到整体开发。

关键词：民族传统体育；体育旅游；锅庄

本文为四川省教育厅社会科学研究重点项目（编号：SA06068）阶段性成果。文中作者认为康巴在古代称为古羌之地，《羌族史》风俗习惯篇记载："锅桩"即火塘上置一铁或铜、石质的三足架。至清代，在汉文典籍资料中将西南地区使用锅桩的山地少数民族居民通称为"锅桩户"，后来又约定俗成地书写成"锅庄户"，用"庄"字代替"桩"字，其"锅庄户"就是"庄户人家"的意思。至今，康东地区仍沿袭这种叫法。在今天的扎坝黑陶文化中可以找寻到这些资源，同时在亚卓乡巴里村肖彭措家也能看到正在使用的雕刻着清晰的吉祥图纹的锅庄石头。

标题：融合发展模式中的民族文化与区域文化协调发展——以四川省为例
作者：唐之斌
来源：《文化学刊》，2011年5期

摘要：融合发展模式是根据系统工程的理论，对民族地区定居点建设、新农

村建设和发展乡村旅游等各个子系统及其相互之间的联系进行数据统计分析、理论研究与实证研究，从而探索适合民族地区持续繁荣的现实道路的一种手段。民族文化是指一个民族在其历史发展过程中创造和发展起来的具有本民族特点的文化。区域文化是指按照地域界定而出现的文化类型，是某一地区囿于地理环境和民族发展所呈现出来的文化形貌。我国的区域文化是在长期大统一的社会背景下形成，具有区域地理环境的独特性。民族文化是区域文化的重要组成部分，区域文化的发展依赖于民族文化的发展。在融合发展模式中民族文化与区域文化需要协调发展。

关键词：融合发展模式；民族文化；区域文化；乡村旅游

本文为四川省哲学社会科学重点研究基地——四川旅游发展研究中心课题（编号：LY10-3）。作者认为民族文化的消失现象仍然存在，主要分布在四川省雅江县的瓦多、木绒、普巴绒和道孚县的亚卓、扎拖、红顶等地。扎坝人所用语言"扎坝语"被列为世界濒危的语言，就是一个典型。发展对策中建议，民族文化保护与开发相结合是解决民族文化边缘化现象的主要措施。本文认为四川民族地区有特征鲜明艺术，如有独特的音乐和舞蹈（藏族和羌族的锅装舞蹈，具有浓郁的藏族礼仪舞蹈的风格；彝族舞蹈具有独特的舞蹈语汇和鲜明的风格特点；扎坝人的"经舞"等）。同时，政府主导抢救性保护"濒危"民族文化。政府着力打造"康巴汉子""木雅文化""雅砻江走婚大峡谷"三大民族风情文化品牌。

标题：雅拉香波景区开发项目商业计划书

作者：汪芳

来源：华南理工大学工商管理，2012年

摘要：在经济全球化的背景下，我国旅游业的发展突飞猛进，旅游景区成为了投资的热点，四川作为旅游大省，政府鼓励开发生态景区，而拥有非常丰富自然生态旅游资源的四川省乾宁县也越来越受到人们的关注。新加坡XX旅游投资开发公司拟按亚丁景区开发经营模式与乾宁县政府共同开发乾宁县雅拉香波景区。本项目商业计划书正是在这一背景下进行的。本人通过参与雅拉香波景区开发项目可行性分析论证小组，利用所学的工商企业管理相关理论，对乾宁县旅游发展现状及雅拉香波景区开发项目进行了详细、充分的调研、分析，提出了打造川西重要的自然生态和专项旅游目的地的战略规划。

关键词：乾宁县；雅拉香波；开发；商业计划书

作者文中介绍了扎坝母系走婚文化，认为鲜水河大峡谷文化、生态旅游区以高山峡谷生态系统和扎坝文化为代表。

标题：立足现状　准确定位——加快发展道孚旅游文化产业的思考

作者：肖兆飞

来源：《四川戏剧》，2013年3期

摘要：道孚作为甘孜藏族自治州的旅游资源大县，从自身现实出发，发挥资源优势，准确定位，扬长避短，是其加快发展旅游文化产业，实现可持续发展的必然之路。

关键词：道孚；旅游文化产业；现状；定位；可持续发展

作者认为道孚历史悠久、文化灿烂、旅游文化资源密集，遍及22个乡镇，自然景观、人文景观、民族风情皆有，星罗棋布。经过历史的沉淀和岁月的洗礼，道孚形成了木雅文化、农耕文化、游牧文化、走婚文化、格萨尔文化等多种文化交融的多元文化结构，成为了五彩斑斓、百花齐放的文化圣地。这些丰富多彩的多元文化无疑是道孚发展旅游文化产业、打造旅游文化精品的最好题材。文中建议，作为四川旅游文化资源大县，道孚要努力优化旅游文化产品体系，切实增强旅游文化业的综合竞争力，进一步调整旅游文化产业结构，合理配置旅游文化业"食、住、行、游、购、娱"六大要素，全面实施全域旅游文化发展，形成以八美五彩游为龙头，以龙灯大草原生态文化旅游为主线，以扎坝走婚文化和玉科大草原游为两翼，以鲜水镇藏民居乡村旅游文化、胜利白塔休闲游和灵雀寺宗教旅游文化等为亮点的全域旅游文化发展格局，实现旅游文化产品的精品化，做优、做强道孚旅游文化品牌，使旅游文化业在国民经济中的比例进一步提高，逐步发展成为道孚县域经济的战略支柱产业。

标题：社会资本视域下民族地区反贫困路径探析——以四川藏区为例

作者：杜明义

来源：《四川行政学院学报》，2013年3期

摘要：社会资本水平低加剧贫困产生，提升社会资本水平将起到反贫困之效。我国民族地区社会资本水平偏低，加剧了普遍的贫困，为此，要大力提高民族地区的社会资本水平，促进反贫困进程。四川藏区是我国民族地区一个典型的社会资本水平偏低，贫困问题严重的地区，应对四川藏区或类似四川藏区的民族地区构建和完善利于反贫困的正式组织与制度，提高结构社会资本水平；积极推进利于反贫困的非正式组织建设，提高关系社会资本水平；扬弃民族文化，建设利于反贫困的非正式制度，提高认知社会资本水平，有效推进反贫困进程。

关键词：社会资本；反贫困；民族地区；四川藏区

本文为四川民族学院校办科研项目"新形势下四川藏区反贫困策略研究"的阶段性成果（编号：SCUNSK201007）。作者以道孚县扎坝母系氏族习俗文化等为例，认为四川藏区由于地域限制，与外界相对闭塞，形成了不同区块的有特色的文化。比如，四川藏区基本都说藏语，但每一个山沟或每座山上的居民说的话都具有差异，彼此理解上有难度。这种相对狭小区域的共同语言，强化了社区的同质化认知，阻碍与外界的交流，也影响人们获得更多增加收益的资源。同时，每个地方也形成了自己的风俗习惯，有自己的生活、生产方式，这些文化与其他地区有很大的差异，由于相互交流不多，这种模式稳定地延续下去，强化了认知社会资本的同质化，导致地方经济与文化发展缓慢，以至于到现在还存在一些古老的文化。

标题：甘孜藏区人文旅游资源概述
作者：曹含梅
来源：《四川民族学院学报》，2013年6期
摘要：甘孜藏区神奇美丽的自然风光、浓郁的民族风情和博大精深的康巴文化成为甘孜州旅游资源的主要特色。甘孜藏区人文旅游资源，根据人文旅游资源的区域特色与文化旅游发展的实际情况分为9类：历史文化遗址遗存类、民族风情与民俗节庆类、建筑文化类、名镇名村名寨类、红色文化资源类、民间信仰类、服饰文化类、饮食文化类、地域特色文化类。
关键词：甘孜；藏族；旅游资源文化

本文为四川省教育厅人文社会科学重点研究基地四川旅游发展研究中心重点项目"甘孜州旅游目的地建设中的文化因素分析"阶段性成果（编号：LY09-22）。在地域特色文化类对扎坝文化有概述：扎坝，藏语意为悬崖中形成的沟壑，位于雅砻江支流鲜水河下游两岸狭长的河谷地带。扎坝文化主要分布在甘孜州道孚县亚卓、下拖、红顶、扎拖、仲尼等地，雅江县的瓦多、木绒和普巴绒等地。扎坝文化的主要文化特点：走婚习俗，残存远古母系制的走婚制度，这一地区又叫"走婚大峡谷"，处于专家们认为的横断山脉"母系文化带"；高碉民居建筑文化发达，与摩梭人的走婚最大的不同是"惊险"，要经历飞檐走壁的"爬房子"；用独特的扎坝语交流；饮食文化以"臭猪肉"而闻名。习惯上把道孚扎坝人居住地称为"上扎坝"，把雅江扎坝人居住地称为"下扎坝"。任建新等藏学专家认为，雅江扎坝应该是东女国辖地。

标题：我国文化产业发展中的政府行为
作者：韩冷

来源：《四川省社会科学院中外政治制度》，2013年

摘要：文化产业的概念在世界范畴内至今没有明确统一的界定，在不同国家文化产业的侧重不同，其定义有创意产业、版税产业、内容产业、文化内容产业等。我国将文化产业定义为：从事文化生产和提供文化服务的经营性行业，明确将影视制作业、出版业、发行业、印刷复制业、广告业、演艺业、娱乐业、文化会展业、数字内容业和动漫产业归为9个重点发展的文化行业。本论文中笔者回顾了我国文化体制改革和文化政策演变的历程，特别是市场经济体制确立对文化领域的影响，及至我国加入WTO以后文化产业的发展概况和"十二五"对我国文化产业提出的要求和新的展望。同时，笔者强调了公共性文化事业的建设和经营性文化产业的发展以及文化产品的多重属性，如文化属性、经济属性和政治属性。重点对近年来我国政府对文化产业发展的大力扶持和辅助，通过分别介绍在经济方面的财政拨款、税收倾斜和金融绿灯；法律方面政策法规的完善修订以及行政方面推广民族文化、监管文化市场和惠民公共文化服务等具体的政府举措，以此说明我国政府对文化产业发展的高度重视，并实施政策鼓励。

关键词：文化产业；政府行为；经济；法律；行政

文中提及语言文化在甘孜州也显得十分丰富，就标准的康巴方言都多达10余种，如德格语、木雅语、嘉绒语、扎坝语、安多语等，被语言学家誉为民族语言学的"活化石"。

标题：构建藏彝走廊民族民间传统手工艺文化遗产廊道的可行性研究

作者：袁姝丽

来源：《西南民族大学学报（人文社会科学版）》，2014年11期

摘要："遗产廊道"是一种较新的区域化遗产综合保护方法。本文通过对藏彝走廊民族民间传统手工艺文化遗产廊道构建的意义，构建的可行性以及构建中应处理好的几个问题的研究，来探讨构建藏彝走廊民族民间传统手工艺文化遗产廊道的可行性。遗产廊道这种区域化遗产综合保护方法为民族民间传统手工艺文化遗产保护与发展提供了一个新的视角，对弘扬民族文化、发展民族经济，实现民族民间传统手工艺文化遗产的可持续发展将会起到积极的作用。

关键词：藏彝走廊；民族民间传统手工艺文化；遗产廊道；可行性

本文为教育部人文社会科学研究青年基金项目"藏彝走廊地区民族民间传统手工艺文化遗产廊道研究"（编号：12YJC760108）；西南民族大学中央高校基本科研业务费专项资金项目"'藏彝走廊'民族民间工艺美术传承与发展研究"（编号：10SZYZJ08）阶段性成果。作者在文中提出"藏彝走廊的百褶裙文化生态链"，

即四川西南部的凉山彝族、纳西族、傈僳族，云南西北的普米族、怒族，云南南部的哈尼族，四川和云南交界的泸沽湖周围的摩梭人以及四川甘孜藏族地区的乡城、稻城、炉霍、得荣，藏族走婚部落扎坝人等地和云南迪庆康巴藏族，丹巴和理县嘉绒藏族、九寨沟县白马藏族女性和羌族的释比等都穿百褶裙。以百褶裙这一相同传统手工艺文化为线，把整个走廊内的百褶裙文化串联起来，形成"生态链"。同时，碉楼、编织、麻纺织、制陶等，这些传统手工艺文化都显示出跨民族、跨族群分布的特点，我们就要顺势而为，使它们由"点"到"线"到"面"，连接不同文化人群，促进跨行政社区间的交流与影响，从而构成一个整体性、系统性的传承、开发体系纳入本区域民族民间传统手工艺文化遗产廊道构建的整体设计中。

标题：山地旅游产品体系构建研究——以贡嘎山旅游区为例
作者：王克军
来源：《四川民族学院学报》，2015年3期
摘要：以贡嘎山旅游区为个案研究，在空间、市场、时间三个维度下，通过对研究区内外的旅游产品形成要素分析与对比得出以下结论：贡嘎山旅游区的旅游产品体系应由山地观光益智、休闲娱乐度假、商务会展节事、特殊兴趣旅游4类旅游产品构成，产品的结构功能层次应为：以山地观光益智和休闲娱乐度假旅游为龙头，以自驾车、嘉绒藏族风情体验和民族村寨度假旅游为主导，以野营、摄影、科考（普）等旅游为辅助；山地旅游产品体系主要由山地观光益智、休闲娱乐度假、特殊兴趣旅游产品系类构成。前两类是构成山地和非山地区旅游产品体系的主要系类，但山地应充分考虑区内资源存赋及空间差异、市场需求、同质区域的异同因素以强化该类产品的山地特质。
关键词：旅游产品；山地旅游；旅游产品体系；贡嘎山
本文为四川省教育厅人文社会科学研究项目——"甘孜藏区非物质文化遗产传承与旅游业发展耦合研究"（编号：13SB0187）；四川省教育厅人文社科研究基地项目——"四川民族地区乡村旅游开发与治理研究——以丹巴县为例"（编号：CR1412）；四川民族学院研究项目——"甘孜州非遗资源的旅游功能开发理论及实践研究"（项目：13XYZB001）。

文中作者认为，贡嘎山旅游区所在行政区的旅游业远远落后于阿坝州和迪庆州，这两地是贡嘎山旅游区的主要竞争对手。这主要是由于阿坝州和迪庆州的旅游事业起步早且已经形成较为成熟的旅游目的地经营经验及理论，而研究区域仍处于摸索及经验借鉴阶段。但贡嘎山旅游区也具备自己比较独特的优势，其中之

一是独特的人文资源优势。区内拥有浓郁的嘉绒藏族文化、丰富多彩的木雅锅庄文化、独特的扎坝走婚文化，这是其他地区不具有的旅游资源。

（六）地球科学

标题：鲜水河断裂带地震趋势的地质估计

作者：钱洪

来源：《地震研究》，1980年4期

摘要：本文从地震地质的角度，讨论了鲜水河断裂带的平均位错速度和地震重复周期，进而对该断裂带未来强震的时、空、强三要素做了粗略的定量估计。结果表明乾宁、康定—石棉一带是未来强震可能性最大的地段，估计分别为 $6.0<M\leq6.8$ 和 $6.9<M\leq7.8$。

关键词：鲜水河断裂带；地震趋势；地震能；重复周期

标题：道孚6.9级地震的前兆特征及预测预报的经验教训

作者：韩谓宾；张珍

来源：《四川地震》，1981年4期

标题：四川道孚6.9级地震空旷房屋震害调查与分析

作者：徐善藩

来源：《四川建筑科学研究》，1981年4期

摘要：介绍了道孚6.9级地震的震害简况及空旷房屋的震害调查，并就如何减灾防灾提出了合理化建议。

关键词：房屋震害；道孚；砖柱；木屋架；鲜水河断裂带

标题：道孚6.9级地震前甘孜州宏微观前兆特征及预测预报经验教训

作者：余河生；蒋安麟

来源：《四川地震》，1982年1期

标题：关于道孚松林口隆起与鲜水河改道问题的讨论

作者：龙德雄

来源：《四川地震》，1983年1期

摘要：有文献对道孚地区的新构造运动现象进行了一些研究工作，指出道孚

东南的松林口一带是近代强烈隆起区;鲜水河在道孚附近的南流是松林口近代强烈隆起改变了原东南流向所致。笔者近年来在这一地区工作,对此问题提一点不同看法。

关键词:道孚;阶地变形;第四纪地层;新构造运动;新构造活动;阶地面;洪积;西盘;上更新统;主干断裂

标题:四川鲜水河断裂带上的一个地震活动空区
作者:韩渭宾　黄圣睦
来源:《地震学报》,1983年3期
摘要:本文根据鲜水河断裂带自1900—1981年5级以上地震震中分布、6.5级以上地震的极震区或地震地裂缝带的展布,以及1967—1981年各次强震的余震分布,提出道孚—乾宁间出现缺震段。从弱震活动和地形变资料分析,认为这个缺震段不像是一个蠕动段。因此,可以认为这是一个地震活动空区,至少是一个第一类空区。
关键词:鲜水河断裂带;第一类空区;强震活动;极震区;最大震级

标题:鲜水河断裂带的地震地质基本特征及其研究现状
作者:唐荣昌　黄祖智
来源:《国际地震动态》,1983年3期
摘要:叙述了鲜水河断裂带的地震地质基本特征,指出鲜水河断裂带是中国大陆内部少有的一条地震活动带,具有频度高、强度大的特点;文章着重介绍了对鲜水河断裂带的研究现状,包括地震地质基础研究、活动断层的研究、古地震的研究、地下流体的观测研究、地震台网和强震观测,以及其他前兆观测手段等。
关键词:鲜水河断裂带;地震地质;活动断层;前兆观测;地震活动带

标题:鲜水河断裂带深部情况及其与地震的关系
作者:蒋能强
来源:《西北地震学报》,1983年3期
摘要:本文根据重力、航磁、地壳视厚度、地震活动性及震源深度等资料,对鲜水河断裂带形成的深部状况及其与地震发生的关系进行了初步分析和讨论。
关键词:鲜水河断裂带;地震活动特征;壳幔界面;居里等温面;孕震;地震活动性

标题:鲜水河断裂带几次强震宏观前兆的某些特征

作者：余河生
来源：《四川地震》，1983年4期
摘要：宏观前兆是目前地震短临预报的重要指标之一。几次地震前鲜水河断裂一带宏观异常现象比较明显。本文就近三十年来鲜水河断裂带破坏性较大的四次强震的某些宏观前兆特征进行分析总结，就其可能的共同原因进行粗浅的讨论，以期对本区地震短临预报有所裨益。
关键词：宏观前兆；鲜水河断裂带；短临预报；地下水异常；震例；震级预报

标题：青藏高原隆起与鲜水河断裂带的地震活动
作者：蒙午阳
来源：《四川地震》，1983年4期
摘要：人们普遍认为，构造地震常常发生在断裂的拐弯、交叉和端点部位，而大家熟知的鲜水河断裂带，地震十分活跃，却是一条走向比较稳定的以扭性为主的断层。这就不能不引起人们的疑问：这里的地震活动同构造之间究竟存在什么样的关系？有什么样的特征？具什么样的规律？
关键词：鲜水河断裂带；高原隆起；活动断裂；断层位移速率；小江断裂；断陷盆地；活动构造带；区域应力场；弧形构造；运动速率

标题：中国西南鲜水河断裂带强震震源过程
作者：Huilan Zhou Hsui—Lin Liu Hiroo Kanamori
来源：《四川地震》，1984年1期
摘要：云南省和四川省是中国西南地震活动最活跃的地区。一般认为，该地区的构造应力场受到印度—西藏板块碰撞的控制，指向东北正对该地区中心的铃状碰撞带就说明了这一点。地区构造特征及地貌受到现代活动碰撞的强烈影响。在这一地区东北部，鲜水河断裂带、安宁河断裂带、小江断裂带组成一走向从西到北的活跃的断裂系。
关键词：鲜水河断裂带；震源过程；小江断裂；板块碰撞；地震矩；中国西南

标题：从地震地裂缝及地貌特征分析鲜水河断裂带的现今应力状态
作者：龙德雄
来源：《四川地震》，1984年2期
摘要：根据笔者近年来在鲜水河断裂带考察所取得到的一些实际资料，从该区几次强震所造成的地震地裂缝特征，和以道孚松林口为界，鲜水河断裂带北西、南东两段的地貌特征，初步分析了该断裂带所处的构造应力状态。

关键词：鲜水河断裂带；地貌形态；地裂缝；乾宁；裂缝特征；逆冲型；道孚；应力状态；左旋错动；构造地貌

标题：鲜水河断裂带的地震形变与断层蠕动
作者：刘本培
来源：《四川地震》，1985年2期
摘要：鲜水河断裂带上的形变监测系统自1973年炉霍大震以后，在鲜水河断裂带正式开展地形变测量工作。我们在该断裂带及其两侧约4万平方公里的地区内，完成了4334公里的精密水准测量；布设了13处大、中、小型测边、测角网和12处跨断层短基线、短水准场地；建立了定点形变观测站，从而形成了由点到面、初具规模的形变监测系统。
关键词：鲜水河断裂带；形变观测；形变监测；精密水准测量

标题：再探鲜水河断裂带的地震活动性
作者：韩渭宾
来源：《四川地震》，1985年3期
摘要：笔者在四川省地震烈度区划工作报告（1974.8），炉霍7.9级地震总结和四川地区的地震活动性中较系统地研究了鲜水河断裂带地震活动盛衰交替性、重复性、围空性与迁移关系。
关键词：鲜水河断裂带；地震活动性；强震活动；鲜水河地震带

标题：鲜水河地震带强震平均时间间隔的估计
作者：高建国
来源：《四川地震》，1985年4期
摘要：鲜水河地震带的历史地震资料整理、发掘和研究，是国内二十多条地震带中进展最快、成果最多的一条地震带。
关键词：鲜水河地震带；时间间隔；历史地震资料；大震

标题：虾拉沱地震断层蠕动的观测与研究
作者：刘本培
来源：《地壳形变与地震》，1985年4期
摘要：用跨断层的地面短基线、短水准（测线上设有固定过渡桩）测量方法，作者观测到了鲜水河断裂带中虾拉沱地震断层的蠕动，结合考察该断裂全新世以来的宏观构造形变和现今地物变位，则表明观测场地一带虾拉沱地震断层以平均

每年 1 厘米左右的速率蠕动。

关键词：地震断层；断层蠕动；鲜水河断裂带；垂直分量；短基线测量；中强地震

标题：鲜水河活动断裂带形变组合与运动特征的研究
作者：闻学泽　白兰香
来源：《中国地震》，1985 年 4 期
摘要：综合地质、地貌、卫片解译和震源机制等资料，本文研究了川西鲜水河断裂带的第四纪整体形变组合。该断裂带北西段的甘孜岩桥区中发育了拉分盆地的雏形破裂；中段以左旋走滑、伴有小型断陷为特点；南东段形成以贡嘎山为主体的断块隆起区。整体形变组合具有明显的地貌效应。震源机制解与该断裂带的整体形变及活动特征一致。与走滑断裂形变的理论模式比较，该断裂带南西盘是第四纪期间左旋运动的主动盘。
关键词：活动断裂带；震源机制解；左旋走滑；活动特征；形变模式

标题：鲜水河断裂带水平形变模拟及力学机制的探讨
作者：杨光宇
来源：《地球物理学报》，1985 年 6 期
摘要：本文采用殷有泉等人的模型及程序，结合鲜水河地区的地震地质、地震活动性、震源机制等资料，通过鲜水河断层观测到的十多年的水平形变，试图模拟炉霍、道孚两次地震以及其间八年左旋滑动所产生的水平位移，得到地震错动及断层滑动的力学参数，并探讨其驱动力源。
关键词：鲜水河断裂带；水平形变；断层滑动；印度板块；左旋错动；主压应力方向

标题：鲜水河断裂带强震的破裂过程与地震活动
作者：林邦慧　陈天长　蒲晓红　等
来源：《地震学报》，1986 年 1 期
摘要：鲜水河断裂带是我国西南地区地震活动最强烈的断裂带。本文通过研究发生在断裂带上强震的震源机制、震源过程、余震分布、地震迁移并结合宏观等震线、地震裂缝分布等资料，研究强震破裂过程与地震活动的关系。
关键词：鲜水河断裂带；地震矩；破裂过程；破裂长度；震源机制

标题：鲜水河断裂带和圣安德烈斯断裂带地震活动特征的对比研究

作者：姚国干　郭履灿

来源：《四川地震》，1986 年 1 期

摘要：鲜水河断裂带是强震特别频繁、断层标志清晰、新构造运动强烈的一条大断裂带。现在，它已经成为国内关注的活断层之一。不过，它的研究工作的深度和广度还不及圣安德烈斯断层。为了深入研究与该断层有关的一系列问题，本文把它与圣安德烈斯大断层进行对比，以期在研究中获得某些有益的启示，提出一些新的看法。

关键词：鲜水河断裂带；圣安德烈斯断层；地震活动特征

标题：鲜水河断裂带的基本结构与地震

作者：邓天岗　龙德雄

来源：《地震研究》，1986 年 1 期

摘要：本文据新近的实际资料就强烈活动的鲜水河断裂带的基本结构及其与地震活动的关系提出新的见解。

关键词：鲜水河断裂带；烈度分布；分段性；压扭性；断裂系统；走滑断裂

标题：鲜水河断裂带现今构造形变

作者：李建中

来源：《地壳形变与地震》，1986 年 3 期

摘要：本文利用经过拟稳和伪逆平差等方法处理过的大地测量资料，分析了鲜水河断裂带的现今构造形变。表明该断裂带在近东西向区域压应力作用下，呈压性反扭，为典型的蠕滑—黏滑型断裂带。

关键词：鲜水河断裂带；大震；形变场；震中区；地震矩；反扭

标题：鲜水河断裂带的断错地貌特征与断层沟通

作者：唐荣昌　黄祖智

来源：《四川地震》，1986 年 3 期

摘要：鲜水河断裂带是中国大陆内部少有的一条地震活动带，地震活动具有频度高、强度大的特点。沿鲜水河断裂带发育的一系列第四纪断层和一连串的大震所形成的断错水系及地震断层表明，鲜水河断裂是在统一的近东西向水平应力作用下作左旋错动的最新活动断裂，具有世界典型走滑断裂的线状特征。

关键词：鲜水河断裂带；地震断层；断错；左旋错动；地震活动带

标题：鲜水河断裂带的近代位错及其与地震活动的关系

作者：钱洪

来源：《地震研究》，1986年5期

摘要：鲜水河断裂带在印度板块与欧亚板块顶撞作用的驱使下，表现了强烈的左旋走滑运动及频繁的强震活动，是我国西南地区重要的强震发动带。本文根据断层长期平均位错速率与地震滑动速率的对比，认为鲜水河断裂带第四纪以来的阶层错开是地震位错重复迭加的结果。

关键词：鲜水河断裂带；弹性回跳理论；强震活动；滑动速率

标题：鲜水河断裂带断层运动分段特征的初步研究

作者：龙德雄　邓天岗

来源：《地震研究》，1986年5期

摘要：本文根据实际调查资料，结合前人的研究成果，通过鲜水河断裂带由地震造成的地表破裂带、震区的地貌特征以及地震等烈度线图象的分析，认为该断裂带具有明显的分段性。

关键词：鲜水河断裂带；断层运动；地表破裂带；等烈度线；分段性

标题：四川地下热水的水文地质结构类型与分布规律

作者：陈喜昌

来源：《中国地质科学院成都地质矿产研究所文集》，1986年

摘要：四川省地热资源堪称丰富，然就已经发现的温泉而论，水资源利用率不到0.15%，热能利用率不到7.8%，四川地热资源长期未被利用的原因：（一）地下热水露头（高、中温泉水）多分布在交通不便和人烟稀少的川西地区，开发条件十分困难；（二）缺乏对全川已知的地下热水分布规律进行系统的研究，形成机制的分析以及水文地质结构类型的划分、模式的建立。

关键词：地下热水；水文地质；分布规律；地热资源；热水区；川西地区

作者认为，温泉的分布与地质构造的关系尤其密切。全川3个温泉区多出露在构造（尤其是挽近活动断裂）的交汇与转折处或者是断裂与结晶基底隆起的边界面之交接处，以及碳酸盐岩地层皱褶之背斜轴部。在这些延续深远的不连续面上，温泉区并非连续分布而仅仅在其交汇和转折的地方以泉群的形式集中出露。如北东向的道孚—金川—黑水深断裂，在与北西向的鲜水河断裂交汇处形成了玉科—丹巴温泉区，在与白玉—理塘活动断裂的交汇处形成了理塘—木拉温泉区。而在二温泉区之间的道孚—金川—黑水深断裂带上便很少有温泉出现。

标题：鲜水河断裂带的应力积累与释放

作者：黄福明　杨智娴

来源：《地震学报》，1987年2期

摘要：本文根据历史地震（$M_s \geq 6.0$）的资料，研究了鲜水河断裂带的地震活动性，并利用断层的位错模式进一步研究该断裂带的应力积累和释放过程。

关键词：鲜水河断裂带；应力积累；地震矩；强震活动；位错模式

标题：鲜水河断裂与圣安德列斯断层的地震地质对比研究

作者：罗灼礼　钱洪　闻学泽

来源：《四川地震》，1987年4期

摘要：本文通过鲜水河断裂和圣安德列斯断层的地震地质对比，表明它们虽然规模不一，区域构造环境和近代地壳运动中的意义也不同，但作为走滑型强震发生带，在活断层几何格局、地震破裂带特征以及地震滑动模式特别是断错地貌现象等方面有着诸多相似之处。但是在断层运动强度，诸如断层滑动速率、地震活动强度等方面以及断层蠕动现象上有明显的差别。两条断层研究程度的不同正是鲜水河断裂应当加强研究的方向。

关键词：鲜水河断裂；断层活动性；地质对比；滑动速率；断错；地震破裂

标题：鲜水河断裂带水平断错地貌特征与强震复发间隔估算

作者：张新俊

来源：《中国地震》，1987年S1期

摘要：本文以野外地貌填图资料为基础，结合鲜水河断裂带的历史地震资料（1725—1983），探讨了该带自晚第四纪以来的水平错动速率及其与地震活动的关系。

关键词：鲜水河断裂带；断错；历史地震资料；滑动速率；晚第四纪

标题：推覆构造与挤出构造——板块碰撞的板内效应（以青藏高原东部为例）

作者：柯成熙

来源：《中国地质科学院成都地质矿产研究所文集》，1987年

摘要：本文以青藏高原东部为例，用地质分析法结合震源机制解和前人模拟实验，三者互为印证，论证了推覆构造与挤出构造是印度板块与欧亚板块碰撞在板内的主要效应。

关键词：挤出构造；推覆构造；板块碰撞；青藏高原东部

标题：鲜水河断裂带强震危险性的预测

作者：闻学泽　贾晋康

来源：《四川地震》，1988 年 3 期

摘要：根据历史地震的史料分析、活断层定量研究以及概率估算，本文对鲜水河断裂带的北西段和南东段的强震危险性进行了预测。

关键词：鲜水河断裂带；乾宁；活断层；强震活动；雅拉河

标题：滇西北发震构造条件及其与鲜水河断裂带的对比
作者：马瑾
来源：《地震地质》，1988 年 4 期

摘要：文章在分析滇西北发震构造条件的基础上，把它与鲜水河断裂带进行了对比。滇西北是一个伸展构造区，鲜水河断裂带为一平移剪切带。后者较前者断层面上正应力大、变形强烈、应变速率高。前者断层几何复杂，$D_1=1.56$，后者断层几何简单，$D_1=1.08-1.2$。震源深处变形环境前者为低压中温，后为高压中温，由此造成地震活动性上的差异。

关键词：发震条件；伸展构造；分数维；剪切断层

标题：四川西部鲜水河断裂带预报地震的理想场所
作者：胡孝汉
来源：《山西地震》，1988 年 2 期

摘要：为国内外地震学界所瞩目的四川西部鲜水河断裂带，是我国地震科研和地震预报的一个理想场所。我国地震部门已在这里建立起初具规模的地震监测台网，积累了很多重要资料。

关键词：鲜水河断裂带；四川西部；四川省甘孜；东谷；重点监测区；震情会商

标题：鲜水河断裂带上潜在震源区的地质学判定
作者：钱洪
来源：《四川地震》，1988 年 2 期

摘要：鲜水河断裂带是高频度的强震发生带，1981 年道孚地震后，未来的强震往何处迁是地震预报以及地震区划研究中的重要课题。本文从对断错地貌、滑动速率、大震同震位错以及断裂带上地震滑动模式的讨论出发，运用地质学方法寻找鲜水河断裂带上直到本世纪末的潜在震源区。结果表明，道孚以南松林口—惠远庙之间长达 40 公里的地段是发生 $M≈7$ 级地震的可能性最大的潜在震源区，而康定断裂的北段也值得重视。

关键词：鲜水河断裂带；潜在震源区；滑动速率；同震位错；地震区划

标题：鲜水河断裂带各类金矿的地球化学标志

作者：魏富有

来源：《四川地质学报》，1989 年 1 期

摘要：鲜水河断裂带产有多种类型金矿，但均有基本一致的元素组合，即 Au，As，Sb。初步分析认为，这些金矿具有同一矿源，在后期活化过程中，由于所处地质背景差异，因而形成了不同类型金矿。断裂带南段以高温—中低温热液金矿为主，北段多出现低温—超低温微细浸染型金矿。

关键词：金矿化；鲜水河断裂带；低温热液；石英脉；地质背景

标题：1981 年道孚地震前地形变异常的模糊识别及前兆特征分析

作者：吕弋培

来源：《四川地震》，1989 年 2 期

摘要：本文利用模糊数学中的模糊识别方法，处理了鲜水河断裂上的流动短水准、短基线资料，得出：道孚地震前约 4 个月，鲜水河断裂各场地的形变出现异常变化，而且较好地对应了道孚地震。

关键词：地形变异常；前兆信息；地震异常；鲜水河断裂；道孚；短基线；模糊识别

标题：四川地区不同类型地震前兆异常的基本特征

作者：程式　任昭明

来源：《四川地震》，1989 年 2 期

摘要：在地震综合预报清理和震例报告编写的基础上，本文根据发震构造、震源机制解、地震序列特征和烈度分布特点把炉霍地震、道孚地震与松潘地震、盐源地震分为两类不同类型的地震。前者为走滑型地震，后者为倾向滑动为主型或带有一定倾滑分量的走滑型地震，进而对这两类不同类型强震前兆异常的共性与差异做了研究，并对其成因机制作了初步探讨。

关键词：兆异常；震源机制解；倾滑分量；烈度分布；发震构造

标题：鲜水河断裂带在虾拉沱附近的现今活动特征

作者：葛培基

来源：《地震地质》，1989 年 3 期

摘要：本文利用虾拉沱跨断层测量资料，通过必要的数学处理，分析了鲜水河断裂带在该处的总体活动趋势和年周期变化，研究了断层活动在主破裂带及其

两侧的分布情况，提出了一个该处断层活动模型。

关键词：鲜水河断裂；断层活动；形变测量；地震

标题：鲜水河断裂带的断错地貌及其地震学意义
作者：钱洪
来源：《地震地质》，1989年4期
摘要：断层的近代位错必将在地貌形态上留下深刻的印记，因而凭借断错地貌现象有可能得到关于活断层上地震活动性的重要信息。鲜水河断裂带上的断错地貌现象表明，断层以间歇性的地震滑动为特征，而且服从于大小相当的地震在原地重复发生的特征地震模式。断错水系的演化图像则进一步提供了在一定时段内、同一地点滑动速率基本稳定的线索。于是，可以把断错地貌的研究作为地震活动性研究的重要手段。

关键词：鲜水河断裂；断错地貌；特征地震；滑动速率

标题：鲜水河全新世断裂带的分段性、几何特征及其地震构造意义
作者：闻学泽　C.R.Allen　罗灼礼　等
来源：《地震学报》，1989年4期
摘要：由五条左旋走滑的主要分支断层组成的鲜水河全新世断裂带，以惠远寺拉分区为界，可分为结构特征不同的两段：北西段结构较为简单，南东段则表现了由若干分支断层组成的复杂结构。这种断裂结构的分段性，造成了历史强震活动性的分段差异，同时也可能是断层近代滑动速率空间变化的主要原因。该断裂带主要的几何特征之一是具有"多重羽列"性质。本文按阶区尺度的相对大小，作了羽列级别划分。其中，A级羽列不连续区伴有明显的地貌效应，是该断裂带分段的界限，其对历史上7级左右地震的破裂具有较明显的终止作用；B、C两级羽列不连续区也有一定程度的地貌显示，但对历史上大地震的破裂不具有明显的终止作用；更低级别的羽列几何则是在第四纪盖层中发育的地震地裂缝的主要组合形式。另一种重要的几何特征是断层弯曲。无论沿整个断裂还是在一些断层段上，均存在着不同程度的走向弯曲、局部弯曲的结果。这些可能是造成一些大地震时不对称破裂扩展和烈度衰减的重要几何影响因素，同时也可能是大地震或强震原地重复的构造条件之一。文中最后分析和讨论了两次历史大地震发震断层的立体模型。

关键词：分段性；多重羽列；拉分区；断层弯曲；破裂终止

标题：鲜水河断裂带的分段活动特征

作者：张家涛　姚光亮

来源：《地壳形变与地震》，1990 年 3 期

摘要：根据地质、地球物理和地震活动性等资料分析，鲜水河断裂带活动存在明显的分段现象。各段地震活动的不同可能是重力及其均衡调整作用的结果。

关键词：鲜水河断裂带；活动特征；地震活动性；地震活动度；地壳厚度

标题：鲜水河断裂带多断层相互作用的流变断裂力学分析

作者：白武明　滕春凯　王新华

来源：《地球物理学报》，1990 年 3 期

摘要：本文研究了流变介质内多断层的相互影响。作者通过对鲜水河断裂带的分析，对该断裂带提出了一个不共线三断层的断裂力学模型。把介质考虑成流变的，用有限元法结合解析方法求解了流变断裂力学问题的应力、应变及能量场的时空变化。结果表明，多断层的力学场与单一断层的力学场相差甚远，在断层间形成了影响区。在影响区内应力集中、梯度大、分布复杂，应变能在影响区内形成较大范围集中。应变能等值线在孕震期间从影响区向外扩张，能量从外围流向断层区，流动在时空上都是不均匀的，孕育初期增加速率大，后期渐渐平缓。流向影响区的能量比其周围区域大，形成很大梯度。文章还讨论了地震前兆的某些特征。

关键词：流变断裂；多断层相互作用；能量积累；鲜水河断裂带

标题：鲜水河断裂带上特征地震的初步研究

作者：钱洪　罗灼礼　闻学泽

来源：《地震学报》，1990 年 1 期

摘要：特征地震是大地震原地重复的重要表现形式。现有资料的初步研究表明，鲜水河断裂带上大地震属特征地震模式，其地震破裂长度、同震位错量以及断层错动方式，在原地保持较长时间的一致性。由于大地震屡屡在原地重复发生，沿断裂特定地段累积位错分布与一次地震的位错相一致，从而导致断层滑动速率的同步变化。

关键词：特征地震；同震位错；累积位错；滑动速率；活断层

标题：鲜水河断裂带附近地区的区域地貌特征

作者：张大泉

来源：《西南师范大学学报（自然科学版）》，1990 年 3 期

摘要：本文在野外考察的基础上，运用定量与定性相结合的分析方法，从山

地正地貌和沟谷负地貌两个方面论述了鲜水河断裂带附近地区的地貌特征。作者认为，山地正地貌主要是第四纪以来强烈断块差异性抬升所形成的断块山，海拔高、高差大、山顶夷平面保存完好、山坡坡形复杂、垂直气候地貌带发育、海拔超过 4000 m 的山岭第四纪冰川作用强烈。沟谷负地貌主要是沿断裂发育并经流水改造而成的断层谷，主谷谷坡有两级剥蚀面和 1—5 级河流阶地，曾在多处发生过河流的分流与改道。特别应该指出的是，夷平面的解体、河流的改道、强烈的冰川作用同鲜水河断裂带的强烈活动在时间上是同步的。

关键词：鲜水河断裂带；山地正地貌；沟谷负地貌；地貌特征

标题：鲜水河断裂带未来三十年内地震复发的条件概率
作者：闻学泽
来源：《中国地震》，1990 年 4 期
摘要：近十年来，长期地震预测或地震潜势研究的新趋势是：由确定性分析逐渐转向概率性分析。作者根据通用的地震复发概率分布函数，并在由地质方法确定的给定大小事件平均复发间隔的基础上，对鲜水河断裂带各段落上未来 30 年内强震或大地震原地复发的条件概率进行了初步研究。

关键词：地震复发；鲜水河断裂带；地震情况；地震预测；条件概率

标题：雅江北部热隆扩展系的变形-变质作用
作者：付小方　候立玮　许志琴　等
来源：《四川地质学报》，1991 年 2 期
摘要：对雅江北部热隆变质体的变质作用、成因机制，学者有过不少的研究，提出过不同的认识。作者应用微观构造与宏观构造相结合的方法，再次对该变质体变形-变质作用进行分析研究，详细阐述了变质体变形-变质作用的特征、相互关系、变质压力-温度条件及成因机制等问题，认识到热隆变质体的形成主要是由于推覆滑脱使地壳局部熔融引热隆扩展而产生的，它们曾经历过复杂的变质-变形过程，最终形成了现今的变质分带和构造面貌。地震预测关系的研究，应发展非均匀资料的数学处理方法，加强与数理统计学家的合作。

关键词：推覆滑脱；热隆扩展；韧性正断层

标题：鲜水河断裂带地震活动度初探
作者：张家涛　姚光亮
来源：《地震》，1991 年 3 期
摘要：1988 年 11 月 14 日在葡萄牙首都里斯本召开的地震预报国际研讨会

上，不少地震学者指出：地震活动特征图像的研究对了解一个地区的地震危险性具有重要价值。为推进地震活动性与地震预测关系的研究，应发展非均匀资料的数学处理方法，加强与数理统计学家的合作。

关键词：地震活动度；鲜水河断裂带；地震活动特征；地震活动性；地震预测

标题：鲜水河断裂带强震活动的模拟
作者：张周术　黄忠贤　王建军
来源：《中国地震》，1991年3期
摘要：本文在二维有限元方法中引进双节点模型，以双节点之间的摩擦系数、破裂强度、动摩擦系数和松弛时间常数等四个量来表征断层不同部位的力学性质，如蠕滑段、闭锁段等，借以研究走滑断裂带上的强震序列及其与模型参数之间的关系。本文建立了鲜水河断裂带的数学模型，并通过反复调整模型参数进行试算，模拟了该断裂带上自1700年以来的强震序列，对其今后的地震趋势做了一定的预测。

关键词：鲜水河断裂带；强震活动；乾宁；地震矩；地震趋势

标题：多面函数法研究鲜水河地区现今地壳垂直运动
作者：陶本藻　杜方
来源：《武汉测绘科技大学学报》，1991年3期
摘要：本文采用美国 Hardy 教授提出的多面函数模型，并考虑地壳垂直形变速率面的复杂性、不规则性，以及获取速率面信息的水准点分布的不均匀性，选取正双曲函数作核函数，选取光滑因子 $\delta=0$，对鲜水河地区 1965～1988 年的多期水准复测资料进行了计算，获得了鲜水河地区现今地壳垂直形变速率面的预测结果，较好地反映了鲜水河走滑断裂的现今地壳垂直形变及应变积累的特征。

关键词：多面函数；地壳垂直运动；鲜水河断裂

标题：中美双边鲜水河断裂带学术讨论会综述
作者：彭晋川　周兴和
来源：《国际地震动态》，1991年7期
摘要：中美双边鲜水河断裂带学术讨论会于1990年9月22—24日在成都召开，大会约有200人参加。在为期3天的讨论会中，共宣读了37篇论文。本文首先介绍了鲜水河断裂带及其研究历史、现状与前景，然后从地震地质、地震学、大地测量与地球动力学、地震危险性分析与地震预报等方面做了综合介绍。

关键词：鲜水河断裂带；地震危险性分析；地震学家；学术讨论会

标题：鲜水河断裂带的现今水平形变及构造动态
作者：桂焜长　顾国华
来源：《地震地质》，1992年1期
摘要：本文在鲜水河断裂带水平测距新成果的基础上，讨论该带现今构造运动的动态特征。在分析水平形变的基础上，联系表层构造形变和区域背景，探讨地块沿断裂带运动的模式。作者认为该带的现今运动主要表现为断裂两侧地块往东南的同向不等速滑动，其地表形变效应则与左旋走滑相一致。
关键词：鲜水河断裂带；水平形变；重复大地测量；现今构造运动

标题：稳健基准应变分析法用于鲜水河断裂带活动特征研究
作者：陶本藻　杜方
来源：《武汉测绘科技大学学报》，1992年3期
摘要：本文运用稳健估计法确定位移基准，以此为基础，识别影响均匀应变场的特殊位移信息，并在估计均匀应变参数的同时，对特殊位移信息作出估计。用所提的分析方法对覆盖鲜水河断裂带的甘孜—塔公寺三角锁网三期成果进行了分析处理，研究了该断裂带的活动特征。
关键词：稳健基准；应变分析；鲜水河断裂带
本文为国家自然科学基金资助课题。

标题：鲜水河断裂带部分地貌特征成因机制的边界单元模拟
作者：张超　陈连旺　赵国光
来源：《地震地质》，1993年1期
摘要：应用边界单元法数值模拟了几种活动构造的地面形变效应，在此基础上，本文结合有关地质资料讨论了鲜水河断裂带西北段旦都隆起和中段惠远寺拉分盆地的形成机制。
关键词：鲜水河断裂带；地貌特征；边界单元模型；成因机制
本文为国家自然科学基金（编号：48970207）；国家地震局"七五"重点项目"鲜水河断裂带运动特征及地震活动的力学机制"中的部分内容。

标题：鲜水河断裂带古构造残余应力场对大地震的控制
作者：安欧　高国宝
来源：《地震地质》，1993年2期
摘要：以岩体正交异性弹性理论为基础，本文用X射线法，在鲜水河断裂

带测区沿 7 条测线，测量了岩体三维残余应力，绘成区域残余应力等值线图、主应力线图及其应变能密度等值线图，探讨了其对带内大地震的控制作用。

关键词：三维残余应力场；残余应变能密度场；控震作用；鲜水河断裂带

本文为地震科学联合基金资助（编号：88138）。

标题：鲜水河断裂带古构造残余应力随深度分布及带中残余能量

作者：安欧　高国宝

来源：《西北地震学报》，1993 年 3 期

摘要：本文介绍了测量岩体中三维区域残余应力和嵌镶残余应力及其弹性应变能密度的方法，并给出了鲜水河断裂带上的 5 个大口径深钻孔岩芯的具体测量结果，分析了鲜水河断裂带古构造残余应力及残余应变能密度沿深度的分布规律。结果表明，残余应力及残余弹性应变能密度均随深度的增加而增大。本文还估算了该断裂带岩体中储存的残余弹性应变能的量级

关键词：残余应力；鲜水河断裂带；残余能量

本文为地震科学联合基金资助的课题（编号：88—138）。

标题：鲜水河断裂带的几何分段与地震地面破裂

作者：罗治江

来源：《四川地震》，1994 年 1 期

摘要：鲜水河断裂带是中国西部令人瞩目的板内强震活动带之一，其在最近几百年一系列相继发生的强震中已几乎全程破裂。大尺度几何学研究表明，该断裂带大致由十余条几何段组成。本文的研究结果有助于天然潜在震源区及其最大震级的确定。

关键词：鲜水河断裂带；地震破裂；强震活动；余震序列；最大震级

标题：中国川西地区鲜水河断裂和则木河断裂几何学、运动学特征及地震活动性对比研究

作者：潘懋　梁海华　蔡永恩　等

来源：《中国地震》，1994 年 1 期

摘要：鲜水河断裂与则木河断裂在几何学特征、运动学特征和地震活动性方面既有明显的相似之处，又有着重要的差别。由于这两条断裂都位于川滇菱形块体的北东边界，同属川西巨型左旋走滑断裂带的组成部分，因此在断裂的几何格局、活动方式和地震活动等方面有许多相似之处。然而，在菱形块体自北西向南东方向运动的过程中，由于其东部受到四川地块的阻挡，使得块体边界的位移

呈现由北西向南东递减的趋势，进而造成了两条断裂带在地震活动性方面的差异。根据详细的野外调查和已有成果，我们认为，断层的活动方式、滑动速率以及变形和变位的调整方式等运动学特征决定了两条断裂带在地震活动性方面的特征，而这些又与断裂带的几何学特征及与周围断裂的组合方式密切相关。通过对两条断裂带的对比研究，可以使我们对每条断裂有更好的理解和深入的认识。

关键词：断层分段；分叉；多重羽列；滑动速率

标题：应用边界单元法研究活动断裂的分段性——鲜水河断裂带实例分析
作者：张超　陈连旺　赵国光　等
来源：《地震学报》，1994年2期
摘要：根据鲜水河断裂带构造几何、运动学特征及地貌的新近考查研究结果，本文应用边界单元法分析了该断裂带某些断层和特征地貌的成因机制，并讨论了该断裂的分段性及相应的地震破裂分布特征。

关键词：界单元法；断层分段性；鲜水河断裂带；特征地貌
本文为国家自然科学基金项目和国家地震局"八五"重点项目共同资助。

标题：利用地震矩张量反演鲜水河断裂带现今运动学特征
作者：孙建中　施顺英　周硕愚　等
来源：《地壳形变与地震》，1994年4期
摘要：本文探讨了利用地震矩反演断裂形变带运动学参数的基本理论和方法，将其初步应用于鲜水河断裂形变带变形分析和运动机制的研究。

关键词：地震矩；断裂形变带；鲜水河断裂；运动学
本文为地震科学联合基金支助研究项目，国家基础性研究重大关键项目。

标题：四川西部温泉水温变化与地震前兆的研究
作者：李介成　陶建华
来源：《华北地震科学》，1985年4期
摘要：本文以四川西部的毛垭、玉科、龙普沟、热乌温泉和拖坝气泉为代表，以多年水温观测资料为基础，讨论了对应或预报较好的几次四川大地震。通过现场调查和资料分析，作者认为温泉的水温变化是地震的前兆信息。同时，文章对温泉的水温变化机理进行了初步讨论。

关键词：温泉水；地震前兆；水温观测；四川西部

标题：鲜水河断裂带区域第四纪构造应力场的分期研究

作者：谢富仁　祝景忠　舒赛兵
来源：《地震地质》，1995 年 1 期
摘要：本文用断层滑动方向资料反演构造应力张量的分期计算方法，获得鲜水河断裂带区域第四纪以来两期主要构造应力作用：第 1 期为早～中更新世，构造应力作用以北东 - 南西向挤压为特征；第 II 期自晚更新世至今，构造应力作用以近东西向挤压和近南北向拉张为特征。
关键词：鲜水河断裂；构造应力场；断层滑动；第四纪

标题：鲜水河断裂各流动形变测量场地监测能力的综合评价
作者：吕弋培
来源：《四川地震》，1995 年 1 期
摘要：本文采用动态灰箱法及灰色预测法对鲜水河断裂的十个流动形变测量场地资料进行处理，利用方差 SD 及信息分辨指标 RP 综合评价各场地质量。结果表明：安顺场、格篓等场地综合质量较好，而墟虚、侏倭等场地综合质量较差。
关键词：鲜水河断裂；流动形变测量；方差分析；灰色理论

标题：利用断层滑动资料确定鲜水河断裂带现代构造应力的方向和大小
作者：谢富仁　李宏
来源：《地震学报》，1995 年 2 期
摘要：本文利用断层滑动资料，结合岩石力学实验参数确定构造全应力张量的方法，并通过鲜水河断裂带区域观测到的大量活断层擦痕资料和由断裂带岩石采样所做的岩石破裂包络线，确定出断裂带区域现代构造应力的方向和大小，并对方法的实用性和计算结果的可信性进行了讨论。
关键词：层滑动；构造应力场；断裂带
本文为地震科学联合基金资助研究项目。

标题：鲜水河断裂带大震复发机制和时空分布原因
作者：安欧
来源：《地震》，1995 年 3 期
摘要：岩石接触面在高温高围压下经过几天便烧结起来而有很高但低于原岩的剪切强度。当烧结面与主压应力方向夹角大于 55°～65°时，便不再断裂而沿其他方向剪断。实验最低温压相当地壳 10km 深，这应是地壳大断裂的上部裂面与下部烧结层的界限深度，受力后便向下延裂，在下部形成震源，这可能是鲜水河断裂带震源在 10 km～25 km 深重复发生的原因。

关键词：鲜水河断裂；地震复发；时空扫描；接触岩面烧结强度

本文为地震科学联合基金资助课题（编号：88138）。

标题：鲜水河活动断裂带航磁异常特征
作者：张景发　王四龙　刘德权　等
来源：《地震地质》，1995 年 3 期

摘要：鲜水河断裂带的构造几何特征及其地质背景是进一步研究鲜水河断裂带的孕震性重要基础资料。本文从收集、处理、解释航磁资料着手，在前人的工作基础上，进一步分析研究了鲜水河断裂带的几何形态特征及鲜水河地区的地质背景，特别是深部构造情况，揭示了断裂带的几何形态结构特征与深部构造之间的联系，并发现了一个可能与孕震有关的环形构造（岩体）。

关键词：航磁测量；数据处理；活动断裂带；数字图像技术

本文为地震科学联合基金资助项目。

标题：鲜水河断裂带地震活动特征及强震发生随时间增长概率
作者：王贵宣　郑大林　张肇诚　等
来源：《地震研究》，1995 年 3 期

摘要：作者仔细分析了鲜水河断裂带从 1725 年到现在的地震资料，并利用乌莫洛夫 T—S、M 为参数的作图法及强震发生随时间增长概率，绘制了地震活动图件及地震发生概率曲线以及 M—T 图和鲜水河断裂应变释放曲线。根据这些资料可以清楚地看出，鲜水河断裂带自 1725 年到现在可分为两个大的活动周期，其中 6.0 级以上地震有由康定依次向甘孜迁移的特点。在每一个大的地震活动周期中，地震基本上有两次重复由康定向甘孜迁移的过程，而且较强地震多发生在第二次迁移过程中。

关键词：断裂带；地震迁移；地震概率；鲜水河断裂

标题：用变形分析方法研究鲜水河断裂带的地震形变
作者：刘本培　李建中　陈永奇　等
来源：《地壳形变与地震》，1995 年 3 期

摘要：本文提出了一种变形分析和用 Robust 原理进行位移场变换的方法，并用以计算了鲜水河断裂带的水平形变，给出了比较客观的位移场。作者按均匀应变模型计算了点和图形的均匀应变和分区应变的加权平均值，结果说明主应变轴方位与破裂线方位相关；在北西走向的主干断裂上，无论是破裂区或闭锁区，主压应变轴方位都是近东西向的。采用样条函数和截断多项式函数拟合跨断裂的

点，用非线性动态平差模型求得了地震区的垂直形变模型，结果显示了道孚地震震前的加速形变、震时以震中为中心的下沉和震后的反向回升运动。

关键词：鲜水河断裂；形变分析；数据处理；应变；断层活动

本文为国家地震局地震科学联合基金项目。

标题：四川活动断裂带的基本特征
作者：唐荣昌　黄祖智　马声浩　等
来源：《地震地质》，1995年4期
摘要：本文根据大量的实际资料，总结了四川活动断裂带的基本特征：大致以北东向龙门山断裂带与北西向荥经－马边－盐津断裂带为界，显示了西强东弱的分区活动特点。

关键词：活动断裂；构造分析；脉冲；四川

标题：活动断裂带中遥感数字图像处理技术——以鲜水河活动断裂带为例
作者：张景发　王四龙　侯孝强
来源：《地震地质》，1996年1期
摘要：断裂活动往往引起地貌景观和水系格局等的变化，在遥感图像上，这些细微的变化通过颜色以及空间纹理特征以直接或间接的方式表现出来。本文运用数字图像处理技术，对鲜水河地区TM图像进行了参量统计、增强变换等处理，还进行了水系特征、纹理特征、波谱分析以及含水性信息等专题信息的提取研究，掌握了一套实用的方法。

关键词：遥感地质；活动断裂带；信息处理；TM数据

本文为"地震科学联合基金"研究项目（编号：91048）。

标题：鲜水河断裂带地震活动性的沃尔什序谱分析及其应用
作者：刘鼎文　鲁家珍　王咏娟
来源：《地壳形变与地震》，1996年3期
摘要：本文将沃尔什函数引进地震活动性分析，提出了地震活动性分析的沃尔什序谱分析方法，并以鲜水河断裂带为例，对该带进行了序谱分析。

关键词：地震活动性；地震复发周期；地震危险性评估；鲜水河断裂；沃尔什序谱分析

标题：川西鲜水河断裂带变形机制研究——一个浅层次高温韧性平移剪切带
作者：王宗秀　许志琴　杨天南　等

来源：《中国区域地质》，1996 年 3 期

摘要：鲜水河断裂带位于"松潘－甘孜"造山带中部，将造山带一分为二。其大规模韧性剪切应变的揭示是基于沿断裂带花岗糜棱岩的发现。运用微观与宏观构造相结合的研究方法，本文详细研究了鲜水河断裂带的变形机制、变形温度、变形期次、运动学特点及大规模平移作用对造山带构造格架的改造。该断裂带是一条自中新世以来具多期活动、由韧性应变向脆性应变转化的大型左行高温平移型韧性剪切带，平移总距 80 km～10 km。大型折多山花岗岩体是断裂带左行韧性平移的同构造产物。

关键词：鲜水河断裂带；剪切带；造山带；构造格架；花岗岩体；折多山；松潘；糜棱岩化

标题：鲜水河断裂带北西段的枢纽运动与强震的发生
作者：李天
来源：《四川地震》，1996 年 4 期
摘要：由炉霍、道孚、乾宁三条次级断裂左阶斜列组合而成的鲜水河断裂带的北西段，在断裂主旋走滑运动中，普遍出现断裂的枢纽运动。在产生的枢纽轴部，是强震发生的最佳地质构造部位。近代地震都发生在断裂的枢纽轴部，这是由于枢纽部易于造成闭锁的结果。

关键词：四川；鲜水河断裂；断层滑动；历史地震

标题：鲜水河断裂带重力场随时间的变化及其与地震之间的联系
作者：廖华　彭长虹　万创
来源：《四川地震》，1996 年 4 期
摘要：本文处理了鲜水河断裂带上 1987 年至 1995 年间的八期高精度重力复测资料，并利用计算机辅助图形分析程序将所有相邻两期的重力变化速率值转换为速率等值线图。通过对资料的逐一分析及与地震对应关系的比较，可以看出，鲜水河断裂带的重力变化与其测区及邻区的地震之间有一定的联系，存在震前重力发生较大异常变化，震后重力立即发生反向直至恢复的变化，并且震前的重力异常变化量与震后重力的反向变化量基本上是一致的。

关键词：流动重力测量；地震；鲜水河断裂带；重力等值线图

标题：鲜水河断裂带现今断层运动短周期事件的发现与初步研究
作者：周硕愚　施顺英　宋永厚　等
来源：《地壳形变与地震》，1996 年 4 期

摘要：据鲜水河断裂带上连续动态地壳形变台阵数据，本文首次揭示了中国大陆板内断层现今运动的短周期现象，包括蠕变阶、蠕变坡和脉动等，其持续时间为数分钟至数十小时。发现其空间分布与断层分段（闭锁或活动段）有关；其时间分布与强地震孕育过程有关。

关键词：断层运动；鲜水河断裂；短周期蠕变

本文为地震科学联合基金与国家攀登计划"现代地壳运动与地球动力学"资助课题。

标题：鲜水河活动断裂带地震地质研究的新进展
作者：李天诏
来源：《国际地震动态》，1996 年 7 期
摘要：鲜水河断裂带是我国西部著名的活动断裂之一。通过对鲜水河断裂带所进行的 1/5 万地质填图及相应的工作，关于该断裂带的演化历史、组合形式、分段性与各段的活动习性、古地震与历史地震的复发间隔等方面的研究，都取得了新的进展。

关键词：四川；鲜水河断裂；研究成果；新进展

标题：鲜水河活动断裂带几何结构和分段特性及成因分析
作者：张景发　刘德权　贺群禄　等
来源：《地壳构造与地壳应力文集》，1996 年
摘要：作者试用 TM 图像进行鲜水河活动断裂带的研究。在研究过程中，作者利用 TM 和 MSS 图像以及地形数据模型分析了鲜水河地区水系结构、鲜水河断裂带各分段的地形和地貌等方面的特征；利用航磁资料分析了区域构造和深部构造背景，有关鲜水河活动断裂带几何特征方面的研究。

关键词：鲜水河断裂带；活动断裂带；断裂活动；成因分析；几何结构；活动断层

本文为地震联合基金资助项目（编号：091048）。

标题：用残余应力场和现今应力场重叠法预测鲜水河断裂带的大震危险时区
作者：安欧
来源：《地壳构造与地壳应力文集》，1996 年
摘要：本文根据岩石综合抗剪强度的实验结果和鲜水河断裂带发生大地震的"裂面烧结再断机制"，提出了震源深度上的残余和现今水平最大剪应力场同向叠加的大震安全系数，用作判定大地震危险性的指标。结合断裂带各区段岩体中储

存的残余弹性应变能量和本带大震的地球自转触发动力，用残余和现今水平最大剪应力叠加场在各区段 20 km 深的平均值及两种场中最大水平剪应力出现同向叠加的时间，预测带内 7 级以上大地震的危险区段和危险时段。

关键词：鲜水河断裂带；残余应力场；古构造残余应力；现今应力场

本文为地震科学联合基金资助课题（编号：91-046）。

标题：鲜水河断裂带跨断层形变测量及其地震学意义
作者：吕弋培　李铁明　廖华
来源：《地震地质》，1997 年 4 期
摘要：通过对鲜水河断裂带多年跨断层形变测量资料的分析，本文揭示出了鲜水河断裂带不同部位的形变特征。断裂带破裂区表现为较高速率的蠕滑运动，其运动速率又以极震区为中心向两侧衰减，"闭锁区"则具有运动停滞的特点，并有明显的分段性。

关键词：鲜水河断裂；形变测量；断层蠕变

标题：中国西南部强震带大震复发机制
作者：安欧
来源：《地震研究》，1997 年 4 期
摘要：我国西南部鲜水河、红河、安宁河和龙门山断裂带四个测区，大地震发生时，反映现今应力场水平最大主压应力分布方向的震源 P 轴，与宏观残余应力场的水平最大主压应力分布方向基本吻合，二者的角差在震源机制解和残余应力测量两者的最大综合误差范围之内。这证明，残余和现今应力场，在此种时段内，基本上处于同向叠加状态。由于这样叠加成的叠加应力场，因同向叠加而高值，因而易于引发地震。

关键词：地震带；应力场；地震复发；中国

标题：鲜水河断裂带地震孕育时空相关性研究
作者：王时标　姚振兴
来源：《地震学报》，1997 年 6 期
摘要：本文采用数据分析方法，对鲜水河断裂带孕震相关性进行了研究，证明了鲜水河断裂带上的地震孕育时空相关性确实是显著存在的；某段断层地震震级越大，对相邻断层的相关性影响越强；受挤压应力的走滑断裂带上各段断层的确具有"串联"受力关系；某一段断层的地震客观上缩短了相邻断层的地震孕育时间，因此对相邻断层的地震具有"促震"作用；平静期、活跃期交替出现是鲜

水河断裂带孕震的必然规律。

关键词：断裂带；孕震过程；相关性

标题：鲜水河断裂西北段的断层泥特征及其地震地质意义
作者：杨主恩　郭芳　李铁明　等
来源：《地震地质》，1999 年 1 期
摘要：本文对鲜水河断裂的断层泥样品进行原样的结构、构造和碎砾的显微构造、刻蚀形貌结构的观测统计，对断层泥的粒度分析和分形研究，认为：断裂处于强烈的定向应力场作用之下，其运动方式是以黏滑运动为主，且晚更新世和全新世时期断裂仍有活动。从断层泥的粒度分布和分形分析可将断层分为：甘孜－格篓、格篓－恰叫、恰叫－乾宁 3 段，这与前人的地形变分析的分段结果相一致。

关键词：鲜水河断裂；断层泥；显微构造；分形；断层分段
本文为地震科学联合基金项目编号。

标题：四川省鲜水河断裂带温泉的 CO_2 释放量的定量化研究
作者：张加桂　胡海涛
来源：《水文地质工程地质》，2000 年 3 期
摘要：通过对四川西部鲜水河深大活动断裂带温泉的观测和分析，本文得出了温泉的幔源 CO_2 年释放量，由此推断深大活动断裂的 CO_2 释放作用对碳循环具有重大影响。

关键词：CO_2；幔源；深大断裂
本文为国土资源部岩溶地质研究所岩溶动力学开放研究实验室资助项目（编号：97-05）。

标题：四川西部鲜水河、安宁河、则木河断裂带的地震破裂分段特征
作者：闻学泽
来源：《地震地质》，2000 年 3 期
摘要：本文依据多种资料分层次剖析了川西鲜水河、安宁河、则木河断裂带的地震破裂分段性及其原因，并将该断裂带划分为 12 个特征地震破裂段。

关键词：走滑断裂带；地震破裂；分段性；段边界；四川
本文为地震科学联合基金课题资助（编号：9507423）。

标题：鲜水河、龙门山和安宁河三大断裂交汇地区震源应力场特征
作者：龙思胜　赵珠

来源：《地震学报》，2000 年 5 期

摘要：本文初步总结出了该地区震源应力场和地震破裂的一些特征。该区在自北西向南东方向近水平的区域应力场强烈挤压作用下，受复杂的地质结构影响，其震源应力场也表现出复杂多变的特点。雅江、北三角和成都地块西部 3 个分区，地震破裂以正断层、走滑型为主，表明垂向作用力在震源应力场中发挥了不可忽视的作用；宝兴天全地区的地震以逆断层、走滑型为主，其主压应力轴水平分量与浅层物质运移的南西方向一致。笔者认为，多种形式的地震破裂组合，是大面积地壳浅层物质持续运移得以实现的微观机制。

关键词：三大断裂交汇地区；震源机制解；震源应力场；地震破裂；物质运移

标题：鲜水河断裂带的重力场变化特征
作者：孙少安　贾民育　项爱民
来源：《地壳形变与地震》，2001 年 1 期

摘要：本文对鲜水河断裂带区域重力网 10 多年的观测资料进行了精细处理。在此基础上，构制出能展现异常变化特征的重力场空间分布图。

关键词：鲜水河断裂；重力场变化；地震活动
本文为地震科学联合基金资助课题（编号：197075）。

标题：鲜水河—小江断裂带 7 级以上强震构造区的划分及其构造地貌特征
作者：张世民　谢富仁
来源：《地震学报》，2001 年 1 期

摘要：本文划分了鲜水河—小江断裂带 7 级以上历史地震的强震构造区，分析了各强震构造区地质构造和构造地貌特征。作者认为强震构造区是沿断裂带的一些特殊构造段落，区内以断裂带主要分支断层的左阶斜列、并行排列或三叉构造组合为主体构造格局。强震构造区内发育了构造较复杂的盆地类型，如三叉区拉分盆地、双阶区拉分盆地和阶区、三叉区拉分盆地等

关键词：强震构造区；断裂带；断陷盆地；断塞塘
本文为地震科学联合基金资助（编号：9507424）。

标题：用激光测距小网的观测资料研究鲜水河断裂带的活动特征
作者：朱智勤　廖华　李建中
来源：《地壳形变与地震》，2001 年 2 期

摘要：利用跨鲜水河断裂带的两个激光测距小网 1985～1997 年的重复观测资料，本文分析研究了鲜水河断裂带的活动特征。通过对观测资料的数据处理，

获得了测区较客观的位移场和应变场。形变分析结果表明，鲜水河断裂带北段处于蠕动状态，南段则处于应变积累的闭锁状态。

关键词：鲜水河断裂带；断层蠕动；应变积累

本文为国家自然科学基金资助项目（编号：49774213）。

标题：鲜水河-安宁河断裂带磨西-冕宁段的滑动速率与强震位错

作者：周荣军　何玉林　杨涛　等

来源：《中国地震》，2001年3期

摘要：航片解译及野外地震地质考察结果表明，鲜水河-安宁河断裂带磨西-冕宁段存在明显的晚第四纪活动性，其以左旋走滑运动为主，并伴有显著的垂直滑动分量。

关键词：断错地貌；平均滑动速率；同震位错；晚第四纪

本文为地震科学联合基金资助（编号：95070425）。

标题：鲜水河断裂形变场、重力场、磁场动态演化特征与地震

作者：吕弋培　廖华

来源：《四川地震》，2001年3期

摘要：本文据鲜水河断裂跨断层形变测量、流动重力测量和流动磁力测量资料，求取各点的形变速率、重力变化速率及每年各点的总磁场强度，绘出了每期形变、重力、磁力的二维图像；并引入分形理论的数盒子方法，计算每幅图的容量维。研究结果表明:鲜水河断裂形变场的二维图像在地震前后的演变与岩石破坏实验过程输出的图像相似，均经历了"复杂—简单—复杂"的演化过程。相应的分维值也同样呈"高值—低值—高值"变化，且地震发生在分维值达最低后恢复过程中。

关键词：形变测量；异常分析；地壳形变图；重力场观测

标题：鲜水河断裂带的构造大地测量

作者：刘本培　朱智勤　廖华　等

来源：《地壳形变与地震》，2001年4期

摘要：本文利用短边GPS点阵、短基线标石阵和精密激光测距，在与鲜水河断裂带的断层破裂带垂直的剖面上和构造盆地内进行构造大地测量，获得了断层软弱带和断层蠕变带上的最佳形变分布。综合利用相关地学成果和理论，作者揭示了构造形变所隐含的动力学信息，识别了断层应变带、塑性流变带和主断面在地面的分布范围。

关键词：构造大地测量；断面强化；应变积累

本文为国家自然科学基金资助项目（编号：49774213）。

标题：松潘—甘孜造山带地壳速度结构
作者：王椿镛　韩渭宾　吴建平　等
来源：《地震学报》，2003年3期
关键词：青藏高原；松潘—甘孜造山带；深地震测深；地壳上地幔结构；低速层

本文为国家基础研究发展规划项目（编号：G1998040700/子课题编号：95130203）资助。

标题：鲜水河断裂带断层间相互作用的触震与缓震效应
作者：张秋文　张培震　王乘　等
来源：《地震学报》，2003年2期
摘要：本文探讨了断层间相互作用产生的同震库仑应力改变及对地震的触发与延缓效应，并以鲜水河断裂带不同断裂段时间上连续发生的4次Ms6.0以上地震为例，计算和分析了每次地震发生后，在周围其他断裂上产生的同震库仑应力改变及其对后续地震的触发，以及1973年炉霍Ms7.6地震和1981年道孚Ms6.9地震发生后，在其周围最易破坏失稳的微破裂上产生的同震库仑应力改变及对余震活动的影响。
关键词：断层相互作用；同震库仑应力改变；触震与缓震效应；地震潜势；鲜水河断裂带

本文为国家自然科学基金（编号：49834002）、地震科学联合基金与教育部博士点学科专项基金（编号：100061）及中国地震局"九五"重点项目（编号：95041007）联合资助。

标题：鲜水河断裂带北段GPS测量及其运动特征
作者：李铁明　邓志辉　吕弋培　等
来源：《西北地震学报》，2003年4期
摘要：鲜水河GPS监测网由18个沿鲜水河断裂带分布的点组成。1991年对该网进行了首次观测，1996年和2000年进行了两期整网复测。本文利用该网1991年和2000年的二期GPS观测资料，结合川西地区20世纪70年代以来的常规大地测量资料，计算给出了这一强震活动带现今运动图像，认为可根据鲜水河断裂带断层两盘的相对运动和跨越断层的地壳整体运动的强弱这两种运动图像来研

究区域强震的活动特征。

关键词：鲜水河断裂带；GPS 观测；现今地壳形变

本文为国家重点基础发展规划项目"大陆强震机理与预测"（编号：95130503）、国家重大科学工程"中国地壳运动预测网络"资助。

标题：川西藏东地区的地壳 P 波速度结构

作者：王椿镛　吴建平　楼海　等

来源：《中国科学（D 辑：地球科学）》，2003 年 S1 期

摘要：位于川西藏东地区的巴塘（竹巴龙）至四川资中深地震测深剖面，跨越松潘甘孜褶皱系、龙门山构造带和扬子准地台。本文根据沿测线爆破的记录截面图中各震相走时资料，结合相关的振幅信息，确定剖面二维 P 波地壳速度结构模型，分析川西高原和四川盆地的地壳上地幔结构的主要差异，并讨论测线上主要断裂带的深部特征、扬子地台与青藏高原的深部构造关系以及强烈地震发生的深部构造环境。

关键词：青藏高原；深地震测深；地壳上地幔结构；低速层

标题：川西鲜水河断裂带三叠系如年各组放射虫硅质岩的地球化学特征

作者：梁斌　王全伟　冯庆来　等

来源：《地质科技情报》，2004 年 1 期

摘要：川西鲜水河断裂带三叠系如年各组放射虫硅质岩的 $w(SiO_2)$ 为 71.16% ~ 90.06%，$w(Si)/w(Al)$ 为 49 ~ 71，表明它们含有较高比例的陆源泥质沉积物。

关键词：放射虫硅质岩；地球化学；三叠系；鲜水河断裂带；川西

本文为中国地质调查局项目"1∶25 万康定县幅区域地质调查"（编号：200113000004）、湖北省地球表层开放实验室基金资助项目。

标题：青藏高原地壳水平差异运动的 GPS 观测研究

作者：甘卫军　沈正康　张培震　等

来源：《大地测量与地球动力学》，2004 年 1 期

摘要：本文以青藏高原及其周边 580 多个 GPS 站点的观测资料为基础，通过消除青藏高原的整体刚性运动，将 GPS 水平速度场归化到"青藏高原整体固定"的参考框架下，使青藏高原内部不同区域的水平差异运动得以获得最大限度的突出。

关键词：青藏高原；地壳形变；GPS 观测；流滑带；逃逸

本文为国家自然科学基金项目（编号：40274034）、科技部基础研究重大项目前期研究专项项目资助（编号：2001CCB01100）。

标题：鲜水河断裂带活动期次和滑移特性微观标志的识别

作者：姚大全

来源：《灾害学》，2004年1期

摘要：本文在鲜水河断裂带万木卡等地采集的第四纪形成并遭受变形的石灰华标本的显微观测中，发现了多期黏滑和蠕滑交替变形的证据；在该断裂带1923年炉霍、道孚间7级地震和1973年炉霍雅德7.9级地震震中部位野外考察过程中发现，沿地震断裂面分布有定向排列的砾石和破裂。从这些最新活动断面上采集的变形物质定向薄片显微观测中同样发现与上述类似的微观变形标志。这些发现和标志对鲜水河断裂第四纪以来活动期次与滑移特性的识别及研究具有重要的参考价值。

关键词：鲜水河；活动期次；滑移特性；微观标志

本文为地震科学联合基金课题（编号：102038）、安徽省自然科学基金课题（编号：01045403）资助。

标题：川西鲜水河断裂带拉丁期放射虫、硅质岩及构造演化意义

作者：梁斌　冯庆来　王全伟　等

来源：《中国科学（D辑：地球科学）》，2004年1期

摘要：鲜水河断裂带如年各组硅质岩中发现放射虫动物群，包括Muelleritortis，Baumgartneria Oertlispongus，Paroertlispongus和Pseudoertlispongus等，地质时代为中三叠世拉丁期。硅质岩 SiO_2 的含量变化范围在71.16%～90.06%，Si/Al比值为49～71，表明它们含有较高比例的陆源泥质沉积物；l_2O_3/（$Al_2O_3+Fe_2O_3$）比值为0.63～0.81，V<23 μg/g，V/Y<2.8，Ti/V>26，具有大陆边缘型硅质岩的特征；大部分样品的稀土元素的Ce/Ce比值为1.02～1.47，La_N/Ce_N比值为0.75～1.07，为大陆边缘型硅质岩，仅1件样品的稀土元素具有大洋盆地硅质岩的特征。浊积岩、放射虫硅质岩和玄武岩组合及硅质岩地球化学特征研究表明，鲜水河断裂带在中三叠世拉丁期处于强烈裂陷阶段。

关键词：硅质岩；放射虫；三叠纪；鲜水河断裂带；川西

本文为中国地质调查局项目"1∶25万康定县幅区域地质调查"（编号：200113000004）、湖北省地球表层开放实验室基金资助项目。

标题：2003年12月3日四川道孚4.8级地震烈度调查与损失评估

作者：龙德雄　龙思胜　刘建明　张铁宝
来源：《四川地震》，2004年3期
摘要：2003年12月3日7时26分道孚发生4.8级地震，宏观震中在四川省甘孜州道孚县葛卡乡至木茹乡一带，震中烈度为Ⅴ度。这次地震影响到道孚县4个片区（尼措区、瓦日区、扎坝区和八美区），两个镇及十个乡，地震灾害评估区总面积2395平方千米。这次地震未造成人员伤亡和牲畜死亡或丢失，也未造成公路、桥梁、通讯等生命线基础设施损失，房屋未出现倒塌，只出现个别片石砌筑的房屋墙体局部垮塌和轻微裂缝，有个别房屋出现梭瓦和掉瓦。地震对道孚县造成的经济损失为85.39万元。
关键词：地震灾害；震害分布；震灾评估；道孚地震

标题：西南地区泥石流灾害及防灾预警
作者：李朝安　魏鸿
来源：《中国地质灾害与防治学报》，2004年3期
摘要：西南地区山地分布广泛、地质条件复杂、构造运动剧烈，是山地灾害严重地区之一。其中泥石流灾害尤为突出，它们严重地威胁着人民生命财产安全，给国民经济造成重大损失。为此，加强泥石流灾害的防治和研究极为必要。文章论述了西南地区泥石流的特征、形成原因和分布规律，总结当前泥石流的防治及其预测预报的方法和经验，详细地论述了西南地区泥石流灾害防治应以预防为主，指出今后防治泥石流灾害的发展方向是成灾信息采集和传输的网络化、实时化、自动化、数字化（可视化）等，使其成灾信息能够实现实时更新，便于科学管理及信息可视，从而准确、实时地预报、预警，为泥石流灾害防治提供科学依据。
关键词：泥石流灾害；成灾信息采集；预测预报；西南地区

文中认为西南地区泥石流沟85%分布在印度洋板块与欧亚板块相互碰撞隆起的边缘地带上。这一地区伴随着青藏高原第四纪期间的快速隆升，周边河谷如澜沧江、金沙江、岷江等强烈快速下切，形成高山峡谷地貌景观；周边断裂如阿尔金断裂、鲜水河断裂、龙门山断裂、安宁河断裂等频繁活动，强烈地震沿这些断裂频繁发生，河谷两侧高陡斜坡上大规模的崩塌、滑坡屡屡发生；高地应力区河谷强烈下切卸荷而产生的大型浅地表时效变形，都对本地区的独特的地质环境及泥石流的形成起了重要作用。

标题：由现今地震活动分析鲜水河断裂带中——南段活动习性与强震危险地段
作者：易桂喜　范军　闻学泽

来源：《地震》，2005年1期

摘要：利用最近25年的区域台网地震资料，基于沿鲜水河断裂带中-南段的b值分布以及多个地震活动参数值的不同组合，结合震源深度分布、历史强震背景等，本文分析了不同断裂段落的现今活动习性，进而初步判别该断裂带潜在的强震危险地段。结果表明，鲜水河断裂带中-南段目前存在6个不同活动习性的段落。其中，道孚段自1981年强震后已再次趋于闭锁，原因可能与断层面存在"凹凸体"有关，但应变可能还会进一步积累；八美段目前处于中偏高应力下的相对静止状态，推测其断面正处于新的应力积累阶段；塔公段已有255～300年的无强震期，目前正处于高应力下的相对闭锁状态，震源深度剖面上的小震空白区显示出闭锁断层面的轮廓，应属于未来最可能发生强震的危险地段。

关键词：地震活动参数；断裂活动习性；强震危险性；鲜水河断裂带

标题：鲜水河断裂及两侧地块的GPS监测
作者：唐文清　刘宇平　陈智梁　等
来源：《西南交通大学学报》，2005年3期

摘要：本文对鲜水河断裂及两侧地块的GPS进行观测，得到欧亚框架下运动速度场。基于得到的运动速度，作者采用刚性地块假设下的最小二乘拟合方法，得到川滇地块与川青地块的运动速度分别为（19.5±3.4）mm/a和（13.2±3.4）mm/a，川滇地块相对川青地块的运动速度为（8.3±3.4）mm/a，鲜水河断裂的运动速度为（7.9～8.8）mm/a，甘孜—乾宁段为（8.8±3.5）mm/a，乾宁—康定段为（7.9±3.3）mm/a。上述研究结果表明，鲜水河断裂、川滇地块与川青地块所围成的区域为重要构造活动区。

关键词：地块运动；鲜水河断裂；断裂活动；GPS

本文为中国地质调查局资助项（编号：200313000024）、国家自然科学基金主任基金资助项（编号：40342017）和美国自然科学基金资助项目（编号：INT9005305）。

标题：鲜水河断裂带形变累积率及其效能评价
作者：苏琴　杨永林　郑兵　等
来源：《四川地震》，2005年3期

摘要：本文对沿鲜水河断裂带布设的跨断层形变测点水平形变和垂直形变累积率进行了计算，根据结果分析了该断裂带及其附近区域发生中强地震前的变化特征并对其进行效能评价。

关键词：鲜水河断裂带；形变累积率；效能评价

标题：青藏高原东缘鲜水河断裂与龙门山断裂交汇区现今的构造活动

作者：唐文清　陈智梁　刘宇平　等

来源：《地质通报》，2005 年 12 期

摘要：鲜水河断裂与龙门山断裂交汇区具有特殊的构造性质。通过对交汇区 GPS 观测，本文得到欧亚框架下运动速度场。利用所得的运动速度结果，本文采用刚性地块假设下的最小二乘法拟合方法，得到川滇、川青、扬子地块运动速度分别为（19.2±2.8）mm/a、（10.7±3.2）mm/a、（9.7±1.6）mm/a，地块运动方向由 SE 逐渐变成 SEE，呈现出顺时针旋卷特征；鲜水河断裂运动速度为（9.3±2.8）mm/a，断裂性质为左旋走滑；龙门山断裂运动速度为（1.2±2.2）mm/a，断裂性质为右旋挤压。

关键词：青藏高原东缘；断裂交会区；地块运动；断裂活动；GPS

本文为中国地质调查局项目"青藏高原东部现代地壳运动 GPS 监测"（编号：200313000024）、国土资源部《青藏高原东北缘大陆岩石圈现今形变和位移》（编号：2001010203）和美国自然科学基金（编号：EAR8904096、EAR9614670、INT9005305）资助。

标题：鲜水河断裂带北西段不同破裂源强震震级（M≥6.7）及复发间隔研究

作者：冉洪流　何宏林

来源：《地球物理学报》，2006 年 1 期

摘要：鲜水河断裂带北西段可以分成 4 个段落，每一段均可作为一个独立的基本破裂单元而发生地震破裂，亦有可能发生不同尺度的多段联合瞧裂。本文对鲜水河断裂带北西段不同尺度破裂的震级及复发间隔进行研究，根据该地区的地质、地球物理、测量及地震等方面的资料，结合我国强震复发的特点，分析了拉分盆地内部的滑动速率分布，以确定各段落的等效长度和倾向宽度，从而建立适合我国大陆走滑断裂的面波震级与断裂发震面积的关系式；进而运用地震矩方法，考虑断层之间的相互作用，结合专家意见建立了该段的矩平衡断裂破裂模型；最后，给出了鲜水河断裂带北西段各破裂源特征化地震的复发间隔、震级大小和不确定性，以及它与中小地震的联合震级分布。结果表明，鲜水河断裂带北西段较易发生单段破裂，复发间隔在 100～150 年。

关键词：鲜水河断裂带；破裂源；特征化地震；地震矩；复发间隔

本文为地震科学联合基金项目（编号：103034）和中国地震局"十五"重点科研项目"地震安全性评价研究"共同资助。

标题：鲜水河断裂带的地震模拟
作者：洪汉净　刘辉　郑秀珍
来源：《四川地震》，2006年4期
摘要：本文运用弹簧—滑块模型来模拟走滑断层的地震活动，讨论了模型中断层强度，断层滑块间弹簧强度、滑块与驱动盘之间片簧强度，滑块摩擦力的影响，以及初始条件敏感性。并以我国最为典型的一条走滑断层——鲜水河断裂带为例，运用试错法调整模型参数以使发生的地震最大限度地逼近实际发生的地震，并利用最终结果讨论了鲜水河断裂带今后的活动性。
关键词：弹簧—滑块模型；走滑断层；地震模拟；鲜水河断裂带

标题：青藏高原东南缘晚新生代幕式抬升作用的 Ar-Ar 热年代学证据
作者：陈文　张彦　张岳桥　等
来源：《岩石学报》，2006年4期
摘要：位于青藏高原东南缘的鲜水河断裂带是一条大型的活动左旋走滑断裂带，对该断裂带进行同位素年代学研究，可以为青藏高原东南部物质迁移和构造隆升历史研究提供时代依据。
关键词：藏高原东南缘；鲜水河断裂；Ar-Ar 年龄；差异隆升；幕式抬升
本文为国家重点基础研究发展规划（973）（编号：2002CB412610）、国家自然科学基金（编号：40373033）和中国地质调查局（编号：1212010560901）项目联合资助。

标题：青藏高原东北缘大陆岩石圈现今变形和位移
作者：陈智梁　刘宇平　唐文清　等
来源：《地质通报》，2006年Z1期
摘要：川青地块内具有局部应变积累的非均一的区域剪切。横切鲜水河断裂带中段新的 GPS 测量结果揭示，两侧地块间的平均左旋滑动速率约 8 mm/a；由于局部应变积累，断裂系南西侧的主断裂的移动速率为 9.3 mm/a，其间为拉分盆地和小的横向伸展断裂。鲜水河断裂系的左旋断裂滑动作用，调节了川青地块与川滇地块之间的相对运动。
关键词：青藏高原东北边缘；GPS 监测；川青地块；鲜水河断裂带；区域剪切；脆性形变
本文为国土资源部重大基础项目（批准号：2001010203）、国家自然科学基金主任基金项目（批准号：40342017）和美国科学基金大陆动力学项目（批准号：EAR-9614970）共同资助部分成果。

标题：川西高原层状地貌研究

作者：刘勇

来源：南京师范大学第四纪地质学，2006年

摘要：野外地质地貌调查和对川西高原DEM的分析结果表明，川西高原存在两级夷平面和一级剥蚀面。较高的一级海拔5100 m左右，分布在山脉的顶部，称山顶面；较低的一级海拔4500~4300 m，分布广泛，成都盆地西缘大邑砾岩、炉霍盆地砾岩和松潘盆地文家祠组砾岩反映此夷平面的解体，时代约在3.6Ma前后。剥蚀面作为宽谷分布在现代水系谷地外围，成为谷肩，在宽谷面以下发育深切峡谷，这些峡谷中发育有一系列的河流阶地。经过野外调查，我们查明了川西高原主要河流（岷江、大渡河、青衣江、鲜水河等）在特定河段的阶地序列，并主要应用ESR（电子自旋共振）法测定了河流阶地的形成年代。

关键词：川西高原；夷平面；ESR测年；下切速率

标题：鲜水河下游泥石流发育分布特征研究

作者：邹小虎　沈军辉　崔建凯　等

来源：《地质灾害与环境保护》，2007年1期

摘要：鲜水河下游流域处于鲜水河断裂带之南西，总体呈南北走向。受地层岩性、地质构造、新构造活动、河谷地貌演化及气候条件等的控制，流域内泥石流属泥石流中等发育区。泥石流以暴雨沟谷型泥石流为主，可见少量暴雨坡面型泥石流及古冰川泥石流。泥石流多集中发育于岩性相对软弱的板岩、千枚岩及砂岩与板岩互层的相对宽谷段，多为黏性泥石流。泥石流一般具有多期次发育特征，且规模逐次减小。流域内绝大部分泥石流处于停歇或衰退状态，现代活动性不活跃，现代活动泥石流频度低、规模小，且多发育于植被破坏较严重区域。流域内泥石流活动具有退化的特征，对当地人民生命安全及两河口水库的淤积等影响不大。

关键词：鲜水河下游；泥石流；发育特征；活动性

作者认为鲜水河下游地区受地层岩性、地质构造、新构造活动、河谷地貌演化及气候条件的控制，流域内泥石流较发育，属泥石流中等发育区。类型以暴雨沟谷型泥石流为主，可见少量古冰川泥石流及暴雨坡面型泥石流。泥石流多为黏性泥石流。除少数泥石流规模较大外，大多泥石流规模较小。泥石流多集中发育在岩性相对软弱的板岩、千枚岩岩组及砂岩与板岩互层的砂板岩岩组的相对宽谷区段，具有不均匀分段发育的特征。泥石流一般具多期次发育特征，一些巨大型泥石流多可见2~4期，且总体上规模逐次减小。泥石流大多处于停歇或衰退状态，现代活动性不活跃。现代活动泥石流频度低、规模小，且发生区一般无居民，

因此泥石流对当地居民安全影响不大，对两河口水库的淤积影响不大，水库近坝库段泥石流不发育，对水电站施工安全也不会带来大的影响。

标题：基于 GPS 技术的活动断裂监测——以鲜水河—龙门山断裂为例
作者：唐文清　刘宇平　陈智梁　等
来源：《山地学报》，2007 年 1 期
摘要：GPS 作为重要的技术手段，在地壳运动研究中得到广泛应用。以青藏高原东缘的鲜水河、龙门山两条重要活动断裂为例，根据 GPS 监测获得的欧亚框架的运动速度场，用刚性地块假设下的最小二乘法拟合方法，本文对其现今断裂活动性进行了研究。
关键词：GPS 监测；鲜水河断裂；龙门山断裂；运动速率
本文为中国地质调查局项目（编号：200313000024）、国土资源部重大基础项目（编号：2001010203）和国家自然科学基金主任基金（编号：40342017）资助。

标题：甘孜附近的小震活动与中强地震的对应关系研究
作者：刘仕锦　李杰　李学川
来源：《四川地震》，2007 年 4 期
摘要：结合甘孜地区的地震构造，对甘孜县境内及县城附近 55km 范围内发生的 $ML \geqslant 3.0$ 级的地震与周围地区的中强地震活动分析，作者发现甘孜附近 3.0 级以上地震与附近地区的中强地震的发生具有一定对应关系。本文提出了 2 个预测指标，预测时间为半年的通过了置信水平为 97.5% 的 R 值检验。分析认为甘孜地区的地震活动是鲜水河地震带强震活动及附近中强地震活动的指示窗口。
关键词：甘孜附近；小震活动；中强地震

标题：中国西南地区 CO_2 释放点的 He 同位素分布不均一性及大地构造成因
作者：沈立成　袁道先　丁悌平　等
来源：《地质学报》，2007 年 4 期
摘要：在印度板块向欧亚大陆俯冲碰撞过程中，产生一系列深大断裂带，形成大量 CO_2 释放脱气点。这些点除了释放大量的 CO_2、N_2、H_2S 气体以外，还会附带释放 CH_4、He 等各种各样的气体。释放出来的氦为惰性元素，是判识幔源气体最灵敏的地球化学示踪指标，He 同位素随形成的构造部位不同而不均匀地分布，且与不同的大地构造成因关系密切。
关键词：He 同位素；CO_2 释放点；分布不均一；大地构造成因；中国西南地区

本文为国家自然科学基金重点项目（编号：40231008）、重庆市科技项目院士专项项目（编号：CSTC，2005AB7006）、教育部博士点基金项目（编号：20050635001）和西南大学自然地理学重点学科开放基金项目（编号：250-411113）资助的成果。文中认为川西—鲜水河断裂带因特殊的构造部位，是中国"地质百慕大"；样品中幔源氦平均约占总氦的 8.1%，平均值高于西藏各分区以及云南除滇西南以外的各区，但又远小于滇西南腾冲地区。也证明处于印度板块推挤的北东前缘、青藏高原北东侧特定位置的大型走滑断裂—鲜水河断裂带，部分地贯穿了整个岩石圈，并有切割上地幔之趋势。

标题：鲜水河断裂带现今活动特征研究
作者：杨永林　苏琴
来源：《大地测量与地球动力学》，2007 年 6 期
摘要：利用鲜水河断裂带多个跨断层形变场地 20 余年的测量资料，本文分析了该断层的活动特征，并结合沿断裂带强震破裂的时空信息，对不同断裂部位的现今构造活动特性进行了比较。结果发现该断裂带现今形变活动的空间分段性显著：北西段为偏张性左旋走滑运动，中段为偏压性左旋走滑运动，南东段则以张性左旋走滑运动为主。各场地的断层活动量随时间推移逐步减小，反映出断裂带正向闭锁的趋势演化。
关键词：鲜水河断裂带；跨断层形变测量；断层活动分段性；应变积累；强震危险区段

标题：基于 GPS 连续站观测资料的鲜水河断裂运动特征研究
作者：彭晋川　廖华　顾铁　等
来源：《四川地震》，2007 年 4 期
摘要：鲜水河断裂 GPS 连续站监测网由七美、瓦日、牦牛和塔工 4 个站组成，于 2006 年 2 月建成并开始运行。本文利用该监测网 2006 年 2 月至 8 月期间的观测资料，计算出 6 条基线长变化的时间序列，在此基础上，分析了鲜水河断裂的运动特征。
关键词：GPS；鲜水河断裂；运动特征

标题：四川省大渡河流域地质灾害分布及其发展趋势浅析
作者：丁俊　鄢毅　岳昌桐　等
来源：《中国地质灾害与防治学报》，2007 年 S1 期
摘要：四川大渡河是长江的主要支流之一，是四川重要的水能资源基地。目

前已建电站及拟建电站 17 个，总装机可达 2336 万 kW，年发电量 988.7 亿 kW.h。大渡河流域受地形、岩性、构造、斜坡结构等影响，地质灾害频繁。据不完全统计，大渡河流域共发生地质灾害 913 处，其中滑坡 385 处，崩塌 105 处，泥石流 358 处，不稳定斜坡 65 处。随着大渡河梯级水电工程的开发，地质灾害的影响日益显著。文章通过统计分析，从地貌、岩土体结构、构造等方面对大渡河流域地质灾害的控制因素和分布规律进行了初步探讨，并对流域内地质灾害的发展趋势作了科学合理的预测，为今后流域的经济发展和防灾减灾提供了科学依据，以便将地质灾害的危害降到最低。

关键词：大渡河流域；地貌类型；岩土体结构；地质灾害分布；趋势预测；四川

本文为中国地质调查局"长江上游环境地质问题调查综合研究"（编号：1212010540106）资助。

标题：扩展网络反演滤波方法及其在鲜水河断裂带上的初步实验
作者：王武星　马丽　陈棋福　等
来源：《地震研究》，2008 年 1 期
摘要：本文介绍了扩展网络反演滤波方法的原理、计算处理过程及其发展和该方法在鲜水河断裂带的初步实验情况。
关键词：网络反演滤波；大地测量资料；鲜水河断裂带

标题：两河口水电站水库诱发地震震级评价
作者：伍保祥　常兴旺
来源：《山西建筑》，2008 年 2 期
摘要：结合两河口水电站概况，本文从库区地层岩性、地质构造及库区地震活动背景和应力条件分析入手，对水库诱发地震进行概率计算和综合要素法预测计算，预测水库诱发地震的几率和震级的大小，对两河口水电站蓄水后水库诱发地震研究具有一定的参考意义。
关键词：库深；库容；地震烈度；地质构造；水电站

标题：鲜水河断裂带跨断层变形分析和数值模拟
作者：张晁军　石耀霖　马丽　等
来源：《地震》，2008 年 3 期
摘要：鲜水河断裂带积累了 20 多年的跨断层变形资料，如何解释这种变形是一个重要的问题。该文采用了弹性上地壳覆盖在黏弹性 Max well 体之上的模

型。炉霍 1973 年 MS7.6 地震按该黏弹性模型计算的震后形变曲线能够在很大程度上解释实测观测结果，显示与一些断层（如圣安德烈斯断层某些段落）存在缓慢蠕滑而无大地震发生不同，鲜水河断裂带观测到的跨断层变形，有相当一部分可以用大地震后的黏弹性变形来解释。

关键词：鲜水河断裂带；跨断层形变；黏弹性模型；无震滑动；数值模拟

本文为"973"项目（编号：2004CB418405）、国家自然科学基金（编号：40774048，40574020）和地震基本科研业务项目（编号：02076902-05）资助。

标题：中国大陆活动地块边界带地震活动过程及其趋势研究
作者：邵志刚　张国民　李志雄　等
来源：《地震》，2008 年 3 期

摘要：本文根据各边界带上地震发生的对数正态分布函数，计算了各边界带地震发生的累积概率以及未来五年内地震发生的条件概率。强震累积概率研究表明，贺兰山带、安宁河—小江带、海原-祁连带、汾渭带、喜马拉雅带、东南沿海带和喀喇昆仑—嘉黎带、鲜水河带、北天山带的地震危险程度较高。阴山带、岷山—龙门山带、海原—祁连带、西昆仑带、鲜水河带、南天山带和澜沧江带在未来五年内地震发生的条件概率较高，也即在目前动力作用不变条件下，未来五年内这七个带的危险性最高。其中海原—祁连带和鲜水河带的累积概率和条件概率相对都比较高，对这两个边界带地震活动需特别监测。

关键词：活动地块；边界带；强震活动；对数正态分布

本文为中国地震局地震预测研究所基本科研业务专项（编号：02076902-11）和中国地震局地球物理研究所基本科研业务专项（编号：DQJB06B03）资助。

标题：基于 GPS 资料约束反演川滇地区主要断裂现今活动速率
作者：王阎昭　王恩宁　沈正康　等
来源：《中国科学（D 辑：地球科学）》，2008 年 5 期

摘要：本文以 GPS 数据给出的川滇地区速度场为约束，依据研究区已知断裂分布情况建立连接断层元模型，用最小二乘方法反演了该地区主要活动断层的现今错动速率。

关键词：川滇地区；GPS；连接断层元；断裂活动速率

本文为国家重点基础研究发展计划（编号：2004CB418403）、国家自然科学基金重点项目（批准号：40334042）和地震行业科研专项（编号：20078002）资助。

标题：GPS连续监测鲜水河断裂形变场动态演化
作者：王敏　沈正康　甘卫军　等
来源：《中国科学（D辑：地球科学）》，2008年5期
摘要：本文利用跨鲜水河断裂的二对GPS连续观测点资料，获得了跨鲜水河断裂高精度形变场（误差约1mm）的动态演化轨迹。该轨迹清晰地反映了鲜水河断裂乾宁段和道孚段形变场的明显不同，前者为稳态，后者为非稳态。道孚段的非稳态形变可能与鲜水河断裂在此分段并呈现东、西二支有关。采用一多段脆韧转换带模型对形变场动态演化给出初步的模拟与解释：鲜水河断裂南段转换带内蠕滑稳定，而北段和道孚段呈现间歇状态且平均滑移率高于南段。这可能与断层面介质的物理性质有关，揭示当前断裂南段转换层强度可能高于北段，对应于更长的发震周期。
关键词：鲜水河断裂；GPS；形变场；动态演化；脆韧转换带

标题：新生的大凉山断裂带——鲜水河-小江断裂系中段的裁弯取直
作者：何宏林　池田安隆　何玉林　等
来源：《中国科学（D辑：地球科学）》，2008年5期
摘要：部分由于缺乏破坏性地震记录，部分由于处于边远山区，作为鲜水河-小江断裂系一部分的大凉山断裂带长期被研究者们忽视，以至于在描述该断裂系时，往往不把大凉山断裂带算在其中。造成大凉山断裂带被忽视的另一个重要的原因是该断裂带是一条新生的构造带，新生性决定了其成熟度低于鲜水河-小江断裂系中的其他断裂带，所反映的线性断裂地貌特征不如其他断裂带明显。
关键词：大凉山断裂带；新生断裂；鲜水河-小江断裂系；南东青藏高原
本文为国家重点基础研究发展计划（编号：2004CB418410）、国家自然科学基金（批准号：40472109）、中国地震联合基金会（编号：105066）和日本文部科学省科学研究费补助金（编号：18500776）资助项目。

标题：汶川地震前川滇地区断裂活动特征分析
作者：范国胜　焦青
来源：《大地测量与地球动力学》，2008年6期
摘要：用川滇地区32处跨断层位移流动短水准、短基线20余年的观测资料，本文对该区主要活动构造在汶川地震前的活动特征进行了分析。结果表明：20世纪80年代以来主要活动构造多数呈继承性活动；汶川地震前，区域应力在2006年以来出现了持续2年左右的增强；鲜水河断裂带中南段、龙门山断裂带中南段受较强的北西-南东方向的压应力作用。

关键词：汶川地震；川滇地区；跨断层位移；区域应力；活动特征

本文为中央基本科研业务专项（编号：ZDJ2008-22）和国家科研计划支撑项目（编号：2006BAC01B02-02-03）资助。

标题：青藏高原东部及其邻区力学耦合的岩石圈变形模式
作者：王椿镛　常利军　苏伟　等
来源：《地学前缘》，2008年6期
摘要：根据青藏高原东部及其邻区布设的143个宽频带固定和流动地震台站的远震记录的SKS波分裂，本文分析获得了各台站的快波偏振方向和快慢波之间的时间延迟。SKS分裂分析结果总体上反映了高原东部的上地幔物质流动方向，即高原内部表现为环绕喜马拉雅东构造结的顺时针旋转。

关键词：青藏高原；岩石圈变形；力学耦合；地震波各向异性；垂直连贯变形

本文为国家自然科学基金项目（编号：40334041、40774037）和科学技术部重点国际合作项目（编号：2003DF000011）资助。

标题：鲜水河断裂带强震相互作用的动力学模拟研究
作者：王辉　刘杰　石耀霖　等
来源：《中国科学（D辑：地球科学）》，2008年7期
摘要：本文以鲜水河断裂带为研究区，首先依据断裂带的地震活动特征，确定整个断裂带的应变积累速率；然后根据GPS观测资料给出的水平应变率和地质给出的鲜水河断裂带断层分段及其相应各段的滑动分布，确定断裂带分段的应力、应变积累速率和强震复发间隔。在此基础上，采用三维有限元模型定量研究断裂带上1893年以来M6.7级以上地震的相互作用及其对断裂带强震复发的影响。

关键词：鲜水河断裂带；应变积累-释放；地震复发间隔；有限元；Coulomb应力

本文为国家重点基础研究发展计划（编号：2004CB418406）和中国地震局地震预测研究所基本科研业务专项（编号：2007-03）。

标题：青藏高原东缘川西地区的现今构造变形、应变分配与深部动力过程
作者：张培震
来源：《中国科学（D辑：地球科学）》，2008年9期
摘要：青藏高原东缘的川西地区是中国大陆南北地震带的中段，构造变形复杂，断裂活动强烈，控制着一系列历史强震的发生。2008年5月12日汶川8.0

级地震就发生在南北地震带中段的龙门山断裂带。川西地区构造变形图像、运动特性和深部驱动机制的研究，不仅对于理解青藏高原东边界的动力过程具有重要意义，还有助于认识南北带未来强震危险性。

关键词：龙门山断裂；汶川地震；南北地震带；下地壳流动

本文为国家重点基础研究发展计划项目（编号：2004CB418400）资助。

标题：鲜水河—安宁河—则木河断裂带上可能存在的凹凸体：来自背景地震活动性的证据

作者：朱艾斓　徐锡伟　甘卫军　等

来源：《地学前缘》，2009年1期

摘要：基于1992—2002年小震双差重新定位结果，本文沿鲜水河—安宁河—则木河断裂带走向的震源剖面作 b 值及局部复发时间 TL 值的空间扫描，以确定断裂带上可能存在的凹凸体。结果显示，b 值沿断裂带走向具明显的空间非均匀性，与地表几何结构的分段变异是相应的。异常短的 TL 值及低 b 值出现在鲜水河断裂带的炉霍—道孚间、安宁河断裂带的石棉—冕宁段以及则木河断裂带的西昌—普格段，表明在间震期这些段落破裂产生的小震平均震级大于其他段落上的小震，是断裂带中相对活跃的段落。由 b 值与应力成反比的关系，推测这些段落可能为断裂带上凹凸体所在地，成为现今应力积累的闭锁段，是未来主震初始破裂最有可能形成的段落，其中石棉—冕宁段的地震危险性最大。而在鲜水河断裂带南东段的乾宁—康定—石棉一带，尽管历史地震与现今小震都异常活跃，但具有异常高的 b 值及 TL 值估计，表明现今应力水平较低，目前可能成为以小震活动为主的蠕滑段，不具大震危险性。

关键词：凹凸体；局部复发时间 TL 值；b 值；鲜水河—安宁河—则木河断裂带；背景地震活动性

本文为国家科技支撑计划项目（编号：2006BAC13B01-0101）、国家重点基础研究发展计划"973"项目（编号：2004CB418401）、国家自然科学基金项目（编号：40841007）和科学技术部重大基础研究前期研究项目（编号：2003CCB00600）。

标题：昆仑山口西8.1级地震对鲜水河断裂带断层活动的影响

作者：苏琴　杨永林　张永久　等

来源：《地震研究》，2009年2期

摘要：本文用1981年以来鲜水河断裂带跨断层短水准、短基线观测资料，计算多年来断层的水平扭错、水平张压以及垂直升降变化量，以此分析各测点断层随时间推移的活动习性。

关键词：鲜水河断裂带；跨断层形变；断层活动；昆仑山口西 8.1 级地震

标题：青藏高原现今高分辨率地壳运动特征
作者：方颖　江在森　张晶　等
来源：《地球科学（中国地质大学学报）》，2009 年 3 期
摘要：本文利用 GPS 资料，采用最小二乘配置和小波技术分析了青藏高原的地壳运动特征，对该区地壳运动强度和涡旋运动进行了定量分析。结果显示，青藏高原地壳运动强度沿喀喇昆仑断裂、玛尼-玉树-鲜水河-小江的弧形构造带，自西向东递减。川滇菱形块体显示出北强南弱、西强东弱的特点，东边界形成明显的分界线，而西边界并不明显。

关键词：地壳运动；涡旋运动；青藏高原；GPS

本文为地震预测研究所基本科研业务专项（编号：0207690201）、国家自然科学基金项目（编号：40674010）和"十一五"科技支撑项目（编号：2006BAC01B02-02-02、2006BAC01B02-02-05）。

标题：鲜水河断裂带研究进展
作者：徐天德
来源：《四川地质学报》，2009 年 S2 期
摘要：鲜水河断裂作为协调藏东地区高原物质挤出的边界断裂，在青藏高原构造演化中起着很重要的作用。近年来对其几何学运动学的研究表明断裂在南缘发生构造转换，形成小江地区的盆岭地貌，在西北端可能与风火山逆冲推覆构造相连。断裂具有分散变形和围绕东构造结旋转的特征。

关键词：鲜水河断裂；藏东高原；构造演化；下地壳流体

标题：鲜水河—小江断裂带库仑应力演化及地震危险性评估
作者：单斌　熊熊　郑勇
来源：《中国地球物理学会第二十五届年会论文集》，2009 年
会议名称：中国地球物理学会"中国地球物理学会第二十五届年会"
会议时间：2009 年 10 月 10 日
会议地点：中国安徽合肥

标题：鲜水河地震带炉霍段泥石流特征初步研究
作者：蒋瑜阳　唐川　杨泰平

来源：《灾害学》，2010年1期

摘要：鲜水河地震带是我国8大地震带之一，其附近区域地质灾害活动强烈。鲜水河地震带炉霍段是泥石流多发段，该地带的泥石流发育特征与活动断裂分布、地形地貌和水文气象因子密切相关。本文结合GIS技术，分别从地质构造、地理位势、地层岩性、水文气象和人类活动5个方面揭示了该区域泥石流的成因和分布特征。调查结果表明，研究区的泥石流发育具有明显的区域性和季节性，其发育程度与距离鲜水河断裂带的远近密切相关。

关键词：鲜水河地震带炉霍段；泥石流；GIS；分布特征

本文为国家自然科学基金项目（编号：40772206）和地质灾害防治国家重点实验室研究基金项目。

标题：鲜水河断裂带全新世活动性研究进展综述
作者：熊探宇　姚鑫　张永双
来源：《地质力学学报》，2010年2期

摘要：鲜水河断裂带是中国西南山区一条现今活动强烈的大型地震断裂。本文在系统总结前人研究成果的基础上，结合野外地质调查，综述了鲜水河断裂带空间展布特征、活动性质及强度、历史地震地表破裂特征、地震危险性等方面的研究进展。

关键词：鲜水河断裂；活动速率；地震活动；地震危险性；地表破裂

本文为中国地质调查局国土资源大调查项目（编号：1212010914025、1212011014035）资助。

标题：汶川Ms80地震前后鲜水河断裂南段的变形特征
作者：方颖　江在森　杨永林　等
来源：《大地测量与地球动力学》，2010年3期

摘要：对鲜水河断裂南段康定和石棉两个剖面的GPS观测结果的研究表明：离断层较近的站点，由汶川地震前的左旋走滑变为震后的右旋走滑，震前的挤压变为震后拉张；不管是右旋走滑量、拉张量，还是影响范围，汶川地震对石棉剖面的影响明显大于对康定剖面的影响；由于鲜水河断裂南段具有左旋走滑背景，汶川地震的发生在一定程度上缓解了鲜水河断裂南段的地震危险性。

关键词：汶川地震；鲜水河断裂；右旋走滑；GPS；地震危险性

本文为中国地震局地震预测研究所基本科研业务专项（编号：0207690201）、国家自然科学基金（编号：40974005）资助。

标题：断层分布及几何形态对川西及邻区应变分配的影响

作者：王辉　刘杰　刘勉　等

来源：《中国科学：地球科学》，2010年4期

摘要：川西及邻区分布着中国大陆数条重要的活动断裂带，这些断裂带上的滑动速率与地震活动有很大差异，如鲜水河断裂带的滑动速率在10mm/a以上，该断裂带上大地震频繁发生；而龙门山断裂带的滑动速率很小，虽然该断裂带上地震活动不频繁，但也发生了2008年5月12日汶川 M_s8.0级大地震。本文利用弹黏塑性三维有限元模型，研究川西地区断裂带的几何形态及走向变化对断层滑动速率及区域应变分配影响。

关键词：鲜水河-小江断裂带；龙门山断裂带；断层几何形态；应变分配；弹黏塑性有限元模型

本文为国家重点基础研究发展计划（编号:2004CB418406）、国家科技支撑计划（编号:2008BAC35B05）和中国地震局地震预测研究所基本科研业务专项（编号:0207690203）资助。

标题：5·12汶川地震前后鲜水河断裂运动状况的变化——基于跨断裂连续GPS观测的认识

作者：甘卫军　王敏　陈为涛　等

来源：《国际地震动态》，2010年6期

摘要：鲜水河断裂作为青藏高原东南部现今运动最为强烈的活动构造，因历史上一系列大震的发生而一向备受关注。本文基于跨越鲜水河断裂道孚段和干宁段的两条密集型GPS剖面自2005年以来的高精度地壳运动观测资料（其中4站为连续GPS观测，23站为每年一期的非连续GPS观测），揭示出鲜水河断裂在汶川8.0级地震之前，一直保持着强烈而稳定的左旋（~10.4±1.0 mm/a）兼轻微拉张（~0.3±1.2 mm/a）运动。汶川地震的发生，使鲜水河断裂干宁段和道孚段近断层两侧分别发生了量值达13 mm和4 mm的侧向拉伸，并使干宁—道孚段发生了量值达2.5~10 mm的右旋位错，因此，对其现今的左旋运动方式施加了短暂的反向抑制。但汶川地震后，鲜水河断裂的运动状况很快恢复了以往的态势。我们的研究结果表明，汶川地震的发生，使鲜水河断裂的应变积累有所消减，故在一定程度上降低了该断裂未来的地震危险性水平。

关键词：鲜水河断裂；GPS观测；汶川地震；运动状况；地震危险性；青藏高原东南部；活动构造；道孚；应变积累；松潘

标题：大型水电工程的社会经济影响及生态环境影响分析

作者：陈晓年　李颖　张威奕
来源：《中国农村水利水电》，2010年11期
摘要：本文在介绍水电工程开发背景的基础上，全面分析了大型水电工程建设与运营过程中的社会经济影响及生态环境影响。大型水电工程带来的最重要的收益是水力发电这一直接经济回报，而主要负面影响以泥沙淤积、水生生态干扰、陆生生态干扰等为代表。全面分析、综合考虑大型水电工程建设与运营可能带来的正反面影响是合理规划、设计大型水电工程，科学完成各项配套工作，实现区域、流域可持续发展的前提。

关键词：大型水电工程；建设；运营；社会经济；生态环境

在大型水电工程建设对历史文化遗产及旅游业影响分析中，作者认为大型水电工程建设过程中的大面积库区淹没和大量移民，会对当地民俗文化、文物古迹等造成不同程度的破坏。如四川甘孜州两河口电站位于康巴藏区腹心地带，具有特殊的社会人文环境。淹没区域中的鲜水河流域至今沿袭保留着母系社会走婚民俗，移民搬迁会在一定程度上破坏走婚民俗秩序，若移民安置工作考虑不周则可能湮灭扎坝走婚文化，给我国传统民俗文化带来重大损失。两河口电站建设涉及区域内有众多寺庙，庙中存有古代的佛像和壁画，这些文物价值连城，但搬迁难度很大，很难做到无损拆迁。诸如两河口电站等建设在特殊人文环境中的大型水电工程会使当地的历史文化遗产受到损害，甚至造成一些古镇的消失，而一些建设在自然风景区的大型水电工程则会在很大程度上破坏当地的自然风光。这些地区的旅游业会受到严重冲击，原有旅游线路面临改线或取消的困境。但大型水电工程的修建会为当地创造出新的旅游资源，库区优美的环境会吸引附近的居民前来休闲度假，雄伟壮观的水电工程建筑也会吸引各地的游客前来观光，这些会创造巨大的旅游效益，弥补原有旅游业的损失。

标题：鲜水河断裂带地震破裂段落的边界特征研究
作者：安艳芬
来源：中国地震局地质研究所构造地质学，2010年
摘要：作为"位于亚洲大陆东南部强烈变形场中的左旋剪切破裂带，撕裂了高耸的青藏高原的东南部边缘，在中国大陆内部新构造格局中占据这突出的位置"的青藏高原东缘一条重要的左旋走滑断裂带，鲜水河断裂带有着丰富的历史地震记录、较清晰的地貌特征和地表破裂形迹，是开展活动断裂的定量研究、检验地震破裂分段模型——独立破裂模型和级联破裂模型的理想场所，一直以来都吸引很多国内外学者的关注。对鲜水河断裂的深入研究是进一步认识青藏高原东缘运动学和动力学机制的重要途径，也是理解块体边界大型走滑断裂带强震复发

规律的窗口。前人在鲜水河断裂带已取得大量研究成果，地质方面主要针对断裂的几何学、运动学特征展开，多位学者对鲜水河断裂带进行了分段研究，但少有对段落边界进行特别关注。而段落边界的研究程度对于是否能够更好地认识断裂活动特征及其与强震发生之间的关系具有重要意义。因此本文选择鲜水河断裂带段落边界作为主要研究对象，以期能够在这一方面有更进一步的认识。

关键词：鲜水河断裂带；块体边界走滑断裂带；破裂分段边界特征；段落边界演化；潜在震源区划分及最大震级上限分析

标题：青藏高原新生代构造隆升阶段的时空格局
作者：王国灿　曹凯　张克信　等
来源：《中国科学：地球科学》，2011年3期

摘要：除了藏南地区特殊情况外，青藏高原不同地区主要强构造隆升剥露阶段具有准同时性。几个强隆升剥露阶段对应于几个强构造变形活动时期，反映隆升剥露主要受构造动力控制。新生代以砾岩为代表的粗碎屑物的分布、前陆盆地或走滑拉分盆地的分布及其沉积充填、角度不整合的发育和地层间断缺失，以及受断裂控制的盆山地貌变迁和高原扩展与青藏高原几个强构造抬升剥露阶段也具有良好的匹配关系。本文还讨论了青藏高原作为地表隆升的高原形成过程，揭示高原的形成是随时间演变不断扩展的过程。

关键词：青藏高原；新生代；强构造隆升剥露阶段；高原扩展

本文为中国地质调查局项目（编号：1212010610103）和国家自然科学基金（批准号：40902060、40672137）资助。

标题：中国大陆及其邻区8级地震活动图像特征的初步研究及趋势评估（二）
作者：黄圣睦　董瑞英
来源：《内陆地震》，2011年4期

摘要：本文总结了中国大陆8级地震活动的基本特征，30年、53年及100年周期性，百年主体活动区及其格局变动，大地震空段填位及迁移，成组性，几十年多阶段强震释放特征及其连发、复发特点。根据当前地震活动图像异常评估认为，未来1～5年中国大陆喜马拉雅山带西段可能发生7.12～8级地震，以及新疆、川、滇等4处为注意地段。

关键词：8级左右地震；青藏高原东缘地震带；多阶段预释放强震

本文为中国地震局地震科学基金（编号：D07018和D08009）和中国地震局老专家科研基金（编号：2011-20）资助。

标题：四川省甘孜地区地质环境的遥感特征分析

作者：韩磊　黄洁　范敏　等

来源：《四川地质学报》，2011年4期

摘要：四川甘孜地区位于川西高原。本文通过陆地卫星ETM遥感影像，调查了区内地貌、断裂构造、第四系、地质灾害等地质环境特征，并通过对区内地质环境进行初步分析与评估，为区内城镇建设、经济发展和人居环境的改善提供了科学依据。

关键词：地质环境特征；遥感解译；甘孜地区

标题：大渡河流域地质灾害特征与分布规律

作者：巴仁基　王丽　郑万模　等

来源：《成都理工大学学报（自然科学版）》，2011年5期

摘要：大渡河流域为中国地质灾害高易发区，目前发现地质灾害隐患点2212处，以滑坡和泥石流为主，其中滑坡801处，泥石流756处，崩塌301处，潜在不稳定斜坡354处。滑坡沿大渡河发育极不均匀，上游较发育，滑坡体主要为冰碛和崩坡积物，以蠕动变形为主；中游滑坡最为发育，多发生于昔格达组、碳质页岩夹板岩和煤层等地层中；下游最少，主要发育于紫红色砂岩地区。泥石流主要分布于大渡河中上游的丹巴至石棉段；中下游泥石流相对较少，多为人类工程活动弃渣引起；下游地势相对平缓，泥石流不发育。崩塌主要分布在大渡河上游、丹巴5条应力释放带和瓦斯沟两岸；中游崩塌相对较少，与白云岩、花岗岩和大理岩关系密切；下游在玄武岩地区有少量发育。

关键词：大渡河流域；地质灾害；特征；分布规律

本文为国土资源大调查项目（水〔2008〕005-3，水〔2009〕03-12-02）和科技部科技基础性工作专项（编号：2001FY110100）。

标题：四川及邻区GPS观测揭示的应变积累与大震影响分析

作者：张希　蒋锋云　崔笃信　等

来源：《大地测量与地球动力学》，2011年5期

摘要：本文利用2009—2010年四川及其邻区GPS水平运动速度场资料，参考2004—2007年、2007—2008年相应结果，借助形变应变场分析与非震负位错反演，研究活动断裂带近期应变积累特性、分区分段差异性，以及汶川、玉树大震影响和演变情况。

关键词：GPS；负位错反演；运动速度；应变场；强震

本文为陕西省科学技术发展计划项目（编号：2011JM5016）。

标题：鲜水河断裂带关键地段构造应力场数值模拟研究

作者：王凯

来源：长安大学地质工程，2011 年

摘要：本文是在收集鲜水河地区已有地质资料的基础上，依据遥感解译和野外调查成果，分别选取乾宁盆地、虾拉沱盆地和康定新城建立平面和三维有限元模型，综合震源机制解和地应力资料反演左旋左阶断裂带的构造应力场特征，探讨乾宁盆地、虾拉沱盆地的形成机理，为该地区构造应力场综合分析提供定量结果，同时为典型地貌构造—拉分盆地区地壳稳定性评价提供依据。

关键词：鲜水河断裂；构造应力场；数值模拟

标题：汶川 8.0 级地震前后鲜水河断裂带断层活动特征分析

作者：苏琴　杨永林　向和平

来源：《四川地震》，2012 年 1 期

摘要：本文利用鲜水河主断裂带上的跨断层短水准、短基线以及水平蠕变资料，计算了各测点处断层的活动参数，分析了汶川 8.0 级地震前后断层的活动特征。

关键词：短水准；短基线；断层活动；形变异常；汶川地震

标题：鲜水河与龙门山断层 CR 布设与识别

作者：何平　许才军　乔学军　等

来源：《武汉大学学报（信息科学版）》，2012 年 3 期

摘要：本文介绍了 CR 的设计，并在鲜水河和龙门山断层进行了布设。针对单幅影像中 CR 点识别的困难，在采用 GPS 测量辅助 CR 点识别的基础上，提出利用安装 CR 点前后多幅影像的幅度平均对比法来识别 CR 点。

关键词：InSAR；CR 识别；鲜水河断层；龙门山断层

本文为国家自然科学基金资助项目（编号：40874003、41074007）、国家创新群体资助项目（编号：41021061）、国家公益地震行业科研专项资助项目（编号：200808080）和中央高校基本科研业务费专项资金资助项目（编号：114035）。

标题：利用 CR-InSAR 技术研究鲜水河断层地壳形变

作者：许才军　何平　温扬茂　等

来源：《武汉大学学报（信息科学版）》，2012 年 3 期

摘要：本文利用 CR-InSAR 技术对鲜水河断层形变进行了研究。作者通过 GAMMA 软件对研究区获取的 6 幅安装角反射器（CR）后的 ASAR 数据进行处

理，确定了道孚、七美和瓦日 3 个 CR 点在影像中的位置并提取它们的差分相位，在此基础上，建立了 3 个 CR 点观测模型并解算得到了它们的形变量。与实测的水准测量结果进行比较，结果表明，CR 点形变监测结果与水准监测结果基本一致。

关键词：鲜水河断层；地壳形变；CR-InSAR；水准测量

本文为国家自然科学基金资助项目（编号：40874003、41074007）、国家创新群体资助项目（编号：41021061）、国家公益地震行业科研专项资助项目（编号：200808080）和中央高校基本科研业务费专项资金资助项目（编号：114035）。

标题：四川雅江盆地三叠纪晚期沉积地球化学特征及其大地构造意义
作者：王晖　阮林森　郭建秋　等
来源：《西北地质》，2012 年 2 期
摘要：研究区处于青藏高原东南部，研究其高原隆升和盆地的形成背景与演化对探明整个青藏高原的演化和资源环境效应具有十分重要的意义。本文系统分析了雅江盆地三叠纪典型剖面的细粒碎屑沉积岩的主量和微量元素化学成分，在沉积地球化学研究的基础上，结合古生物研究成果，得出三叠纪晚期雅江盆地的构造环境为由被动大陆边缘发展而来的大陆岛弧或者活动大陆边缘，在地球化学特征上显示具有大陆地壳特点的小洋盆。

关键词：碎屑沉积岩；雅江盆地；大陆边缘；大陆岛弧

本文为四川 1∶25 万康定县幅区域地质调查项目（编号：200113000004）资助。作者认为鲜水河断裂带可能为甘孜－理塘洋盆的一个分支小洋盆。综合上述研究成果，笔者认为三叠纪晚期雅江盆地的大地构造背景为由被动大陆边缘发展而来的大陆岛弧或者活动大陆边缘，并且在大陆壳上由裂谷发育而成的有限小洋盆，在地球化学特征上显示具有大陆地壳特点的小洋盆。

标题：鲜水河断裂带上的历史地震
作者：邓绍辉
来源：《文史杂志》，2012 年 2 期
摘要：鲜水河地震带是四川地震活动的高强度地带。据《四川地震资料汇编》第一、二卷中的四川强震简目统计，自公元前 26 年至 1981 年，四川全省共发生 $M \geq 4.7$ 级地震 274 次，其中鲜水河断裂带发生约 70 次，占全省地震的 25.5%。同一时期，四川全省共发生 $M \geq 7$ 级强震 16 次，其中鲜水河断裂带发生 8 次，占全省强震的 50%。可见，鲜水河地震带是四川地震活动的高强度地带。

关键词：鲜水河断裂带；历史地震

标题：基于灰色关联度的鲜水河断裂活动特性与大震关系研究

作者：张希　唐红涛　李瑞莎　等

来源：《地震研究》，2012年4期

摘要：本文利用跨断层流动形变资料，基于灰色关联度分析方法，提炼反映鲜水河断裂构造变形特征方式、量值水平及其动态演化过程、分段差异性的走滑、张压、垂向活动参量新综合指标，研究其与断裂附近强震孕育—发生、与周围大尺度区域大震孕育或同震、调整影响的可能关系。

关键词：鲜水河断裂；断层形变；灰色关联度；大震分析

本文为"十二五"国家科技支撑计划课题《南北地震带强震综合预测与跟踪方法研究》（编号：2012BAK19B01-07）资助。

标题：松潘—甘孜地区百年地震构造和现今动力学

作者：张家声　甘卫军　张明华　等

来源：《地学前缘》，2012年5期

摘要：本文研究区位于青藏高原的东北隅（96°~107°E，30°~35°N）。基于该地区长度大于2 km的4781条1∶20万数字化实测断裂、1900年以来的5220条数字地震记录，以及野外地质观测数据，本文识别出993条不同属性的地震断层，构建了该地区百年地震构造格局。

关键词：地震断层；挤压剪切转换；GPS；数字化；地震跟踪

本文为国家重点基础研究发展计划"973"项目（编号：2008CB425703）和科学技术部国际科技合作重点项目（编号：2008DFA20700）资助。

标题：鲜水河断裂带断层活动"协同化"的演化特征

作者：刘冠中　马瑾

来源：《国际地震动态》，2012年6期

摘要：1997年11月8日玛尼7.5级地震前约1年的时间里，鲜水河断裂带北西段5个跨断层蠕变测点的走滑方式均为左行错动，走滑速率相差不大，活动比较规律，而在其他时段，各测点的旋性和速率差异都比较明显。

关键词：鲜水河断裂带；断层活动；演化特征；协同化；走滑

标题：二十年来蠕变和短基线观测反映的鲜水河断裂带活动特征

作者：刘冠中　马瑾　张鸿旭　等

来源：《地球物理学报》，2013年3期

摘要：本文用鲜水河断裂带1990年1月—2009年12月的蠕变与短基线数据，采用小波变换与断层运动学分析方法，获取构造活动产生的断层形变速率，结合近场断层形变测量与GPS资料，分析了该断裂带的分段活动特征及时空演化。

关键词：鲜水河断裂带；蠕变；短基线；分段活动；逆向走滑

本文为国家自然科学基金"亚失稳应力状态的识别及演化趋势研究"（编号：41172180）、"断层活动引起的热场与应变场的实验研究与现场观测"（编号：40872129）、"断层形变的协同化、耦合程度与失稳研究"（编号：41204005）、中国地震局地壳应力研究所基本科研业务专项"鲜水河断裂带断层蠕变与复杂几何结构的关系及非稳态蠕滑事件的动力学含义"（编号：ZDJ2011-18）共同资助。

标题：鲜水河断裂带库仑应力演化与强震间关系
作者：徐晶　邵志刚　马宏生　等
来源：《地球物理学报》，2013年4期

摘要：本文以鲜水河断裂带为研究区，首先验证了该断裂带上1893年以来M6.7以上地震的相互触发作用，然后采用更符合实际的分层黏弹介质模型研究强震震后黏滞松弛引起的库仑应力变化对后续地震的影响，并基于负位错理论计算鲜水河断裂带10个断层段的震间长期构造加载作用引起的断层上的应力积累。在此基础上，讨论同震、震后、震间效应引起的累积库仑应力变化与区域强震活动的关系，给出断层上库仑应力随时间的演化。

关键词：鲜水河断裂带；库仑应力变化；黏滞松弛；构造应力加载

本文为自然基金项目（编号：41004040）资助。

标题：滑坡滑前地质模型重建方法与思路——以鲜水河断裂带老虎嘴滑坡为例
作者：王东辉　肖红勇　李明辉
来源：《水文地质工程地质》，2013年5期

摘要：认识并确定滑前地质模型，是分析滑坡在外部营力作用下变形机理，讨论滑坡形成机制的基础所在。以鲜水河断裂带老虎嘴滑坡为例，本文提出了滑坡滑前地质模型重建要素，包括地质要素、形态要素、环境要素三个主要方面；提出了滑前地质模型重建的方法与流程，即现今滑坡特征分析、滑前地形恢复、滑前滑坡边界确定、地质要素重建、环境要素重建、滑前地质模型重建。通过对老虎嘴滑坡滑前地质模型重建，获取了滑前地形地貌、剪出口位置、滑体结构等一系列滑坡分析所需参数。结果验证了本文研究方法的可行性和准确性，为研究强活动断裂带滑坡易发性提供了依据。

关键词：鲜水河断裂；地质模型；重建；滑坡

标题：青藏高原东缘现今三维地壳运动特征研究
作者：王双绪　蒋锋云　郝明　等
来源：《地球物理学报》，2013年10期
摘要：本文利用国家重大科学工程"中国地壳运动观测网络""中国构造环境观测网络"和相关项目1999年—2011年GPS区域站观测资料，获得了青藏高原东缘地区现今地壳水平运动速度场图像；结合地质构造动力环境和区内发生的特大地震事件，初步分析了GPS观测反映的水平运动空间分布的分区差异性和时间变化的阶段性；进而与本研究区1970s—2011年水准测量获得的垂直运动背景场进行综合对比，进一步研究和探讨了区域现今三维地壳运动的时空分布特征及其机理。

关键词：青藏高原东缘；GPS；水准测量；三维地壳运动；汶川地震

本文为中国地震行业重大科研专项（编号：201208009、200908029）；国家自然科学基金（编号：40974062）资助。

标题：基于接触单元模型的断裂带应力演化模拟研究
作者：李振
来源：中国地震局地震预测研究所固体地球物理，2013年
摘要：本文采用接触单元模拟走滑断层上的应力演化和地震活动，首先研究了各种介质参数和断层几何形态对走滑断层上地震活动的影响；在此基础上，分别以鲜水河和安宁河-小江断裂为例，研究了这两条断裂带上过去一个地震周期内的库仑应力演化过程，给出了基于应力演化过程的区域潜在地震危险性分析结果。

关键词：地震；有限元；接触单元；库仑应力

标题：鲜水河断裂带的构造应力加载与强震间相互影响研究
作者：徐晶
来源：中国地震局地震预测研究所固体地球物理，2013年
摘要：鲜水河断裂带位于川滇菱形块体东北边界，为大型左旋走滑断裂系，是中国大陆地震活动最强烈的块体边界带之一。自1700年以来，共经历了两个活跃期，分别为1700～1816年、1893年至今。本论文以鲜水河断裂带为研究区，以第二个活跃期的强震活动为研究对象，考察强震间的触发作用；并综合考虑同

震位错、震后黏滞松弛及震间构造加载作用，研究该断裂带上各断层段的库仑破裂应力演化；在通过地震目录给出背景地震发生率的同时，还利用强震复发资料直接给出强震背景发生率，将库仑破裂应力变化作为扰动，基于摩擦本构律模型定量计算鲜水河断裂带各断层段的发震概率，分析其未来强震危险性。

关键词：鲜水河断裂带；库仑破裂应力演化；同震位错；震后黏滞松弛；震间构造加载；地震发生概率

标题：利用断裂带上的低 b 值识别凹凸体方法的探讨——以龙门山断裂带和鲜水河断裂带为例
作者：李正芳　周本刚
来源：《震灾防御技术》，2014 年 2 期
摘要：本文对龙门山断裂带和鲜水河断裂带上 1970 年以来记录的小震数据进行了收集、整理和分析，采用基于 Matlab 平台的 Zmap 软件，去除了断裂带上的丛集数据和余震，划定了有效地震数据的时间和震级范围，通过最大似然法求取了断裂带所在区域的 b 值分布图。

关键词：龙门山断裂带；汶川地震；鲜水河断裂带；b 值；凹凸体

本文由科技支撑项目"特大地震危险区识别及危险性评价方法研究"（编号：2012BAK15B01）和"中国地震局地质研究所中央级公益性科研院所基本科研业务专项"（编号：IGCEA1310）共同资助。

标题：鲜水河流域地质灾害时空分布规律及孕灾环境研究
作者：白永健　铁永波　倪化勇　等
来源：《灾害学》，2014 年 4 期
摘要：鲜水河是青藏高原隆起过程中沿鲜水断裂带形成的年轻河流，流域内新构造运动活跃、气候变化异常，是我国地质灾害高易发区，共发育各类地质灾害 627 处，具有显著的"线—带—片"空间特点，季节性、周期性等时间特点。

关键词：鲜水河；地质灾害；时空分布规律；孕灾环境

本文为国家自然科学基金（编号：41102226）、科技基础性工作专项（编号：2011FY110100-1）和中国地质调查局雅砻江流域地质灾害调查（编号：12120113010600）资助。

标题：基于 ANSYS 接触单元模型的鲜水河断裂带库仑应力演化数值模拟
作者：吴萍萍　李振　李大虎　等
来源：《地球物理学进展》，2014 年 5 期

摘要：鲜水河是青藏高原东缘一条活动性很强的左旋走滑断裂带。本文基于ANSYS 接触单元模块平台，定量研究断裂带上 1893 年以来 M6.7 级以上地震的相互作用，计算和分析了每次地震发生后，在周围其他断裂上产生的同震库伦应力改变对其后续地震的触发的影响。结果表明：鲜水河断裂带后续地震大多发生在前面强震引起的鲜水河破裂同震库伦应力增加的断裂段上，这说明强震对后续地震有相当的影响。

关键词：鲜水河；库伦应力；ANSYS；接触单元；地震危险区；地震分布

本文为中央高校基本科研业务费专项资金（编号：ZY20140202）和国家自然资金（编号：41174043）联合资助。

标题：鲜水河断裂带南段深部变形的重复地震研究
作者：李乐　陈棋福　钮凤林　等
来源：《地球物理学报》，2015 年 11 期

摘要：利用 2000 年—2013 年四川数字地震台网和水库台网的波形资料以及川西流动台阵的事件波形，通过辨识发生在同一断层位置上的重复地震来定量研究鲜水河断裂带南段的深部变形，针对研究区台站分布稀疏的客观情况，应用了子采样条件下基于 S-P 相对到时差来约束震源位置一致性的方法，在鲜水河断裂带识别出 11 组重复地震，并利用连续波形资料进行了重复地震完整性的初步测试，同时运用结合波形互相关资料的双差法来完成研究区背景地震和重复地震位置的精确定位。重新定位后的地震图像展示研究区中上地壳存在明显缺震层，其与壳内的低速低阻层相吻合。

关键词：鲜水河断裂南段；重复地震；深部滑动速率；地震定位

本文为中国地震局地震预测研究所基本科研业务专项（编号：2015IES010203、2015IES0407）和国家自然科学基金（编号：41104031、41474031）资助。

（七）矿山工程技术

标题：川西容须卡-亚马宗地区红柱石远景储量预测
作者：周洪健
来源：《四川地质学报》，1998 年 2 期

摘要：在康定、道孚、雅江三县接壤处，从甲基卡至容须卡，经大岩窝至亚马宗，再经扎坝、瓦多而至扎麦的范围内，都可见含红柱石的片岩出露，面积广大，约 1046.75 km^2。

关键词：远景储量；红柱石；新都桥组；背斜；侏倭组；道孚；三叠系上统；浅灰色；成矿地质条件；石英脉

文中作者认为通过远景储量计算表明，本区红柱石藏量十分巨大，有可能成为我国最大的红柱石矿床或世界级大矿。红柱石是耐火材料工业中最有用的矿物之一，我国是在引进宝钢建设时，才提出利用红柱石的，目前用量也不大，但可预见随着工业建设的兴起其需求量将会与日倍增。我国已经探明的红柱石矿床不多，分布在吉林、辽宁、河南、山东、陕西、湖南等省，规模以中小型居多。西南地区未见发现红柱石矿床的报导，四川尚属缺门矿种。随着国家建设重点向西部地区转移，在四川评价本区红柱石是具有重要战略意义。

标题：四川省蓝晶石类矿床地质特征、成矿作用及找矿方向
作者：林友焕
来源：《四川地质学报》，1994年4期

摘要：蓝晶石类矿为四川省短缺矿种之一。本文根据变质成矿理论，结合已有蓝晶石类矿化特征，具体分析四川省蓝晶石类矿的成矿地质条件，提出全省蓝晶石类矿的找矿方向及有利地段。

关键词：蓝晶石类矿床；地质特征；变质成矿作用；找矿方向

作者在文中认为四川省蓝晶石类依矿床地质特征与成矿作用不同，找矿方向包括道孚—康定—雅江一带及黑水、道孚、甘孜等地。

标题：四川锂辉石矿地质勘查规划研究
作者：郭建强　赵元龙
来源：《四川地质学报》，2013年1期

摘要：本文查阅了近年对锂辉石矿的勘查资料，较系统对比全省锂辉石成矿地质条件、成矿远景区划和区域矿产背景，结合市场对锂资源量的需求和全省锂资源的潜力分析，提出了近阶段锂辉石地质勘查工作部署的初步构想，有望在现有基础上实现四川查明锂资源量翻番，提高四川锂等稀有金属资源的安全保障程度。

关键词：锂辉石；规划研究；勘查部署；整装勘查

锂是自然界中最轻的金属，活泼柔软，在氧和空气中能自燃。锂更是一种战略能源金属，它在高能锂电池、受控热核反应中的应用使锂成为解决人类长期能源供给的重要原料。全球锂矿资源主要集中在智利、中国、巴西、加拿大和澳大利亚等国家。中国锂矿资源按基础储量计，占全世界的13.7%；按储量计，占全世界的25.7%。四川锂资源主要集中在甘孜、阿坝两州。最具远景的矿区集中在两个带上：1. 石渠－八美－九龙带；2. 金川－小金带。文中整装勘查区列有呷

基卡，位于甘孜藏族自治州道孚县、康定县、雅江县交界处。区内已有呷基卡、容须卡、木绒、措拉等稀有金属矿产地。已设探矿权 11 个，面积 308.22 km^2；矿产远景调查列有扎坝 H 47 E 009021。

（八）生物学

标题：雅砻江鱼类调查报告

作者：邓其祥

来源：《南充师院学报（自然科学版）》，1985 年 1 期

摘要：我们先后对雅砻江水系的鱼类进行了迄今为止较为全面的调查，获得标本 575 号，鉴定为 72 种，其中 35 种是该水系的新纪录。结合前人的工作，本文对区系、资源组成、地理分布做了研究，可供渔业区划、资源利用、鱼类地理学，水利建设中考虑综合利用等学科参考。

关键词：裂腹鱼；渔业区划；雅罗鱼亚科；地理分布；中华间吸鳅

文中认为峡谷急流是雅鲁江水系水域环境的主要类型，干流从甘孜县的拖坝到河口及除安宁河中游、盐塘河中游外的支流，多属此类型。这类水体的流速很大，流态混乱，几乎没有能适应于水体上、中层生息的鱼类，但有适应水体底层多种环境的鱼类，成为雅碧江水体鱼类组成的重要特点。这些鱼类的适应特点多样：一类体形较平扁、口腹位、具吸盘或具吸盘功能的结构，适应于吸附在急流水体底层的基质上活动，如墨头鱼、云南盘鮈和平鳍鳅科、姚科鱼类；一类身体较细长，有发达的触须和黏液层，无鳞，以适应急流底层的洞穴、石缝等环境生息，如鮡科、条鳅亚科和鯰科鱼类；一类身体长形而稍侧扁，尾柄长，尾鳍强健，触须发达，以快速的流动能力适应峡谷急流水体底层的多种环境，如裂腹鱼亚科的鱼类和圆口铜鱼、老鳍吻鮈等鱼类。繁殖行为有些种类常集成上百上千尾的繁殖群体，彼此紧接或吸附，确保繁殖的成功，如墨头鱼、长鳍吻鮈等鱼类；一些种类进入洞穴中产卵，如泉水鱼、云南盘鮈等鱼类。这些物种的特性突出地表现为对峡谷急流水体底层多种环境的适应。高海拔、严寒和强烈日照辐射的水域类型，是雅碧江上游环境的突出特点。能适应这一严酷自然条件的鱼类不多，主要是裂腹鱼亚科中较特化和特化的属种和鳅亚科的一些种类。此外，只有姚科的唇鮡进入这一水域底层环境，它们突出的适应性特点是体鳞消失，仅存肩鳞和臀鳞，触须的对数减少或完全消失和具有较深色的体色以及其他一系列的适应性变化。

标题：芒苞草科——单子叶植物一个新科的确认兼论其系统位置
作者：高宝莼
来源：《云南植物研究》，1998年1期
摘要：本文报道了芒苞草属的综合研究结果。
关键词：芒苞草科；多花科；葱科；亲缘关系；系统演化

本文为中国科学院成都地奥科学基金资助。文中认为，芒苞草科的分布范围在我国西南部，康藏高原东南边缘的横断山地。沿雅砻江、金沙江、怒江、澜沧江流域延伸，由横断山西北方向的道孚境内，向西南方向扩展至乡城、稻城，再向西沿唐古拉山山脉，而达西藏（察雅）。其个体的数量逐渐减少，以致趋向消失，尤其是横断山以东地区见不到芒苞草的踪迹，这是因为芒苞草在生态特性上是个严格的干旱河谷灌丛环境条件的植物，所以它向东分布界线为东经103°左右。根据野外考察，在雅砻江上游道孚一带，数量最多，频度最大，可以认为是芒苞草现代的分布中心。

标题：鲜水河上游流域地形因子与土壤有机质、氮、磷和钾相关性研究
作者：刘宇
来源：四川农业大学土壤学，2007年
摘要：据鲜水河上游流域48个样点数据与1981年的土壤普查资料，本文采用RS、GIS、GPS与多元统计结合的方法，研究了鲜水河上游流域土壤有机质、全氮、全磷、速效磷、全钾和速效钾含量随海拔、坡度和坡向的变化特点，并探讨了上述指标与地形因子之间的相关性。
关键词：海拔；坡向；坡度；叠加分析；双变量相关分析

标题：四川道孚县芒苞草生境的植物群落结构和土壤元素含量
作者：王乾　朱单　吴宁　等
来源：《应用与环境生物学报》，2009年1期
摘要：芒苞草是分布于横断山区局部狭小区域的一种单型科植物，在指示植物系统进化和地理环境变迁中具有十分重要的作用和地位。本文对四川省道孚县鲜水河流域的两个芒苞草分布地点（麦粒山和亚卓山）进行了群落学特征和土壤学研究。
关键词：芒苞草；群落；土壤元素；生境；四川道孚

本文为四川省应用基础研究基金、中国科学院知识创新工程重大项目（编号：KZCX2-XB2-02）、中国科学院知识创新工程、国家自然科学基金面上项目（编号：40671181）、国家科技支撑计划课题（编号：2007BAC18B04）资助。

作者认为,芒苞草作为国家二级保护植物,没有显著的药用价值和饲草价值。在当地还没有采集和使用习惯的时候,保护部门应当加强资源管理,防止收购,建立适当的以保护自然生态为目的的保护区。保护的核心问题是人的问题,与高原牧区相比,峡谷地带人口相对集中,区域的农牧经济活动对芒苞草构成一定的威胁。随着人口的增加以及基础设施的完善,人为破坏程度还将不断增强,调整当地经济结构,减少对自然资源的依赖,是保护当地生态的重要途径。道孚作为甘孜州气候条件最好的草地县,拥有丰富的民族文化资源,比如道孚民居和鲜水河走婚大峡谷等,都是极好的旅游资源,在自然景观上,有龙灯草原和多个自然保护区,天然林覆盖率也很高。这些自然和文化资源为发展生态旅游提供了很好的基础,如能加以合理利用,定会起到保护包括芒苞草在内的自然资源的作用。

标题:道孚猴结之初步分析
作者:何朗 李林 胡欣
来源:《中医药导报》,2013年3期
摘要:目的:初步分析猴结的成分构成及是否具备药用价值。方法:猴结样品在四川大学华西药学院采用全检法进行检验。结果:猴结呈褐紫色不规则固体,有明显腥臭气,置于空气中有较强吸湿性,镜下可见不定型团块、粒状结晶、动物毛发和组织碎片等;猴结水溶性浸出物为35.67%,醇溶性浸出物为4.60%;猴结可能含有蛋白质、氨基酸、苷类等,不含生物碱类和糖类;猴结中微生物种群数量较高,检出了大肠菌群。结论:猴结为一多种成分的复合物,质量难以控制,已有的检测结果不能肯定其药用价值,尚需深入研究。
关键词:猴结;分析
文中检验猴结样品均采集自扎坝地区。

(九)预防医学与公共卫生

标题:四川省雅江县绦/囊虫病的流行病学调查
作者:黄江 阿斗塔 龙昌平 等
来源:《热带医学杂志》,2007年12期
摘要:目的:了解绦/囊虫病在四川雅江县的流行特点。方法:采用传统流行病学调查方法(即询问病史、驱虫、观察皮下结节等)对雅江县相邻7个村寨进行绦/囊虫病调查,并对59位年龄在10~73岁有临床表现的病人(男55,女4)进行驱虫治疗,并对皮下结节病人进行了初步调查。结果:在55例男性患者

中有 20 人驱出虫体，在 4 例女性患者中有 1 人驱出虫体（为猪带绦虫），驱虫率达 35.59%；皮下结节患者共 18 人。该地区绦/囊虫病流行的主要原因可能是当地群众喜欢生吃牛肉、猪肉。结论：四川省雅江县绦/囊虫病感染严重，患者主要是青壮年。

关键词：绦/囊虫病；流行病学调查

本文为国家自然科学基金（编号：30760227）、贵州省科技攻关项目[黔科合 NY 字（2006）3037]资助。作者在雅江县近郊呷拉乡的呷拉村、苦乐村、昆地村、西地村、角泥堡村，河口镇麻子寿村，瓦多乡等 7 个乡寨进行了调查。认为：绦/囊虫病是一种呈世界性分布的食源性寄生虫病，主要是由不良的饮食卫生习惯引起的。这次调查的四川省雅江县主要是藏族聚居地区，绦虫病/囊尾蚴病是藏区人群严重的公共健康问题，其原因主要有：1. 藏民有喜食生猪肉、牛肉的习惯，食生牛肉是将生的牛肉沾辣椒或花椒等佐料直接食用，当地部分藏民还有一种饮食习惯，喜食"臭猪肉"，用泥土把生的猪肉包裹起来，风干并放上一段时间后直接食用；2. 随地大小便，藏族村寨几乎没有厕所，粪便直接拉到土壤或河沟边，放养的牛或猪很容易食入人的粪便；3. 卫生条件和习惯较差，本次调查发现绦/囊虫病在差的卫生条件下传播更为活跃。

标题：四川藏区艾滋病预防干预的人类学实践——以扎巴藏族走婚人群为例
作者：尚云川　范琼雯
来源：《西藏民族学院学报（哲学社会科学版）》，2010 年 6 期
摘要：艾滋病以前所未有的速度在中国大地蔓延。在四川藏区，艾滋病的几种传播途径并存。由于藏区农牧民群众卫生知识的匮乏、缺乏自我保护意识和能力，在今后的一段时间，这种传播趋势可能还会持续。本文系笔者通过实施七个藏区艾滋病防治知识宣传项目，对艾滋病在藏区的传播的途径所作的人类学探讨，并在此基础上提出的藏区防治艾滋病模式。

关键词：四川藏区；走婚人群；艾滋病；防治

标题：四川藏区艾滋病预防干预的人类学实践——以扎巴藏族走婚人群为例
作者：尚云川
来源：《第二届中国人类学民族学中青年学者高级研修班论文集》
会议名称：人类学民族学研究会主办"第二届中国人类学民族学中青年学者高级研修班"
会议时间：2012 年 7 月 19 日
会议地点：中国青海西宁

（十）林　学

标题：四川环境平衡与人类活动关系的初步分析

作者：郑霖

来源：《生态学杂志》，1982年2期

摘要：本文主要分析四川省环境平衡破坏的一些实例，以及经济活动与环境平衡的关系，并指出环境失调的后果，以求引起重视，达到努力维持环境平衡的目的。

关键词：森林资源；木材生产基地；四川环境；林业企业；毁林开荒

文中提及经济活动是影响四川环境平衡的因素之一，并且随着社会发展，这种影响的深度与广度不断扩大，因此更应引起注意。大量的过伐、滥伐、火烧是森林面积急剧下降，环境平衡破坏的主要人为因素。理县米亚罗和道孚扎坝林区森林砍伐后，前者小河水量减少1/2，后者河流水量减少2/3和3/4。

标题：航空护林在扑救森林大火中的作用

作者：袁天平　张步春　黄君瑶　等

来源：《四川林业科技》，2000年1期

摘要：本文分析了森林大火的形成及特征，阐述了航空护林在扑救森林大火时的主要措施及作用。

关键词：航空护林；森林大火

文中提及在扑救1995年4月21日扎坝火场中，直升机仅用1小时50分钟将离火场300公里的扑火多用铲、二号打火工具、火场电台等1吨多的扑火物资空运到了火场，同时从火灾发生地县城空运了食品、水等生活物资到火场，解决了地面运输耗时费力、延误战机等弊端，为及时控制和扑灭该火场起到了积极作用。

标题：使用林区直升机起降点提高航护效益

作者：袁天平

来源：《森林防火》，2000年4期

关键词：航空护林；森林火灾；森林防火

文中介绍了道孚直升机起降点成立的历史。其由1996年经军委空军、林业部批准，四川省护林防火指挥部、林业厅、西南航空护林总站协同建设，位于川西高原重点林区和高火险区域的道孚县境内，海拔2900 m，航护飞行条件良好，供中型和适应高原飞行的直升机起降使用,经过 1997 年首次试飞成功和 1999 年春季航护证明,航护效益明显。文中认为以道孚起降点为起降基地,每条航线的航程短,一旦有火情,火场与起降点的距离近,根据火场海拔高度和气象等环境条件,计算出恰当的载油量,增加扑火队员及扑火物资的运载能力,提高对森林火灾的扑救能力。该措施解决了以前满油量飞行,可载人(物)量少,对火灾控制能力低的矛盾。

标题:川西高原高山峡谷林区航空护林发展初探
作者:杨兆西
来源:《森林防火》,2004 年 3 期
摘要:本文以成都航空护林站多年来在自然条件差、火险等级高的川西高原高山峡谷林区的航空护林实践为例,阐明了要做好该类地区的航空护林工作,必须不断探索航空直接灭火新技术,搞好护区的航空直接灭火技术适宜区域区划,依托现有森林防火的基础设施建设为航空直接灭火创造条件。同时,要加快人工增雨技术在航空护林中运用的探索,加强宣传、扩大影响,树立航空护林良好的社会形象。
关键词:航空护林;川西高原;灭火;人工增雨
文中提及在 1994 年雅江八角楼、1995 年道孚扎坝、1997 年雅江木绒、2001 年雅江呷拉等重要火场扑救中,成都站及时出动飞机侦察火情,为指挥员决策扑救措施提供了准确信息,并快速为火场空运了扑火工具,食品等救灾物资,运载了国家林业局、省、州、市及现场指挥员对火区进行巡察,了解火场全貌和发展趋势。

三、1949 年后扎坝藏族宣传与介绍资料

标题:一次森林火灾拍摄散记
作者:姜维明
来源:《新闻界》,1985 年 2 期
简介:本文记述了在 1984 年 2 月 24 日扎坝区扎木山发生特大森林火灾后,作者在火灾现场拍摄的所见所闻。

标题：中国的少数民族语文
作者：王兴佳
来源：《乌鲁木齐成人教育学院学报》，1996 年 3 期
简介：文章在藏缅语族语言羌语支一段中简要介绍了扎坝语。

标题：走进遥远的年代——道孚民俗之旅
作者：青鸟探路
来源：《西藏旅游》，2002 年 4 期
简介：本文为道孚民俗之旅的咨询路线，含详尽的路线及食宿咨询。

标题：闯入"走婚大峡谷"
作者：李想
来源：《羊城晚报》，2003 年 3 月 30 日

标题：扎坝风情
作者：田永胜
来源：《中州今古》，2002 年 3 期
简介：本文介绍了扎坝区概况、走婚习俗和居住及饮食情况。

标题：世上还有多少"女儿国"
作者：马文会
来源：《中国商报》，2003 年 5 月 27 日
简介：本文简介了全球遗存的"女儿国"风俗，介绍了冰岛女儿国、新西兰女儿国和中国道孚女儿国三个景点。

标题：闯入"走婚大峡谷"
作者：李想　雷宇
来源：《晚报文萃》，2003 年 5 期
简介：春节过后不久，成都人罗乐找到了记者，他在甘孜州道孚县发现了一个距县城约 80 公里、深达 40 多公里的深山大峡谷，那里有一个至今仍保存着类似于泸沽湖走婚习俗的深山部落。

标题：道孚飞白
作者：焦虎三

来源：《西藏旅游》，2003年6期

简介：本文为作者2003年扎坝游记，共分7个小节。其中，"万籁俱寂的扎坝"与"走婚人家肖彭措"两节介绍了扎坝的民风民俗。

标题：探秘"走婚大峡谷"
作者：周羿翔
来源：《西藏旅游》，2003年6期

简介：本文分"走进大峡谷""碉楼·臭猪肉""难解之谜——失踪的东女国"三节，较详尽采访和记录了扎坝独特的民风民俗。文中引用茨珠的观点，认为母系氏族是人类在生产力还不发达的时候所必经的一个社会阶段，是以直系血缘来维系的家庭关系。随着人类生产力的发展，母系社会逐渐被父系社会所取代。但是，在一些生产力很不发达的地区和与外界交流几乎隔绝的地区，有可能母系社会得以保存，扎坝就是一个典型。

标题：扎坝：遗失在雅砻江深谷中的走婚部落
作者：涂薇　李天社
来源：《中国西部》，2003年6期

简介：泸沽湖摩梭"女儿国"的走婚习俗无端地为她增添了几许撩人的神韵。而生活在距四川成都600公里的甘孜藏族自治州道孚县晚内的扎坝人，千百年来，很少有人知道他们夜晚徒手攀高碉，为爱情"飞檐走壁"的奇特风俗。比之摩梭人的走婚方式，扎坝人的"爬房子"求婚更惊险，更刺激，更彰显扎坝男子剽悍热烈的性格魅力。

标题：族群·行走
作者：焦虎三
来源：《西藏旅游》，2004年1期

简介：在藏彝走廊，民族渊源颇为复杂，文化呈多元现象。现今这一地区居住有藏、羌、彝、纳西、普米、白、怒、傈僳、独龙、阿昌、拉祜、景颇、基诺、崩龙以及蒙、回等民族，同时还有尚待进一步识别的民族。多元的文化、民俗现象共存，使走廊的人文旅游之途五彩缤纷，各具神韵。

标题：走婚部落的远古镜像
作者：林俊华
来源：《西藏旅游》，2004年2期

简介：本文全面介绍了扎坝藏族的文化习俗，并对其族源进行了考证。

标题：我走进扎坝"女儿国"
作者：廖移海
来源：《北京科技报》，2004年1月28日A14版

标题：走出原始部落的摩梭姑娘
作者：双蝶；冷文浩
来源：《新西部》，2004年3期
简介：长年生活在川滇高原泸沽湖畔的摩梭人，因为至今保留着古老的、被人们称为"人类早期婚姻活化石"的"走婚制"而吸引了外界越来越多的目光。但是，随着旅游业的发展，这个被称为"东方女儿国"的神秘族群，在打破以往宁静和封闭的生存状态的同时，其生活方式、家庭结构和思想观念、婚姻习俗也在发生着巨大的变化，越来越多的摩梭女孩选择了与祖辈不同的带有"叛逆"色彩的生活道路。"走婚"这种古老的、带有人类早期母系氏族时代社会结构特征的婚姻习俗，仅存在于极少数自然环境封闭又可自给自足的民族地区。目前国内发现的存留"走婚习俗"的有泸沽湖摩梭人和四川扎坝藏族两处。而摩梭人的走婚制随着泸沽湖旅游业的开发与兴起，早已广为人知，但大多数人还是知之不详，甚至以讹传讹。

标题：大山深处的走婚部落
作者：廖移海
来源：《中国西藏》（中文版），2004年3期
简介：扎坝大峡谷地处四川省甘孜藏族自治州道孚县南端，海拔2720米，东邻道孚县八美区，南与雅江县接壤，西与新龙县毗邻，辖仲尼、红顶、亚卓、扎拖、下拖5个乡，近6000人，距离道孚县城72公里，距离成都约620公里。笔者在道孚生活已有近30年，对扎坝地区独特的语言和臭猪肉虽然听说过，但却对"扎坝走婚"一说并不知情，也不知道"走婚"到底是怎样。直到2003年5月到扎坝地区的红顶乡任党委副书记，走进了这片神奇的土地，才对"扎坝走婚"有了更多的了解。

标题：飞檐走壁会情人
作者：林夕
来源：《旅游纵览》，2004年4期

简介：本文为作者对雅江片区扎坝人走婚习俗的采访和报道。

标题：神秘康巴轻撩面纱
作者：佚名
来源：《四川日报》，2004年9月3日
简介：本文为第四届康巴艺术节开幕式的特写，介绍了道孚县的扎坝碉楼和古老的走婚习俗。

标题：扎巴人的佳肴臭猪肉
作者：冯敏
来源：《四川烹饪》，2005年1期
简介：本文是对扎坝人"臭猪肉"习俗的调查和介绍。

标题：农机人为道孚做了些什么？
作者：王熙霞
来源：《四川农机》，2005年3期
简介：2005年凉山州道孚县组织了"我为道孚做了些什么，还将做什么"为主题的演讲活动。本文为道孚县农机局王熙霞撰写的一等奖演讲稿，文中介绍了农机人建设扎坝电视发射塔焊接项目时的先进事迹。

标题：道孚县举办首届"安巴农耕文化节"
作者：邓君　佘和平　张永才
来源：《甘孜日报（汉文）》，2005年7月22日1版
简介：本文为道孚县首届"安巴农耕文化节"开幕式报道。道孚作为"情歌故乡的后花园""五彩文化的金色家园"和"藏民居艺术之都"，是镶嵌在康北高原的一颗璀璨明珠。在这片神奇广袤的土地上，有具独特走婚文化的扎坝秘境。

标题：寻踪扎坝走婚人家
作者：焦虎三
来源：《旅游纵览》，2005年第10期
简介：本文记录了作者对扎坝人走婚习俗的采访。

标题：揭开女儿国消失之谜
作者：刘慧

来源：《北京科技报》，2005年12月14日5版
简介：扎坝依旧保留着东女国的古老习俗。

标题：相聚木雅风情节
作者：宁洪　钱江
来源：《甘孜日报（汉文）》，2005年7月21日2版
简介：中国木雅风情节历时5天，虽然时间短暂，却令省内外游客流连忘返。目前，雅江县正以木雅风情节活动为载体，倾力打造"木雅文化""雅砻江走婚大峡谷""康巴汉子村"三大文化旅游品牌，做好生态旅游、民族文化这两篇文章。相信不久的将来，这里必将成为旅游探谜的热土。

标题：黑陶部落的最后传人
作者：焦虎三
来源：《中国民族报》，2005年10月28日12版
简介：本文介绍了扎坝黑陶的制作工艺流程及艺人现状。

标题：神秘川藏部落的婚俗
作者：德芳
来源：《农业知识》，2005年16期
简介：从地图上看，鲜水河、泸沽湖位于雅砻江上下游。前不久，一支由《中国国家地理》杂志组织的科考队深入这里，试图揭开两种婚姻制度的神秘面纱。

标题：道孚农牧区基层组织建设又出新招
作者：刘鹏
来源：《甘孜日报（汉文）》，2006年1月12日1版
简介：道孚县在加强农牧区基层组织建设工作中，狠抓工作落实，突出硬件建设，坚持重心下移，切实解决区乡干部工作、生活等方面的实际困难，在相继为区乡干部提高公务经费，提高村干部补贴，改善区乡办公条件，并组织区乡干部进行健康体检，"安心工程"50%用于区乡干部等一系列措施后，又为区乡配备工作用车，专门拨出专款34.48万元，由政府集中采购、统一上户、购买各种保险和养路费，为八美工委、扎坝工委、下拖乡、沙冲乡、银恩乡配备了工作用车，并配备了专职驾驶员，其余乡镇、工委的工作用车将在三年内陆续解决，这进一步激发了区乡干部工作热情。

标题：深山"孤岛"扎坝探秘记
作者：焦虎三
来源：《新旅游报》，2006年1月刊

标题：高山峡谷里的幸福路
作者：廖移海
来源：《四川党的建设（农村版）》，2006年1期
简介：在距道孚县城70多公里的扎坝地区，高山峡谷中随处可见党员、干部带领群众修建通村公路的忙碌身影。从仲尼乡亚宗麻宗村到下拖乡下瓦然村，全区五个乡，正在修建的通村公路有13条，总里程100多公里。

标题：深山"孤岛"扎坝探秘记
作者：焦虎三
来源：《读友报》，2006年1月12日

标题：一妻多夫女儿国
作者：鲁元
来源：《科学大观园》，2006年2期
简介：当作者深入横断山脉雅砻江走婚大峡谷采风，在发现古老神秘的母系氏族"走婚部落"的同时，也发现了许多女国文化遗风。比如，在雅砻江流域和大渡河流域迄今仍流行多种走婚习俗：爬房子、钻帐篷、顶毽衫、抢手帕等。婚姻形式除对偶婚外，还存在一妻多夫、一夫多妻、母系单系家庭，另外，从妇居的家庭也很普遍。这些婚姻形式和家庭组成，无不是以女性为中心。

标题：四川扎坝：母系社会又一支
作者：焦虎三
来源：《民主与法制》，2006年3月13日

标题：美好明天不是梦
作者：李庆林　蔡明
来源：《甘孜日报（汉文）》，2006年5月1日1版
简介：州委副书记带队的调研工作组一行4月下旬前往甘孜州区域性贫困最严重的鲜水河流域进行了为期一周的调研报道。

标题：道孚立足县情加快工业发展步伐
作者：道宣
来源：《中国经营报》，2006年7月3日44版
简介：文中提及要推进抢救民族民间手工工艺品加工业开发步伐，引进民间资金、发掘民间艺人，力争在八美、鲜水镇和扎坝等地形成加工营销规模。

标题：走进藏地生活
作者：邬静娜
来源：《甘孜日报（汉文）》，2006年7月14日2版
简介：本文介绍了扎坝走婚习俗。

标题：扎坝，走婚人家探秘记
作者：焦虎三
来源：《民族论坛》，2006年9期

标题：石头与夯土的乐章
作者：焦虎三
来源：《中国国家地理》，2006年10期
简介：本文为《中国国家地理》"中国人的景观大道——318国道之旅"的特约稿件。文中全面介绍了318国道藏区内的民居风貌。

标题：走婚人家探秘记
作者：焦虎三
来源：《中国地名》，2006年10期
简介：本文采访并介绍了扎坝走婚情况。

标题：孤岛中的"东方金字塔"
作者：焦虎三
来源：《中国地名》，2006年10期
简介：本文采访并介绍扎坝的碉楼建筑及族群源流。

标题：黑陶部落的最后传人
作者：焦虎三
来源：《中国地名》，2006年10期

简介：本文采访并介绍了扎坝的黑陶制作工艺流程。

标题：解读扎坝
作者：焦虎三
来源：《中国西部》，2006 年 11 期
简介：本文对"扎坝"的行政、地理和族群概念进行了诠释。

标题：神秘自葬
作者：焦虎三
来源：《中国西部》，2006 年 11 期
简介：本文介绍了扎坝的自葬习俗。

标题：1938 年，一个查赈者眼中的扎坝
作者：焦虎三
来源：《中国西部》，2006 年 11 期
简介：本文为 1938 年赵留芳在扎坝查赈所作记录的翻写。

标题：从扎坝开始的远行
作者：李华
来源：《中国西部》，2006 年 11 期
简介：本文为作者对焦虎三的采访报道，记录了后者对扎坝的眷恋之情。

标题：文化产业辉耀巴蜀
作者：余长安　侯珂珂
来源：《光明日报》，2006 年 11 月 30 日 1 版
简介：7 月 11 日，中国·四川·道孚第二届安巴农耕文化旅游节在四川甘孜州道孚举行。康定民族师专教授林俊华认为，"扎坝文化"应成为道孚旅游开发中的名牌。扎坝位于道孚和雅江之间，离中心城市相对较近，扎坝的走婚文化、母系文化、黑陶文化、以碉楼为核心的民居文化、以臭猪肉为代表的饮食文化等，具有鲜明的地域特色，是国际国内十分稀缺的旅游资源。

标题：为藏民"找钱袋"的藏学家
作者：刘燕
来源：《四川日报》，2006 年 12 月 22 日

摘要：鲜水河谷深处的扎坝人母系社会痕迹特别典型，家庭关系非常复杂，值得深研。同时，任新建提出了打造"走婚"景观，他的观点引起了各方关注。而今，甘孜州已打造出丹巴、道孚、雅江等风情旅游带，其思路被誉为发现了另一个"金矿"。

标题：凝固在川藏大地上的建筑符号——藏式民居
作者：焦虎三
来源：《中国国家地理》，2006 年 10 期
简介：该文为"3.18 国道专辑"特稿之一，文中重点介绍了扎坝碉楼。

标题：黑陶部落的最后传人
作者：焦虎三
来源：《中国西部》，2006 年 11 期

标题：黑陶
作者：焦虎三
来源：《大视野》，2007 年 3 期
简介：本文采访并介绍了扎坝的黑陶制作工艺流程。

标题：生态旅游景点介绍
作者：黄宇　方谦华　王放　等
来源：《华夏地理》，2007 年 5 期
简介：雅砻江走婚大峡谷内的庆大沟森林公园，属"下扎坝"的木绒乡和呷拉乡，因有神秘的走婚习俗、独特的语言、奇异的饮食、独村一帜的服饰而闻名。因原始、古朴、自然、神秘而怪异被列入第一批"2007 生态旅游潜力点"推荐单位。

标题：道孚县关注民生见行动
作者：何霞　彭岚
来源：《甘孜日报（汉文）》，2007 年 5 月 11 日 2 版

标题：道孚县实现跨越发展和长治久安
作者：松呷
来源：《甘孜日报（汉文）》，2007 年 5 月 21 日 3 版

简介：文中提及要扎实推进两河口电站扎坝库区移民安置规划工作，探索建立生态补偿和利益共享机制，要立足"环贡嘎山两小时旅游经济圈"的区位优势，大力打造道孚民居、八美土石等七大旅游品牌；加大民族手工艺品的开发力度，搞好深度加工，延伸产业链条，提高增值力，把资源优势转变为经济优势。

标题：揭开"女儿国"消失之谜
作者：余申芳
来源：《西部时报》，2007年5月22日11版
简介：本文为"发现"东女国中心区域的新闻报道。

标题：道孚县精心部署迎州庆
作者：李映　敬菊梅
来源：《甘孜日报（汉文）》，2010年5月27日1版
简介：为庆祝建州60周年，道孚县将民族民间传统舞蹈——嘛呢舞列为州庆献礼项目，并于近日前往扎坝片区安排部署相关工作，切实做到早安排、早落实、早完成。

标题：山水间那是一道最绚烂的风情——四川民族文化掠影
作者：李锦
来源：《四川党的建设（城市版）》，2007年8期
简介：康巴文化是同一民族内部互动的典型代表。以甘孜州为核心的康巴藏区，就是藏文化圈中最富文化多样性的区域。以语言为例，这里的藏族以讲藏语的康方言为主，在牧区的则讲藏语的安多方言，有的地方还讲嘉戎语、尔苏语、木雅语、道孚（尔龚）语、扎坝语、贵琼语、却域语等藏缅语族中的一些其他语言。与此对应，不同的语言区域内保留着不同的文化，在房屋建筑、服饰饮食、风俗习惯等方面，都形成了甘孜州民族文化资源的丰富性。

标题：思想的造物——雅砻江的人文简史
作者：蒋蓝　胡小平
来源：《中国西部》，2007年Z2期
简介：本文叙述了雅砻江河谷居民的语言复杂问题。举例子而言，扎坝人居住在雅砻江支流鲜水河和庆大河幽深的峡谷中，这个部落的人使用一种外人不懂的语言。"扎坝"藏语意为悬崖中形成的沟壑。关于它的历史渊源，英国人沃尔

苏顿在《西夏文西藏译音说》中就断言："扎坝人就是早已消失的西夏王朝后裔，独特的地理位置造就了他们特有的生活习俗。"扎坝藏语中用的词汇几乎都是古藏语，这正如上海复旦大学语言系教授龚群虎所说："扎坝语是藏缅语系中比较古老的藏语分支。"

标题：神秘的走婚 绚丽的宫殿——川藏探奇话道孚
作者：张波
来源：《摩托车》，2008年1期
简介：本文介绍了扎坝的走婚习俗与碉楼、臭猪肉等文化。

标题：历史上真实的女儿国：女人为王男人做兵
作者：佚名
来源：《科学大观园》2008年9期
简介：扎坝依旧保留着东女国的古老习俗。

标题：三十年变迁话辉煌
作者：中共道孚县委宣传部
来源：《甘孜日报（汉文）》，2008年11月21日4版
简介：本文为道孚县改革开放30年成绩综合的官方报道。切实加强文化阵地建设中重点谈及2006年扎坝嘛呢经舞成功申报为省级非物质文化遗产。

标题：在四川甘孜体验走婚的扎坝女儿国
作者：焦虎三　林俊华
来源：《都市周游》，2009年2月
简介：作者对扎坝走婚进行的调查与采访的游记。

标题：康北藏区的道孚民居
作者：胡杨
来源：《科学大观园》，2009年4期
简介：该文以介绍道孚县民居为主，同时认为扎坝大峡谷的"走婚"习俗延续至今，神秘奇特。

标题：甘孜州纪念新中国成立60周年暨民主改革50周年理论研讨文章选登（上）

作者：曾雪玫

来源：《甘孜日报（汉文）》，2009年10月15日3版

简介：在《保护文化遗产 高扬发展旗帜》一文中，作者认为：我州省级"非遗"项目雅砻江河谷（扎坝）藏族母系氏族习俗等，一直处于活态流变之中，它会随着传承人的变化而变化，会随着生活环境和条件的变化而变化，有的几乎不可能采用原生态保护的措施。因此必须与当地的民俗、民众生活相结合，采取动态的、活态的、流变性的保护措施加以保护。既不能任其自生自灭，又不能简单地用现代的手段将其记录下来，送入博物馆完事。

标题：书讯

作者：佚名

来源：《中国西藏（中文版）》，2009年5期

简介：报道中介绍了林俊华所著的《走廊上的秘境》（四川民族出版社，2007年）。书中多篇文章论及扎坝。

标题：黑陶部落的最后传人

作者：焦虎三

来源：《中华手工》，2009年11期

标题：藏彝走廊语言文化解读

作者：李一如

来源：《西江月》，2010年2期

简介：本文为藏彝走廊少数民族语言的简介，作者认为扎坝语是一种弱势语言。

标题：锦绣雅江满眼春

作者：佚名

来源：《四川日报》，2010年10月11日6版

简介：本文为雅江县60年发展的综述。文中指出地处鲜水河流域的雅江扎坝地区至今完整地延续了走婚习俗和"飞檐走壁"式的爬窗幽会的浪漫爱情故事。被誉为世界濒危语言的"扎坝语"因其语言孤岛现象而引起了海内外学者的高度重视。

标题：抒写和谐美丽富裕新画卷

作者：佚名

来源：《四川日报》，2010年10月8日7版

简介：本文为道孚县60年发展的综述。在"县情展示"中提及县内还存有语言、婚俗、服饰等都与外界不同的"人类最后的走婚部落"——扎坝走婚大峡谷。箱式建筑的道孚民居名扬海外，这里被誉为"藏民居艺术之都"。

标题：女儿国

作者：朱辉

来源：《中国新闻周刊》，2010年19期

简介：自从《西游记》问世，女儿国就成了一个热门话题。国人有两个嗜好：一好刨根问底，二好牵强附会，于是女儿国有了许多不同版本的研究结果。根据《旧唐书》中的描述，有专家考证出女儿国即"东女国"，位于川、藏交界的扎坝，长期保留着母系社会风俗。此类研究还有许多，不过都没有被传播开去。中国的文学作品讲意境，一旦落到实处，便失去了意淫的空间，也就无趣了，女儿国亦是如此。

标题：康巴腹心·道孚

作者：田华

来源：电子科大出版社，2010年10月版

简介：本书为四川省甘孜州道孚县精品旅游区导览。书中根据自然景观和人文景观组合特点，将道孚县精品旅游区分为鲜水镇——玉科大草原生态文化旅游区、八美生态文化旅游区、扎坝走婚文化大峡谷旅游区等。并以"最后的走婚部落——扎坝走婚大峡谷""雄奇的鲜水河大峡谷""飞檐走壁的爱情""淳朴的世外秘境"与"扎坝走婚大峡谷之谜"等章节介绍了扎坝藏族。

标题：高原上的人间仙境——走进道孚县

作者：小树

来源：《椰城》，2011年1期

简介：本文为作者在道孚与扎坝的游记。

标题：一片真情在道孚

作者：部办

来源：《甘孜日报（汉文）2》，2011年4月27日3版

简介：本文介绍了仪陇县援助道孚挂职干部李平的先进事迹。文中提到：在来道孚的第二天，他放弃休息时间，在当地干部的陪同下，克服高原反应、水土不服、环境陌生、语言不通等困难，深入到该县最偏远、最贫穷的扎坝片区，就库区移民、富民增收、交通网络改造、走婚文化传承等工作展开基层调研。扎坝片区高山林立，羊肠小道在山林中盘旋，脚下是奔腾的鲜水河，稍不留神，就有可能葬身河中。他坚定的脚步行走在扎坝片区5个乡镇的山水之间，饿了，就吃随身带的馍馍；渴了，就喝身旁的山泉；困了，就靠在路旁打个盹……他就是这样一点一滴掌握民族地区政策和藏区工作方法的。

标题：炉霍赋
作者：任新建　李明泉
来源：《中华文化论坛》，2011年4期
简介：文中结尾言："弯弓搭箭蓄势符发，雪域天珠当世惊。"作者将"弯弓"释为取鲜水河流域"弓形文化带"之说。此带上有五六种特殊的语言、有明显的体质人类学上差异的不同族群、有特别的社会风俗（如走婚等）。炉霍是鲜水的起点和主要流经地，是这一弓形文化带上的典型。搭箭，隐含打箭炉之"箭"意。天珠，又名九眼石，藏语称为"日"，唯喜马拉雅山域藏地仅有而异地绝无，是藏民心目中的稀有圣物，传说是龙嘴里吐出来的宝贝。此处借用"天珠"比喻炉霍大放天华，精妙绝伦，吉祥如意，举世惊艳。

标题：藏彝走廊　腹地明珠
作者：《文明》，2011年8期
来源：石硕　郑云峰
简介：本文简介了藏彝走廊的地理与文化特点。

标题：扎坝走婚
作者：赖广昌
来源：《扬子晚报》，2011年9月1日
简介：本文为作者对扎坝走婚进行的田野调查的游记。

标题：藏彝走廊　腹地明珠
作者：《资本市场》，2011年9期

来源：石硕　郑云峰

简介：本文简介了藏彝走廊的地理与文化特点。

标题：扎坝峡谷探碉房

作者：董静

来源：《室内设计与装修》，2011 年 11 期

简介：竖立在大峡谷岩壁上的碉楼则是另外一番面貌，它的主要用材是石头，远看它几乎是山体上的一个个突起。要靠近视线中这些神秘莫测的碉房，必须进入大峡谷，历经惊心动魄的行程。

标题：扎坝走婚

作者：赖广昌

来源：《文苑》，2012 年第 5 期

标题：扎坝走婚

作者：赖广昌

来源：《郑州日报》，2012 年 5 月 25 日 100 版

标题：道孚　溜索改桥纳入省州项目库

作者：李雪梅　朱俊杰

来源：《甘孜日报（汉文）》，2012 年 6 月 16 日 2 版

简介：道孚县扎坝、盘龙地区地处鲜水河沿线，过河难的问题一直成为当地老百姓的一件大事，长期靠溜索渡河，大大地影响了当地老百姓的出行安全。根据省、州溜索改桥的相关政策，该县交通运输部门对全县的溜索进行了全面调查。经过核查，12 座溜索均纳入了省、州项目库。

标题：唱响共谋发展"同一首歌"

作者：严伟

来源：《甘孜日报（汉文）》，2012 年 9 月 1 日 1 版

简介：根据道孚县与天全县区域合作框架协议，两地将重点围绕两县在精品旅游景区、旅游线路、旅游市场培育、旅游文化品牌塑造、旅游市场整顿规范和旅游人才培养等方面的深度合作，加大道孚民居、亚拉风景区、扎坝走婚文化、

牧民新村等旅游资源的合作开发力度，把资源优势转化为经济优势。

标题：抓文化就是抓发展
作者：泽央　夏琴
来源：《甘孜日报（汉文）》，2012年9月1日3版
简介：本文为2012年上半年全州文化系统成绩的综述。其中谈及的组织扎坝嘛呢舞等非遗歌舞参加香港"根与魂"四川非物质文化遗产展演，赢得了领导和观众的赞誉。

标题：道孚吹响旅游开发冲锋号
作者：严伟
来源：《甘孜日报（汉文）》，2012年10月10日2版
简介：道孚县旅游发展规划（2013-2030）（修编）评审会在成都举行。总体规划思路是以市场为导向，通过深入挖掘道孚深厚的历史宗教文化、民居艺术文化、浓郁的康巴风情以及独特的高原自然生态，突出以惠远寺、灵雀寺、燃姑寺、甲洼绒群为代表的宗教圣地，以扎坝的莫洛古寨和巴里藏寨为代表的母系制走婚部落，以玉科草原、龙灯草原为代表的草原风情，以土石林为代表的地质奇观，以道孚名居艺术为代表的道孚古城，着重开发自然生态与康巴文化观光、休闲度假和专项旅游产品，并通过三大类产品的开发，形成复合型多元化旅游产品体系，满足不同旅游需求，促进道孚县旅游业的发展。

标题：琵琶猪和猪膘肉文化
作者：王翔
来源：《肉类工业》，2012年10期
简介：本文简介了道孚亚卓乡巴里村的"臭猪肉"。

标题：南充人探秘：扎坝——最后的"走婚部落"飞檐走壁的爱情
作者：吴奉天
来源：《南充日报》，2012年11月5日

标题：四川省道孚县扎拖乡制陶现状考察
作者：徐英

来源：《艺术时尚（下旬刊）》，2013年4期

简介：本文致力于考察四川省道孚县扎坝区扎坝黑陶的制陶现状，深入川西大峡谷对古老制陶技艺有一个更为详细的解析和深刻的认知。

标题：扎坝走婚
作者：赖广昌
来源：《揭阳日报》，2013年11月12日12版

标题：女儿国并不虚幻
作者：书函
来源：《初中生学习（低）》，2012年12期

简介：四川省社科院历史所研究员、四川康藏研究中心的任新建副主任，经过长期研究和实地考察，发现了今天四川甘孜州的丹巴县至道孚县一带就是《旧唐书》中记载的东女国的中心。

标题：道孚县的"吉祥三宝"
作者：危兆盖 鲁磊
来源：《光明日报》，2013年3月28日

简介：本文介绍了道孚县三位基层干部的优秀事迹。其中白马次乃（藏族）时任瓦日乡工委主任兼瓦日乡党委书记，泽仁罗布（藏族），时任麻孜乡党委书记，曾在道孚县孔色乡、扎坝地区基层工作近10年。

标题：郫县牵手道孚 助推经济社会全面发展
作者：赵一
来源：《成都日报》，2014年5月28日5版

简介：本文为郫县对口援藏工作的报道。文中提及援藏队建起了"道孚县特色农业示范园"，走出了一条高原农业"规模经营"的路子，其示范效应是显而易见的。在其辐射带动下，道孚县扎坝片区和玉科片区的群众，也建起蔬菜大棚。

标题："康巴藏族传统村落文史调查工程"正式启动
作者：非遗院
来源：《文化月刊》，2014年16期

简介：本文为四川省甘孜藏族自治州州政协、中国民间文艺家协会、中国非物质文化遗产研究院共同发起与组织的"康巴藏族传统村落文史调查工程"的报道。对调查组首期在扎坝的调查工作进行了介绍。

标题：天上的菊美
作者：奚明轩　鲁磊
来源：《中国民族》，2014年6期
简介：2014年5月，以四川省优秀共产党员、四川省民族团结进步模范个人、甘孜州道孚县瓦日乡原乡长、"最美基层干部"菊美多吉的先进事迹为蓝本创作的电影《天上的菊美》在四川上映。据导演苗月介绍，影片主要从三个阶段展现菊美多吉的人生经历。扎坝地区的扎拖乡是菊美多吉第一次工作的地方，也是他锻炼成长的地方。影片拍摄首站就选在扎坝大峡谷。

标题：最美的菊美　光辉的兰辉
作者：常雄飞
来源：《四川日报》，2014年6月13日
简介：菊美多吉和兰辉，是千千万万党的基层干部中的普通人，正是和他俩一样的无数平凡而伟大的英雄，让我们的事业光芒万丈。

标题：真实再现高原上的崇高情怀
作者：王锋
来源：《中国文化报》，2014年7月10日
简介：以四川省优秀共产党员菊美多吉的先进事迹为蓝本创作，由峨影集团拍摄，阿旺仁青、江疏影、陈瑾、巴登等主演的电影《天上的菊美》，是一部反映当代基层公务人员真实事迹的电影，其展现出来的崇高品质与博大情怀让人感动。

标题：用生命书写的公仆意识
作者：卫昕
来源：《成都日报》，2014年7月22日
简介：以我省优秀基层党员干部菊美多吉和兰辉事迹创作的主旋律电影《天上的菊美》和《兰辉》，公映后引发热烈反响。这两部主旋律电影是扛鼎之作，以真实的力量，艺术的手法，再现了基层干部的人格魅力，震撼心灵。

标题：金刚多吉——观看《天上的菊美》有感
作者：马力
来源：《中国纪检监察》，2014 年 14 期
简介：本文为《天上的菊美》观后感。

标题："女儿国"有个现实版
作者：刘慧
来源：《初中生学习·博闻》，2015 年 4 期
简介：历史上的东女国就处在今天川、滇、藏交汇的雅砻江和大渡河的支流大、小金川一带，那里也是现代有名的女性文化带。扎坝极有可能是东女国残余部落之一，因其至今仍保留着很多东女国母系社会的特点。

标题：基层岁月
作者：李书雄
来源：《贡嘎山（汉文版）》，2015 年 6 期
简介：作者在文中回忆了在扎坝工作与生活的经历：在走婚大峡谷扎坝沉醉在美丽的传说中，感受道孚藏区民俗神秘之美；在无电地区义乌乡见到制作 30 年原生态的臭猪肉，感受藏区餐饮文化古老之美。

标题：四川，锂矿勘查找矿潜力初现
作者：何力
来源：《中国国土资源报》，2016 年 2 月 16 日 5 版
简介：中国地质调查局、地科院资源所、成都地调中心十分重视四川的锂矿地质找矿工作，2012 年起相继在川西锂矿富集区部署了《四川三稀资源综合研究与重点评价》和《四川扎坝—龙古地区矿产地质调查》等工作，由四川省地质调查院承担，取得了显著找矿成果。在甲基卡矿区外围，新发现 9 条锂矿脉，仅对其中的 X03 号矿体经钻孔初步验证，估算新增锂（Li2O）资源量约 64 万吨，为该区找矿注入了新的活力。康定—道孚—雅江地区作为四川省最重要的锂矿资源富集区，2014 年底被列入国家级整装勘查区。近期，《四川康定—道孚—雅江稀有金属整装勘查实施方案（2015-2020 年）》已编制完成，即将正式发布实施。锂矿找矿突破已成为四川省当前地质勘查工作的重点之一，省国土资源厅加大了锂等稀有属矿的整装勘查区勘查工作，通过整装勘查，仅甲基卡矿区锂矿资源就有望突破 200 万吨，有望成为世界级的锂矿资源富集区。

四、扎坝藏族研究与宣传文章精选

藏彝走廊研究中的几个问题

李绍明

本文原刊发于《西南民族大学学报（人文社科版）》2007年1期。

一、走廊理论问题

（一）走廊学说的提出

藏彝走廊是一个学说，费孝通先生对这个问题有五次阐述，2003年我们在藏彝走廊历史与文化研讨会上总结过。其中，他1978年在全国政协关于民族识别会议上的讲话，提出了"民族走廊"的概念，最后一次是在给"藏彝走廊历史与文化研讨会"的信函中，这封信我们已经收集在研讨会论文集的第一篇，也是费先生对藏彝走廊的最后阐述。

费先生最早提出"藏彝走廊"这个概念的原因，就是因为民族研究没有打破省区界限，没有形成多学科的综合研究，没有形成全国一盘棋的局面。对此，我个人深有体会。关于藏彝走廊中的人口问题，我粗略统计过，大约有1000多万人，500多万是少数民族，其他是汉族。其中，藏缅语族的羌语支民族48万人，彝语支民族有293万人，藏语支民族185万，共535万人左右，其他壮侗和苗瑶语族各语支民族的人口约3万人。过去的民族调查和民族研究缺乏整体观念和宏观眼光，仅仅在西南民族研究方面就留下了很多后遗症。比如没有重视民族互动的问题，造成对四川、云南的藏族和普米族，摩梭人和纳西族、蒙古族，贵州的布依族和广西的壮族在族属认识上出现了一些问题。费先生提出藏彝走廊问题，就是基于这样的研究现状而得来的。

2003年，费先生在给会议的信中，把这个问题归结为中华民族多元一体的问题。费先生提出多元一体也是在20世纪80年代，其中非常有意思的是，他最初提出的是"各美其美、美人之美、美美与共，天下大同"，后来，他将"天下大同"改为了"和而不同"。我认为这句话修改得非常好，因为"天下大同"是儒家的思想，而费先生则是从民族角度考虑问题。"和"就是一体，"不同"就是多元。费先生五次提出"藏彝走廊"这个概念，每一次的内涵都不同，直到

2003年，才最终确定"藏彝走廊"这个学术概念的研究目标是为了进一步说明中华民族多元一体的格局问题。

（二）走廊学说的意义

首先，我们深入研究走廊学说，进一步梳理研究思路，对于中国的民族学研究是一笔宝贵的遗产，非常有指导意义。今后我们多民族的国家必须是各民族互相尊重、互相关心，这样才能形成中华民族这个共同体。为此，中国的民族学研究必须打破地区、学科的界限，为国家的长治久安服务。而藏彝走廊仅仅是中华民族全局棋盘中的一个"棋子"而已。

在阐述藏彝走廊研究的重要意义的过程中，费先生还完整地提出中华民族聚居地区是由6大板块和3大走廊构成的格局的看法。关于板块是指：1. 北部草原区；2. 东北部的高山森林区；3. 西南部的青藏高原区；4. 云贵高原区；5. 沿海区；6. 中原区。而走廊是指：1. 藏彝走廊；2. 南岭岭；3. 西北走廊。此中板块是以走廊相联结的，故板块具有相对的稳定性，而走廊则具有相对的流动性。因此，民族走廊更值得深入研究。在这个民族格局的理论中，涉及民族学、民族史、民族关系等诸多学科的内容。为此，必须进行民族学科及其他社会学科的综合研究。

其次，走廊学说涉及中华民族多元一体格局理论，对于整合中华民族、尊重各民族个体，对于中华民族的长治久安都是关键。可见，藏彝走廊研究既有重要的学术意义，也有现实意义。

我们探讨这个理论问题已经二十多年了，但理论深度的挖掘还不够，费先生希望我们来发展这个理论。这是我们西南民族研究中的一个纲领性问题。

二、走廊的范围问题

关于藏彝走廊的范围，大家还没有形成一致的看法。但大多数人认为藏彝走廊与横断山脉、横断山脉中的六江流域关系密切。实际上，横断山脉中的六江流域是藏彝走廊的主要区域，与藏彝走廊大部分地区重合，但横断山脉也不是全部在藏彝走廊内。目前，关于藏彝走廊的范围问题还处于争论之中，比如，有研究者提出走廊北缘应该包括青海的果洛、玉树二州，那么其东南是否到滇东北大关河流域，东缘是否应该包括龙门山脉，南缘止于何处，是否只到大理北部等问题仍需进一步探讨。

同样，藏彝走廊并不是仅指藏彝两个语族的民族，有一些苗瑶、壮侗及其他语族的民族也在这里活动，而藏彝两个语族的民族也绝非仅在走廊中，也有许多超出了这个领域。

总之，藏彝走廊的范围有多大？与横断山脉、六江流域的关系是怎样？这些问题都还应该深入讨论。

三、考古学问题

藏彝走廊的考古发掘工作很不够。现在岷江、大渡河的遗址情况大体上比较清楚，雅砻江、金沙江也有一些相关研究，但远远不够。澜沧江、怒江的就更少。

走廊中的考古学研究工作就更不够，仅岷江、大渡河较有成绩。关键是缺环甚多，不成系统。如距今5000年的茂县营盘山遗址与汉川姜维城遗址、丹巴中路遗址、汉源狮子山遗址都出土了西北马家窑文化彩陶，应为同一文化传播的结果。昌都卡若亦有彩陶，也有受到此文化影响的痕迹，但其他地方尚不清楚。比如马家窑文化的遗存有没有进入成都平原？与成都平原的文化是什么关系？成都平原文化究竟有哪些源头？卡若文化有马家窑文化的影响，但与其他马家窑文化遗址是什么关系也不太清楚。

还有，藏彝走廊内有多处石棺葬发现，以岷江上游为多。许多学者认为它属于不同的文化类型，但这些文化问题究竟是什么关系？岷江上游的尚没有弄清楚，何况还有其他流域。因此，对这些石棺葬的族属确定也就很困难。

另外，粟米文化存在于卡若和岷江上游遗址，应该与西北有联系。

四、民族史问题

对走廊古代民族的族属有不同认识。学术界一般认为，藏彝走廊与氐、羌、戎有关系，有的学者认为不一定，有的认为除了氐羌系外，还有夷系的民族（并非现在彝语支民族先民）、胡系的民族。这些新的观点非常可贵，值得深入研究。夷系包括哪些民族？胡系又包括哪些民族？现在看来，这个走廊中历史上还有苗瑶、壮傣语系的一些民族活动，都值得深入探讨。

关于走廊中藏缅语族各语支民族的族源问题，一般认为来源于西北，但也有许多新的看法。比如一些学者认为彝族的先民就是当地的土著，与古羌没有关系。大部分学者都同意藏彝走廊中的诸民族主要来源于西北，但对他们从哪里来，什么时候来都有不同的解释。

五、民族语言问题

（一）对汉藏语系有不同认识。有人认为没有汉藏语系。承认汉藏语系的学者中，一部分人认为不应该包括壮侗、彝缅语族，认为这两个语族与汉藏语系相差甚远应该是单独的语系。

（二）对小语种的不同认识。对藏彝走廊中的小语种，学术界的看法差距更大。比如嘉绒语是藏语支还是羌语支？纳木依语究竟是羌语支还是彝语支等。由于小语种没有认真地调查，系属很难划分。

语言的研究影响到民族的研究。相同语言的民族在历史上一定有很多的联系，经历过或分或合的历史旅程。

六、民族文化问题

（一）民族文化是一个广义的文化，包括物质文化和精神文化。走廊中各民族有丰富文化，既有各自的特点又有相互的影响。现在我们对走廊研究不够，走廊中民族没有严格意义上的民族志，而是分行政区划来记录的，从而难以对走廊中的民族文化进行文化比较研究。比如走婚文化，尽管今天泸沽湖和扎坝都还有，但这些文化间有什么关系？与东女国有什么关系？都还没有好好研究。

此外，本波文化、碉楼文化也如此。碉楼文化从岷江上游开始，到西藏西部都有，是不是一样的文化？小亚细亚也有，也是一样的吗？因为没有详细的民族志，民族文化的比较研究很难深入。

（二）走廊中各个民族都有自己的宗教，其中原始宗教的遗存很多。各民族的原始宗教间的影响也很大。但我们对各民族原始宗教的比较研究不够。比如，本波教和东巴教的创始人都是一个人，到底谁影响了谁，纳西族和嘉绒藏族各执一词。最近金川县整理的许多资料，都是明清就有的，认为本波教的始祖发源于金川，祖寺是广法寺。这究竟是怎么回事？也需要深入地研究。

（三）羌、藏两个语支文化的联系较密切，而彝语支民族的距离比较远，这些现状是什么原因造成的？还没有深入研究。

（四）民族文化的变迁与调适也应该加紧进行研究。最近我们一直在这个走廊中走，感受到外来文化的冲击太大了，怎样保护民族传统文化？怎样使它和现代化结合起来，需要进一步探讨。

七、生态与民族的关系问题

这是一个近年来才引起重视的问题，虽然有起步了，还是研究得不够，尤其是历史上的生态环境如何影响各民族的生计选择？在新时期，生态变化将怎样改变传统经济？新的经济生产方式如何影响传统社会？这些问题不仅有学术意义，而且有现实意义。

八、民族经济与发展问题

以前的研究从区域经济出发进行研究的比较多,从民族学的角度研究民族经济的发展,还应该加强,因为这关系到民族生存发展的问题。虽然我们过去是有成就的,但上面所说的这些问题不仅涉及应用,关键是把基础的东西弄清楚。要从民族自身的发展和民族振兴的视角进行针对性研究。

试论康巴文化的多元性

林俊华

本文刊发于《康定民族师范高等专科学校学报》2004 年 3 期。文中谈及康巴文化是一个以藏族文化为主体的多元文化系统,而且康巴藏族文化也是吐蕃文化、康区土著文化和其他多种文化相互融合的结果。康巴多元文化的多元性是由该地区地理环境的多样性、主体文化的开放性和宽容性、民族文化的相融性、政治势力的分散性所决定的。

四川省甘孜藏族自治州位于青藏高原向成都平原过渡的横断山区,总面积15.3万平方公里。民间习惯上将这一地区称为"康区"或"康巴"地区。

该地区自古以来就是一个多元文化区。以藏族文化为主体的康巴文化是我国西南民族地区最具地方特色的地域文化之一。

一、多元一体的康巴文化

关于康巴文化一词,有人将其界定为"康巴藏族文化"。因为在康巴文化中,康巴藏族文化是整个康巴文化的核心和主体,具有代表性。但近年来,更多的人主张把康巴文化理解为以康巴藏文化为主体的多民族文化所构成的一个文化多元系统。相对于前一种解释,后一观点则更多的是强调康巴文化多元一体的特征,即康巴文化的多元性。

关于康巴文化的多元性,我们可以从以下两个方面进行认识。

第一,康巴文化是一个以藏族文化为主体和核心的多元文化系统。

据我们对康区文化结构的调查材料来看,除藏族文化外,汉文化、彝文化、纳西文化、羌文化、回族的伊斯兰文化,在该地区均有一席之地。以藏族为主体的藏文化,最大特点是在宗教上以佛教文化为核心,在生产方式上游牧文化和农耕文化并存。其影响除在泸定较小外，在其余地区均占居主体文化的地位。

以汉族为代表的汉文化是一种典型的农耕文化，其影响力在泸定地区占据主体地位，在康定、九龙、丹巴等康东地区，与藏文化的影响力基本上是平分秋色。在其余地区，汉文化的影响不及藏文化，但影响面却十分广泛，且影响程度正在不断加深。

彝文化以农耕文化为主，兼及牧业和狩猎。家支制度是彝文化中最具特色的内容。其传播范围主要在泸定、九龙两县，其中在九龙的俄尔、三垭、小金、踏卡、朵洛、子耳、湾坝等7个彝族乡，彝文化占据着主体地位。

康区现存的纳西族数量并不多，总共不到1000人，主要集中在得荣县白松乡境内。但由于历史上（明代）纳西族几乎遍布整个康南地区，并曾一度在政治上占据统治地位。因而，虽然目前该地区的纳西族基本上都融入康巴藏族之中，但纳西文化在康南地区的影响并未因此而消失。纳西文化是一种典型的农耕文化，并且对康南农业文化的发展产生过重大影响。据杨嘉铭先生的调查，纳西族迁居康南后，从丽江等地引进了铁犁，取代了藏区原始的木犁；在巴塘夏邛、中咱、中心绒等地开造了大批梯田，开挖水渠，并引进了红米等农作物品种及其生产技术。康南之巴塘被誉为"塞外江南"，与纳西族的开发是分不开的。纳西族的东巴文化也是独具特色。东巴不仅仅是一种独特的宗教信仰，更重要的是在东巴文化中保存了大量古老的纳西文化。

以羌族为代表的羌文化，也是一种农耕文化，主要分布在丹巴县境的小金河流域区。回族及其伊斯兰文化，则分布在康定、丹巴和巴塘三地。其中，康定、巴塘一带的回族主要从事商业活动，有"无回不商"之说。丹巴境内的回族则主要从事农业生产。

藏文化、汉文化、彝文化、纳西文化、羌族文化、伊斯兰文化在康区既具有相对的独立性，同时又相互影响、相互融合，表现出典型的"杂居文化"特征。

汉文化在泸定保留比较完整，但在康定、丹巴、九龙一带的藏汉杂居区，汉文化藏化的现象普遍存在，只是程度不同而已。据调查，在一些地区的汉族，虽然保存了一楼一底、房顶双向走水的传统木结构或石木结构的住房，但又仿藏式民居在房屋主体一侧建一平房作晒坝，有的汉族住房则完全是藏式建筑。许多汉族虽然在室内建有汉式传统灶台，但基本上都又建有一个藏式锅庄，用于取暖、烧水、煮饭、熬茶。在饮食方面，康东一带的许多汉族基本上都接受了当地藏族吃干酸菜、猪膘、糌粑，喝酥油茶的习惯。在宗教信仰方面，部分汉族同当地藏族一样信仰藏传佛教。而在康南、康北地区，汉文化的藏化程度则较深。

九龙、泸定两地的彝族虽然也完整地保留着本民族传统的文化，但在生产方式、生活习惯、语言等方面，已有明显的受汉、藏两种文化作用的痕迹。在泸定，彝族自移居当地后基本上就融入了当地的封建地主经济之中，并逐步接受了汉族的生活方式。自20世纪后半期开始，他们传统的竹笆房也逐渐被汉式木结构或木石结构的楼房取代。在九龙，彝族在生产、生活方面也吸收了许多当地藏族的习俗。

纳西族文化在康区受藏文化的影响比较大。这主要表现在：

（一）原居住在康南的大部分纳西族人基本上已藏化。许多纳西族的文化遗存已成为藏文化的一个组成部分，并通过藏文化表现出来。

（二）在宗教上，现在尚存的纳西人虽然尚保留着对东巴教的信仰，但他们基本上都已接受了藏传佛教。

（三）在语言上，现在的纳西族人基本上都会使用纳西语和藏语两种语言进行交流，且藏语使用频率还高于纳西语的使用频率。

（四）在生活习俗等方面，基本上接受了藏族的生活习惯。杂居于嘉绒藏族社会中的丹巴羌族文化其"杂居"性更为突出。在生产、生活上，他们与嘉绒藏族基本上没有较大的区别。在语言上，他们不仅基本上都能使用羌、藏、汉三语进行交流，并且在其日常语言交流中，经常在一句话里出现包含有羌、藏、汉三种语言单词的情况。在宗教上，他们既信仰羌族传统的多神崇拜、白石崇拜，也信仰藏传佛教和道教，汉族中的端公可以在羌族社会中自由行巫。

康区回族在宗教上和一些主要生活习俗上还比较顽强地保留着本民族传统文化中的最核心的东西。但除去伊斯兰文化中最基本、最核心的部分外，在其他一些方面，他们也吸纳了一些当地藏、汉文化的内容。在丹巴的回族，由于没有清真寺，且长期杂居于藏族社会，相当一部分回族还接受了藏传佛教。

至于康巴藏文化，虽然它是作为康区的主体文化而存在，对其他文化的影响远远大于其他文化对自身的影响。但是汉文化、彝文化、蒙古文化、纳西文化、羌族文化这些非主体文化对它所产生的影响，及其由此所带来的变化，仍十分明显。特别是在杂居区，藏文化的核心部分虽然没有受到影响，但它所融入的其他文化要素是相当普遍的。我们在调查时发现，在小金河流域区的嘉绒文化中就明显包含着羌文化的要素，在康南地区，藏文化中纳西族文化的成分也不少。在康北部分地区，蒙古文化虽已消失，但在藏文化中我们还能依稀看到蒙古文化的痕迹。至于藏文化中的汉文化成分，更是随处可见。

有人把康巴文化称为"杂居文化"或"混合文化"。也有人说康巴文化中的汉文化非纯正的汉文化，康巴藏文化也非典型的藏文化，这是有一定道理的。这正是康巴文化多元性、复合性的表现。

康巴文化的多元一体不仅表现在康巴文化是一个由藏文化、汉文化、彝文化、纳西文化、羌文化和伊斯兰文化所构成的有机整体，而且还表现在康巴藏族文化也是一个多元一体的复合文化系统。

康巴藏文化与西藏及其他地方的藏文化相比较，其最大特点之一就是它在文化渊源上的多元性。从目前所掌握的资料来看，康巴藏族的文化源流大致有这样几个部分。一是来自西藏的吐蕃文化；二是唐以前生活在康区众多不同种姓的古羌部落（部族）文化。这两部分是构成康巴藏文化的最基本成分。三是在康巴藏文化的形成、发展过程中不断融入的其他文化成分，如纳西族文化、蒙古族文化等。

康巴藏族内部至今还存在着众多具有不同自称（或他称）、不同语言的族群，存在着众多极具地域特色的地域文化，正是康巴藏文化多元一体的反映。

二、康巴多元文化的形成过程

1. 康巴藏文化的形成

作为康巴文化主体的藏文化，它是在来自西藏的吐蕃文化与康区的古羌文化相融合的基础上形成的。而在其形成以前，康巴文化曾经历了两个发展阶段。

第一个阶段是康巴原始文化阶段。关于康巴原始文化，我们现在所知道的并不多。但是在炉霍卡萨遗址发现的 20 种动物化石和一颗原始人类的牙齿，以及许多打制、磨光的骨器和石器，却为我们提供了一个重要信息，这就是早在 5 万年前的旧石器时代，康区就有人类文明存在。这是目前已知的康区最早的原始先民的信息。

提供康巴原始文化信息的另一个重要载体是丹巴的中路遗址。该遗址位于丹巴县中路乡境内，面积 2 万余平方米。通过四川省文物考古研究所和甘孜州文化局的联合发掘，该遗址中出土有大量陶器和石器。据考古工作者的研究，这一遗址所揭示的新石器时代的康巴文化，也是一种极具地域特色的文化，它"与周边地区同时期的文化遗存既有着相当大的差异，同时又有某些相似的文化因素存在"。由于该文化具有一定的代表性，目前，学术界已将中路遗址所代表的考古文化命名为"中路文化"。

第二个阶段是康巴部落（部族）文化阶段。这一阶段的时间大致可以确定为秦至唐之间。据汉文史籍记载，秦时曾大规模地对居住在中原地区的古羌人用兵，迫使一大批古羌人或南下或西移。其中部分南下的古羌人进入康区后，与当地的土著文化相融合，形成了若干古羌部落（部族）。在汉文史籍中，称之为"诸羌"，且称"百里之外逾数十国"。

康区的部落文化具有这样几个基本特征。（一）部落（部族）数量众多，结构复杂，呈现出多元文化的特点。（二）各部落文化间，习俗基本相同，语言稍有差异。（三）社会经济亦牧亦农。（四）父系、母系两种文化并存。（五）已开始向奴隶制过渡。（六）许多大的部落（部族）都与中原王朝具有密切关系。

唐代，吐蕃王朝崛起，康区诸羌部落（部族）为吐蕃征服。从此，诸羌部落（部族）文化开始了蕃化的历程。康巴藏族就是康区原始居民与来自吐蕃本土的居民融合发展的结果。

关于康巴藏族形成的时间，目前学术界有两种不同的认识。一种观点认为是在公元7—8世纪。因为，这个时期，康区诸羌部落（部族）已被吐蕃吞并，康区古羌人已成为吐蕃国民。而另一种观点则认为康巴藏族正式形成于公元10世纪以后。我个人比较赞成后一说法。因为：（一）国民与民族不是同一个概念。康区古羌人成为吐蕃国民，并不等于他们已与吐蕃人融为一体。（二）在民族形成过程中，共同的文化心理特征的形成是最为核心的问题，也是一个相当漫长的过程，它不可能随着吐蕃的军事占领的完成而完成。（三）藏文化的核心是佛教文化，而藏传佛教大规模传入康区，并产生广泛影响，使康区居民在文化心理素质、语言等各方面与吐蕃文化融为一体，应该是在公元10世纪后，随着藏传佛教后弘期的兴起而逐步完成的。

关于康巴学几个基本概念的认识

林俊华

本文刊发于《康定民族师范高等专科学校学报》2007年2期。文中对"康""康巴"与"康巴文化"进行了历史的梳理与界定，对"康巴"学的成立奠定了一定的基础。

同其他学科一样，康巴学也有一些自己特有的基本概念。由于该学科尚在建设过程之中，因而，究竟它有多少基本概念，哪些概念属于是它的基本概念，现在都还不能确定。但是，从康巴学研究的对象与任务来看，"康（区）"、"康巴""康巴文化"这三个概念在康巴学中明显具有基本概念的地位和作用。

一、康（区）

"康"是一个历史地理名称，是藏语Khmas的汉语音译，在旧时汉语文献中曾译作"喀木"或"巴尔喀木"，是我国"藏地三区"（卫藏、安多、康）之一。

在汉语环境中，人们习惯于将它称作为"康区""康巴地区"或"康巴藏区"。

在早期的藏文史籍中，藏族学者习惯上把我国藏族地区划分为三大区：上部阿里三围、中部卫藏四如、下部多康六岗，故称"藏地三区"。这时的"康"称为"多康"（朵康）。元代在藏族地区设三大土司管理，逐渐形成新"藏地三区"：卫藏、安多、康，即阿里、卫、藏合称卫藏；多康地区分解为康、安多两区。这种划分一直被沿用到今天。

元代以来的康区的地域范围大体包括鲁共拉山以东，大渡河以西，巴颜喀拉山以南，高黎贡山以北的青藏高原东南部地区。这一区大致涵盖了今天西藏自治区的昌都地区，四川省的甘孜藏族自治州、凉山彝族自治州木里县，云南省的迪庆藏族自治州，青海省的玉树藏族自治州。其中以四川省甘孜藏族自治州为核心地区。

四川省甘孜藏族自治州在康区的核心地位主要取决于这样两个因素：一是甘孜州在康区地理坐标上处于中心地位。其北是青海省的玉树州，西面是西藏的昌都地区，南面是云南省的迪庆州，是康区诸地中唯一一个处在中央且能与其他各地相连的地区。二是甘孜州是康巴文化的核心和发祥地。作为康巴文化重要象征的德格印经院就坐落在甘孜州境内；作为康巴藏区与卫藏、安多两个藏区相区别的标志性文化——藏语康方言，就是以德格藏语为标准的。因而，德格藏话被称为康巴藏族的普通话。

关于"康（区）"的地域范围，有部分学者认为还应包括今四川省阿坝藏族羌族自治州的部分地区；也有一些学者提出，青海省的果洛州也属于康区的范围。但当地民间对这些说法并不完全认同。

"康（区）"作为一个藏的历史地理概念出现较早。据格勒博士考证，"康"这个古地名大约形成于唐代或吐蕃时期，即藏族古代文化在雅鲁藏布江流域形成时期。石硕博士也认为，"康"的概念出现较早，可能在吐蕃时代就已经存在。

藏族为什么将这一地区称之为"康"，"康"在藏语中又有什么含义呢？

据《藏汉大词典》解释，"康"在藏语中具有"躯干""地方""种子"等多种含义。显然，无论用哪一种含义来解释都显得不妥。但由藏族著名学者更敦群培所著的藏文历史名著《白史》对作为历史地理概念的"康"作出了明确的解释："总合东方之地区，所言康者，系地其边地"。目前，学术界都普遍以更敦群培的解释为依据，将"康"解释为"边地"。

如果"康"指的是"边地"，那么藏族为什么要将处于青藏高原东南部的这一地区称为"边地"呢？这主要有几个方面的原因。

第一，这是由于古代藏族以自我为中心的宇宙观念造成的。自吐蕃雅砻部落在雅砻河谷兴起后，他们以强大的武力使自己迅速成为当地最大的部落，并且最终建立了吐蕃王朝。因而，对于吐蕃人来讲，藏族人的中心就在雅鲁藏布江流域。如《敦煌本吐蕃历史文书》赞普系列部分就认为"天之中央，在地之中心，世界之心脏，雪山围绕一切河流之源头。"故，"康（区）"作为一个远离雅鲁藏布江的地方，自然应该称着"边地"。

第二，这是由于康区在古代吐蕃王朝中的政治、边地位置所决定的。当公元 7 世纪吐蕃王朝建立并定都拉萨后，拉萨便成为当时藏族政治、经济、文化的中心。

因而藏族将这一地区称着为"卫"，即"中心"。随后，吐蕃开始向东扩张，征服了康区诸部，并将康区纳入吐蕃政治势力的管辖范围。当康区被纳入吐蕃政治势力的范围后，它不仅是吐蕃统治地方中最远离拉萨这个吐蕃政治、经济、文化中心的地方，而且也是吐蕃向东扩展最远的地方，处于吐蕃政治势力与唐王朝政治势力的结合部，属吐蕃政治势力的边际地区。于是，吐蕃人针对于"卫"这一中心地区，将康区称为"康"，即"边地"。

二、康 巴

康巴藏族是康区诸羌部落与来自卫藏地区的吐蕃在血缘和文化上相互融合的产物，因而在其族源构成上，它既有来自吐蕃的成分，也有康区本地的地方成分。而康区的地方成分更是复杂。据汉文文献记载，在吐蕃占据康区之前，康区是一个由众多古羌部落盘踞之地。汉文史籍称"百里之外逾数十国"，可见其部落之多。这些部落的文化各不相同，政治上也不相统率。其中最著名的有牦牛、白狼、附国、党项、白兰、嘉良夷、东女等。吐蕃占据该地区后，这些支系复杂、特征各异的诸羌部落先民都最终融入藏族之中。但由于该地区为藏族之"边地"，吐蕃王朝对这一地区的控制有限，致使吐蕃对该地区的同化既不彻底，也不平衡，使许多融入到康巴藏族中的古羌部落都在不同程度上保留下来了一些自己历史文化的特征，形成了众多具有不同文化和不同自称或他称的族群。如在四川省甘孜州境内，现已基本调查清楚的族群就是有："木雅"（康定、道孚、九龙一带）、"嘉绒"（丹巴以及大、小金川流域区）、"布巴"（丹巴、道孚、炉霍、新龙等地）、"鱼通"（康定、泸定等大渡河沿岸地区）、"却域"（雅江、新龙一带）等。

"康巴"本为"康人"（即康区之人）之意，但在康区民间日常用语中也有用作"康地"的，即作"康区"的代名词。特别是近年来，人们在称呼康区这个地域时，更多的是在使用"康巴"一词。随着民间的流行，"康巴"是藏语音译概念，意为"人"。因而，"康巴"一词可译作"康地之人"或"康区之人"。

虽然"康巴"指的是"康区之人",但并非所有"康区之人"都叫康巴。在藏语中,康巴是一个专有名词,专指生活在康区并使用藏语康方言的藏族,即康巴藏族。

康巴藏族是康区的主体民族,是唐代吐蕃东扩时由来自吐蕃王朝的吐蕃移民与康区当地诸部落相互融合发展而形成的藏族。与其他地区的藏族相比,它具有以下几个显著特征。

第一,藏语康方言为通用语言,但"地脚话"现象十分突出。

藏语康方言是康巴藏族与其他地方藏族相区别的标志性特征。我国藏语共有卫藏、安多、康等三大方言区,卫藏、安多、康等三大藏区的划分就是以藏语的三大方言为依据的。使用卫藏方言的地方称卫藏地区,使用安多方言的地方称安多地区,使用康方言的称康区。同样,当人们在区分各地藏族时,将作用卫藏方言者称为卫藏人,使用安多方言者称安多人,使用康方言者称康巴可康巴人。

康方言是藏语在康区的地方形式,称"康格",以德格话为标准语言,在康区内部基本上都能通用。但是康方言内部的土语群较多,"地脚话"现象十分普遍。在有的地区一个县,有的甚至是一个乡里也有多种"地脚话"存在。如在甘孜州境内的康定县境内就有贵琼语、木雅语两种地脚话;在九龙县境内的地脚话更多,仅目前已调查清楚的就有木雅、普米、纳木义、尔苏、勒通等五种。

康巴藏族这种语言现象的存在表明康巴藏族与卫藏、安多地区的藏族具有一脉相承的渊源关系,又有许多不同于它们的鲜明的个性特征。

其二,康巴藏族普遍具有身材高大的体质特征。康巴藏族与卫藏地区的藏民相比较,他们在生理特征方面也存在一定差异。在 20 世纪初,一些外国人类学家先后对 60 个藏族人头颅进行了研究,研究结果发现康巴藏族与卫藏地区的藏民在体质结构上具有明显差异:卫藏人的西藏特点是短头型、面孔宽、身材较矮、性格温和,因而学者们将其命名为僧侣型(也称藏 A 型);而康巴人的特征是长头型、面孔窄、身材高大、性格豪放,因而学者们将其称着武士型(也称藏 B 型)。

第三,康巴藏族内部支系庞杂,至今还保存着众多具有不同自称或他称的族群。"巴"一词作为地域名称在学术界也逐渐得到认可,并在近些年来出版的许多关于康区的著作和期刊以及各类媒体上开始广泛使用。因而,石硕博士在《关于"康巴学"概念的提出及相关问题——兼论康巴文化的特点、内涵与研究价值》一文中指出,"就目前而论,在人们的实际语汇中'康巴'一词作为地域名称的含义更占优势更为流行"。

三、康巴文化

康巴文化有广义和狭义之分。广义的康巴文化是指康巴地区物质文化和精神文化的总和，包括康巴地区的社会、经济、政治、宗教、艺术、绘画、建筑、风俗习惯等，是以康巴藏族文化为主体，并融入了汉族、彝族、羌族、回族、纳西族等多民族文化的有机的文化生态系统。狭义的康巴文化是指康巴藏族文化。康巴学研究的康巴文化是广义的康巴文化。

康巴文化在我国乃至世界上都是十分独特的一种地域文化。它具有以下几个显著特点。

第一，康巴文化以康巴藏族文化为主体的多元文化生态系统。正如李绍明、任新建所说："康巴地区"是以藏族为主的多民族聚居区，各民族在此长期共存，互相帮助，和谐共处，形成了以藏文化为主体兼容其他文化的多元文化共存的特点。藏族文化与汉文化、蒙古文化、纳西文化、彝文化、回文化等众多民族文化汇合于此，组成了千姿百态的民风民俗；藏传佛教五大教派齐集于此，并与儒教、道教、东巴教、伊斯兰教基督教（包括天主教和新教）和形形色色的民间宗教、原始宗教并行不悖，交织成纷繁多彩的信仰习惯。在一个民族地区内包含着如此之多的文化形态，在世界都可算极为罕见。

更难得的是各种文化在这里互不相涉，各民族都能保持自己固有生活方式与习惯，彼此尊重，并行互容，并不因民族、信仰、习俗的不同而发生排斥，使康巴地区成为藏族和全国中文化多元和谐共存最具代表性的地区。

第二，康巴文化呈现出丰富多彩的多样性。由于众多的古代民族在这里南来北往，东来西去，形成了康巴文化丰富多彩的多样性特征。正如石硕所说："就多样性而言，世界上恐怕很少有一种地域文化能够与康巴文化相媲美。"如：在社会形态上，昌都地区和甘孜州交界的金沙江两岸的山岩（甘孜州称山岩，昌都地区称三岩）地区到中华人民共和国成立初期都还保留着原始父系氏族制度的残余，被称为"原始父系氏族制度的活化石"。生活在道孚、雅江交界处的扎坝地区的扎巴人，至今还保留着母系制家庭遗风。在生产方式上，农耕文化和游牧文化一直是康区并列发展的两大文化。在饮食文化上，藏族、汉族、彝族、回族四大文化并存。康区的服饰文化更是丰富多彩。农区服饰、牧区服饰、木雅服饰、嘉绒服饰等，都各具特色，异彩纷呈。在民居文化方面，牧区的帐篷，农区的"崩空"、土碉房、石碉房，各具特色。在语言上，康区可能是世界上最为复杂的地区之一。除藏、汉、彝、回、羌、纳西等各民族都保存着本民族的传统语言外，在藏族内部"地脚话"现象十分普遍，形成"一条沟，一种话，五里不同音，十里不同俗"的奇观。在丧葬方面，康区葬式复杂多样。若按丧葬的方式进行细分，有土葬、火葬、水葬、天葬、塔葬、壁葬、树葬、干尸葬、岩葬等；若按丧葬次数进行细分，又有一次葬、二次葬、三次葬，乃至多次葬。在宗教文化方面，除藏传佛教各大教派齐全外，汉传佛教、苯教、道教、儒教、伊斯兰教、天主教、基督教，以及彝族的毕摩、纳西族的东巴教和一些原始宗教崇拜，在康区都有不同程度的传播。特别值得一提的是康区的苯教，该教派产生于西藏早期的原始宗教，曾一度成为吐蕃"国教"（从吐蕃第一世赞普聂赤赞普起至赤脱杰赞共 27 代，皆以苯教治其国）。但至吐蕃王朝中后期，佛教在吐蕃地区兴起后，苯教势力一方面在卫藏地区荡然无存，而另一方面却在康区得到很好的发展，并成为苯教发展的第二个大本营。

第三，康巴文化具有极强的包容性。各种文化在走廊上的不断运动与交流，使康巴地区各种文化间你中有我，我中有你，你来我往的状态达到一种奇特的和谐与融洽，以至于人们很难在"民族"与"文化"之间画上等号，也很难在"民族"与"文化"之间找到一个清晰的界线或找到一种真正意义上的典型的原生文化。如：在康定、丹巴、九龙一带的汉族，他们虽然比较完整地保留了汉文化的基本特征，但藏文化、彝文化的影子却随处可见；九龙、泸定两地的彝族虽然也完整地保留着本民族传统的文化，但在生产方式、生活习惯、语言等方面，已经拥有了大量的汉、藏文化的内容。在丹巴，人们总是将藏语、汉语、羌语夹杂在一起说，让人分不清说话者是藏族、汉族，还是羌族。丹巴的墨尔多庙是最能体现康巴文化兼容性特征的一个寺庙。首先，该寺的信徒构成十分复杂，涉及苯教、藏传佛教各派、汉传佛教、道教等各宗教（教派），成为苯教、藏传佛教各派、汉传佛教、道教信仰者共同的宗教活动场所。其二，该寺所供神、佛体系也十分复杂，底层大殿正中供奉的是墨尔多神像，并有两员大将一前一后相随。前者牵牲口缰绳，后者手持大刀。南面供千手观音菩萨神像各一尊。第二层供太上老君、镇江王爷（龙王）神像各一尊。第三层供玉皇大帝、莲花生佛、白若杂那佛和女娲圣母等 4 尊神像。这些神佛涉及上述各教各派。因而，当地宗教部门在对其教派定性时，竟然不知如何是好，最后只好创造性地提出了一个"混合教派"的概念。在盐井等地有许多家庭，其成员中既有信仰天主教的，也有信仰藏传佛教的，相互间都和睦相处、彼此包容。在这些家庭的神龛上，既贡有耶稣圣母玛丽亚，也贡有佛教的各种菩萨，有的还贡着现代中国党和国家领导人毛泽东、邓小平同志的画像。

第四，康巴文化中沉积着大量古老的历史遗留。康巴文化保留着大量的历史文化遗存，有的甚至被视为是古代文化的"活化石"。例如：白玉县三岩乡还残存着现今在国内都极为罕见的古老父系氏族公社制度——"帕错"制度。在道孚和雅江交界的扎坝，至今依然保存着比较完整的母系氏族制度。在木雅文化中我们尚可窥见党项与西夏文化的影子；在嘉绒文化中古嘉良夷文化的成分依稀可见；在鱼通文化中也不乏古羌文化的要素。在康东地区存在的贵琼、嘉绒、里汝、尔苏、木雅、扎巴、尔龚、曲域等多种独特的方言，仍是绝无仅有的古代民族文化遗存的活化石，饱含着历史积淀的厚重与深沉，是研究我国古代民族历史与文化的活标本。

第五，康巴文化具有浓厚的宗教性和神秘性。教派多、寺庙多、僧人多、信教人口多，宗教对整个社会生活的影响大是康巴地区的一个共同特征。在这些地方，宗教文化渗透到社会生产、生活的方方面面。特别是在藏族社会中，不管是僧人还是世俗之人，其一生从生到死，从社会生产到个人生活，事事处处无一不被打上宗教深深的烙印。藏族传统的政治、历史、文学、艺术、天文、历算等知识，也被打上深深的宗教印记，成为宗教的附庸。此外，在该地区宗教与政权高度结合，形成了长期的政教合一或政教联盟的统治局面。这种政教关系一直维系到20世纪50年代。特别值得注意的是在该地区宗教僧人具有崇高的社会地位和优厚的经济待遇，宗教职业成为整个社会最崇高、最具吸引力的社会职业。出家为僧（尼），不仅是一种义务，而且还被视为社会的一种价值取向。以至于在历史上曾出现"凡家有二男者，抽其一；有三男者，抽其二；有五男者进三"的送子入寺制度。

第六，浓厚的宗教氛围，使康巴文化蒙上了一层厚厚的神秘色彩。在这里，几乎每一座山头都飘扬着五彩的经幡，每条道路旁边都矗立着石板垒成的"嘛呢"，每一个城镇乃至每一个乡村都有金碧辉煌的寺庙楼阁，每一个地方都能看见手持转经筒、嘴里喃喃念着"六字真言"的人们。在这里，每一座山、每一个湖、每一条河流都被人们赋予了生命与灵气，成为神山、圣水，充满着神奇的传说和神秘的意境，让人在现实与虚幻间找不到明确的边界。

扎坝"走婚部落"的历史与文化

林俊华

本文 2003 年发表于《"藏彝走廊历史文化"学术讨论会会议论文》中，2006 刊于《康定民族师范高等专科学校学报》4 期。

扎坝释义

"扎坝"作为一个行政区划单位，它是四川省甘孜州道孚县的一个行政区，地处道孚县最南端，距县城71公里，东邻道孚县八美区，北靠瓦日区，南接雅江县，西连新龙县，下辖红顶、仲尼、亚卓、扎拖、下拖5乡，约900户、6000余人。历史上，这一地区属康定明正土司管辖，民国时期建泰宁县（后更名乾宁县），为该县第三区，设上扎、下扎两乡。1951年，改上扎乡为第二区，下扎乡为第三区。1957年，第二区更名为扎坝区，第三区更名为扎麦区。1978年时撤销乾宁县，扎坝区并入道孚县，扎麦区并入雅江县，但其建制、级别、名称、地域范围均未改变。

"扎坝"作为一个地域概念，它指的是道孚、雅江两县结合部、鲜水河大峡谷沿岸扎坝人生活的地方，这一区域实际上就是现在道孚县的扎坝区和雅江县的扎麦区。也许是由于历史上该地区曾设有上扎乡、下扎乡的缘故，也有可能是因为民间传统的地域观念的缘故，当地人习惯将这一地域划分为上扎坝和下扎坝。上扎坝为今道孚县的扎坝区，下扎坝则是指雅江县的扎麦区。上、下扎坝的文化形态基本一致，但随着时间推移、民族交流的加深，今天的上扎坝在保留传统文化方面要更完整一些。

"扎坝"作为一个族群名称，它指的是生活在扎坝地方的"扎坝人"，他们属于康巴藏族中的一个重要支系。在文化上他们与康巴藏族既有许多相同或相近之处，同时也有许多与康巴藏族不同的特征。

关于"扎坝"一词的含义，现在的扎坝人几乎没有一个人知道。不过，他们自己认为"扎坝"是外人对他们的称呼。近些年来出版的汉文书籍对"扎坝"一词则有以下几种解释。

第一，1986出版的《道孚县地名录》将"扎坝"一词解释为"很像"。这一解释应该是对扎坝地名最权威的界定，但却令人百思不得其解。什么"很像"？"很像"什么？我们都不得而知。

第二，1987年出版的《雅江县地名录》认为，"扎坝"是当地土语（即扎坝语），在扎坝语中，"扎坝"和"扎麦"是两个相互对应的地域概念。"扎麦"的意思是"下面的村子"，"扎坝"（该书写作"扎巴"）则指的是"上面的村子"。这一解释如果用于确定扎坝、扎麦两区的地理位置关系倒是比较准确的，但它并没有揭示出"扎坝"作为一个族群名称的内涵，并且扎坝人也否认"扎坝"是本民族的自称。他们认为"扎坝"是外人（指其他地区的藏族）对他们的称呼。这就是说"扎坝"一词并不是当地土语——即便是当地土语中有"扎坝"一词，但在扎坝人看来，这个"扎坝"也不是作为族群名称而存在的。

第三，据格勒博士著《论藏族文化的起源形成与周围民族的关系》所说，"杂巴"（即扎坝、扎巴）在藏语中有"制陶人"之意。我们在扎坝调查时也发现，制陶是扎坝传统的手工艺，且在扎坝的生产、生活中占有重要地位。因而藏语称其为"制陶人"（即扎巴）也是完全可能的。

不过，我认为"扎坝"实际上就是藏语中的"扎巴"。也就是说"扎坝"即是"扎巴"，"扎巴"即是"扎坝"，二者仅仅是汉字记音的差异，并非藏语本身如此。理由如下：

第一，扎坝人自称"扎"，即"扎"是族名。在藏语中，对某个族群的称呼往往是在这族群名称之后加一"巴"字，如"康巴""蕃巴""绒巴"等无一不是如此。因而"扎巴"是藏语对"扎"人的称呼，其意思翻译过来就是"扎人"。但由于早期的汉文资料在翻译时用"扎坝"一词记音，后来便约定俗成，以至于人们不仅把扎人称之为"扎坝"，而且也把扎人生活的地方也称之为"扎坝"。

第二，今天的道孚人对扎坝人的称呼仍然是"扎坝""扎巴"混用，并不引起人们在理解时发生歧义。理由只有一个，那就是二者本身就是同一个词。

二、扎坝文化的基本特征

对扎坝文化的研究目前尚处于搜集材料的起步阶段，现在要对扎坝文化作个准确的界定是比较困难的。在这里，我们唯一能做的就是尽可能多地对这种文化作出一些比较感性的描述。

1. 扎坝人的婚姻与家庭

扎坝人的婚姻有两种形式，一种是被称为"爬房子"的走婚，一种则是较固定的对偶婚姻。

"爬房子"扎坝语称之为"杜苟"，它是扎坝人两性交流的主要形式。在扎坝人中，当一个男子长大成年后便开始谈恋爱找"呷依"。在扎坝语中，"呷依"指的是"有性往来的人"，用现代时髦的话来对译，可译作"情人"或"相好"。找到"呷依"后，一个男子便开始了自己暮聚朝离的走婚历史。即晚上到女方家与"呷依"同居，清晨自由离去。

这种婚姻制度与泸沽湖的摩梭人并没有本质上的区别。与摩梭人不相同的是男子首次到女方家走婚时，必须通过"爬房子"这个重要环节。扎坝人的住房皆是用片石砌成的碉楼，墙体笔直平整。爬墙者往往在夜晚时手持两把藏刀插入石墙缝中，双手左右交替攀墙而上，翻窗而入。也有一些爬墙高手不用藏刀而徒手攀墙入房。第一次爬房子成功后，该男子便取得了女方及其家庭认可，从此可从大门随便进入，女方家不闩门、不干涉，其方便犹如自家。如果一个男子第一次到女方家就从大门进入，则会被女方及其家人瞧不起而赶走。因而，扎坝人称走婚为"爬房子"或"爬墙"。由于一个人一生中可能有多个"呷依"，因而，一个男人就可能爬过多个女人的房子，同样一个女人的房子也就可能接受过多个爬墙的男人。

爬房子是扎坝人的一种习俗，但这并不像有些人所说的那样："在那里，青年男子在夜里可以任意爬上任何一个高达数米的女孩子的闺房"，"也可以同时有数十个走婚对象"。其实，在扎坝并不是所有的人都会参与走婚，即便是走婚也有一定的条件限制。这表现在：

第一，男子在"爬房子"之前，必须征得女子的同意，双方成为"呷依"。其征求方式往往是在白天的劳动或嬉戏中，从女子身上抢走一件如帕子之类的小物品。如果女子不反对某男子抢走自己的物品，就意味着她已同意该男子的爬房要求，并告诉该男子自己住在哪间房子、睡在哪个位置。如果女子拒绝该男子抢走自己身上的东西，则表示她已拒绝该男子成为自己的"呷依"。在这种条件下，如果一个男人要去强行爬房，他将会被驱逐出碉楼，甚至会被打得鼻青脸肿。

第二，虽然在扎坝人中，一个人的一生可能有多个走婚对象，但一般情况下，一对男女在保持"呷依"关系期间，其关系是相对稳定的。在此期间，男人一般不会再去爬别的女人的房子，女人也不会再接受别的爬房者。当然，也有一些人在某一时间段内同时具有一个以上的走婚对象，但这种现象并不普遍，它主要存在于感情尚不稳定的青年人之中。

在扎坝，除了走婚外，也有通过严格的婚姻程序而组成家庭的对偶婚姻。这种婚姻主要存在于独子或独女的家庭中。据扎坝人讲，为了防止家族"断代"，独子或独女在长大后需娶媳或招婿上门，不能参与走婚。这种婚姻与封建社会的汉族婚姻极为相似，它必须通过媒人说合、家族主要成员认可，并举行隆重的婚礼等严格的程序。在这种婚姻中，有一个环节是十分重要而又独特的，那就是在婚礼的第二天，新郎和新娘家族主要成员须共同签订一个契约，以确保儿媳（或上门女婿）在新的家庭中所享有的权利和应尽的义务。其内容大致有：儿媳（或女婿）享有与其他家庭成员平等的生活权和财产权，任何家庭成员均不得歧视和虐待；儿媳或女婿要孝敬老人，关心家人等。契约内容讨论好后便写成书面文件，成为日后调整家庭成员关系的重要"法律"依据。

扎坝人的家庭在藏族社会中也很特别。绝大多数扎坝人的家庭都是以母系血缘为主线而构成，家庭中基本上没有夫妻，三世或四世同堂的情况居多。在这些家庭中，母亲是家庭的核心人物，是绝对的权威，是子女的养育者，也是家庭劳动的主要承担者。男子在家庭中的角色仅仅是自己姐妹子女的养育者，对于"呷依"的家庭不承担任何责任,对"呷依"所生孩子一般也不尽哺育义务(至少没有"法定"义务)。"呷依"之间如果感情结束,双方表明态度,以后便不再来往,相互间也就不再存在任何关系。即便有的"呷依"间组成了较稳定的对偶家庭,女人在家庭中的核心地位仍然没有改变。这种家庭制度与摩梭人的母系制度如出一辙,具有鲜明的母系文化特征,属于"母系制家庭的遗留"。

扎坝人以走婚为主线的婚姻以及他们的母系制家庭,在藏族社会中都是极其特殊的,但他们却与生活在泸沽湖地区的摩梭人有许多相同之处。但是这两种文化之间有没有关系或是一种什么样的关系,尚需进一步的研究。

2. 扎坝人的宗教信仰

据扎坝人讲,以前他们都信苯教,后来格鲁派传入扎坝后就改信格鲁派了。但是在什么时候、又是什么原因使之改信格鲁派,我们现在并不十分清楚。不过,有一点可以肯定,虽然扎坝人改信了格鲁派,他们对格鲁派的信仰与其他藏区也并没有大的区别。但苯教文化对扎坝人的影响依然存在,这表现在扎坝人还保存着大量的与苯教密切相关的原始的民间信仰。比如在房顶各角上插白色嘛呢旗,堆放白石头,在门板上绘制日月图像,在房的外墙上刷蓝、白两种颜色的竖状条纹,在碉楼的上部墙体用白石头嵌出牛头像或运动人体像等。

对于这些民间信仰,扎坝人告诉我们:在房顶堆放白石头是对神的祭祀,房顶的每一堆白石都代表一个扎坝的神。使用白色嘛呢旗是苯教时代的传统,后来虽然改信了格鲁派,扎坝人也曾尝试过使用五彩嘛呢旗,但扎坝的山神不但不接受,反而向扎坝人大降冰雹,以示惩罚。在墙壁上绘制蓝、白两色的竖状条纹,可以起到避邪的作用。至于在门板上绘制日月图像,在碉楼的上部墙体用白石头嵌出牛头像或运动人体像等其他多民间信仰,扎坝人已经说不出它们有什么特殊的含义或者是为什么了,他们所知道的就是"必须该这样做"。

3. 扎坝的民居文化

扎坝的民居在藏区也是独树一帜的。在康区,藏族民居一般分为四类:一是石砌碉房,如康定、丹巴等地便是如此。二是用土筑而成的碉房,如乡城、得荣等地。土碉房与石碉房的建筑风格基本相同,一般2~3层,底层关畜,楼上住人。三是木结构的"崩空",如道孚、白玉、炉霍、德格等地就属于此类。四是帐篷,主要流行于牧区。就目前调查所掌握的情况来看,扎坝民居与这四种类型都不相同,而且在其他地区也没有发现有类似的民居。

扎坝民居是一种碉与房的组合,一般有4~5层,有的甚至更高。墙体完全用片石砌成,房高约20米。这种房在当地也称之为"碉楼"。但这种碉楼与其他藏族的碉房有很大区别。其他地区的碉房实际上是一种类似碉的房,但扎坝人是将碉和房组合在一起,几乎每一户人的房屋都是既有碉也有房,即一半为碉一半为房，房与碉连为一体，比目前所知的其他地区的碉房更具备"碉"的特征。

扎坝人的碉楼在高度和形状上都相差不大，体现房屋差异的主要是建筑面积。建筑面积的大小由碉楼内的房柱数量决定（1根柱子的面积约64平方米），最小的是1根柱子，最大的可达9根柱子，但4根柱子的比较普遍。柱子呈一字形排列，柱顶放1圆木做横担，横担上架木梁，木梁两端嵌入墙体，再在木梁上铺横杆，置片石或铺柴块，最后盖土、铺木板，以后诸层也是如此。

扎坝碉楼的房间结构比较简单，功能划分比较确定。一般1~3楼每层楼都划分为两间。其中底层是畜圈；二楼中一间做寝室，面积较小，另一间面积很大，是全家人的主要生活区，白天在这里做饭、吃饭、接等客人，晚上一家人就在地上铺上毛毡、围着火塘睡觉。三楼大的一间用于存放粮、草、杂物，小的一间作客房。一般碉楼从四楼开始，以后诸层呈阶梯状逐阶收缩，每阶间用外置独木梯作交通。四楼一般只有一间房，用作经堂；房背面和靠房间的两方是开放性的房屋，用于堆放粮食和杂物；其余部分是晒坝，供脱粒、晒粮等家庭生产劳动用。五楼、六楼的布局结构与四楼大体相同，但由于逐阶收缩后，面积逐渐变小。房顶各角高出房约1米，并在上面堆放白石头和插白色嘛呢旗。

扎坝碉楼多建在山腰台地，既有单家独户的，也有多户共处成为村寨的，给人以雄伟壮观之美感。扎坝人修碉楼的技术也是十分高超的，整幢碉楼里，木工不用一个榫头，不用一个楔子；石工砌墙不吊线，但砌出的墙却十分笔直、平整。扎坝人修碉楼也是很有意思的事，一旦备齐木材、石料、泥土，并请喇嘛择定吉日开工后，中途便不能停工。由于工程浩大，村里乡亲都要帮忙。但是在扎坝，乡亲在帮忙时都是自带碗和糌粑，主人只提供茶水。

4. 扎坝人的丧葬文化

同其他地区的藏族一样，扎坝人也行火葬、水葬和土葬。葬俗也与其他地区的藏族基本相同。但据四川省民族研究所的调查，扎坝人有一种十分独特的被称为"岩葬"的葬式。所谓"岩葬"就是在长寿的老人去世后，晚辈将其尸体背至高山安放于岩洞之中，洞口堆放一些刻有佛经的大块片石，以防野兽进入。很有意思的是有一些老人在临死之际，自己走入比较秘密的岩洞里，坐以待毙，事后家人寻其尸体，遂用片石将洞口封闭便算埋藏。这种丧葬文化，目前在其他藏区还没有发现，应为扎坝人所独有。这种葬式的起源及其意义，目前我们还不清楚。据当地人自己讲，这是老年人为了不给晚辈增加不必要的负担而为之。

5. 扎坝人的饮食文化

从总体上讲，扎坝人的饮食文化与其他地区的藏族基本一致，他们也吃糌粑、连麸面馍馍、牛羊肉，喝酥油茶，饮青稞酒。但在扎坝人的饮食中有一种被称之为"臭猪肉"的食品却是非常独特的。所谓臭猪肉是将猪喂肥后用绳索勒死，于腹部切一小口去其内脏七窍，然后用干豌豆、干圆根填充腹腔以吸水分。腹腔缝合后再用泥土封闭切口，然后埋入灰中。半年后，水分已被吸干，遂取出悬挂于厨房一角让其继续腐熟变黄，并随时割下食用。臭猪肉闻着臭，吃着香，肉质细嫩，入口即化，被称为"扎坝一绝"。

臭猪肉是扎坝人用来待客的佳品，他们自己一般不常吃。臭猪肉也是扎坝人作为家庭富有的象征，谁家放得越多、越久，就表示他家很富有。因而，在扎坝人中每家每户的厨房顶上至少都悬挂有一头已经乌黑发亮的陈年臭猪肉。

6. 扎坝人的服饰

现代扎坝人的服饰与藏族没有太大差异。但我们在扎坝调查时发现扎坝的传统服装与藏族服装仍有较大区别。扎坝人的传统服装多以黑色为基调，全是自己用羊纺线织成毪子后缝制而成。妇女一般是在衬衣外穿一毛质无袖连衣裙，腰部系一腰带，有的腰带装饰有各种饰品，外穿一件毛质、高腰、长袖、无扣外套。男子穿宽大的右开襟毛质长袍，腰间系带，其式样与藏袍无较大差异，脚穿牛皮藏鞋。近些年来，受现代文明的冲击，其服饰的多样化趋势不断加强。

7. 扎坝的黑陶文化

扎坝的封闭锻炼出了扎坝人较强的自给能力和手工业生产技艺。不仅在历史上他们的绝大多数生产、生活用品都是依靠自己生产的，即使在今天现代文明的冲击下，一些传统手工艺技术仍然保存完好。其中制陶就是扎坝最具代表性的手工技术。

制陶是扎坝人的一项最古老的手工技术。据格勒博士考证，"杂巴"（即扎坝、扎巴）一词在藏语中有"制陶人"之意。这说明扎坝人制陶的历史不仅悠久，而且在藏族社会中也极具影响力。因而我们怀疑扎坝人就是藏传陶艺的主要传承者，我们甚至怀疑在藏区所发现的石器时代遗址和石棺葬中出土的许多陶器很有可能就与扎坝人的祖先具有密切关系。否则，藏语为什么称他们为"杂巴"（或"扎巴"），直呼其为"制陶人"呢？并且从目前所掌握的资料来看，在藏族社会中无论是古代还是现代，具有制陶技术的族群并不多。

"陶文化"在扎坝文化中占有重要地位。我们在扎坝人的制陶作坊中看见，他们生产的陶器均为黑陶，品种繁多，造型准确，壁薄质高，特别精致。从这些陶器中不仅能看到扎坝人的手工艺水平，也能看到他们的审美能力和艺术造诣。我们在扎坝人的家庭中还发现，扎坝人的许多生活用具，如炊具、餐具、饮具、取暖的火盆，以及宗教祭祀时进行煨桑的工具等，基本上都是自制陶器。可以说陶器是扎坝人的生活中不可缺少的重要内容。

8. 扎坝人的语言

扎坝人有自己独特的语言,这种语言与藏语康方言、安多语,以及尔龚语(俗称道孚话)都不能相通,是康区纷繁复杂的地脚话中的一种,学术界称其为"扎巴语"。

学术界对扎巴语的研究始于20世纪80年代,但其语属至今尚无定论。一些专家认为,扎巴语是一种比较古老的语言,这种语言在语法结构上同藏汉语族的藏语支存在明显的差异,但同羌语支较为接近,可能属于古羌语的一支。据《道孚县志》记载,扎巴语共有单辅音声母47个,其中密塞音11个,塞擦音12个,鼻音6个,边音2个,颤音1个,擦音12个,边擦音1个,半元音2个;单元音韵母28个,其中舌尖元音1个,舌面元音12个,轻元音2个,卷舌元音1个,鼻化13个;复合元音29个,其中前响的二合元音13个,后响的元音16个;共有声调5个,其中高降(调值53)、低升(调值13)、低降(调值31)使用频率较高,高平(调值55)和低升降(调值131)也存在,但使用频率较低;词类中名词、形容词、动词、数量词比较丰富,借用汉语和藏语康方言的也不少。

三、扎坝文化的源流

关于扎坝的历史,目前尚未找到充分的文字资料和考古证明,因而,对扎坝人的历史我们知之甚少,对其源流更是不清。对于扎坝文化的源流目前有"西夏遗民"说和"笮人"说两种观点。

"西夏遗民"说认为,西夏灭亡后,有一支西夏王朝的遗民由今宁夏南迁,经四川丹巴、道孚八美,最后抵达扎坝大峡谷定居。这些西夏人就是扎坝人的祖先。

对于这一观点,我个人认为疑点颇多,难以成立。

首先,"西夏遗民说"的主要依据是,西夏人曾自称"木雅",而现在的四川康定、道孚八美和扎坝等地也被藏语称为"木雅"。因而一些学者便据此认定包括扎坝人在内的木雅地区的居民就是西夏遗民。其实,康区"木雅"与西夏"木雅"是同源异流。据汉文史籍记载,早在唐代康区的丹巴、康定、道孚(含扎坝)等地就是党项羌生活的地方,后来由于吐蕃入侵,其中一部分党项人投唐内附,并在以后建立了西夏王朝,另一部分则留居当地,被吐蕃役属和同化,吐蕃称之为"木雅"。由此可见,"西夏遗民"说不仅混淆了康区"木雅"和西夏"木雅"两个不同的概念,而且将康区"木雅"和西夏"木雅"本末倒置。

其二,一些扎坝人也以"西夏遗民"自居。但扎坝区文教干事茨珠先生(他被认为是扎坝人中最有学问的人)告诉笔者,之所以如此是由于曾经有个研究扎巴语的专家在扎坝考察时告诉他,扎巴语与西夏语有些相近之处,扎坝人很有可能是西夏遗民。由于今天的扎坝人已经不知道自己的历史，即便是一些关于祖源的传说也没有留下，于是他们便接受了这一说法。后来当有人问及，他们便以西夏人自居。如果茨珠先生所说属实，那么，扎坝人自称"西夏遗民"就纯粹是道听途说。

其三，扎坝是一个以女性为中心的社会，具有比较鲜明的母系氏族社会所遗留的特征。我们在对西夏以及党项人的研究中，还没发现西夏人存在有母系制度的记载，这说明扎坝人和西夏人并不属于同一种文化范畴。

"笮人说"是藏族学者格勒博士在《论藏族文化的起源形成与周围民族的关系》中提出的。他认为从春秋战国到两汉时期，雅砻江流域的主要古代居民是《史记·西南夷列传》中的"笮人"。"笮"本为牦牛种羌，经过几千年的演化，变成了"扎巴"人或"杂"人。"扎"或"杂"人分布在雅砻江流域，雅砻江也因此而得名"扎曲"。据历史学家和语言学家的考证，历史上九龙、雅江、道孚、新龙、理塘、甘孜、石渠等雅砻江沿线都有讲扎巴语的"扎"人分布，其中许多藏化已深。

我比较赞同扎坝人是古代雅砻江流域的"杂"（或"扎"）人。但"杂"与"笮"是否是同一民族，从目前所掌握的材料来看，其可能性很小。理由之一是，"扎"人生活在扎曲（雅砻江）流域，但据《史记》和《汉书》等汉文史籍中记载，"笮"人生活在今四川凉山和雅安一带，两者不在同一地域。其二是据汉文史籍记载，"笮"地产"笮马"和盐，多与周边部族交易；汉代曾在"笮"地置"笮县"，于笮都设沈黎郡。如果"杂"（"扎"）人即"笮"人，那么，"杂"（"扎"）人与中原和周边地区交流的历史就很久远，受其他文化影响的程度也一定很深。但是，从扎坝人的现状来看，这是一个很封闭、很原始的民族。我们很难想象他们的祖先早在汉代时就与中原及其周边部族有着密切的联系；我们也很难想象为何汉文史籍能将"笮"地产"笮马"和盐记录在案，而却将"笮人"以女性为中心的这一重大文化特征遗漏了。因而我认为扎坝人与"笮人"并不是同一民族。

扎坝人既非西夏遗民，也非"笮人"之后。那么，扎坝人究竟来源哪里？我认为扎坝人极有可能就是《唐书》中所记载的东女国之后裔。

东女国兴起于唐代，后为吐蕃所吞并。从此以后，史籍中再不见其踪影。我提出扎坝人是东女国后裔主要是基于以下几个因素。

第一，扎坝文化与东女国文化之间存在很多惊人的相似之处。1. 据《旧唐书·东女国传》记载："东女国，西羌之别种……俗女为王。""有女官，曰'高坝'，评议国事。"《新唐书》中也有相同的记载，并说"凡号令，女官自内传，男官受而行"。"俗轻男子，女贵者咸有侍男……子从母性"。这些记载表明，东女国是一个以女性为中心的社会。而扎坝也是一个典型的女性中心社会，女性不仅掌握着家庭的大权，而且也是家庭劳动的主要劳动力。2. 据《旧唐书·东女国传》记载，东女国服饰尚黑，"其王服青毛绫裙……上披青袍"；"其所居皆起重屋，王至九层，国人至六层"；"以牛皮船以渡"。我们在扎坝调查发现，扎坝人的房屋基本都是五、六层楼高的碉楼，这种碉楼在康区其他地方基本上是没有的。虽然有的地区也有碉和碉房，但在这些地方碉和房是分离的，房高一般都只有 3~4 层左右。在服饰方面，扎坝人的传统服装就是自己用羊毛织成的黑色毛质裙，与东女国服饰极为近似。而用牛皮船渡河，这在扎坝及其邻近地区也都是普遍存在的。

第二，扎坝人所处的地理位置与东女国的地域范围是相吻合的。据《新唐书·东女国传》记载，东女国"东与茂州党项接，东南与雅州接"，"其境东西九日行，南北二十日"，"其王所居康延川，中有弱水，牛皮船以渡"。茂州即今阿坝州茂县带，雅州即今雅安，弱水即雅砻江。据此，东女国的活动范围大致可以确定为大渡河上游和雅砻江中下游地区。唐代，吐蕃将东女国吞并和同化。从此，东女国消失在茫茫历史之中，无论在现实世界里，还是在史籍之中，均不见其踪影。今天在道孚县境内发现的扎坝人，不仅长期生活在东女国故地（大渡河和雅砻江之间），而且是目前该地域内唯一一个还保存着与东女国具有相同的文化特征的族群。因而，扎坝文化很有可能就是曾经在历史上失踪了的东女国文化的继承。

综上所述，我认为东女国在被吐蕃吞并后，其主体部分逐渐为吐蕃同化。但其中有一支人生活在鲜水河峡谷中（也有可能是在遭受吐蕃军事打击后，从别处逃入鲜水河峡谷），由于地理位置偏僻，地理环境封闭，受吐蕃文化影响较小，因而，将东女国的文化保存了下来，这支人就是今天的扎坝人。

"扎巴"族源初探

林俊华

一、"扎巴"简介

"扎巴"分布在四川省甘孜藏族自治州道孚县扎坝区和与之相邻的雅江县扎麦区，其中以道孚县扎坝区居多，约 900 户，6000 余人。

"扎巴"自称"扎"，"巴"在藏语中是"人"的意思。故，"扎巴"意即"扎人"。关于"扎"在扎巴语中的含义，现在的"扎巴"已经基本没人知道。据格勒《论藏族文化的起源形成与周围民族的关系》所说，"杂巴"（即扎巴）在藏语中有"制陶人"之意。我们在扎坝调查时也发现，制陶是扎坝传统的手工艺，且在扎坝的生产、生活中占有重要地位。因而藏语称其为"制陶人"（即扎巴）也是完全可能的。

"扎巴"是生活在康巴藏族中的一个非常独特的族群。在家庭制度上，他们还保存着一种与摩梭人相似的母系制家庭。在婚姻上，他们还保留着一种在扎巴语称为"杜苟"（意为"爬房子"）的暮聚朝离的走婚制度。在宗教上，他们以格鲁派为主，格鲁派与苯教并行，白石崇拜及其一些不同于周边族群的原始崇拜也比较流行。在民居上，他们居住的是一种层高5层左右的石砌碉楼，这种碉楼与嘉戎地区的高碉和其他藏族地区的碉房都有较大区别。在丧葬上，他们既实行火葬、水葬和土葬，也实行一种在藏区极为罕见的"崖葬"。在服饰上，"扎巴"的传统服装多以黑色为基调，用羊毛纺线织成。在饮食方面，"扎巴"特别喜欢制作和食用一种名叫"臭猪肉"的发酵猪肉，这在其他地区是极为少见的。在手工业方面，"扎巴"擅长制作黑陶，至今那些黑陶作坊仍在运行，黑陶产品仍然在生活中占据重要地位并产生重大影响。"扎巴"的语言也很特别，与周边民族基本不能相通。据曾经对扎巴语进行过专门调查研究的语言学家刘辉强先生介绍，扎巴语应属于古羌语支的范畴。

"扎巴"文化鲜明的地域性和神秘感，已逐步引起媒体和广大游客的高度重视。但学术界对"扎巴"文化的研究基本上还没有介入。笔者曾于2003年8月在道孚扎坝区对"扎巴"历史与文化做过一些初步调查，并查阅了一些历史文献。在这里，就"扎巴"的族源作一初步的探讨，不足之处，请批评指正。

二、"扎巴"与"筰"人

藏族学者格勒博士在《论藏族文化的起源形成与周围民族的关系》一书中提出，从春秋战国到两汉时期，雅砻江流域的主要古代居民是《史记·西南夷列传》中的"筰"人。"筰"本为牦牛种羌，经过几千年的演化，变成了"扎巴"人或"杂"人。"扎"或"杂"人分布在雅砻江流域，雅砻江也因此而得名"扎曲"。历史上，九龙、雅江、道孚、新龙、理塘、甘孜、石渠等雅砻江沿线都有讲扎巴语的"扎"人分布，其中许多藏化已深。

我比较赞同"扎巴"是古代雅砻江流域的"杂"（或"扎"）人。但"杂"与汉文史籍中的"筰"是否为同一民族？从目前所掌握的材料来看，可能性并不大。

据《史记·西南夷列传》记载，"自嶲以东北，君长以什数，徙、筰都最大；

自作以东北，君长以什数，冉駹最大"。"南越破后，及汉诛且兰、邛君，并杀作侯……乃以邛都为越嶲郡，笮都为沈犁郡"。《后汉书》中也有："祥都夷者，武帝所开，以为作都县。""元鼎六年，以为沈黎郡。至天汉四年，并蜀为西部，置两都尉，一居旄牛，主徼外夷，一居青衣，主汉人"。据史学家考证，沈黎郡在今汉源县，作县在今盐源县。也就是说"笮"人的生活地应在今四川凉山和雅安一带。而"杂"（"扎"）人生活在扎曲（雅砻江）流域，两者根本不在同一地域内。另外，据汉文史籍记载，"笮"地产"笮马"和盐，多与周边部族交易。如果"杂"（"扎"）人即"笮"人，那么，"杂"（"扎"）人与中原和周边地区交流的历史就很久远，受其他文化影响的程度也一定很深。但是，从扎坝人的现状来看，这是一个很封闭、很原始的民族。我们很难想象为何汉文史籍能将"笮"地产"笮马"和盐记录在案，而却将"笮"人以女性为中心的这一重要文化特征遗漏了？因而我认为"扎巴"与"笮"人并不是同一民族。

三、"扎巴"与西夏遗民

把"扎巴"看作为"西夏遗民"，这一观点在学术界尚不多见，不过在道孚等地，有不少人提出了"扎巴"很有可能是西夏遗民的猜测。他们猜测的依据是：

第一，藏族习惯将康定以西、雅江以东、道孚以南、九龙以北、丹巴西南这一地区居住的藏人称之为"木雅"，把木雅人生活的地区也称之为"木雅"或"木雅地区"。关于木雅人的族源，学术界有一种观点认为是西夏遗民。如早在19世纪末20世纪初，一些英美国家的学者就提出，木雅人是蒙古军征讨西夏时，南徙川康的西夏党项遗民。中国学者邓少琴也认为，西夏灭亡后，一部分西夏王族南徙并建立了新邦西吴甲尔布（西夏王），木雅人就是他们的后裔。吴天墀教授更进一步认为，"木雅"原指西夏都城兴州府地，后来由于西夏人南徙，便把这一名称带到了西康。还有一些学者认为，"木雅"一词本身就是西夏人的自称。

有的学者虽然反对把木雅人看作西夏人而非当地原始居民，但他们同时也认为木雅人与西夏人确有许多密切的联系。这种联系表现在：1. 木雅人和西夏党项族都源于党项。由于吐蕃的军事压力，使党项人一分为二：一部分留居原地，为吐蕃统治，"更号'弭药'（木雅）"；另一部分则投唐内附，后来建立了西夏王朝。2. 西夏灭亡后，确有一部分西夏人"由甘南，趋松潘，出阿细、班佐，循金川河谷，经丹巴、乾宁至木雅"，与未徙之党项后裔（康区木雅）相融合。

由于木雅与西夏的这些关系，因而人们怀疑，"扎巴"会不会就是西夏人进入木雅地区后，在鲜水河流域因封闭而单独发展下来的一支？甚至还有人认为，

"扎巴"生活在木雅地区之内,应归于木雅,木雅源于西夏,因而"扎巴"也源于西夏。

第二,在扎坝地区,一些"扎巴"也称自己是"西夏后裔"。"扎巴"的这种自称,更使人们对"西夏遗民"一说感到不容怀疑。

其实,从目前所掌握材料来看,"西夏遗民"的说法是存在一定问题的。

首先,木雅源于西夏一说本身就值得怀疑。根据《旧唐书》记载,吐蕃征服党项以后,党项"地陷入吐蕃,其处者为其役属,吐蕃谓之'弭药'"(即木雅)。而另一部分党项人则投唐内附,并在后来建立了西夏。从"其处者为其役属,吐蕃谓之'弭药'"的记载,我们不难得出这样几个结论。

(1)早在西夏尚未建立之前,木雅人就已在康区党项故地生活着。

(2)康区木雅人的得名是由于"吐蕃谓之'弭药'",而非由于西夏人南徙之故。

(3)虽然西夏人也曾自称"木雅",但是,康区"木雅"和西夏"木雅"是不同的,并非同一个概念。

(4)西夏灭亡后,确有一部分西夏人南下木雅地区,与他们的同宗兄弟又重新汇合在一起。但如果就此而认为康区的木雅人是"西夏遗民",似乎有将康区木雅和西夏木雅本末倒置之嫌。

其二,虽然西夏人南下木雅地区并融入木雅人之中为绝大多数学者所认同,但没有任何史料能够说明西夏人进入了鲜水河流域,也没有任何史料和事实能够表明"扎巴"与西夏人有着什么样的联系。

其三,"扎巴"是女性中心社会,长期以来一直保持着母系社会制度。而我们现在所知道的西夏并不是一个母系制社会。如果说"扎巴"是西夏后裔,那么,唯一的解释就是西夏人到了鲜水河流域的扎坝后,才改行的母系制度。如果真是如此,那西夏人为什么在到了扎坝后又要从父系社会倒回到母系社会中去呢?这是不能解释的。

其四,如何看待"扎巴"将自己称为"西夏人"这个问题呢?我在扎坝调查时,扎坝区文教干事茨珠先生(他被公认为是"扎巴"中最有学问的人)告诉笔者,他们原本不知道自己的历史(我们在调查时,连一些关于"扎巴"祖源的传说也没能找到),后来有个专家在扎坝考察时告诉他,扎巴语与西夏语有些相似,"扎巴"很有可能是西夏遗民。这对于现在已经不知道自己历史的扎坝人来说,无疑是一个非常重要的消息,于是他们很自然地便接受了这一说法。后来每当有人问及此事,他们便以西夏人自居。从茨珠先生所说来看,如果这是事实,那么,"扎巴"自称"西夏遗民"就纯属道听途说,不足为证。

四、"扎巴"与东女国

"扎巴"既非"西夏遗民",也非"笮"人之后,那么,"扎巴"究竟来源哪里?

现在有许多线索表明,"扎巴"极有可能就是《唐会要》《唐书》等史籍中所记载的东女国之后裔。东女国是一个以女性为中心的部落社会。据任乃强先生考证,在公元六七世纪时,藏北羌塘地方出现了一个强大的名叫"苏毗"的部落。苏毗是一个以女性为中心的部落,它征服了附近的农业部落,按自己的模式"建立女性中心制之藩国。其极西之藩国在印度河上游,印度人呼为'苏伐剌擎瞿旦罗',华人呼为'女国'。其东南藩国在澜沧江流域,吐蕃呼之为'康',华人呼为'东女国'"。唐以后,随着东女国为吐蕃所灭,东女国不仅消失在这个世界上,也消失在茫茫史籍中,再不见其踪影。东女国故地何在?东女国的居民到哪里去了?至今留给人们的仍然是个谜。

近些年来,随着西部旅游业的兴起,西部许多地区的旅游部门、旅游网站对东女国都表现出了极大的兴趣,似乎纷纷都在向东女国提出"所有权"问题。如"丹巴旅游"网认为四川甘孜藏族自治州的丹巴县就是东女国故地;而"嘉戎之窗"网站上则提出,东女国在四川省阿坝藏族羌族自治州的金川地区;"昌都"网则说西藏昌都地区是东女国的核心地区;而在青海省的一些网站和报刊上的文章则认为青海省的玉树是东女国故地……各种说法,让人不知谁是谁非。

那么东女国究竟在什么地方呢?

关于东女国的地理位置,《唐会要》《旧唐书》《新唐书》都有记载,且大体相同,皆认为东女国"东与茂州党项接,东南与雅州接……其境东西九日行,南北二十日……其王所居康延川,中有弱水,牛皮船以渡"。茂州即今阿坝藏族羌族自治州茂县一带,雅州即今雅安。但由于一些学者对于史籍中所记的东女国都对"康延川"和东女国中的"弱水"有不同的认识,因而在其具体地域上出现了分歧。

据任乃强先生考证,东女国都域"康延川"即今昌都一带,东女国中的"弱水"即今之澜沧江。任先生的这一观点对后人影响极大,并为后来的许多学者所引用,今天的"昌都说"基本上都是以此为依据。

但据藏族学者杨嘉铭先生考证,"康延川"在大金川流域,即隋代的"葛延"、清代的"葛喇依","弱水"则是指大渡河。杨先生还认为,发源于丹巴的大渡河藏名叫"嘉莫欧曲",意为女王的汗水和泪水汇成的河流;今金川流域地区藏语称之为"嘉戎",而嘉戎是"嘉莫查瓦戎"一词的简化。"嘉莫"意为女王,"查瓦戎"是指河谷,"嘉莫查瓦戎"就是女王的河谷。杨先生的这些考证便成为了目前流行的"金川说"、"丹巴说"的主要依据。

从《唐会要》《旧唐书》、《新唐书》等史籍的记载,以及杨先生对"康延川""弱水""嘉莫查瓦戎""嘉莫欧曲"的考证所形成的系列证据中,我认为把大渡河上游地区确定为东女国的活动范围,应该是比较可信的。

不过我个人认为,东女国的活动范围应该不仅仅只是在大渡河上游地区,雅砻江流域中下游地区也应是东女国的活动范围。

首先,据《旧唐书》记载,东女国"其境东西九日行,南北二十日行,有大小八十余城……户四万余众,胜兵万余人,散在山谷间"。这说明东女国的地域很广,仅仅是大渡河上游地区是完全不够的。

其二,在新、旧《唐书》中关于东女国的记述都有一段十分重要的文字:"中有弱水南流。""弱水"在《汉书》中写作"若水"。班固在《汉书》中说,"鲜水出自徼外,南入若水。若水亦出自徼外,南至大作人绳"。从《汉书》的记载来看,若水应是雅砻江而非大渡河。因为,鲜水流入的是雅砻江,根本没有进入大渡河。同样,在"大作"入"绳"(即金沙江)的也只有雅砻江,而非大渡河。

如果我们把东女国的地域界定在大渡河上游以及雅砻江中下游地区,那么我们就不难看出,至今还保留着母系社会特征的"扎巴",正好生活在古东女国的地域之中。这样,对于"扎巴"母系制度的由来就变得不难理解了。

"扎巴"不仅其生活的地域与东女国相关,而且"扎巴"的文化也与东女国有着许多惊人的相似之处。下面就史籍中记载的东女国与笔者对"扎巴"的调查作一比较:

1. 在社会制度方面。据《旧唐书·东女国传》记载:"东女国,西羌之别种……俗以女为王","有女官,曰'高霸',平议国事"。《新唐书·东女国传》中也有相同的记载,并说"凡号令,女官自内传,男官受而行","俗轻男子,女贵者咸有侍男……子从母姓"。这些记载表明,东女国完全是一个以女性为中心的社会。而"扎巴"也是一个典型的女性中心社会,这从"扎巴"的婚姻和家庭中都能得到充分的体现。

从婚姻上看,"扎巴"的婚姻是以女性为中心,男子夜晚到女子(扎巴语称"呷依",意为"性伙伴")家里过夜,次日天明则自动离去。如果其中一方觉得没有继续往来的必要,其关系也就自然终止,相互间也就不再存在任何关系。

从家庭结构上看,"扎巴"的家庭是以母系血缘为主线而构成。家庭中基本上没有夫妻,三世或四世同堂的情况居多。在家庭中,母亲是家庭的核心人物,她们既是子女的养育者,也是家庭劳动的主要承担者和家庭大权的掌握者。男子在家庭中的角色仅仅是自己姐妹子女的养育者。对于"呷依"的家庭，他们不承担任何责任，对自己与"呷依"所生子女也没有哺育义务（至少没有"法定"义务）。

2. 服饰文化方面。《旧唐书·东女国传》说，东女国服饰尚黑，"其王服青毛绫裙，下领衫，上披青袍，其袖委地。冬则羔裘，饰以纹锦"。虽然现代"扎巴"的服饰与藏族并没有太大差异，但我们在扎坝调查时发现，"扎巴"的传统服装却与藏族服装有较大区别。"扎巴"的传统服饰多以黑色为基调，全是自己用羊毛手工纺织而成。妇女一般是在衬衣外穿一毛质无袖连衣裙，腰部系一腰带，有的腰带装饰有各种饰品，外穿一件毛质、高腰、长袖、无扣外套。男子穿宽大的右开襟毛质长袍，腰间系带，其式样与藏袍相似，脚穿牛皮藏鞋。

3. 在民居文化方面。史籍中的东女国"其所居皆起重屋，王至九层，国人至六层"。"扎巴"民居为石砌碉楼，一般在四至五层，有的甚至更高。这种碉楼与其他藏区民居和嘉戎地区的高碉都有显著区别，在藏区还没有发现过类似的民居。"扎巴"修碉楼的技术也是十分高超的，整幢碉楼里，木工不用一个样头，不用一个楔子；石工砌墙不吊线，但砌出的墙却十分笔直、平整，应该说这种建筑技术由来已久。"扎巴"的碉楼多建在山腰台地，既有单家独户的，也有多户共处成为村寨的，不仅给人以雄伟壮观之美感，而且也很容易令人联想到《旧唐书》中关于东女国"散居山川"的描述。

"扎巴"碉楼的房间结构比较简单 功能划分比较确定。一般一至三楼每层都划分为两间。其中:底层是畜圈；二楼中一间做寝室，面积较小，另一间面积很大，是全家人的主要生活区，白天在这里做饭、吃饭、接待客人，晚上一家人就在地上铺上毛毡，围着火塘睡觉；三楼大的一间用于存放粮、草、杂物，小的一间做客房。一般调楼从四楼开始，以后诸层呈阶梯状逐阶收缩，每阶间用外置独木梯做交通。四楼一般只有一间房，用作经堂，房背面和靠房间的两方是开放性的房屋，用于堆放粮食和杂物；其余部分是晒坝，供脱粒、晒粮等家庭生产劳动用。五楼、六楼的布局结构与四楼大体相同，但由于逐阶收缩后，面积逐渐变小。房顶各角高出房约1米，并在上面堆放白石头和插白色嘛呢旗。

综上所述，我认为"扎巴"与东女国之间存在着太多的联系。这种联系可能是因为，当年东女国在被吐蕃吞并后，其主体部分逐渐为吐蕃同化。但其中有一支人生活在鲜水河峡谷中（也有可能是在遭受吐蕃军事打击后，从别处逃入鲜水河峡谷），由于地理位置偏僻，环境封闭，受吐蕃文化影响较小，因而将东女国的文化保存了下来，这支人就是今天的"扎巴"。

川西藏区的扎巴母系制走访婚

冯 敏

　　本文刊发于《民族研究》2006年1期。作者通过对扎坝藏人婚姻家庭的田野调查，对扎坝母系制的社会性质做了确认，认为扎坝藏人的走访婚具有母系制氏族外婚、对偶婚等典型特征。同时认为，扎坝藏人走访婚及母系制的发现，作为人类学的另一田野个案，打破了蔡著关于"纳人"母系制的"唯一"说，从而丰富了人类学领域中关于母系制走访婚的研究样本，并就学术前辈对摩梭母系研究中所缺少的实证做了某些补充，因此具有一定的学术价值和学术意义。

　　中国少数民族婚姻家庭中的母系制遗存，在扎巴母系制被发现以前，人们只知道在纳西族摩梭人中存在，他们居住于分属四川和云南的泸沽湖周围及相邻的一些地区。

　　自称"扎巴"的藏人居住在四川省甘孜藏族自治州雅砻江支流鲜水河下游两岸的台地上。这一地区海拔2720米，面积1150平方公里，现有人口13，624人（根据"五普"统计资料），分布于道孚县扎坝地区的亚卓、扎拖、红顶、仲尼、下拖诸乡及雅江县的瓦多、木绒和普巴绒三乡。由于交通闭塞，与外部交往甚少，扎坝地区的扎巴藏人，其语言、服饰、婚姻形态等都与周围藏族有所不同。特别是在婚姻形态上，至今仍普遍盛行走访婚。

　　关于扎巴婚姻家庭的调查资料十分稀少。20世纪30年代，赵留芳曾去扎坝地区做过调查，但未对扎巴人的婚姻家庭做专述，只提及其"不婚而婚，不嫁而嫁，人尽可夫，人尽可妻，使成'规矩'"的习俗。上世纪60年代，四川省社会科学院任新建研究员曾关注过扎巴母系制社会，并在《甘孜报》上发表过文章。2000年以后，他又对扎巴社会进行了历史人类学研究，认为扎巴人很可能是历史上失踪的有名的"东女国"的一个部落残余。本世纪初，四川省民族研究所成立了相关的课题组。四川康定高等师范专科学校林俊华教授也在2003年到扎巴地区进行了调查，并对扎巴的历史与文化做了介绍与分析，认为扎巴人极有可能就是《唐书》中所记载的东女国之后裔，其观点与任新建研究员相同。四川省民族研究所研究员李星星从历史人类学的视角提出了"母系文化带"这一论点，认为唐代东女国的范围包括了雅砻江流域的大部分，而雅砻江流域有不少母系文化遗存，除西南端的摩梭或纳日外，在现今属藏族的扎巴人和纳木依人身上表现得最为突出。但由于该文的研究重点不同，故没有对扎巴藏人母系制社会进行专题分析。上述涉及扎巴母系制的相关研究，均属散点式研究，没有形成专题性成果。

因此，对扎巴母系制作较系统的田野调查具有一定的学术价值与学术意义。

社会文化人类学把民族志描述视为学科本身发展的一个有价值、富有生命力的部分。为此，本文将以田野民族志描述为基础。笔者以泸沽湖纳西族摩梭人的母系制婚姻形态为蓝本，制定了建构假设的调查提纲，于2004年7月赴道孚县扎坝地区，对扎巴藏人的婚姻家庭状况进行了调查。

调查方法主要采用民族学田野调查（参与观察和入户访谈）以及社会学的抽样调查方法。我们对扎坝地区5个乡的8个行政村（即:红顶乡的红顶村、向秋村、俄古村、地入村，扎拖乡盖底村，亚卓乡乌拉村，仲尼乡扎然村和下拖乡下瓦然村）的婚姻家庭状况进行了抽样，共调查232户，梳理了每个家庭几代人的婚姻家庭形式，取得了基础性的第一手资料，对扎巴藏人婚姻家庭的性质判定有了较为可靠的数据支持。

调查结果显示，目前扎巴藏人的婚姻呈多种形式并存的状态，其中以走访婚为主，同时也有男子或女子上门的"同居婚"。与婚姻形式相对应，家庭类型主要有纯走访婚家庭（即母系亲族家庭）和由走访婚上升到对偶婚的母系对偶家庭。前者有102户，占总数的49.04%；后者有36户，占17.31%。两项相加共138户，占总户数的66.35%。可见，走访婚、同居婚以及母系亲族家庭和对偶家庭在扎巴社会中占据主导地位。其亲属称谓有类别式和叙述式两种，无姻亲称谓。调查结果说明，扎巴藏人保留着完整的母系制婚姻家庭。

一、扎坝地区母系制婚姻的几种形式

婚姻是男女两性的结合，并被一定历史时代、一定地区内的社会制度以及文化与伦理道德规范所认可。调查表明，扎巴藏人的现行婚姻形式，主要有走访婚、同居婚和专偶婚这三种，其中走访婚是婚姻的主导形式。

（一）走访婚

扎巴走访婚在扎语中称"热作依兹"，"热"意即"女孩子"，"作"意即"在女孩子那里住"，"衣兹"意为"去"，合起来的意思是"到女孩子那里去住"，而"走访婚"则是意译，是族外人对扎巴藏人这种婚姻关系的称呼。走访婚的双方称"呷依"，"呷"意为"爱"，"依"指对象，合在一起意为"所爱的人"。只有建立了性爱关系，才能称呼对方为"呷依"。如果是一般男女朋友而无性爱关系，就不能叫"呷依"。走访婚有两层关键含意:一是男女之间有一定的感情且有性关系，二是采取女居男走的形式。走访婚是氏族外婚的典型表现。

调查得知，在扎坝地区，除下拖乡外，4个乡的纯走访婚家庭占49.04%，在婚姻形态中占据主导地位。一些村寨走访婚的比例更大，例如，扎拖乡益底村共

27 户，纯走访婚家庭 21 户，占 77.78%；红顶乡俄古村 20 户，纯走访婚家庭 15 户，占 75%；仲尼乡离县城 52 公里，不通公路，相对闭塞，娶媳和招赘的都很少，如麻仲村只有 16 户人家，其中 15 户实行走访婚，占 93.75%。

（二）同居婚

当一个母系亲族家庭的后代为独女或全是女儿时，就需要引入一个外姓男子，这种婚姻我们称之为"同居婚"。同居婚是对偶婚中期的一种婚姻形态，其特点是在居住制上由昔日的走访女方改为从妻居，配偶之间有了共同的经济生活。

这种婚姻主要存在于扎巴藏人只有独女或全是女儿的家庭中。当走访婚家庭缺少男性成员，而走访婚双方感情又比较深厚的时候，男方往往就会到女家上门，成为上门婿，从而由走访婚的母系亲族家庭转变为对偶婚的母系家庭。这样，家庭中就会有一对夫妻共同生活在母系家庭之中。

具有重要意义的是，一旦母系亲族家庭上升为母系家庭，男女双方由走访婚关系转变为夫妻关系，这种婚姻就必须通过严格的婚姻程序，不仅要举行隆重的婚礼仪式，而且要签订文字"协议"，夫妻双方的称谓也要改变，以示与走访婚有本质区别。男女双方不再彼此称"呷依"，而是称"泽绒"，意为"终身伴侣"。男方叫"布妥"（上门丈夫），女方叫"略若"（妻子）。"泽绒""略若""布妥"都是藏语借词。称谓的改变，说明在婚姻关系上，不能像走访婚那样，可以轻易地解除呷依关系。我们由此可以清楚地看到，扎巴母语在反映婚姻关系不稳定的"性伙伴"时，是用"呷依"一词，而当确立为"终身伴侣"时，则使用"泽绒"一词，它标志着男女双方的婚姻形式发生了实质性变化。

（三）专偶婚

在扎巴母系家庭中，如出现独子或全是儿子的情况，家庭中就会娶入一女子组成家庭，其他儿子或到别人家上门入赘，或实行走访婚。这种专偶婚有别于父系制的专偶婚，它是母系家庭某一代人的一种暂时性婚姻形式，目的是娶妻生子，延续血脉。但是，一旦下一代有了女子，就又恢复到走访婚母系家庭。而男婚女嫁的父系制专偶婚的子女却是传承父族的世系，这是它们的不同之处。扎巴藏人的这种情况，如摩尔根所说，并不是"某一种形态完全出现在某一级社会之中……伙婚制的个别情形可以在血婚制中出现，反之亦然；偶婚制的个别情形可以在伙婚制中出现，反之亦然；而专偶制（即一夫一妻——引者注）的个别情形也可以在偶婚制中出现，反之亦然"。扎巴藏人母系亲族家庭中出现的专偶婚正是这种情况。

二、扎巴走访婚的基本特征

扎巴走访婚具有鲜明的特征，表现在以下几个方面：

（一）严格遵守走访婚的界限和范围

扎巴藏人走访婚在形式上很自由，但在族群内部却存在着许多必须严格遵守的规矩，此外还有限定的范围。

严禁血缘婚，这是氏族外婚制的通则。扎巴藏人的走访婚有严格的限定范围：同一母系的姊妹、兄妹的子女之间，同母异父的兄妹、姨兄妹之间，同父异母的兄妹之间，均不能实行走访婚。总之，其原则是"不沾亲"，即无血缘关系。扎巴藏人对族际婚并不排斥。

由于扎巴藏人早期的亲族组织形式是房名，即一幢房屋内居住的都是有亲缘关系的人，因此同房名下的三四代人不可以实行走访婚，有的甚至七代内不通婚。了解和传播血亲关系的途径是口传家谱。但是，扎巴藏人对已无记忆或已不了解的母系血缘关系，或三代以后的血缘关系，就不再禁止通婚。这可能与扎巴藏人通婚范围十分有限相关。

在有亲缘关系的兄弟姊妹之间，平时在言行举止方面存在诸多忌讳。例如，忌讳彼此相互打闹和随便开玩笑，姊妹忌在兄弟面前提襟亮腿或脱衣服。特别是涉及男女性关系的事，尤为忌禁。看电视时，如果出现男女之间亲热的镜头，兄妹都要躲避；男性走婚"爬房子"时不能让姊妹发现；如果走婚的姐妹有了身孕，便不好意思在舅舅、兄弟面前走来晃去；分娩时则要躲在牛圈。如果违反上述规矩，就被认为是无家教、无礼貌的表现。扎巴藏人氏族外婚的种种禁忌，在氏族内部的兄妹之间设置一条鸿沟，不许异性随便交往和沟通，反映出对氏族内婚的高度警惕与严肃心态。

此外，还有不与仇敌为婚，禁止与有传染病、慢性病史家族的人以及与家族名声不好者实行走访婚等禁忌。

（二）建立走访婚关系的必需程序

扎巴藏人的走访婚有其约定俗成的规矩。建立走访婚关系，必须经过"抢东西"和"爬房子"两道程序。当男女双方在一些社交场合认识后，如果男方对女方产生好感，有走访的意愿，就会以抢夺女方身上的饰物，以表示爱意。如果女方假装追赶（或不追、不理），则表示同意建立呷依关系，然后在僻静处约定晚上相会的时间。如果女方不中意这个男子，用吐口水等动作表示反感，并执意要回自己的饰物，则该男子就会将所抢饰物退还给女子。

"爬房子"是走访婚必经的"手续"。第一次走访，男子必须在晚上约定好的时间,爬上女方所居的碉房,从窗口进入该女子的住房。此俗称为"爬墙"或"爬房子"。不能爬上房楼的男子只能"望楼兴叹",扫兴而归。当第一次爬房子成功后,双方便开始实行走访婚。爬房子只是进入婚姻的一道必需的仪式,男方爬一两次房子后,如得到女方家人的认可,则可以不再爬房子,女方会在晚上开门让男方直接从大门进入。倘若在女方不同意的情况下,男方强行爬进房去,就会遭遇全家姊妹一起泼水、扔石头的尴尬场面,小伙子只好从大门狼狈而逃,但不会被人们取笑。

(三)为走访婚创造条件的居住形式

扎巴藏人传统的石砌房屋,其外墙凹凸不平,每层三面墙都有窗户,小而多。一般家中的男子都住在高层,而妇女居住在二楼的厨房或三楼的储草间,窗户离地面较近,方便男子晚上爬墙进入。现在,新修的扎巴房墙壁光滑笔直,难以攀登,女方家往往在窗上、墙壁上立有木板等物,可供小伙子直接爬入。

从居住空间的分配来看,扎巴家庭的女子同住一间房,无专门居所。成年妇女和走婚妇女一般也无自己的固定房间,只有交往了长期呷依的妇女,通常才有较为固定的睡处,有的设在厨房窗户下的空位处,有的在三楼的储草层。刚开始接受走访的女子,仍同众多姊妹共居在厨房或其他地方,其床铺并不分开,只是离其他姊妹的床铺远一点。由于呷依之间有暗号,他们是不会弄错的。厨房旁边有一间屋,是当家妇女的睡处。有的老母亲与未实行走访婚的男子或兄弟们同住一屋,老年男子(舅舅)则睡在最高层经堂旁边的屋子里。

(四)择偶的传统标准

对扎巴男子来说,选择长期呷依(以下简称"长呷依")的标准,主要是看女方是否勤快、能干、贤惠。如果男方无意与女方建立长呷依的关系,其选择的标准主要就是看对方的长相如何。一个容貌姣好的成年妇女有时能够拥有很多的呷依。女子选择男性长呷依的标准,主要是看男方是否勤劳、健康、老实,道德品质是否好,她们认为这样的男子才靠得住。女方在选择短呷依时,也较看重对方的长相。一个英俊健美的小伙子会赢得众多女子的青睐。

很明显,长呷依带有稳定对偶的性质,他们之间不仅有性爱,而且还有可能组成"对偶家庭"。有了孩子后,男方一般都会与女方保持长呷依的关系,或到女方家里做上门女婿。他们的走婚,不单是为了性的需求,而是也考虑到家庭的实际需要。对男方来说,一个能干的家庭主妇是非常重要的。而勤劳的男性则可以减轻女方的劳累程度,老实则能保证走访婚的稳定性。

(五）呷依关系不重经济重感情

选择呷依时，男女一般都不注重对方家庭的经济条件。走婚前，男方通常都不会给女方家任何资助，女方家对此也不计较。长呷依在走婚过程中，男方不一定要定期送礼物给女方。过去，男呷依想送礼物时就送点，没有时就不送，而女方一般不送给男方礼物。建立走访婚的关系，看重的不是物质而是感情，这是20世纪80年代前扎巴走婚择偶的显著特点。现在，这种情况已略有改变。由于男子一般都搞些副业，有一定的经济来源，因此多数人也不时地买些酒、衣物、食品等送给女方及其父母，但礼物数量要视男方的经济能力而定，一般都不多。女方有了孩子后，男方对女方的经济资助要多些。当男呷依无经济能力时，女方也不会因男呷依不买礼品而解除呷依关系。短呷依就更不送礼物，只是偶居关系。

男女双方建立呷依关系后，男呷依的一项重要"义务"就是帮助女方家进行生产劳动，特别是在女方家缺乏劳动力的情况下，每年春耕时都必须去帮忙。因为按藏族的习俗，犁地必须由男子来做，否则，当年的收成就会不好。此外，还要帮助女方家干一些砍柴、修房、砌墙之类的重活。一年中，男呷依到女方家干活的时间可从几天到十几天。在此期间，男呷依会受到女方家的热情招待，男女双方像正式夫妻一样过着家庭生活。

（六）走访婚半径不大

从调查情况看，扎巴地区走婚的半径较小，多在本乡各村或本村走访，跨乡跨县者较少。原因是扎坝地区处于鲜水河及其两岸的大峡谷中，山高坡陡，道路崎岖，交通不便。扎巴藏人为了生产方便，住房基本上都与田地相邻，建在山腰或山顶台地上，因此，居住大多比较分散。一两户、三五户人组成一个自然村寨的情况十分普遍，最大的自然村寨也不过十几户人家。自然村寨之间近则一二公里，远则十多公里。在这样的环境下，在交通尚不发达，出门要靠步行的条件下，夜至晨离的走婚路程就不能太远。例如，红顶乡与仲尼乡以河为界，渡河工具是牛皮船。由于走婚是在暮晚，牛皮船主又不可能等到晚上，所以鲜水河两岸之间少有走婚者。上、下扎坝区之间因为路程较远，走婚者也很少。男女长呷依之间，如果村寨相距太远，都会同时有几个邻村的短呷依。

（七）走访婚具有多偶性

过去，在扎巴藏人的走婚生活中，男女双方都有一定的性自由，一生中只有一个呷依的情况极少，一般都有两个以上的呷依，有的男女双方可以同时拥有多个呷依，其婚姻观念中的独占性较淡薄。

在实际生活中，男女之间有时还有临时呷依，多为逢场作戏，双方或是长相漂亮者，或是从前有过呷依关系者。他们多是找个方便的地方野合，男方不必去

"爬房子"。还有个别男呷依同时走母女的,这种情况在 20 世纪中叶还有,并不受社会舆论的谴责,因为早前多有这种情况。

此外,也存在男性朋友之间的呷依互换,或一友与另一友的女呷依临时走婚,这也是常见的现象。男性朋友之间,各自的女呷依也往往相互认识并有交往,时间久了即相互走访,朋友之间不会因此吵架。但现在,随着社会的进步与观念的改变,如果某人与其友的女呷依临时走访,则被认为不重兄弟情谊,甚至有为此而吵架、打架的。

在扎巴藏人中,男女双方通常是在年轻时呷依较多。当妇女步入中年之后,其男呷依就会逐渐减少。这时,多数妇女会选择一个感情较深的男呷依作为长期走婚的对象,而拒绝与其他的短呷依来往。有的则不再建立呷依关系,而是同父母、姊妹、兄弟、儿女一起抚育孩子长大成人。同样,多数男子在步入中年后,也是选择一个感情较深的女性,建立长期呷依关系。随着社会的发展,现在的走婚男女,一旦呷依关系确立下来,感情都比较稳定,尤其是在双方有了孩子后,感情一般都会长久维持下去。

(八)走访婚关系的不稳定性

扎巴藏人的走访婚关系具有不稳定性,其表现是多方面的。男女双方建立呷依关系后,双方的关系稳定与否,主要与双方的感情有关。感情好,双方就能维持下去;感情出现裂缝,双方即会解除走婚关系。影响感情的因素主要包括:走婚男女中的一方有了新呷依,或双方都有了新相好;女呷依怀孕到七八个月时,不能持续偶居生活,有的男呷依就另寻新对象;男呷依在生产劳动上不主动帮忙,或男方家庭不让其到女方家尽义务;男呷依认为女方对她不够尊重;女呷依认为男呷依对自己不关心;女呷依家太穷,男呷依对其帮助太多,男方家里有意见,不让其再走访婚;呷依一方或其家族品性不好,或有传染病史(如麻风病等),另一方家长坚决反对他们走婚;男呷依与女呷依的父母之间产生矛盾,导致呷依关系结束;男方不给孩子买衣服,或给的钱太少,女方即认为男方对孩子不负责任,因此产生矛盾并结束呷依关系。

(九)扎巴藏人的独占观念

在实施计划生育政策之前,扎巴藏人对呷依的独占观念还比较淡薄,结交的呷依较多,多偶性明显。男女双方对彼此与他偶的结交虽存有一定的妒忌心,但一般不表露出来。尤其是男方,如果对此"计较",多会被人取笑,觉得他太看重女人了。而在实施计划生育政策之后,扎巴藏人的独占观念大为增强,结交的呷依在数量上受到很大的限制。

按照性爱原理,性爱是排他的,扎巴的走访婚也是如此。当双方成为长呷依后，就有了相对独占的思想。例如，有的男女在确定了呷依关系后，彼此就立下誓言，大意是：短呷依可以找，但不能抛弃长呷依。还有的甚至去寺庙发誓，终生只找对方一个，并以转经、磕头为证。

在扎巴藏人的民歌中，就有对走访过度的批评性警告，这在一定程度上也反映了扎巴藏人思想深处的独占意识。一首民歌唱道："山脚下的寨子里有一个美丽的姑娘，姑娘啊，你可不要得意地以为自己很美。曾经拥有一百个情人的你，我才不会和你谈朋友。"

（十）相互走访的长呷依渴望建立小家庭

20世纪70年代前，扎巴藏人中极少有人想脱离母系大家庭，建立自己的小家庭。现在，建立小家庭的愿望在一些男女呷依中日趋强烈，有人还付诸了行动。另有一些渴望成立小家庭的年轻人则在等待。此类情况的典型个案是亚卓乡各补村的RZ，此人是画家，30岁，初中毕业，走访的呷依是本村人，现有3个小孩。RZ的母系家庭（父亲为上门婿）有8个兄妹，5男3女。5男中1个当喇嘛，2个上门，2个走婚；3个姐妹中有2个走婚，1个未婚。RZ渴望与长呷依建立小家庭，但父母不同意。他告诉笔者："我一直有分出去成立小家庭的愿望，从建立呷依关系后就开始有此愿望，但家里父亲、姐妹们都不同意，我只好依从他们的意愿。女呷依也有这个愿望，她们家也不同意。但我俩都非常想有自己的小家，想等到父亲同意时就搬出去另建自己的小家庭。搬出去另修房屋要花一两万元，我有这个能力。现在，我挣的钱除交给父亲外，还有一部分钱交给呷依存起来，一旦分家，就可作为建房费。"

扎巴藏人渴望建立小家庭的愿望在一些中年妇女中也较为普遍。她们表示："走婚不好，结婚好。走婚，男人是别人家的，不可能一个心眼儿地想着老婆、孩子，而结婚后就成了一家人，可以和和睦睦地在一起生活。"扎巴走访婚在上世纪80年代后，受现代社会文化、婚姻观念、相关政策的影响与制约，正在发生显性或隐性的变化，一些青年男女摒弃了走访婚，从母系亲族家庭中走了出来，组成了一夫一妻制的核心家庭。

综上所述，扎巴藏人的走访婚有以下几个主要特质：（1）有血亲关系的男女严禁走婚，这是氏族外婚制的典型特征。（2）男女双方可在自愿的基础上结成呷依关系。呷依关系主要是性关系，具有多偶性。建立呷依关系看重的是感情而不是经济状况。（3）走访婚一般要通过"抢东西"和"爬房子"两道程序。（4）走访婚以女方为主体，男方为客体，男走女居，暮聚晨离，妇女处于主导地位。（5）走婚双方在各自的家庭中生产、生活，互相没有约束力，维持呷依关系的时间有长有短,建立与解除这种关系都比较随意。(6)走婚双方没有必要的经济联系,只有偶居生活。孩子由母亲养育。

三、扎巴藏人走访婚长久存续的原因

(一)交通闭塞,与外界隔绝

扎坝大峡谷悠长深邃,群山绵亘,高峻险绝,是道孚县最偏远的地区。许多扎巴藏人一辈子都没有走出过大峡谷,也很少有外人进入。1974年四川省有关部门进入扎坝地区伐木,扎坝才修起了第一条公路。公路修通后,尽管与外界的联系有所增多,但母系氏族的走婚习俗并没有什么改变,它在横断山区大峡谷特殊的地理环境中顽强地延续下来。

(二)土地资源的有限,使得家庭分裂的可能性大大降低

扎巴藏人居住于鲜水河两岸的台地上,土地资源十分有限。农耕地多分布于崇山的中山地段凹陷台地上,地块狭小,零星分散,土壤瘠薄,加之灌溉困难,自然灾害频繁,粮食产量低且不稳定。在这种条件下,如果一个家庭要无限地分裂繁衍成若干个新的小家庭,就势必造成土地资源的分散与紧缺以及家庭财产的分割,这是扎巴藏人所无力承受的,对于家庭的延续也是不利的。因此,实行走访婚的大家庭不愿分割自己的土地财物,世世代代都在一个家庭居住,生生息息,绵延不断。而通过走访的形式,既可以达到繁衍后代的目的,又可以不另立家庭;既可以防止家庭财产的外流,又可以减少家庭成员之间的摩擦。这是扎巴藏人在其生存条件下对婚姻形态的一种选择,适应了低生产力条件下农耕社会的需要。

(三)社会流动性低

扎巴藏人所处的社会地理环境比较封闭,生产力低下,社会分工简单,结构单一,因此,在上世纪70年代前,社会流动性极低。闭塞的地理条件限制了扎巴藏人的流动,走出扎坝的人极少。在封闭的扎巴传统农业社会中,社会分工尚不发达,下一代人很难从上一代的职业、地位中流动出去。扎巴藏人外出受教育者少,工匠、技工少,除单一的农业劳动外,很少有从事其他产业的人员,代际之间的同质性相当高。这些都极大地限制了扎巴藏人的社会流动,为世代共处与沿袭同一婚姻形式奠定了基础。传统观念与习惯势力在社区中占有支配地位,走访婚就成为习以为常的婚姻选择形式。

(四)藏彝走廊浓厚的母系文化积淀

道孚县位于历史上的藏彝走廊,在这条走廊文化带上,扎巴母系社会并非孤

立存在，只是保存得比较完整。在这条走廊上的其他地区，近现代也都留有母系制走访婚的痕迹。如丹巴地区嘉绒藏族的"抢帕子""爬墙墙""顶毪衫"以及金川地区的"翻墙子"等婚姻习俗，都类似扎巴藏人的走婚仪式或走婚行为。这说明，母系制文化遗留是一个大的文化背景下的历史积淀。它的渊源可以追溯到历史文献所记载的唐代"东女国"，其范围可能是北到金川，南到雅江，东西则从大渡河至雅砻江一带，方圆约400公里左右，以丹巴、道孚为中心区。由于历史悠远，积淀深厚，加上交通、政治、经济等多方面的原因，这种母系走访婚一直保留至今。

（五）婚姻习俗作为一种文化传统的惯力

扎巴走访婚就像一个被松脂包裹而成的琥珀，在漫长的岁月长河中，当没有外力打碎它的外部保护层时，它就一直保持着自己的传统。直到20世纪80年代之前，这种婚姻习俗还都很稳定。即使在内地受过高等教育的扎巴藏人，当回到故土后，也不能不遵循古老的婚俗。虽然在强制执行计划生育政策时，规定扎巴藏人生子后必须与走访对象领取结婚证，但许多人领取了结婚证之后并不组成家庭，仍然沿袭走访的形式。现在，扎巴农村的大多数男青年仍以走访作为婚姻形式的选择。

（六）社会环境较宽松

在扎坝地区，历代政权均未对扎巴藏人的走访婚进行硬性干预，这就给扎巴走访婚提供了一个宽松的外部环境。在土司统治时期，扎巴土百户虽然为了征税的需要而规定结婚者应当分家另过，建立一夫一妻制，但并不严厉干涉百姓的走访婚，甚至他们自己也随俗实行走访婚。在民国时期，由于扎坝地处偏僻，政府鞭长莫及，对扎巴走访婚采取了听之任之的态度。新中国成立后，尽管在内地实行严格的一夫一妻制，但当地政府仍允许扎巴藏人实行走访婚，甚至也允许乡干部走婚，这就使走访婚得以较完整地保存下来。

四、结　语

人类学田野调查相当于自然科学的实验，它的最终结果应该用来证明或反证特定的理论以及调查之初的假说，其学术意义在于就所调查的问题进行现象的解释与规律的寻求。笔者通过对扎巴藏人婚姻家庭的田野调查，对扎巴母系制的社会性质做了确认，认为扎巴藏人的走访婚具有母系制氏族外婚、对偶婚等典型特征。

扎巴藏人的走访婚属于对偶婚的范畴。对偶婚是男女配偶在或长或短的时间内的某种偶居，这是母系氏族早期流行的一种婚姻形式。在扎巴藏人走访婚过程中，随着年龄的增长，男女双方通常都会有一个相对稳定的走访对象，即所谓"长呷依"。恩格斯说过："一个男子在许多妻子中有一个主妻（还不能称为爱妻），而他对于这个女子来说也是她的许多丈夫中的一个主夫。"主妻主夫维持较为经常、持久的婚姻关系，这在扎巴藏人的走访婚中表现明显。可以确定，扎巴地区是继泸沽湖地区之后发现的第二个母系文化区。

扎巴藏人的婚姻家庭形式主要是由生态环境与文化所决定的，起主要决定作用的因素就是人地关系。扎巴藏人所处的恶劣环境与他们对土地的需求导致了村落的分散。扎坝地区地少、缺水、自然灾害严重的现实，使得一个家庭不可能无限分裂下去，走访婚就是为了家族乃至族群的生存与发展所做的一种选择。扎巴藏人的走访婚有效地延续了他们的血脉，也维系了大家庭的家产。

扎巴藏人的走访婚与母系家庭，证明了蔡华先生关于"纳人……可能是唯一的一例曾经既无婚姻制度亦无家庭组织的社会"的学术推断不能成立。调查显示，扎巴走访婚与"纳人"走访婚在婚姻形式及文化方面的同质性很高，表现在：第一，其走访婚均以性关系为主要特征，走访双方必须有性关系才能使用特定的称谓（扎巴为"呷依"，摩梭为"axia"），没有性关系的男女双方不能使用这样的称谓。第二，在实行走访婚之前，均有"抢东西"（"纳人"还有交换东西）的程序，走访时都有"爬墙"和"爬房子"的过程。第三，有暗访与明访两种形式，女居男访，暮至晨离。第四，走访婚均具有多偶性和不稳定性。第五，有严格的乱伦禁忌。第六，子女由母亲抚养，男子主要养育其姊妹的孩子。第七，扎巴藏人和"纳人"都有"共居"的母系对偶家庭等。

扎巴藏人走访婚及母系制的发现，作为人类学的另一田野个案，打破了蔡著关于"纳人"母系制的"唯一"说，从而丰富了人类学领域中关于母系制走访婚的研究样本，并就学术前辈对摩梭母系制研究中所缺少的实证做了某些补充，因此具有一定的学术价值和学术意义。

中国拥有广阔的田野及其所蕴藏的人类学资源，随着田野调查的拓展与民族学研究的深入，以经验事实为论据的母系制样本将越来越多。从目前笔者初步掌握的信息来看，藏彝走廊就存在很多走访婚案例以及相关的制度。扎巴藏人和"纳人"只是这条走廊上的雅砻江流域的两个母系文化区。因此，与"纳人"和扎巴藏人相类似的"无父无夫的社会"的人类学案例可能还会被发现。

立足现状　准确定位
——加快发展道孚旅游文化产业的思考

肖兆飞

本文原刊于《四川戏剧》2013年3期。本文有所摘选。

道孚旅游文化产业发展的优势与不足

区位条件是决定旅游文化发展的重要因素。放眼全国，道孚地处中国西部，置身四川。道孚位于四川省西北部，甘孜州东北部，东邻"情歌故乡"——康定，北靠丹巴美人谷，沿雅砻江大峡谷南下可抵达雅江县，驱车西进可到达格萨尔故里——德格。它不仅是贯穿康东和康北地区的黄金通道，也是古代民族走廊和茶马古道的交通要道，还是甘孜州府康定通往北路八县的第一站和通向西藏的门户。在新一轮的西部大开发中，四川省将进一步加快道路基础设施建设，打造西部综合交通枢纽，特别是康定机场的通航、东俄路的改造、雅康高速路的建设等将为道孚旅游文化产业的发展提供更加有力的保障。随着西部大开发的深入，旅游文化兴起一股"藏地旅游文化热"，许多人以到过藏区旅游为荣，作为"西环线"和"香格里拉生态旅游文化区"旅游文化圈重要节点的道孚县，区位优势、交通优势必将进一步凸显。

道孚历史悠久、文化灿烂，旅游文化资源密集，遍及22个乡镇，自然景观、人文景观、民族风情皆有，星罗棋布。如梦幻仙境般的亚拉风光，被誉为"康巴阿勒泰"的玉科立体大草原，清廷御赐的皇家寺庙惠远寺，十一世达赖的诞生地，语言、服饰、婚俗、民居、饮食等都与外界不同的扎坝走婚部落，被誉为"世界民族建筑艺术的奇迹"的艺术藏民居等。经过历史的沉淀和岁月的洗礼，道孚形成了木雅文化、农耕文化、游牧文化、走婚文化、格萨尔文化等多种文化交融的多元文化结构，成为了五彩斑斓、百花齐放的文化圣地。这些丰富多彩的多元文化无疑是道孚发展旅游文化产业、打造旅游文化精品的最好题材。

然而，长期以来，由于缺乏外力的推动，道孚旅游文化项目的开发资金极其匮乏，2001至2009年，道孚县旅游文化发展资金仅300万元，这导致景区开发欠广度和深度。目前，全县旅游文化开发尚处于初级水平，现有景区景点小而散，看点不突出,特色不鲜明,知名度不高,吸引力不强,影响力不大,没有形成具有支撑力的旅游文化精品和具有震撼力的旅游文化龙头项目。在游客心中,道孚仅仅是川西旅游文化环线的一个过境地,缺少统一、鲜明的品牌形象。

此外,在美丽的自然景色背后,道孚的藏族文化、民俗文化、宗教文化并没有与旅游紧密联系,发挥出优势。在全省旅游文化业"十二·五规划"中,仅亚拉雪山(多县共有)列入五个特色旅游文化经济区中的环贡嘎生态旅游文化区,八美镇列入100个特色旅游文化小城镇;在2012年全省四个一批重大旅游文化项目中,道孚无一个旅游文化项目列入。由此可见,道孚在全州旅游文化发展中仅居于中下游水平,远在康定、泸定、稻城、丹巴之后。

加快发展道孚旅游文化产业的思考

道孚旅游文化产业的发展必须从道孚县情及甘孜州情出发,因地制宜,找准产业定位,举全县之力,从区位、交通、资源开发、品牌打造等方面入手率先启动创建一批国家A级景区,打造一至两个拳头旅游文化产品,再实施政府引导,带动社会资本参与全域旅游文化发展。

(一)明确旅游文化产业目标

近年来,道孚县委、县政府高度重视旅游文化产业的发展,但作为一个现实基础十分薄弱的产业,其在省、州旅游文化发展中仍然排位靠后。为此,要从近期和中长期的角度明确目标,积极规划,分段开展工作。

首先,瞄准近期发展,奠定旅游文化发展基础,初步形成新兴产业。在"十二·五"期间,要抢抓机遇,加大资源开发力度,完善旅游文化基础设施,先期打造以八美土石林、亚拉雪山、惠远寺、龙灯大草原为代表的东部旅游文化区和以藏民居艺术、灵雀寺、白塔、龙虎沟温泉、鲜水镇湿地为代表的中部旅游文化区,打造创建八美、鲜水古镇两个A级旅游文化景区,形成拳头产品,提升旅游文化综合接待能力,形成旅游文化接待人数和旅游文化总收入井喷式增长,建成四川知名旅游文化品牌,甘孜旅游文化大县,实现旅游文化产业跨越式、扩张式发展。到"十二·五"末期,旅游文化产业带动其他相关行业增加值在全县生产总值中的份额应达到30%左右。

其次,着眼远景规划,基本形成战略支柱产业,建成全国知名旅游文化品牌。作为四川旅游文化资源大县,道孚要努力优化旅游文化产品体系,切实增强旅游文化业的综合竞争力,进一步调整旅游文化产业结构,合理配置旅游文化业"食、住、行、游、购、娱"六大要素，全面实施全域旅游文化发展，形成以八美五彩游为龙头，以龙灯大草原生态文化旅游为主线，以扎坝走婚文化和玉科大草原游为两翼，以鲜水镇藏民居乡村旅游文化、胜利白塔休闲游和灵雀寺宗教旅游文化等为亮点的全域旅游文化发展格局，实现旅游文化产品的精品化，做优、做强道孚旅游文化品牌，使旅游文化业在国民经济中的比例进一步提高，逐步发展成为道孚县域经济的战略支柱产业。到2020年，力争使旅游文化业带动其他行业增加值在全县生产总值中占50%左右。此外，还必须要清楚认识到，旅游产业的生命力在于自然美景背后的文化。

因此，在旅游文化产业的定位上，必须要充分注意藏区文化、宗教文化以及道孚特有的地方文化在旅游发展中的作用，这些文化包括舞蹈、歌曲、雕刻、民俗等。要让文化深入旅游者的心灵，这样才能使道孚的旅游文化产业具有持续的、强劲的生命力。

（二）大力加强基础设施建设

道孚食、住、行、讯等基础设施条件虽大有改善，但发展不平衡、功能不协调。从康定到道孚，没有高等级公路通往景区、景点，宾馆建设、餐饮住宿、导游导购、车辆加油及维修等还不具备提供优质旅游文化服务的条件。即使作为全县重要旅游文化集散地和目的地的八美镇，目前也还处于无星级宾馆、无购物接待、无休闲娱乐、无景区客运、无旅游文化咨询的"五无"状态。当前，要配套建设旅游文化标识系统、数字信息系统、自驾游服务系统、旅游文化交通系统、旅游文化酒店餐饮业、旅游文化商品加工销售系统；要通过合作经营、入股等多种方式建设星级饭店、星级藏农乐、星级餐馆、游客中心，大力提高旅行社网络经营能力；要结合城乡环境综合整治活动，加快建设城市停车场、道路交通指示牌、公共厕所等配套服务设施，规范和完善旅游文化标识，增强城市的旅游文化服务功能；要提供人性化服务，发挥资源优势，加大吸引力度，稳定发展客源市场。根据道孚的区域位置和旅游文化资源现状，目前道孚可以四川、重庆、云南、贵州等为基本市场，以广东、上海、北京等大城市为重点市场，在发展自驾游、自行车骑游基础上，拓展团队游市场，逐步开拓大西南旅游文化市场，力争形成重点突出、渠道多元、增长稳定的客源市场格局。

（三）推出有竞争力的旅游文化产品

产品是旅游文化的核心，地方旅游文化最根本的竞争力就在于其独特、高端的旅游文化产品。立足道孚的自然环境与历史文化，可积极发展民俗风情旅游文化、生态旅游文化、度假休闲避暑旅游文化、康巴高原科考探险旅游文化等产品。

其一，民俗风情旅游文化产品。道孚县拥有灿烂的农耕文化、藏居文化、宗教文化、木雅文化、格萨尔文化、走婚文化等，可以利用这些文化底蕴深厚、民族格调浓郁的旅游文化资源，打造极富特色的道孚－八美民居考察及民族风情体验游、惠远寺－然姑寺－灵雀寺等寺庙文化考察游、扎坝走婚文化体验游等。同时，应进行民俗文化的配套建设，包装推出游客参与性强的节目，以适应不同风格和要求的游客。

其二，度假休闲旅游文化产品。八美石林、亚拉雪山、龙灯大草原、玉科立体草原、亚拉温泉、龙普沟温泉等景点宜开发度假村、星级藏家乐、汽车自驾游营地等旅游文化项目，并进行整体开发，形成规模效应。同时，还要注重旅游文化品种的多样性、趣味性和参与性。可推出亚拉温泉—龙普沟温泉—新娘沟温泉—玉科温泉—七美温泉休闲度假游，草原骑马赏花摄影游，高原避暑度假游等。

其三，康巴高原科考探险旅游文化产品。康巴高原具有与内地不同的独特气候、地理和动植物景观，可在此基础上发展康巴高原科考探险游，如亚拉雪山科考旅游文化线、亚卓乡高山湖泊探险旅游文化线、野生动物考察游线等。

（四）广泛开展旅游文化宣传

道孚应根据自身特点，通过多种途径，做好旅游文化的营销、宣传和推广工作。可以向社会公开征集或发动全县讨论来确定道孚旅游文化形象宣传主题口号和旅游文化形象标识；还可以通过各种节庆活动加强宣传，如办好赛马节、安巴农耕节和扎巴攀碉节等，以节会友，以节促销；可以根据景点特点完善导游词，改变以往教条化、死板式、程序性的解说，推出贴近游客、反映现实、突出文化、融入现代特征的导游词。要积极构建全方位促销网络，把旅游文化宣传与经贸、会展、文化、招商等有机结合起来，将旅游文化发展贯穿到电视、网络、宾馆、商场、广告等各个环节、细节中去，加大和周边县以及州联合宣传的力度。现阶段可以在成都、雅安、康定等地设置道孚旅游文化示意图，加强与丹巴、康巴、海螺沟景区和旅行社的合作，搞好旅游文化线路的对接，互相推荐、互送客源、实现双赢。要积极培育新客源，加强对客源地市场及出游影响因素的研究，进一步明确要开发的客源市场，不断增强宣传、促销的针对性和实效性，以确保客流量稳定、快速增长。

（五）积极建设旅游文化人才队伍

专业人才匮乏、旅游文化人才队伍总量严重不足以及高素质人才缺乏是制约道孚旅游文化发展的重要内因。目前，道孚旅游文化行政管理部门较为单一，大量缺乏从事旅游文化规划、旅游文化人力资源管理、市场营销、旅游文化景区管理等方面的人才,从事电子商务、分时度假旅游文化网络管理、旅游文化资本运营的人才更是奇缺。全县有资质的导游为数不多,宗教历史文化旅游胜地惠远寺、灵雀寺、燃姑寺等都没有专业的导游和讲解员,游客只能观其外在结构而无法了解文化内涵,导致景点的吸引力大大减弱。此外,全县从业人员知识水平普遍偏低,宾馆、饭店服务人员大多只有初中甚至初中以下的学历,基本不会讲外语。为此,要牢固树立人才资源是第一资源的观念,立足长远、以人为本,把旅游文化人才队伍建设作为实施人才强县战略的重要内容,高度重视培育人才、吸引人才、使用人才,制定人才引进和培养的有效办法,努力造就一大批领军拔尖人才、经营管理人才、专业技术人才,为旅游文化强县建设提供有力的智力支撑和人才保障。

(六)发展具有可持续性的旅游文化产业链条

道孚的旅游文化产业发展起步晚,很多纪念商品都是从沿海地区或者西藏买来的,缺乏自身特色。道孚当地的土特产品也因科技含量低、档次差而缺乏艺术性和收藏性。木雕、松节、美味牛肝菌(俗称大脚菇)、人参果、风干牦牛肉、臭猪肉等旅游文化产品的开发也都还处在初级阶段,散、小、弱的问题比较突出,有的产品说得出口、拿不出手。此外,对安巴节、赛马节、寺庙法会、灯会、藏历年以及春节旅游文化节日的开发力度不够,以省级非物质文化遗产嘛呢经舞等为代表的旅游文化演出尚未成型,"食、住、行、游、购、娱"六大要素配套不够,旅游文化产业链条断裂,旅游文化产业的推动效应未得到有效发挥。为此,道孚应集中优势、集中资源,发挥人才作用,积极发展产业链条,从规模上下工夫,以产业带动促循环发展,实现旅游文化产业链条的可持续发展,真正做大、做强旅游文化产业。

食臭习俗的分布及成因初探

赵科峰 姚周辉

本文原刊于《温州大学学报(社会科学版)》2008年2期。

饮食民俗是民俗文化的重要组成部分,中国食俗在中国民俗文化乃至整个中国文化中都有重要地位。在中国的饮食民俗中存在一种特殊的饮食惯制——食臭习俗。本文重点探讨食臭习俗的分布和流传以及食臭习俗产生的原因。

一、食臭习俗的分布

食臭习俗广泛存在于汉族各个地区，在少数民族中也有分布。要研究食臭习俗的分布，首先就要对易变臭的食物进行分类。按照营养学的观点，食物一般可以分为五类：第一类为谷类及薯类食物；第二类为动物性食物；第三类为豆类及其制品；第四类为蔬菜水果类；第五类为纯热能食物，如动植物油、淀粉、食用糖和酒类等。其中，豆类及其制品包括大豆及用大豆制成的豆腐，其他干豆类及其制品；新鲜蔬菜类包括其新鲜的根、茎、叶、花、果等；动物性食物包括肉、禽、鱼、奶、蛋等。从现有的资料看，臭食主要存在于第二、三、四这三类食物中。

（一）豆类及其制品

豆类及其制品是臭食中最主要的一部分，其中又以臭豆腐为代表。臭豆腐的制作方法主要有三种：一种人称咸水臭豆腐，是将新鲜的豆腐在卤水中浸泡发臭后制成；一种是将新鲜豆腐捂于稻草中自然发臭制成；还有一种是臭豆腐干，其制作方法为：将新鲜豆腐一板一板地上架，中间通风，抹上盐，点上真菌，在无阳光直晒的通风房间里放二至三天，风干后的豆腐长出一寸长的白毛即可。臭豆腐干闻起来像臭豆腐乳，吃起来却鲜香，经得起长时间慢慢细嚼品味。还有一种臭豆腐干的制作方式，是将咸水臭豆腐或是捂制而成的咸水臭豆腐切片晒干，然后用油炸脆而成，入口疏松，别有一番风味。

我国的臭豆腐始于汉代，普及于宋代，到明代各种精致的豆制品已逐渐增多。在汉族地区有学者提出了所谓的"嗜臭带"——长江中下游地区。臭豆腐在北京、江苏、浙江、湖南、湖北、云南等地都有分布，其中又以浙江绍兴地区的臭豆腐和北京的王致和臭豆腐最为有名。绍兴臭豆腐是以含蛋白质高的优质黄豆为原料，经过泡豆、磨浆、滤浆、浸卤、前期发酵、后期发酵等多道工序制成，是绍兴地方特产，历史久远，因臭而闻名，颇受中外宾客的青睐。曾有"尝过绍兴臭豆腐，三日不知肉滋味"的说法。臭食已经成为绍兴饮食民俗中及其重要的一部分，也成为绍兴地方文化的一个特色。

北方的臭豆腐无论外形，还是质地都与南方有所不同，味道也更强烈。北京的王致和臭豆腐有"国臭"的说法。王致和臭豆腐以优质黄豆为原料，经过泡豆、磨浆、滤浆、点卤、前发酵、腌制、后发酵等多道工序制成。其中腌制是关键，撒盐和佐料的多少将直接影响臭豆腐的质量。盐多了，豆腐不臭；盐少了，豆腐则过臭。臭味主要是蛋白质在分解过程中产生了硫化氢气体所造成的。另外，因腌制时用的是苦浆水、凉水、盐水，又形成了豆腐块呈豆青色。传说王致和为一进京赶考秀才，落第后因无盘缠回乡，只好在京城卖豆腐。一次卧病在床，豆腐几日未能卖出，遂生霉变味。王致和心疼之余，将其加盐存入罐中，意在日后自己食用。谁知几个月王致和竟将此事忘得一干二净，待到想起，开罐察看时，豆腐已经面目全非，臭气扑鼻，但是，味道鲜美无比。据说，康熙皇帝尝了臭豆腐之后，赞不绝口，御笔亲书"青方"二字赐王致和，从此王致和臭豆腐天下闻名。

此外位于中国西南的云南也是食臭味豆制品盛行的地方。食臭味豆制品的习俗在云南汉族地区和少数民族地区都有广泛的分布。在云南十八怪中就有一怪是豆腐烧着卖。"云南十八怪，豆腐烧着卖"，说"烧"，是云南方言，实际是"烤"。豆腐买回来后，先放上三五日，即将豆腐置于屋角不通风处，上覆稻草或纱布，待其略有酸臭味方才拿出。新鲜豆腐在火上烤不出那层"壳"，入口发酸；太臭的豆腐烤不出"形"，入口发腻。云南少数民族饮食一向以色泽美、滋味美而著称，这滋味美主要包括酸、辣、苦、甜、咸、香、臭七味。云南西南部的佤族好食臭豆豉，其味稍臭，但不是恶臭，而是带有黄豆特有的气味的香臭。其中臭豆豉捣酱是佤族群众非常喜欢的一道菜肴。它是这样制作的：取数饼臭豆豉干饼，放在火塘边烤黄。先在舂臼里把花椒、大蒜头舂细，后放进烤黄了的豆饼，舂细，放进盐巴和辣椒又舂细，最后又放进洗好切好的韭菜叶和生姜片，又再舂细，加进少量热水，搅拌后成干稠状即可。

（二）蔬菜水果类

蔬菜水果也是臭食的重要来源之一。这其中的代表就是民间腌菜。民间腌菜是指将新鲜蔬菜经过一段时间腌制而成的下饭菜和配料。蔬菜经过一段时间的腌制就会产生一系列的化学变化，腌制方法正确，能起到正常发酵的作用。在浙江绍兴地区最有特色的是臭苋菜梗，当苋菜长到一人高时，主茎就如小竹般粗。用剪刀修去弯枝，只把主梗切成约6厘米长的小段，洗过了放在冷水中浸一夜，次日捞起填入臭卤坛中。半个月后，等到苋菜梗吃足了臭味，即可捞出来洗净食用。其时，苋菜梗外皮虽还有些硬，但内心已如"果冻"状。在绍兴流行一道名菜"蒸双臭"，就是以臭豆腐蒸臭苋菜梗，其"臭味"已达到无以复加的地步。

浙江宁波也是食臭习俗盛行的一个地区，宁波菜的一个重要特点就是"臭"。在宁波宁海西乡民间有"无臭不下饭"的说法，可见其在民众中的受欢迎程度。宁波最有特色的一道臭菜就是臭冬瓜。制作臭冬瓜需要选取成熟的冬瓜，除去皮瓤或不去皮，切成10厘米左右块状，焯成八成熟，沥水冷却后，四周均匀地抹上盐，分层装入缸内，加入臭卤，封口后置放于阴凉处，半月后随需食用。旧时做臭菜有个快捷方式就是每捞完一次臭菜后，将剩下的臭卤过滤后收集起来放在坛子里。遇到毛豆角、竹笋、芋艿梗等蔬菜时，倒上臭卤，臭熟，不出几天就可以吃了。在宁海有"三臭"：臭冬瓜、臭苋菅、臭菜心。20世纪90年代中期，"三臭"生产开始走上产业化道路，宁海三臭走出县门，远销全国各地。可以说在宁波食臭习俗已经深入到俗民的日常生活中。

江苏徐州有一道家制风味的名品——臭盐豆。臭中有香，回味无穷是它的风味特色。臭盐豆采用当年收获的黄豆为主要原料，经清洗浸泡、煮制成熟、发酵培菌、加料拌味、晾晒至干、密封储存制作而成，整个过程约需十天时间。由于制作工艺精细，其成品色泽黑红、质地脆嫩、味道咸鲜香辣，是佐餐下酒的开胃小菜。

在云南德宏傣族地区有一道名菜：腌竹笋。傣族地区盛产竹子，每年雨季来临之前人们常用竹笋制作各种美味的食品，其中腌竹笋是必不可少的。腌制方法十分简便：将新鲜的竹笋剥皮切成丝，不加入任何东西，放入罐中，让它自然发酵，半个月后即可炒或煮食。色白，其味酸而鲜嫩无比，是傣族常年食用的一道菜。

（三）动物性食物

动物性食物中的臭食主要有肉、鱼和蛋。古代汉族地区的民众认为"食臭亦有道"，即：除了新鲜蔬菜、豆腐之外，鱼肉也可以臭食。但除了臭鱼肉之外的其他肉不可以臭食，因为臭肉中含有毒素，吃了要生病甚至死人。由此，在汉族地区很少有食臭肉的习俗存在。但在少数民族地区食臭肉习俗却广有分布。比如，西藏[四川]扎坝地区的藏族有食臭猪肉的习俗，食臭猪肉是扎坝人十分奇特的习俗。猪喂肥之后，用绳索套颈部将其勒死，并在腹部切一小口取内脏，然后以干豌豆粒、圆根块填充腹腔缝合，再用黄泥糊严切口和七窍，埋入草木灰中。半年之后，待草木灰将猪肉中的水分吸干后，便悬挂在厨房的一角，让其进一步腐烂变黄，俨然一头肥猪的标本，引人注目。臭猪肉就像臭豆腐一样，闻着臭，吃着香，肉质细嫩，肥而不腻，入口即化，香润可口。家中如有宾客来访，主人就会用肥嫩的臭猪肉招待客人，这是居家待客的最高规格。

广西宜州的瑶族有食臭鱼的习俗。臭鱼，是宜州瑶族民间的一味传统美食。"臭鱼送饭，鼎锅刮烂。"可见臭鱼的魅力之大。臭鱼的制作方法是：先将鱼除腮，从脊背破开，留肚皮相连，除掉内脏，洗净后用姜、蒜、胡椒粉、酱油、三花酒把鱼腌大半天再硒干水分，放进底部铺有生盐的坛里，一层姜、蒜、胡椒粉等佐料，一层生鱼，然后用拌有甜酒曲的糯米饭将鱼盖上一层，依此顺序排列，码满为止。最后用生盐封口，再用布盖严，白石灰膏泥封死坛口，半年后可食。刚出坛的臭鱼带着浓郁的鱼腥味、涌水味，臭气难闻，但只要将臭鱼放入锅中隔水一蒸，臭气顿时消散殆尽。随着水气的散发，满屋飘荡甜酒、姜蒜的芳香，吃起来鲜美可口，鱼刺已软化亦可嚼食。

食臭鱼习俗在汉族也有分布。在徽州皖南山区有一道"徽州臭鳜鱼"。徽州不产大鳜鱼，要从沿江的池州挑鱼去，但因路途远，鱼常常变质，有个聪明人有次将变了味的鳜鱼用盐腌了，臭鱼臭吃，没想到竟别有风味。臭鳜鱼的制作主要是用新鲜的鳜鱼加上秘制的臭卤，在一定的温度下腌制一个星期，让鱼自然发酵，其中，臭卤和温度是最关键的两个因素。臭鳜鱼闻起来臭，吃起来香，既保持了鳜鱼的本味原汁，肉质又醇厚入味，同时骨刺与鱼肉分离，肉成块状。

二、食臭习俗产生的原因

饮食民俗不是单一的民俗，而是复合性的民俗。因此任何一种饮食习俗的产生都离不开经济、自然双重因素的制约。食臭习俗的产生也是有其深刻原因的。

（一）生产力发展水平、食物储存技术的落后及经济的不发达

饮食民俗作为一种文化现象，其孕育和演变无疑要受到社会生产力发展水平、食物储存技术水平和经济发展状况的制约。有些臭食习俗的产生正是在上述因素制约下形成的。比如，在食物储藏技术落后和经济不发达的情况下，广大民众对新鲜蔬菜和海产品这些极易腐烂变质的食物的保存往往束手无策，但粮食的匮乏又不允许随意浪费这些食物。这样一来食臭习俗就有了它存在的基础。可以说食臭习俗的存在大大延伸了食物的保存周期，为广大民众提供了更多的食物来源。

绍兴地区食臭习俗盛行的原因就在于绍兴的民众普遍贫困，在食物不能满足日常生产生活需要时依靠腌制的臭食来填补食物的短缺。食臭习俗的存在实际上是老百姓生活水平低的一个标志，与生产力发展水平、食物储存技术的落后及经济的不发达等因素有着密切的关系。旧时，广大民众往往极易陷入饥饿的境地，民众的食品结构基本上是"粗茶淡饭，糠菜半年"。

（二）自然环境的制约

许多独特饮食民俗的形成往往受到自然地理环境的制约。从食物种类和气候因素方面看，容易变质的食物集中在豆制品、新鲜蔬菜上。豆制品、新鲜蔬菜的腐烂周期与气候有着密不可分的联系。多雨潮湿的气候使食物更加容易腐烂变质，这就使食物的保存更为困难。如此这般，食臭习俗在江南地区的绍兴、宁波等处于梅雨带地区盛行就不难理解了。

从物产资源和地理区位上看，一些食臭习俗与一些地方所独有的带着某种特殊味道的物产资源以及人们对它的食用习惯有关。比如在云南昆明和文山等地，

有一种带有浓重的臭味名叫"臭参"的植物的根,外地人初次吃的时候闻到那种浓重的臭味简直就想呕吐,当地人却由于早已习惯这一味道而吃得津津有味。这一食臭习俗的形成,正与这些地方所独有的带着某种特殊味道的物产资源以及人们对它的食用习惯有关。

而一些食臭习俗多产生于地理环境封闭、交通不便的地区,同样体现出地理环境影响食臭习俗的产生和形成。旧时人们择食多是"靠山吃山,靠水吃水",但如果山里的人想吃到山外面的物产或是海边的人想吃到山里的物产那就显得比较困难。这种困难主要表现在食物的运输和保质上。由于运输困难的原因,一些外地食物在较长的运输过程中变质,但又舍不得扔掉而仍然食用,于是一种食臭习俗便产生了。如前面提到的安徽徽州地区的"徽州臭鳜鱼"就是因为徽州地区本身不产鳜鱼,想要吃鳜鱼就需要从路途遥远的地方运到徽州,运到徽州的鱼往往已经变质又舍不得扔掉而仍然食用,于是导致徽州地区出现了食臭鱼的习俗。

三、如何对待食臭习俗

如何对待食臭习俗存在多种不同的观点。

一种观点认为"臭菜"是中国菜的一大特色。臭是一种味道,是原料上繁殖一种真菌而形成的,有开胃助消化、增进食欲的效果。如每百克臭豆腐含 10 克左右维生素 B_{12},而缺乏维生素 B_{12} 是使大脑老化、引起老年痴呆症的病因之一。多吃一些臭食可以预防一些类似的疾病。先人赞誉云:"味之有余美,玉食勿与传。"它不仅有很高的营养价值,而且有较好的药用价值。古医书记载,臭豆腐可以寒中益气,和脾胃,消胀痛,清热散血,下大肠浊气。常食者,能增强体质,健美肌肤。

另一种观点是食臭有害论。这一观点认为,像蛋、肉、鱼等经微生物的分解而产生的胺类及硫化氢就腐败变质了。腐败变质的食物,不但失掉了它们的食用价值还会产生毒素,有害健康。

有资料表明广州、香港等地长期生活在船上的人们,由于经常食用半腐烂的咸鱼,其鼻咽癌的发病率就高。按正统观点,食臭习俗应该算是一种不良嗜好,应加以革除。

综合以上两种观点,笔者认为,笼统地对食臭习俗加以肯定和否定都是不妥当的。不同种类的臭食,有其不同的功用。臭豆腐等植物类臭食,其中的某些营养成分丰富,能预防某些疾病,有开胃助消化、增进食欲效果。而肉、鱼和蛋等动物性臭食,其腐败变质会产生毒素,有害健康。

我们一方面要理解食臭习俗是由于旧时食物储存技术落后、食物匮乏等原因而形成的一种嗜食习俗。特定民俗文化圈的人们不会因为身份和地位变化而抛弃包括饮食习惯在内的文化传统，因而对食臭习俗要加以理解和尊重；另一方面我们应提倡科学的饮食观，对蛋、肉、鱼等腐败变质后不但失去营养价值而且还会产生毒素，有害健康的臭食，提倡少食和不食。对臭豆腐之类维生素 B_{12} 丰富，有开胃助消化、增进食欲效果的食物（研究表明过臭的臭豆腐对人的健康是无益的），国家应建立统一规范的质量检测标准，把中国传统的食臭习俗与现代化的高科技结合起来，使得各族群众在保持传统饮食习俗的同时注意饮食健康。

石头与夯土的乐章

焦虎三

本文为《中国国家地理》2006 年 10 月特刊：《中国人的景观大道——318 国道之旅》的特约稿件。文中全面介绍了 318 国道藏区内的民居风貌。本期杂志有 400 多页的精彩内容，16 拉页宏大景观地图，同时面向全球推出繁体、英文数种版本，向世界展开了一幅绝美的中国画卷。本期杂志光国内发行便突破 100 万册，影响深远。

从康定向西，不多久，我们的自驾车就颤颤悠悠开上了翻越垭口海拔 4298 米的折多山的盘山公路。窗外，群山连绵，白云悠悠。从地域角度而言，我此刻是身处一条民间习俗上的地理分界线，我们正在费力翻越的折多山，这是一条传统的藏汉分野线，藏民称此以东为"关内"，以西为"关外"。以这条线作为起跑线，川藏线上的民舍便开始丰富多彩起来了，由东向西，汉式或汉藏混合式的建筑呈逐渐减弱之势，而建筑中纯藏式的古朴之风却愈来愈鲜明，形式愈来愈独特。这一切，从民族学的角度，也能映证出川藏线是一条民族融合与多元文化交融的大走廊，另一方面，它也说明了建筑是一个区域固有的群体性栖居符号。一切正如林俊华教授所言："川藏线上的康巴文化是以康巴藏族文化为主体的多民族文化系统，康区是藏、汉两种文化的交汇处，另一方面，川藏线上的康巴文化独树一帜，很重要一点就在于它的边缘性上。这种文化的边缘性主要表现在，这里的各种文化都是在受多种文化影响后形成的非典型原生文化。有人把它称为'杂居文化'或'混合文化'。"而后一点也或多或少影响了川藏线上藏式民舍传统的建筑形态。

东方的金字塔

我们的车从折多山开下来,不久便到了号称"光与影的世界"的新都桥。新都桥的木雅民居极富特色:大多有很宽敞的白墙院子和朱漆大门,房屋大都采用石料建造,朝阳而居,采光极好,每座楼房的每面墙上开着三四扇窗户,窗檐上用红、黑、白等色彩描绘着象征人丁兴旺、五谷丰登之意的日月或者三角形图案。据林俊华教授考证:"在居住方面,木雅藏族擅长垒石建筑,房高数丈,一般三层,底层养畜,楼上堆物住人;康北藏区十分典型的木结构'崩空'房在木雅地区几乎没有。"

而在与新都桥同属的甘孜州康定县区域内,大渡河沿岸的鱼通区,一支约有7000人,自称为"鱼通"的藏族特殊族群也同样用石头垒砌起他们栖居的住所。当我们爬到"鱼通人"集中居住的麦崩山寨的最高处,看见麦崩村落背后波浪一样起伏的山脉,一条河流蜿蜒在山谷之间,阳光投下的光影在峡谷间缓缓滑动。麦崩山寨村落远处看去似乎一目了然,但身在其中却会让人迷路。他们的建筑格局每家完全一样,其住房与岷江上游地区的羌族住房基本一致,全部为石块所砌的碉房。房屋多依山而建,楼高五层,高大、宽敞、气势雄伟。底层在地平面以下,为饲养牲畜的黑圈。地面第一层为一大厅,集做饭、吃饭、烤火、家人日常活场所等多功能于一体,高有地火炉、主神龛、灶,并在火塘上设石制三角锅庄或铁三角,是鱼通人最神圣的地方;侧为主人居屋和粮食贮藏室。二楼为子女居室,并设有贮藏室和会客屋。三楼的一半为经堂,供奉神佛;另一半为晒坝,作打场、晒场用;外侧有一小吊脚楼,有二用,可作厕所,亦可堆放杂物,顶层为竹楼,堆放收获之粮食。多数房顶盖瓦。

新都桥木雅民居和"鱼通人"以垒石建筑为主,可以说是川藏线民居文化中石垒文化的第一道风景线了。而川藏线上,藏族传统民居中最具代表性之一的,也就是这种"碉房文化"。在传统建筑形式和传统建筑技术中,碉式建筑与砌石技术和"邛笼"建筑有着紧密的联系。碉式建筑中,大量的是居住建筑,少量是"高碉"。建筑碉房多为石木或石头结构,外形端庄稳固,风格古朴粗犷;外墙向上收缩,依山而建者,内坡仍为垂直。碉房一般分两层,以柱计算房间数。底层为牧畜圈和贮藏室,层高较低;二层为居住层,大间作堂屋、卧室、厨房、小间为储藏室或楼梯间。若有第三层,则多作经堂和晒台之用。

在扬嘉铭、赵心愚、杨环等学者眼中,川藏线上以垒石为主的"高碉建筑"或"石碉文化",是藏族建筑中的一种特殊建筑,它既体现于各类传统建筑中,同时又常以独立形态存在,成为藏族建筑的一大奇观。在高山河流纵横交错的今四川藏区是藏区高碉建筑发育的核心地区之一,直到清代初、中期,这一地区都还在广泛建碉，高碉遗迹、传说和史载不胜枚举。

若我们再沿历史长河追寻而上，在川藏线上的昌都卡若发掘的新石器时代遗址中，当时的民居建筑便有了相当的发展和较高的水平。在房屋遗址晚期，其建筑材料普遍采用砾石为主的天然石块。在遗址中人们还发现了三段用砾石垒筑的石墙、两座用大块砾石垒筑的圆石台，同时还发现了三处用石头垒砌而成的石围圈。我国著名的考古学家、历史学家、人类学家童恩正先生由此认为："在卡若遗址中发现的这些众多的石砌建筑遗迹，至少可以说明卡若遗址的原始居民是擅长于石质建筑的民族。"卡若遗址房屋建筑是藏族民居建筑的滥觞。在其后的演进中，藏族的民居不断得以发展、丰富和完善。

2004年，我来到一个与世隔绝的神秘村落——扎坝。从四川省甘孜州道孚县扎坝乡区工委所在地的街道上，远远便可以看到鲜水河对岸的峡谷半山腰上，10多个古老的石碉楼散乱地耸立着。就是这种如今遍布四川阿坝和甘孜两州的石碉文化，在世界建筑史上引起了不小的震动。法国建筑学们更誉之为"东方金字塔"。此刻，在我的眼中，青山和蓝天之间，建在山腰台地的扎坝石碉楼显得沧桑和突兀，雄伟壮观。

据同行的当地人讲，扎坝的民居在藏区是独树一帜的。扎坝民居是一种碉与房的组合，一般有4~5层，有的甚至更高。墙体完全用片石砌成，房高约20米。这种房在当地也称之为"碉楼"。但这种碉楼与其他藏族的碉房有很大区别。其他地区的碉房实际上是一种类似碉的房，但扎坝人是将碉和房组合在一起，几乎每一户人的房屋都是既有碉也有房，即一半为碉一半为房，房与碉连为一体，比目前所知的其他地区的碉房更具备"碉"的特征。扎坝人家的碉楼一般每户占地120平方米左右，每户高度和形状上都相差不大，体现房屋差异的只是建筑面积。建筑面积的大小由碉楼内的柱子数量决定，一般以4根柱子的居多，最小的只有1根柱子，最多的可达9根。一般1根柱子的面积约64平方米。柱子呈一字形排列，柱顶放1圆木做横担，横担上架木梁，木梁两端嵌入墙体，再在木梁上铺横杆，置片石或铺柴块，最后盖土、铺木板，以后诸层也是如此。下面三层每层高约2.5米，上面两层高约2.3米。各层用锯齿形独木梯相连。

川藏线上的雅江县是座小城，雅砻江穿城而过。从小城望去，江对岸陡峭高耸的山壁上修建着几十座藏式碉房，让人觉得壮观美丽又而神奇。在历史学者与建筑学家的眼中，雅江的碉楼民舍，与丹巴、康定、道孚以及九龙的碉楼文化一起，早已成为了川藏线上石砌高碉文化的代表。而雅江的碉楼民舍，很多与扎坝如出一辙。

从世界上最高的海拔约4500米的邦达机场下飞机，顺着蜿蜒崎岖的柏油路下到山脚，再沿河谷一直向东前行便到了藏东重镇昌都古镇。昌都一带为高山峡谷地带，大面积的平地较少，民居大都依山而建。一座座楼房毗邻相接，高低错落有致，加之窗户门楣多着彩绘，画栋雕梁，气势非凡，甚为壮观。昌都地区藏族传统的碉房与西藏农区的房舍已完全相同，多为二层，一般为石木结构。墙体多为石砌，一层方石叠压一层碎薄石，以泥合缝。有的地方，墙体下部为石块垒砌，上部墙体为板夯土墙。还有的地方，作墙体的材料为土坯砖，往往以石、土、砖混合使用作墙体；墙体下部为石砌，中部为土夯，上部是土坯砖。墙体逐渐向上收缩，但内壁保持垂直。碉房大多呈正方形或纵长形，底层为圈养牲畜，堆放杂物用，一般不开窗。二层为活动的主要场所，包括主室、贮藏室、经堂、楼梯间等。晒台则是人们晾晒作物、平日劳作和休息的地方。

重庆大学建筑学院叶启燊教授认为，川藏线上的藏族农民住宅，过去汉人通称为"碉房"，有些地区称为"庄房"。这些住宅多半分布在海拔 3400 米以下的河谷地带（实际有少数在 3400 米以上），这些地区气候较温暖，能种麦类，由于平地少，岩壁峻急，满布森林，稍平坦处都已开垦，住房就建筑在农地边缘，大都集合几家或几十家为一村落，"碉房"幢幢，非常整齐壮观。据他考察，砌石墙在河谷地带的藏族住宅，多就地取材，利用片石作建筑材料。一般劳动人民，对砌筑片石墙的技术都很熟练。在他看来，川藏线上甘孜州北部地区利用片石建筑的农民住宅，有些高达四层，其余则与甘孜州南部一般农民的住宅一样，多为三层。各层的功能不同，底层为牲畜圈和草料房，二层为住人生活所需要的主要居室和经堂等，三层为堆放粮食的敞间、晒坝等。

泥土筑成的铜墙铁壁

川藏线上建筑的一大特色，就是因地制宜，就地取材，人们利用当地大量的天然土、木、石等资源，创造出许多经济、坚固、实用的住宅，并且表现出显著的地域特色。在河谷地区、草原及冲积地区，如甘孜、炉霍、新龙、理塘等地，人们用黄土筑墙，所建的住宅，墙都高二至四层，很多专门为作防御泥土夯筑的碉楼，高达三四十米。藏族人民利用当地丰富的木材，作梁、柱和室内装修，普遍利用泥土铺筑楼层和屋顶，利用草甸土块作墙头雨盖。土筑楼面和平屋顶，隔音、保温的效果都很好，它既符合当地气候的特点，也很经济适用。平顶屋的选材、施工和维修等的技术，易于操作，如甘孜的土平顶中掺和一定数量的牛粪，巴塘地区用白泥、锈石、青桐叶汁浸入等的做法，丰富了川藏线上藏式民舍的建筑内涵。川藏线上很多用石头或夯土建成的高碉，历经了数百年的沧桑和多次地震的考验，至今巍然屹立。

川藏线上的新龙县，藏语名"梁茹"，意为森林间的谷。新龙民居外观雄壮，与新龙人粗犷、豪放的性格正好相应。传统的新龙农区建筑多为土木结构，高二到三层的平顶碉房。顶楼架"崩空"，顶上放椽木加木望板、下面铺地板，房顶用泥土覆盖，整平打实防止漏水，底楼一般用泥土夯墙，少窗无地板。二楼为主人居室，中间一室宽大，窗口面大小不等，光线明亮，通常作客厅（兼作厨房），具有安全和冬暖夏凉等特点。厨房兼客厅靠墙处有榻床。顶层的崩空，一般由僧人、长辈或客人居住。

乡城县，藏语译意为"手中佛珠"。乡城古朴精巧的白色藏房散落在清澈河流的两岸，点缀在青山绿水间，形成了乡城独具一格的田园风光，成为藏区一绝。那些形如积木般的白色藏房，散落在大山的怀抱之中，夯土垒出的齐齐整整的四方体或长方体民居，聚落在一起，就像一堆堆切成小块的纯白如玉的豆腐。从建筑学角度而言，乡城白藏房普遍为三四层的平顶土木结构，整栋碉楼在隐隐约约中流露着一种古典的残缺美，浑然中透出一片明快。而白色村庄中鹤立鸡群的夯土古碉也是乡城一景，据史料记载，这些古碉系纳西木氏土司统占乡城时所建，距今已有近千年历史，其用途还有待考证。

巴塘的民居同大多数藏区一样，多依山傍水而建。它不同于道孚的"崩空"结构，更不同于甘孜其他地区的垒石建筑，巴塘民居多夯土为墙，木质地板，木门，木梯。底层关养牲畜，堆放生产工具；二、三层为厅堂及居室；顶层晾晒农作物。连接楼上楼下的多为可移动的独木梯，木梯窄而陡，多用整根木料砍凿而成。

今天的得荣县被誉为"最后的一片净土"、中国西部的太阳谷。得荣的民居建筑更多带有明显的地域特色。由于地处高山峡谷地带，加上地理和气候的调适作用，当地人修建民居多为土木结构。民宅的大小由柱头多少而定，有20至35根不等，房屋越大，柱头越多。藏房一般为三层，底层喂养牲畜，中间住人，第三层一般作为经堂，供奉佛像。整个房屋的外观古朴凝重，屋内冬暖夏凉。这种土木结构的建筑，内框架与石木结构建筑基本相同，外围护结构是用天然黏土为材料，架以模板，夯筑而成。

对西藏昌都县东南部贡觉县三岩的游历，无异于一次彻头彻尾的探险。我们驱车翻越海拔5000米左右的陡峭高山时，抬头看，仿佛整个车子悬挂于半空中，探头朝下看就是陡峭的万丈悬崖，令人目旋。但三岩的民居文化是如此具有特色，以至于险恶的道路，反而增加了我们前行的勇气。据林俊华教授介绍，三岩民居文化的特色主要表现在两个方面：一是其由碉式房屋群所构成的城堡式建筑，二是戈巴成员的居住方式。而西藏民族学院教授、民族研究所所长陈立明则认为：此地人们所居住的才是真正意义上的称为"康尔"（藏语"碉房"的译音）的碉房。刘伟在三岩地区考察时记述了当地"康尔"的情况:"三岩房子'康尔'都是土夯的,低层畜养牛羊,二三层住人,顶端晾晒农作物或其他东西。房屋高达十几米,大都修建在地势险要的山坡上。"而林俊华教授在《森林绝谷中的三岩戈巴部落》一文中,则更详尽介绍了三岩民居的特点:"一户人家就有一幢房屋,房屋为碉式建筑,一般房高3~4层,顶层或是上面两层是木架'崩空',其余为土墙,墙厚达1.2米左右,墙上有用于战争中射击和瞭望的小孔。其形状和功能都与藏区的古碉建筑极为相似,房间功能的划分与其他一些藏区也没有较大区别。山岩房屋建筑的特别之处在于没有一户人的房屋是单独存在的,而是同一戈巴的成员的房屋全部紧紧相连在一起。这些房屋不仅户户相连,而且家家有暗道相通,可自由往来。"

翻过色季拉山,西藏的山南便在我眼前展现出一派宁静的田园风光。隐约悠扬的藏歌声里一匹小公马在草地上打滚,几个牧羊人在树下打盹,一排姑娘在远处打"阿嘎"。"阿嘎"系藏语,意为"白色的物质",这是藏区特有的一种建筑材料,即将风化的石灰岩或沙黏质岩类捣成粉末,用于建筑物的房顶及地面。这种将本地区特有天然土质材料作为建筑用材的特殊方法,早已成为藏民族古老建筑工艺中传承至今的独有创举。在西藏,"阿嘎"的使用分布较广,其使用历史,最早可追溯到吐蕃时期。时至今日,藏族地区还在普遍使用这一建筑材料。山南的民居非常有特色,洋溢着凝重、沉稳和高尚的风格。建筑大多为梯形土石结构,使看上去厚实、牢固,且冬暖夏凉。房顶上密布碗口大的圆木,盖上泥土垒实,再用"阿嘎"垒平。

川藏线上,无论是石碉的砌筑技术或是泥土的夯筑技术,由于经历了漫长经验的积累,建筑技术都堪称精湛、高超,建筑的气势甚为雄伟、壮观。而川藏线上的传统民居多姿多彩,除了以上提及的以外,还有一大种类也非常普遍,即随处迁居的帐篷。历史上西藏牧民过着游牧生活,由于不断地迁徙,居无定所,为了御风避寒,他们制作出帐篷以作栖息之所。在川藏线的色达、理塘等县以及其他的草地牧区,夏季,人们随处可见用鲜花和青草编织而成的如一张巨大而美丽氆氇的草原上,蓝天、白云、鲜花、绿草、森林、雪山、寺庙、佛塔、麻呢堆、风马旗,星星点点的牛羊,飘着炊烟的帐篷,条条碧水悠悠的小溪。雾气弥漫的草原上,大自然清新的气息浸润着人的肉体。层层轻纱般浮动的白雾如条条哈达环绕在山岭的四周,时隐时现的经幡依旧在山间飘舞游荡,一轮丽日把群山的雪顶装扮得金黄耀眼,彩色的帐篷在草原上留下了长长的影子。广袤的绿色草原与五彩缤纷的帐篷互相衬托,呈现出一幅绮丽斑斓的高原景色。川藏线上那千姿百态的民居建筑,也如这奇丽的大自然,让人流连,让人仿佛于梦境与天堂之中。

孤岛中的"东方金字塔"

焦虎三

本文先后刊于《中国地名》2006年10期、《中国西部》2006年11期,国内其他旅游杂志与报刊多有转刊。

从四川省甘孜州道孚县扎坝乡区工委所在地的街道上,远远便可以看到鲜水河对岸的峡谷半山腰上,10多个古老的石碉楼散乱地耸立着。就是这种如今遍布四川阿坝和甘孜两州的石碉文化,在世界建筑史上引起了不小的震动。法国建筑学们更誉之为"东方金字塔"。此刻,在我的眼中,青山和蓝天之间,建在山腰台地的扎坝石碉楼显得沧桑和突兀,雄伟壮观。

建筑独特的碉楼

据同行的当地导游讲,扎坝的民居在藏区是独树一帜的。在康区,藏族民居一般分为四类:一是石砌碉房。二是用土筑而成的碉房,土碉房与石碉房的建筑风格基本相同,一般2~3层底层关畜,楼上住人。三是木结构的"崩空"。四是帐篷,主要流行于牧区。就目前了文化学者们调查所掌握的情况来看,扎坝民居与这四种类型都不相同,而且在其他地区也没有发现有类似的民居。扎坝民居是一种碉与房的组合,一般在4~5层,有的甚至更高。墙体完全用片石砌成,房高约20米。这种房在当地也称之为"碉楼"。但这种碉楼与其他藏族的碉房有很大区别。其他地区的碉房实际上是一种类似碉的房,但扎坝人是将碉和房组合在一起,几乎每一户人的房屋都是既有碉也有房,即一半为碉一半为房,房与碉连为一体,比目前所知的其他地区的碉房更具备"碉"的特征。扎坝人家的碉楼一般每户占地120平方米左右,每户高度和形状上都相差不大,体现房屋差异的只是建筑面积。建筑面积的大小由碉楼内的柱子数量决定,一般以4根柱子的居多,最小的只有1根柱子,最多的可达9根,一般1根柱子的面积约64平方米。柱子呈一字形排列,柱顶放1圆木做横担,横担上架木梁,木梁两端嵌入墙体,再在木梁上铺横杆,置片石或铺柴块,最后盖土、铺木板,以后诸层也是如此。下面三层每层高约2.5米,上面两层高约2.3米。各层用锯齿形独木梯相连。

到达扎坝的第二天,我们走进了巴泥村。整个村子建在半山腰,说是一个村庄,其实就是由七八座石碉楼组成的一个碉楼群,那些完全用青灰色片石堆起的雕楼,错落有致高耸在大山上,一眼望去,顿发苍凉与古朴之感。据同行的村小学茨珠校长介绍：当地的所有碉楼没有一个榫头，砌墙也不用吊线，但砌出的墙面平整如砥，让人匪夷所思。1973年农历春节初三，县东南发生4.7级地震。巴泥村离地震中心源较近，当地住户明显感受到大地的晃动，但村中那看似原始与简朴的碉房，却全部完好如初，毫发未损。

  随意走进了一户村民的家，院外是一层用卵石垒成的石墙，院内看家的黑色藏獒对着我们狂吠不止。几只小羊羔和小牛犊温顺地在院子里自由散步。走进碉楼，从1楼牛圈到5楼依次设有藏式独木梯，梯距约7寸，一般为17级或19级，绝对是单数。2楼是一个空间很大的厨房，厨房中间柱子上挂有柏枝、麦穗、哈达等捆在一起的图腾物，象征五谷丰登、家道兴旺。厨房也是客厅，大家围着火塘席地而坐。火塘设在靠近窗户的地方，里面立有3块石头，用来支锅，石头上刻有吉祥图案。厨房旁边有一间房间是家里女孩子的卧室。闺房设在2楼，这是为了方便小伙子们晚上爬墙。其他家庭成员的卧室在3楼，本层楼有吊脚楼式厕所，一侧还有一个天台，可以晒谷子等东西。4楼设经堂，是家庭成员日常煨桑敬神的神圣之地。

  "建个碉楼很不容易呀。"据当地人介绍，建碉楼要费时数年，耗用大量的人力物力。而且一旦开工，除正常休息外，中途不能停工。一般情况下，当地建新房要先请喇嘛占卜吉日，同时聘请"墙官"丈量宅基地。

  开工的那天，在选定的土地上，人们点燃柏枝、糌粑熏烟，撒五色粮祭神，由"墙官"安放第一块基石，建房方正式开工。完工那天，要举行"孔夺"，即庆祝新房落成，亲友村邻男女老少都要来参加。房主人端出糌粑、面粉、经幡送上楼顶，"墙官"将经幡插于房顶四周，集中部分青年人于楼顶，然后抽去楼梯。"墙官"将端过泥的小木板摔向四周，口中高喝"阿咳咳"，青年人齐应"拥可口约"，意为建房成功。接着大家抢抓糌粑、面粉互相对撒，相互追逐并逐层往下跳。下面，房主人早备好了酒肉、馍馍，大家大口吃肉，大碗喝酒，唱歌跳锅庄，至翌日天明方才散去。

  在走访中，我们和当地老乡的谈话，都是由一名扎坝干部和另一名通晓汉语的年轻人担当的，扎坝干部负责把当地老乡的谈话译成藏语，而那名年轻人则再转译为普通话。扎坝当地人的语言连陪同我们而来的当地县旅游局的工作人员都听不懂。据同行的人文学者林俊华教授讲，扎坝人有自己独特的语言。这种语言与藏语康方言、安多语，以及尔龚语（俗称道孚话）都不能相通，是康区纷繁复杂的地脚话中的一种，学术界称其为"扎巴语"。而学术界对扎巴语的研究始于20世纪80年代，但对其语属至今尚无定论。一些专家认为，扎巴语是一种比较古老的语言，这种语言在语法结构上同藏汉语族的藏语支存在明显的差异，但同羌语支较为接近，可能属于古羌语的一支。

孤岛的远古镜像

在扎坝数日的采风中，除了它独特的建筑外，扎坝人的相貌，也让我吃惊不小。那么美丽的扎坝女人，我怎么看都更像东西方混血的人种。在我们到达扎坝的第一天下午，乡政府为我们"接风洗尘"，当他们一再对我抱歉地解释：这里地处偏远，外面的菜品根本无法运进来时，桌上那稀落的几盘菜，竟让我心酸地难以下手。倒是主人一片热情，乡政府的一个副乡长，一个1.8米高大的男子，不停地唱着当地的歌谣，不停地敬酒。他脸盘上那高挺的鹰钩鼻子，让我从见到他的第一刻起，朦朦胧胧中竟感觉到电影中古罗马人的身影。

"至今整个学术界还没有对扎坝社会、经济、文化进行过全面系统的研究。"康藏文化研究专家，四川省社科院历史所研究员、四川省康藏研究中心副主任任新建事后说道，"这还是一个神秘的地方。"他在上个世纪60年代就进入过扎坝。其实早在50年代的民族普查中，人们就发现扎坝语同外面的藏语不一样，扎坝地区以外的人根本听不懂。到了七八十年代，中央民族大学教授黄布凡等几位民族语言专家曾对扎坝语做过一些研究，但至今仍无定论。综合以上专家的意见，任新建认为扎坝语可能属于古羌语的一支。但他同时又认为，很难对扎坝文化下一个确切的定义。

关于扎坝的历史，目前学术界确实尚未找到充分的文字资料和考古证明，因而，外界对扎坝人的历史知之甚少，对其源流更是不清。对于扎坝文化的源流目前有"西夏遗民"说和"笮人"说这两种观点。其中，"西夏遗民"说认为，西夏灭亡后，有一支西夏王朝的遗民由今宁夏南迁，经四川丹巴、道孚八美，最后抵达扎坝大峡谷定居；这些西夏人就是扎坝人的祖先。"笮人"说是藏族学者格勒博士在《论藏族文化的起源形成与周围民族的关系》中提出的观点。

近来，长期研究康区少数民族文化的林俊华教授更语出惊人：他认为扎坝人既非西夏遗民，也非笮人之后，而极有可能就是《唐书》中所记载的东女国之后裔。东女国兴起于唐代，后为吐蕃所吞并，从此以后，史籍中再不见其踪影。

林教授提出扎坝是东女国后裔主要是基于以下几个因素：第一，从社会形态上讲，扎坝人与东女国具有明显的渊源关系。扎坝是一个以女性为中心的社会，至今仍保留着母系制家庭，这与唐代在康区所兴起的东女国惊人巧合。据《旧唐书·东女国传》记载："东女国，西羌之别种……俗女为王。""有女官，曰'高坝'，评议国事。"《新唐书》中也有相同的记载，并说"凡号令，女官自内传，男官受而行。"后来，东女国被吐蕃所吞并，从此在史籍中竟如人间蒸发，无踪无影；而且在康区其他地区再未发现过有以女性中心的族群存在。从文化学角度上讲，即使东女国并入吐蕃，东女国人也为吐蕃所同化，但东女国的文化要消失得无影无踪、不留任何痕迹是根本不可能的。今天，在康区的所有族群中，除扎坝人具有东女国的特征外，再没有发现有第二个以女性为中心的社会。因而，扎坝人很有可能就是曾经在历史上消失了的东女国的后裔。

第二，从地理位置上，扎坝在东女国的地域范围之中。据《新唐书·东女国传》记载，东女国"东与茂州党项接，东南与雅州接"；"其境东西九日行，南北二十日"；"其王所居康延川，中有弱水，牛皮船以渡"。茂州即今阿坝藏族自治州茂县带，雅州即今雅安，弱水即雅砻江。今天的扎坝人生活的地区恰好是在古东女国的地域之中——鲜水河与雅砻江的交汇处。

第三，从生活习俗上看，扎坝人与东女国之间也有许多共同之处。据《旧唐书·东女国传》记载，东女国服饰尚黑，"其王服青毛绫裙……上披青袍"；"其所居皆起重屋，王至九层，国人至六层"；"以牛皮船以渡"。我们在扎坝调查发现，扎坝人的房屋基本都是五、六层楼高的碉楼，这种碉楼在康区其他地方基本上是没有的。虽然其他地区也有碉和碉房，但在这些地方碉和房是分离的，房高也只有3层左右。在服饰方面，扎坝人的传统服装就是自己用羊毛织成的黑色毛裙，与东女国服饰极为近似。而用牛皮船渡河，这在扎坝及其邻近地区也都是普遍存在的

不管学术界如何众说纷纭，反正在我一个作家的眼中，扎坝就是一串带着诸多"未解之谜"的人文符号。鲜水河日夜不停地通向远方，河水带来了一切，它又带走了全部。面对逝如斯夫的流水，扎坝人他们的祖先到底是谁，他们从何而来，他们几时隐秘扎根于这群山峻岭之中，这一切时光沧桑的奥秘，现在无人知晓，也许将永不为世人知晓了。

走婚人家探秘记

焦虎三

本文先后刊于《西藏旅游》2003年6期、《民族论坛》2006年9期、《中国地名》2006年10期、《中国西部》2006年11期，国内其他旅游杂志与报刊多有转刊。

扎坝，四川省甘孜藏族自治州道孚县境内的一个大峡谷，被称为"全世界第二个母系社会走婚习俗的地区""人类社会进化的活化石"。这里长期与世隔绝，独特的地理位置和人文环境，使这里孕育出和泸沽湖相近的走婚习俗。绝大多数

扎坝人的家庭都是以母系血缘为主线而构成,家庭中基本上没有夫妻,三世或四世同堂的情况居多。在这些家庭中,母亲是家庭的核心人物,是绝对的权威,是子女的养育者,也是家庭劳动的主要承担者。男子在家庭中的角色仅仅是自己姐妹子女的养育者,对于"呷依"的家庭不承担任何责任,对"呷依"所生孩子一般也不尽哺育义务(至少没有"法定"义务)。"呷依"之间如果感情结束,双方表明态度,以后便不再来往,相互间也就不再存在任何关系。即便有的"呷依"间组成了较稳定的对偶家庭,女人在家庭中的核心地位仍然没有改变。这种家庭制度与摩梭人的母系制度如出一辙,具有鲜明的母系文化特征,属于"母系制家庭的遗留"。

万籁俱寂的扎坝

【背景资料】"扎坝"作为一个行政区划单位,它是四川省甘孜州道孚县的一个行政区,它地处道孚县最南端,距县城71公里,东邻道孚县八美区,北靠瓦日区,南接雅江县,西连新龙县。1978年部分并入道孚县,但其建制、级别、名称、地域范围均未改变。

"扎坝"作为一个地域概念,它指的是道孚、雅江两县结合部、鲜水河大峡谷沿岸扎坝人生活的地方,这一区域实际上就是现在道孚县的扎坝区和雅江县的扎麦区。也许是由于历史上该地区曾设有上扎乡、下扎乡的缘故,也有可能是因为民间传统的地域观念的缘故,当地人习惯将这一地域划分为上扎坝和下扎坝。上扎坝为今道孚县的扎坝区,下扎坝则是指雅江县的扎麦区。上、下扎坝的文化形态基本一致,但随着时间推移、民族交流的加深,今天的上扎坝在保留传统文化方面要更完整一些。

"扎坝"作为一个族群名称,它指的是生活在扎坝地方的"扎坝人",他们属于康巴藏族中的一个重要支系。在文化上他们与康巴藏族既有许多相同或相近之处,同时也有许多与康巴藏族不同的特征。

从道孚去扎坝,只有71公里的路程,但我们的车沿崎岖的山路弯弯曲曲走了大半天。上午10点钟出发,下午4点过满是尘土的吉普才安安稳稳开进了乡政府的大院。

扎坝交通闭塞,长期以来与外界隔绝,我们来之前,道孚旅游局的同志便告诉我们,这里现在仍没有电,不通电话。吃过晚饭,我和古亚东在街面上随意逛了逛,说是街面,其实也就是一条黄土公路边有几间多层的藏式民房,房舍下面零星开有几个商铺,出售一些日常生活与生产用品,气灯、电筒、蜡烛之类的照明品在每个商铺随手可见。我们随意走进了几户人家,房东一家人,不管老少,对我们都十分热情,当我们提议看看房屋内部建筑时,他们总会高高兴兴答应着,一边下意识从口袋中摸出一只手电筒:走,我给你们照照亮。

天黑了下来,古亚东到河对岸的小学操场去拍锅庄晚会了,剩下我一个人在扎坝街上散步。咆哮的通水河在我耳旁轰鸣着直向南冲去,走在河上的一座斜拉桥上,突然刮起了漫天大风,木板的桥面在空中像个钟摇被风吹得来回晃悠,我用双脚底紧紧抓在桥面上,但整个身体还是感觉到随着大桥来回在颤动。艰难走回街上,更大更强的风夹带着黄沙向我迎面打来,但见整个天黄蒙蒙的一片,人完全被包裹在风沙之中,我双眼被吹打得很难张开,两耳与脑海中全是狂风的嚎叫声。

临街找到一户人家,我慌忙把门开了一个缝挤了进过。在户主家就着一只昏暗的蜡烛闲坐了一会,我下楼打开了门,风停了,天上繁星点点闪眨着。我一个人孤单单坐在房东门外的一条长长的木椅上,什么也不去想,什么也不去做,四周一片黑暗,我坐在一汪黑色的"海洋"之中,任凭那黑如水般一丝丝浸入我的皮肤,浸入我的骨头。高音喇叭传出的锅庄晚会的欢歌声,在河对面黑黝黝的大山之间回响荡漾着,寂静无声的街面上,几条狗在马路上流浪着,偶尔走过一个行人,黑洞洞的,也分辨不清是男是女。

这是完全没有电的扎坝的夜晚,它的原始与自然,让我仿佛回到了自己70年代初在一个小县城的童年生活,它暗淡无光的夜晚纯洁得透明,纯洁得让我感受到另一种光线,另一种明亮。

走婚人家的肖像

【背景资料】扎坝人的婚姻有两种形式,一种是被称为"爬房子"的走婚,一种则是较固定的对偶婚姻。

"爬房子"扎坝语称之为"杜苟",它是扎坝人两性交流的主要形式。在扎坝人中,当一个男子长大成年后便开始谈恋爱找"呷依"。在扎坝语中,"呷依"指的是"有性往来的人",用现代时髦的话来对译,可译作"情人"或"相好"。找到"呷依"后,一个男子便开始了自己暮聚朝离的走婚历史。即晚上到女方家与"呷依"同居,清晨自由离去。

这种婚姻制度与泸沽湖不同的在于男子首次到女方家走婚时,必须通过"爬房子"这个重要环节。扎坝人的住房皆是用片石砌成的碉楼,墙体笔直平整。爬墙者往往在夜晚时手持两把藏刀插入石墙缝中,双手左右交替攀墙而上,翻窗而入。也有一些爬墙高手不用藏刀而徒手攀墙入房。第一次爬房子成功后,该男子便取得了女方及其家庭认可,从此可从大门随便进入,女方家不闩门、不干涉,其方便犹如自家。如果一个男子第一次到女方家就从大门进入,则会被女方及其家人瞧不起而赶走。因而,扎坝人称走婚为"爬房子"或"爬墙"。由于一个人一生中可能有多个"呷依",因而,一个男人就可能爬过多个女人的房子;同样一个女人的房子也就可能接受过多个爬墙的男人。

当我们第二次走近巴泥村时,我们参观的重点便是扎坝最为独特的文明标志——走婚,在泸沽湖的母系社会走婚习俗已被外界炒得热火朝天的今天,扎坝走婚又能带给我们哪些异样的惊喜与感受呢?

从公路边到巴泥村,得爬一段又长又高的坡,我们一群哥儿们、姐儿们,聊着天,向前艰难挪动着脚步。快进村口时,一块拦在路中央的片石板引起了我的兴趣。我回头对古亚东讲:用罗兰·巴特的思维来推理,这块石板是个符号,它代表着这里的村民潜意识中想与外界保持距离,想在充满诱惑的强大外来文明前保持自身文化的传承与继续。

跨过那块石板,再上几级用青石板铺起的台阶,巴泥村便到了。我们一行人在空荡荡的村子中走动、拍摄着,一个妇女从楼上平台上探出个头来好奇地看着我们,不一会,我们身边的房门打开了,黑洞洞的房子里走出一个男人,然后是这个妇人,再后边是有点害羞的一男一女两个小孩。

职业的敏感使记者们围了上去,男的主动用蹩角的普通话回答着大家的问题,那个女人站在他旁边神情木然地望着我们,两个小孩子神情紧张得一本正经站在他们的身后。男子介绍说,他叫肖彭措,今年37多,旁边的女人是他妻子,叫卓格拉姆,36岁,身后两个小孩是他们的儿女,小男孩仁青罗布,12岁,小女孩泽拉姆,8岁。

据肖彭措讲,爬房子是这里一种奇特的婚育活动方式。男女到了适当年龄,就开始走婚,夜晚到女方家同居,清晨离去。男方第一次到女方家,晚上必须从雕楼爬上去,只有勇敢而身强力壮者以此法获得姑娘的芳心。他本人是19岁开始走婚的。

扎坝走婚并非像我们想象的那样无规无矩,肖彭措说,走婚事先必须要征得父母的同意,而且,也有一定的时间与年龄限制。肖彭措年轻时,一般只在周末的晚上才爬楼走婚。25岁时,他便与现在的妻子结了婚。肖彭措手指着大门右边的石墙,用手做了几个攀登的样子,他告诉我们,当年他就是从这里徒手爬上了卓格拉姆的家,获得了姑娘的爱。谈话中,小仁青罗布调皮地在他父亲当地攀登的地方向上爬了几米,在大家的惊异声中,他飞快又从墙上退了下来。

小女孩泽拉姆一直一言不发的站在人群之中,我上前抱起她,把她放在一堆码得高高的柴堆上,我说:来,我给你照张相。对于久与外界隔绝、无自来水无电的巴泥人来讲,照张相也许是她们一生中的一件大事。泽拉姆笔直站在柴堆上,双手紧张得僵硬放在身体两边,一脸严肃,我反复叫她放松点,但根本没有用。

从肖彭措家向前,不远处——凹凸不平的片石小道的尽头,便是罗布一家。从漆黑的雕楼我们小心翼翼登上了他家三楼上的平台,平时这里是巴泥村民晾晒谷物的好场所,现在因村外地里的包谷成熟还需一小段时间,空荡荡的平台上只有罗布和同村的一个青年男子在阳光下悠闲聊着天,他的两个女儿,7岁大的拉姆带着2岁的萨加罗布妹妹在平台上玩耍着。两个孩子一脸尘土,衣衫褴褛,但纯真而朴素的笑声仍时时回荡在宁静而窄小的村落中。见我们登上了楼,孩子们紧张了,萨加罗布一只脚穿着一只破旧的小胶鞋,一只脚穿着一只拖鞋,飞快地躲在了父亲的身后。据34岁的罗布讲,他年轻时也爬雕楼走婚,在26岁时与同村的八姑结了婚。俗话说:说曹操,曹操到。谈话中,在村外田中劳作的八姑上了楼。交谈中,天气渐渐暗淡下来,摄影师拿着相机不断催促着,罗布一家,面对镜头,一脸紧促和不安,面对相机镜头笔直地站在平坝上,大人小孩双手左放右放,总感觉放的不是地方。

在这些孩子的身后,是一座早已遗弃的雕楼,残墙断壁间长满凄惨的苔藓与杂草,对于拉姆与萨加罗布这样幼小的孩子,他们长大成人后,走婚的巴泥,生活在等待他们的又是什么样的命运呢?心里惦念着远在成都的我那个眼睛贼亮亮的胖女儿,我下意识按动了快门。

神秘的崖葬仪式

【背景资料】在藏区,由于外部自然条件的原因,其丧葬方式受自然影响极大。纵观西藏及康区各种葬式的分布和演变,大多是根据当地自然条件形成的。在大部分缺乏林木的地方,以天葬为主,较少施行火葬;而在东南森林茂密地区,火葬较盛行;沟壑激流较多的地方人们将水葬视为与天葬同样的葬仪。

公元3世纪的魏晋,社会急剧动荡,各种矛盾冲突十分尖锐。在风轻云淡、山秀水清的庐山上,一位伟大的"隐世诗人"终日"采菊东篱下,悠然见南山"。

陶渊明——中国田园诗的鼻祖,在归隐群山众岭后,恬淡闲适,寄情山水,大量诗歌反映出他超尘免俗,旷达飘逸的思想境界。其《似挽歌辞三首》其三中的诗句"死去何所道,托体同山阿",更直达"天人合一"的崇高哲学境界,委运任化,乐观豁达,一派知命乐天、知天乐命的洒脱。对于中华哲学中这种所谓的"天人合一观",L·比尼恩在《亚洲艺术中人的精神》一文中曾谈到,"中国富于创造力的艺术的关键所在,就是"思想的交流并不是通过抽象思考的方式……而是采取宁静的接受态度……找到自己的生命与大自然的生命之间的一种和谐，它们之间自由自在地来往，"；现代新儒学大师唐君毅也认为："自人生一面言人在宇宙之成就，则中国人理想之人格为天人交摄之人格，自宇宙一面言人生之归宿，则中国人所求之不朽为天人相与之气之不朽"。

如果说以前"天人合一"对于我只是哲学书籍中的一个名词，4天的扎坝之行后，这个名词，起码在我心中，由抽象变为了一个活灵活现的现实形象；而"死去何所道，托体同山阿"的一幕，在我对扎坝的深入采访中，也奇迹般地得到了印证。

据茨珠老人回忆，在当地曾经长时间流行着一种全世界独一无二的崖葬风俗，这种崖葬风俗与藏地其他地方完全不同。我们可以藏南吉隆藏布河谷一带较为典型的崖葬风俗来对照，在藏南吉隆藏布河谷一带，人死后，人们请高僧打卦占卜来决定葬式。如适合采取崖葬，便用酥油或牛奶涂抹尸体，同时用盐巴、香料进行防腐处理，然后入殓四方形的小木箱中。有些不用葬具，用绳索将穿着衣服的尸体捆绑成团状。葬址一般选择在远离人畜活动、面对激流的山崖上，利用天然岩檐、崖洞为葬穴，这些洞穴一般比附近地面高50至200米，比河流平面高300至500米。也有人工在山崖上挖掘墓洞的，墓洞离地面越高则显示墓主身份越尊贵，伴随崖葬而来的祭礼活动十分隆重。

而在扎坝地区，茨珠老人半开玩笑半认真说道："我们扎坝人热爱劳动，父辈们从小便向后代灌输不劳动而得食是可耻的事情。"扎坝山清水洁，空气含氧量极高，加上近乎原始的耕作，农作物极少污染，这一切，据茨珠老人回忆，使扎坝人普遍长寿。"在我爷爷辈那时，一个人老得再也不能劳作了而又每天消耗粮食，老年人便会有一种负罪感。"也许，对于当时，在生存条件极为原始与艰辛的情况下，家中平添一张嘴都是一种沉重的负担。"于是，感觉自己快不行了的老人们便会自己去山中找寻一个比较秘密的岩洞住下。身边只带上一个土陶罐，罐中装满清水，饿了便喝上几口水，就这样，直至自己在洞中无病而终。"事后家人寻其尸体，遂用片石将洞口封闭便算埋藏。

在扎坝地区，这种独特的崖葬风俗还有另外一种形式，即长寿老人去世后，子女便将其尸体背至高山安放于岩洞之中，洞口堆放一些刻有佛经的大块片石，以防野兽进入。这种丧葬文化，目前在其他藏区还没有发现，应为扎坝人所独有。这种葬式的起源及其意义，目前我们还不清楚。物质条件看似落后的扎坝人，他们祖先对生与死的那种豁达与通透，他们灵魂深处与自然保持的那种默契与合一，其实，放在今天，也会是让外界一切所谓高级的"文明"倍感汗颜的。

黑陶部落的最后传人

焦虎三

本文先后刊于《中国民族报》2005 年 11 月 28 日、《中国地名》2006 年 10 期、《中国西部》2006 年 11 期、《中华手工》2009 年 11 期、《大视野》 2007 年 3 期，国内其他旅游杂志与报刊多有转刊。

土陶的今生与前世

1503年，一艘从欧洲远航至南美洲的帆船抵达了南美洲东南沿海，对于当地村居印第安人，如苏尼人、阿兹特克人和乔卢兰人等而言，这群从大海深处突然冒出的金发蓝眼、嘴里叽里咕噜背"天书"的异族人，无疑是天外来客；而贡维尔船长对当地土著村落中的一切也倍感新奇和兴奋，"他们的家什是用木头做的，甚至烹煮食物的壶罐也是如此，不过这些壶罐被涂上足有一指厚的某种黏土，用以防止被火烧毁。"将木制的壶罐放在火上烧煮食物，对于这一幅极富冲击力的画面，伊·戈盖在《论法律艺术和科学的起源及其在古代民族中的发展》一文中，给予了以后在学术界一致首肯的答案："人们最初所使用的是涂上黏土的易燃的木制器皿，免被烧毁，后来发现单是黏土本身就能达到这种目的，"他如此肯定，以至于区区数十字，便准确定义了土陶的前生——"于是便出现了制陶术"。而对于路易路·亨·摩尔根这位文化人类学者而言，手工制陶术在人类文明进程中的意义是如此之大，以至于他将制陶术作为了划分人类文明阶段的标志性物件："人类蒙昧期的高级阶段从弓箭的发明开始，以制陶术的发明告终。"不仅如此，摩尔根还将制陶术作为了人类新旧文明形制的分水岭，正如恩格斯称誉意大利诗人但丁——"中世纪的最后一位诗人，同时又是新时代的最初一位"——一样，在摩尔根看来，制陶术在人类漫长的文明演化轨迹中，既代表了蒙昧期高级阶段的结局，又宣告了野蛮期低级阶段的到来。而在美国人类学者罗伯特·路威看来，陶器算是人类工艺上的第一流成就："倘若要单拿一种活动来判断一个民族的文化程度，陶器要算是最合适。"

2005年8月12日的清晨，35岁的让雄（扎坝音译名）带着他不满三岁的女儿，来到了自己制作黑陶的手工作坊。大山一片静寂，清晨浓厚的白雾更像是一场淅淅沥沥的小雨打在他们父女的身上。作为扎坝——这个神秘族群最后的一位黑陶手工艺人，从县政府在当地开展的一系列扶贫项目中，让雄因为有独门手艺，得到了数百元的资金资助，办起了这个简陋的黑陶手工作坊。

当让雄正欲打开作坊大门那把快要生锈的铁锁时，他的女儿嚷嚷着想方便了，慈祥的父亲抱起女儿蹲在了大门边，在父女俩的头顶上方的墙上，悬挂着一块字迹模糊的木制标牌：扶贫项目，黑陶工厂。再过几分钟，走进了工厂大门后，集厂长、工匠、烧陶工和销售员于一身的让雄，便要在那排二层楼的水泥建筑物中，开始自己为生计每天必须重复的手工劳作。伊·戈盖与摩尔根关于人类远古制陶术的那些鸿篇大论，对于此刻的他而言，用托尔斯泰曾告之世人的一句名言来形容，也许最为恰当妥帖："对于身处寒冬的俄罗斯农民而言，莎士比亚的全部作品也抵不上一双暖和的皮靴。"

隐秘的历史基因

关于让雄所在的扎坝乡，关于这个乡中神秘而另类的扎坝人，从上个世纪初开始，便在史学界引起了激烈的争论，但"扎坝"一词的含义，现在的扎坝人几乎没有一个人知道。格勒博士在《论藏族文化的起源形成与周围民族的关系》一文中，认为今天我们称谓的"扎坝"，其远古正确的名称应为"杂巴"，或为"扎巴"，"扎"在藏语中有"制陶人"之意。长期研究康巴文化人类学的林俊华教授在此基础上，将这一观点引入了更为厚实的领域。他认为"扎坝"实际上就是藏语中的"扎巴"，也就是说"扎坝"即是"扎巴"，"扎巴"即是"扎坝"，二者仅仅是因用汉字记音的差异，并非藏语本身如此。林俊华教授的如下理由，也许是目前最接近历史本真的解释。

第一，扎坝人自称"扎"，即"扎"本身是个族群名称。在藏语中，对某个族群的称呼往往是将这族群名称之后加一"巴"字，如"康巴""蕃巴"等无一不是如此。因而"扎巴"是藏语对"扎"人的称呼，其意思翻译过来就是"扎人"。但由于早期的汉文资料在翻译时用"扎坝"一词记音，后来便约定俗成，以至于人们不仅把扎人称之为"扎坝"，而且把扎人生活的地方也称之为"扎坝"。

第二，今天的道孚人对扎坝人的称呼仍然是"扎坝""扎巴"混用，并不会引起人们在理解时发生歧义。其理由只有一个，那就是二者本身就是同一个词。

对于学术界这些可能影响他们族群今后命运的声音，在二楼最尽头的一间小屋内，淳朴但不会说一点汉语的让雄毫无知晓。他的双手用劲糅合着今天劳作将使用的唯一原料——黏土，土是从几公里外的大山深处挖掘背运而来，那是当地特产的一种黏土，土呈红褐色，土中大多夹杂着一些大大小小的类似片石的石头，"它们像片石，但比片石更为柔软，易于臼碎。"头一天，在村上采访时，乡上最有学问的权威——乡中心小学的校长茨珠老人告诉我说，"把土和石头背回来，用力压碎，然后再用筛子筛几遍，留下早已融为一体的细细的沙土，用水掺兑，使之如发酵的面团，原料便成了。"那天，茨珠这位在扎坝教了三十多年书的老教师，神情有些木然地坐在我身旁。在我们的前方，一大群苍蝇在一张简陋的木板上肆意飞舞。木板上有几个菜：一盘炒牛肉，一盘炒猪肉，一盘蔬菜，一盘鸡蛋汤，这是我们在扎坝整个乡上，问了仅有的3家餐馆，他们把原料东拼西凑做出来的唯一"大餐"。我们一行人不停喝酒，不停用手驱赶着一批又一批义无反顾冲向那些美食的苍蝇。

八点刚过，上午的阳光便从房间窄小的窗户照了进来，在让雄的黑陶车间里，终日陪伴他的不再是那些让人心烦的苍蝇，而是他的宝贝女儿。小女孩席地而坐，紧靠着父亲坚实而宽大的后背，父女俩整天守着一大团灰黑色的黏土，守着墙角那些早已做成形正在阴干的奶黄色陶器。父女俩可以大半天一言不发，父亲忙着和土与手工，女儿静静看着父亲沾满泥土的双手；看着形态各异的陶器如何从那双手中犹如田地中的谷穗，一点点向上长高，一点点绽放成形。偶尔，女儿也抬头向门外呆望一阵，门边有一张破旧的书桌，上面乱糟糟放着一堆杂物和生活用品：几个碗和几双筷子堆放在一起；一些不知道曾经装了什么又将要装什么的空瓶子；几块布条条，桌下整齐排放着5个空空的白酒瓶。父女俩耳边除了手捏黏土的丝丝声响外，再也没有了其他的喧嚷。

从文物学的角度而言，让雄今天在扎坝制作黑陶的那一系列手工流程，可以说是我们远古祖先原始制陶工艺的真实重现：捏塑法制作陶坯加泥条盘筑法成型，陶坯几乎不加纹饰，制作中所用到的工具除了放陶坯的一块木板外，余下全是为了修饰美化陶坯而自己加工出来的一些竹制或木制的原始小工具：小竹片、尖而长的竹刀、压制最为简单花纹的一些木模具。

而让雄制作陶器，也完全依照祖传的程序与流程：先下后上。首先在木板上做好底盘，然后用手将黏土揉成匀整的长条，把长条绕成圈接在底盘上，然后双手，一只在坯内，一只在坯外，压住长条，按顺时针向上捏制，同时也带动下面的木板。陶土在他灵巧的手上，转动中慢慢向上生长着，如此工序反反复复。这其中每一件陶器形型差异与变化的掌控，全凭他双手的质感与日久天长练就的经验。

如果格勒博士与林俊华教授的观点是确定无疑的，那么今天，这位在大山深处默默无闻的手工制陶人，这位族群身份在民族学界还未被真正确认的扎坝人的后代，他制作黑陶看似简单的一招一式的手捏拍打中，也许就隐秘维系了一个神秘族群历史中最为深层的基因。如果"扎坝"这种族群称谓，历史的本来面目确是"制陶人"，那么，作为黑陶部落最后的手工制陶人，让雄，就是这个族群与自己远古形象最为接近的一尊塑像；他手中生产出的那些粗大而简朴的土陶，就是这个族群与自己远古历史最为接近的一组文明符号。

但憨厚的让雄没有任何文化,也不会一点汉语,除了用本地仅数百人知晓的扎坝语与人交流外,外界的文明于他,就好像是一对彼此陌生的过客,当他们碰撞到一起时,在各自眼中,对方都是聋子与哑巴。采访中,除了偶尔憨憨地抬头向我们笑一笑外,他只顾低头做着自己手边的工作。对于我感兴趣的关于这门手艺的由来与传承的问题,他同样抬头笑了笑,便不再回答。泰勒在《原始文化》一书中曾不无痛心地写道:"随着世界社会的向前发展,最重要的观点和行为可能渐渐地变成为纯粹的遗留。它们最初的意义逐渐消失了,每一代记得它的越来越少。"从文化人类学角度而言,让雄从属于一个只有语言没有文字的族群,教育的落后与自身的局限,使今天的扎坝人把自己族群远古的一切奥秘,慢慢化成了一阵阵随风而逝的细小的尘沙,磨成了一堆在时空的沙漏中向下流淌着、愈来愈少的沙粒。它们曾经在山川与森林间飞扬飘舞过,但现在一切终于尘埃落定了,一切终于回归于寂静的大山,回归于让雄作坊外那条奔流不息的鲜水河中。

原始的手工流程

据历史学家考证,人类开始用火烧制陶器,是一项十分艰难的创举。华夏用火最早的先民,生活在170万年前的西侯度文化时期,当他们进入新石器时代,能成功用火烧制陶器时,从钻木取火那时算起,起码花了8000多年的时间才逐渐认清了火与黏土之间那一系列魔术般的关系。对于让雄而言,从他幼年学习陶艺的第一天起,火与黏土之间便遵循着千年不变的约定俗成的成熟法则,他再也没有必要去探索二者之间进化的轨迹,但从制坯到完工,在他手中的每一件陶器,都严格遵照了祖先流传下来的那一套繁杂而原始的手工流程。促使扎坝制陶手工技术完整保留下古旧痕迹的原因,其实非常简单。首先,这里长期与世隔绝,没有电,不通电话,在上个世纪末,还基本处于半封闭状况;其次,当地生存与生活条件很艰苦,物资贫乏,除了用那些原始的工具制作陶器外,当地确也找不到更好的生产工具可用于升级与替代。

时近中午,室外的太阳越来越酷热似火,室内,让雄和女儿坐在墙角,父女俩默默守候着一堆粘湿的陶土,陶土堆旁放着一个装满水的塑料盆。在让雄和他女儿的眼前,是一排成型的当地人称为"密拉玛"的陶器。

让雄用手不停捏塑陶坯成型,他先将坯泥从堆中拿出一小块,在手中揉成圆形,然后将之在一块木板上捏成长条,在陶垫模外由下而上盘筑,双手边转动陶坯,边配合着捏塑成型,还不时如蜻蜓点水般快捷地在装满水的塑料盆中点一下,以增加手掌的湿度。同时,他还不停地用木制的陶拍拍打器身。据说,用泥条盘筑法生产出的土陶,其内壁泥条盘筑痕迹清晰可见,我随意拿起一个完工的土陶,但见其内壁凹凸不平的纹理遍布周身，古朴沧桑，犹如让雄所代表的这个神秘族群，古老而厚重。

陶坯成型后，让雄会让陶器在第一个生产"车间"静静待上七八天，刚成型的陶坯，潮湿，内部机理极不稳定，数天后，一般在艳阳高照的下午，他会把阴干的陶坯放在烈日下暴晒数日，以便彻底蒸发完坯中的水分，以免烧制时爆裂。陶器焙烧法主要用砖窑烧制，在让雄楼下的平地上，除了正在烤晒的陶坯外，还有一堆堆码起的木柴，这些刚从山中砍伐来的柴火晒干后，便是陶窑焙烧的燃料。

初制出的陶坯为奶黄色，使奶黄色陶坯变为黑陶成品的奥秘，全在最后一道工序中，那便是考古学者称为"熏烟渗碳法"的神秘工艺：在地上挖一大坑，放入陶坯，四周放入木屑和刨花，再封泥土，土中仅留通气孔和燃火口。这种最为原始的烧陶方法，不能持续加燃料，火温不能提高与人为控制，但就是经过这最后的熏制，一件古色古香的扎坝黑陶便从烈焰与烟雾中诞生了。

神秘的文化符号

扎坝的封闭锻炼出了扎坝人较强的自给自足能力和手工业生产技艺。在历史上，不仅他们的绝大多数生产、生活用品都是依靠自己生产，即使在现代文明冲击下的今天，扎坝最具代表性的手工制陶技术仍然保存完好。据茨珠老人介绍，制陶是当地一项最古老的手工技术，"据我爷爷讲，他很小时这里便在制黑陶了"，而扎坝制作黑陶的历史，在当地各个朝代的史志中，均无记载详尽的细节，甚至包括只言片语的框架，一切均无可考证了。在一些研究当地文明的学者眼中，其历史肯定要追溯到更为遥远的远古："在藏区所发现的石器时代的遗址和石棺葬中都有大量的陶器出土。据考古学家研究，这些考古文化都带有明显的地域特征，与国内其他地区所发现的考古文化有明显的差异。这说明藏区历史上曾经有过自己独特的制陶技术。但从目前所掌握的资料来看，无论是古代还是当代，在藏区能具有制陶技术的族群并不多。因而，我们怀疑藏区古代使用的许多陶器可能就出自扎坝人的祖先之手。藏语称他们为"杂巴"（或"扎巴"），直呼其为"制陶人"，就是一个很好的例证。"林俊华教授对此做了大胆推断。

在让雄的黑陶成品仓库，我们看到了他一系列的手工成品：当地人过冬取暖使用的火盆，用于宗教仪轨的密拉玛，宗教祭祀时进行煨桑的半人多高的火罐，陶制火锅，诸如此类，蔚为大观。这些黑陶器品种繁多，造型准确，壁薄质高，精致异常。我们在扎坝调查时也发现，作为鉴别文化遗存年代的重要实证，黑陶衍生出的"陶文化"，在扎坝文化中还具有相当重要的人文意义。首先，从古至今制陶都是扎坝人的传统手工业,直到今天他们都还保存着古老的制陶技术和制陶作坊。其二,他们生产的陶器均为黑陶。从这些陶器中不仅能看到扎坝人的手工艺水平,也能看到他们的审美能力和艺术造诣。其三,扎坝生活中的炊具、餐具、饮具、取暖的火盆,以及宗教祭祀时进行煨桑的工具等等,基本上都用自制的黑陶器。陶器已成为当地人社会生活中不可缺少的基本物件。

依罗伯特·路威看来:陶器是文明的指数,虽然不是精确的,但却是真实的指数。但对于扎坝而言,黑陶不仅代表了当地物质与精神文明的发展变化,而且,它已上升成为扎坝——这个神秘族群最为物质的文化符号,换而言之,黑陶不仅是扎坝文明的指数,也是扎坝历史的坐标、族群的密码。在扎坝黑陶那古朴而黑色的陶胎上,记载了这个族群文明的文化层年代,记载了它神秘的往昔光阴与悠久的文化传承。

我们再沿历史长河追寻而上,被誉为"土与火的艺术,力与美的结晶"的黑陶文化,出现在公元前2600年~公元前2000年,即"仰韶半坡彩陶艺术"趋于衰落的新石器时代晚期,它标志着中国制陶工艺走向了其历史的巅峰,也向后人展示了制陶由实用性转向审美要求的变迁过程,正因如此,黑陶的"熏烟渗碳法",被浓墨重彩地载入了世界工艺美术史。而黑陶这种"变色大法",曾让几代学者百思不得其解。在1928年吴金鼎先生发现黑陶残片之后,几代学者经过61年不懈地研究和发掘,黑陶的制作工艺在1989年才被世人诠释破译。在外界这云山雾罩的60多年中,深山之中的扎坝,当地人一直在沿用着被外界误认为失传的"中华独门工艺",默默无闻地生产着中华手工艺之瑰宝——黑陶。

2005年8月11日,同样是在一个清晨,在我们走在去扎坝采访的路上,当我们行车在崎岖的山道间时,一座当地罕见的水泥大桥即将完工,桥的对面,建起了不少简易的工棚。透过车窗,满载石块的汽车在狭窄的土路上来回穿梭,车后漫天黄土,洋洋洒洒。这是当地即将开工建设水库的序曲。面对2019年蓄水线将达2880米左右的事实,海拔2770米左右的扎坝乡,这个极具特色的"走婚部落",文化人类学上价值非凡的"文明孤岛",将面临全部移居的命运。如果"走婚部落"不能实现整体性搬迁,整体性搬迁不能实现风俗与风情存留的封闭性,风俗与风情存留的封闭性不能保证尽量少受到外界的干扰,"文明孤岛"无疑行将消失,而让雄和他赖以养家糊口的黑陶手工艺,也将面临灭顶之灾。

"皮之不存,毛将焉附。"黑陶部落的最后传人,在当下还清晰指代着让雄,他是这个族群唯一的土陶手工艺传人。到了2014年,甚至时间会提前到更早几年,这个称谓,很有可能便明明白白告诉世人:从今往后,黑陶部落,便再也没有黑陶工匠了。

五、本课题组扎坝藏族调查资料

2014年5月20日至27日,由四川省甘孜藏族自治州州政协、中国民间文艺家协会中国非物质文化遗产研究院(以下简称"非遗院")共同发起与组织的"康巴藏族传统村落文史调查工程",在四川省甘孜藏族自治州道孚县扎坝地区正式启动。

"康巴藏族传统村落文史调查工程"系响应中国文联副主席、中国民协主席、全国政协文史和学习委员会副主任冯骥才倡议的加大对中国传统村落调查与保护工作的指示,由四川省甘孜藏族自治州州政协和四川文化艺术学院、绵阳师范学院共同发起并组织,由甘孜州政协与非遗院、四川省民间文化研究中心共同实施,各方共同组织文化遗产、民族学、人类学、宗教学、艺术学、影视、创作等方面的专家团队,在今后数年内,分批分次对甘孜州18个县筛选出的一批具有代表性的传统村落,进行全方位田野调查,以文字、图表、图片和视频等手段,对康巴传统村落的文史工作进行系统调查与记录。调查成果由甘孜州州政协文史委与非遗院和相关地方县政协部门、实际参与者共同组成联合编委会的名义汇编,分册以"康巴藏族传统村落文史史料调查与研究丛书"的形式正式出版。与此同时,组织文化产业、旅游规划、创意产业、工艺美术等方面的专家,对相关地区文化、旅游、乡村建设等事业有针对性的建言献策,提供智库指导,以文化支持扶贫,用文化促进脱贫,支持当地经济事业的发展,促进民族团结与社会和谐。

藏族文化历史悠远而辉煌,康巴藏族文化在其中尤以多元和古朴而闻名于世,世居于雅砻江支流鲜水河下游两岸狭长河谷地带的扎坝族群便是一个具有自己独有民俗民风、语言文化的古老部落,现主要分布于雅江县瓦多、木绒、普巴绒,道孚县亚卓、扎拖、红顶等地,有人口13000余人。习惯上将道孚县境内的扎坝人居住区称为"上扎坝",将雅江县境内的扎坝人居住区称为"下扎坝"。"上下扎坝"其诸多文化特色被国内外学界誉为"文明活化石""文明孤岛"。从1882年英国学者巴卡尔在《中国西部旅游及考察》提出扎坝话属西夏语系的假说算起,130多年过去了,扎坝由于地处偏远,交通不便,加以其族群稀少,外界对之文化与历史详情至今了解不多,大范围与系统化的文史调查更是一直处于"空白"。近来,由于雅砻江水电站的开发,当地不少传统的扎坝村落面临搬迁,其村落文化亟待抢救。这也是为什么"康巴藏族传统村落文史调查工程"将首期作业点选在扎坝的根本原因。

作为"康巴藏族传统村落文史调查工程"的首期工作，州政协高度重视。蒋秀英副主席亲自率队，道孚县原政协主席蔡景荣为此专门成立工作班子，抽调精兵强将，全力配合；非遗院派出了焦虎三副研究员、学术科研部杨天美与公益事业部仲昭铭组成的调查组。首期工作得到了道孚县县政协的大力配合，派出专人专管。州政协蒋秀英副主席、县政协原主席蔡景荣全程陪同并亲自参与调查，道孚县扎坝区党委政府全力支持，区党委陈亚平书记、李勇乡长亲自组织各乡村办公人员，统一在乡政府会议室和我们开协调会，交流信息，安排工作；陈书记、李区长每天还和工作组开碰头会，了解工作组困难，解决问题，为调查工作提供全方位的支持。

在一周的时间内，工作组不畏艰辛，翻山越岭，在平均海拔3000多米的数个村寨间来回奔波。工作组走遍了道孚县扎坝地区的五个乡。每到一处，工作组深入村落，依照自制的厚达数十页的《村落文史调查登记问卷表》等工具入村入户采访调查，收集口传资料，录音录像，每天工作达十几小时，方便面与当地农家自制的"青稞烤饼"常常成为工作组的便餐。

我们相信，"康巴藏族传统村落文史调查工程"扎坝工作计划的完成，对于推进甘孜州和道孚县的文化建设，对于保护和传承康巴藏族文化，促进当地旅游经济的发展与民族大团结，都将起到积极的推动作用。

（一）红顶乡

概况 地处道孚县西南部，与木茹乡接壤，南与亚卓乡相邻，西与扎拖乡、仲尼乡相望。距道孚县城65千米，属高山峡区，平均海拔2 800米。

面积 全乡总面积21 734公顷，行政区域总面积为204平方千米，草地面积为948.47公顷，林地面积为10 740.47公顷。退耕还林1 576.6亩、实有耕地面积为2 810亩、集体林补偿面积为17 934.4亩、草补补偿面积为103 180亩、公路养护面积为37.58亩。

行政 全乡18个自然村、卫生院一所、小学一所、派出所一所、寺庙一座；有干部职工28名（其中乡政府16名，学校9名、卫生院3名）；党员72名，机关9名、农村63名。

人口 全乡共有183户，944人（其中红顶67户，311人；俄古26户，140人；地入55户，299人；向秋村35户，194人），低保户160户，532人；一类低119户，450人（其中红顶139人、俄古75人、地入138人、向秋98人）；二类低保41户，82人（其中红顶27人、俄古13人、地入26人、向秋16人）。三老干部8人（其中红顶3人、俄古1人、地入2人、向秋2人）；五保户16人（其中红顶5人、俄古3人、地入8人、向秋2人）；孤儿为14人（其中红顶

3人、俄古3人、地入5人、向秋3人）；残疾人26人。

移民：移民户为25户110人和红顶寺一座（其中：仲尼乡居住的5户20人、亚着乡居住的2户8人、本乡居住的18户82人，重点移民户3户，向秋、地入、红顶的牵涉房子和耕地。涉及库区集体林90.7244公顷（其中有林地26.0840公顷、灌木丛63.7066公顷、农村在基地0.237公顷、农村道路7.3766公顷）

宗教 僧人106人，红顶寺75人、本乡的人24，桑珠寺31人。

福利 五保户地入有：群迫、卡鲁阿绒（女）、角角、尔吉仁志、亚玛、次朱、次珠尼玛、格让次

红顶村：亚玛群迫、绒米热戈（女）、罗让仁青、杰格最玛（女）泽仁拉姆（女）

向秋村：泽翁（女）、翁灯

俄古村：通交尼玛、扎六安次（女）、何西龙加

三老干部 红顶村：让布彭措、亚玛群批、亚洛阿泽

地入：学开穷迫、格让泽、

向秋村：一地甲玛、瓦洛西热

俄古：拥忠瓦吉

孤儿：向秋村：次珠益西、德吉翁姆、仁青卓玛

红顶村：阿体松龙（女）、单孜达娃、仁孜翁姆

俄古村：泽汪巴姆、亚玛泽仁、多吉降泽、

地入村：白玛进泽、格让达瓦、白玛依作（女）、次珠德吉、白玛娜姆

（二）下拖乡

概况 下拖乡距道孚县城75千米，东邻亚卓乡，西邻新龙县拉日玛乡，南邻雅江瓦多乡，面积235平方千米，平均海拔2 700米。

行政 全乡7个行政村，20个自然村。目前在岗的干部职工20人，其中公务员10人，工勤人员1人，事业人员7人，村官2人。下拖乡现有学校1所，教师1人，代课老师1人；在校学生121人；卫生所1所医务人员2人。全乡共八个支部，其中乡机关支部1个，农村支部7个。全乡共有党员77人，入党积极分子11人，其中机关党员12人，农村党员65人。

人口 216户共计1100人，其中贫困户69户349人，特困户28户260人，五保户21户21人，三老干部11人，离任村干部27人。

经济 全乡耕地面积2105亩，播种面积1777亩，退耕还林1392.3亩，粮食总产量296吨，各类牲畜3760头/只/匹，人均纯收入为3866元。

移民 全乡涉及移民户66户，其中移民户21户108人（其中：上瓦然3户、

下瓦然 11 户、一吾 1 户、麦里 5 户、荣须荣恩 1 户），涉及土地的移民户 43 户。

福利 低保户 84 户 274 人，社保参保人数 526 人，新农合参保人数 1 070 人，参合率达 97.6%。

宗教 寺庙 1 座，僧侣 77 人。

（三）亚卓乡

1. 亚卓乡基本情况

概况 亚卓乡位于道孚县西南，鲜水河峡谷地带的扎坝区，乡政府距县城 72 千米，面积 337 平方千米。

行政 全乡辖 9 个行政村 28 个自然村。亚卓乡现有 10 个基层党支部，党员 93 人，三老干部 4 人，离任村干 44 人，五保户 28 户，农村低保户 110 户 701 人，残疾人 21 人，孤儿 2 人。乡中心校一所学生 210 人、8 个教学班，教职工 17 人，呷拉村小一所，学生 14 人，代课教师 4 人。

经济 全乡寺庙一座，僧尼 83 人，全乡耕地面积 3075 亩、退耕还林 1 647.2 亩，草场面积 270 577 亩、村集体林面积 70 052 亩。

全乡农林牧总产值 882.6 万元，农牧民人均纯收入 3922 元，群众收入主要依靠农牧业、虫草收入、外出务工和各项惠民政策，农牧民缺少文化知识，产业结构单一，制约了全乡经济发展，目前全乡仍有 2 个村不通电，1 个村不通手机信号，大部分村通村公路只通达村级活动室，且存在路陡弯急等现象。全乡 8 个农业村的农田水利灌溉设施薄弱，大部分年久失修，不能使用。在今后的工作中我乡将结合群众工作的开展，集中精神和力量，解决好群众热切关心的热点、难点问题，进一步增强全乡基层设施建设。

人口 全乡共计 423 户 2 023 人（其中农村户籍 316 户 1 853 人，城镇居民 107 户 170 人）。

移民 2009 年 12 月亚卓乡开展了"两河口"电站库区实物指标登记，全乡"两河口"库区移民 106 户 349 人（其中涉及房屋及土地移民户 89 户 333 人），淹没房屋面积 44 568.2 平方米，淹没零星果木树 17 218 株，淹没耕（园）地 314.45 亩，退耕还林 173.1 亩。

在面临"两河口"库区移民中，急待抢救和保护的非物质文化遗产 2019 年"两河口"电站将开始蓄水发电，亚卓乡将整体搬迁亚卓集镇、乡政府、学校、医院、扎坝公安分局、乡林业站、信用社等机关单位，整体搬迁亚卓乡巴里村 36 户、各布村 13 户、呷拉村 6 户和卡六村 1 户，对库区非物质文化遗产和传统村落影响较大，急需对库区非物质文化遗产挖掘整理和保护，主要有：① 巴里村嘛呢经舞；② 杜呷寺巴里庙子；③ 扎坝走婚文化习俗。从而使"两河口"库区扎坝独特的非物质文化遗产得到保护和传承，使库区今后以"走婚文化"和"嘛呢经舞"为旅游文化的库区旅游业发展打好基础。

2. 亚卓乡政府基本情况

亚卓乡人员编制数为行政编制16人，工勤人员2人，事业编制5人，共计23人，现全乡实有干部职工20人。机构设置情况：亚卓乡人民政府是道孚县乡镇一级人民政府，下设党政综合办公室、文化服务中心、计划生育服务办公室、劳动民政保障办公室、维稳办、学校、卫生所、司法所、派出所、农业技术推广服务站、社会就业和社会保障中心、综合服务站、乡林业站、乡防汛办各一所职能部门。全年全乡办公经费情况为全年120 000元，属县级全额财政拨款单位。

3. 寺庙简介及大型佛事活动

亚卓乡有的杜呷寺为黄教寺院。杜呷寺位于道孚县扎坝区亚卓乡卡瓦拉绒神山境内，1334年在卡瓦拉绒神山顶上修建了知多寺，因路远不方便，1728年重新修建了杜呷寺，本寺占地面积100余亩，主管活佛索郎降措（县政协委员，出生于1969年），共有僧侣76人。

佛事活动：① 农历一月七日—十六日，诵经，举行祈愿大法会（音译：降汪曲次杜青）；

② 农历一月十四日—十六日，酥油花（音译：某来青某）；

③ 农历三月份，对佛像、灵塔、经典灌顶进行开光、烧香；（音译：让勒青幕）

④ 农历四月为佛主释迦牟尼径念期,守开饥行16天哑巴径;（音译：灵乃）；

⑤ 农历五月为国际求神节；（音译：则勒炯松）；

⑥ 农历六月一日至八日，为夏季跳神节（音译：也曲）；

⑦ 农历九月二十二日至二十九日，六手金刚法（音译：贡布多青）；

⑧ 农历十月二十三日至二十七日，仲卡巴纪念日（音译：安确）。

4. 国家级非物质文化遗产名录项目（扎坝嘛呢经舞）申报书（选）

项目类别：_____民间舞蹈_____
项目名称：_____扎坝嘛呢经舞_____
保护单位：_____四川省甘孜州道孚县文化旅游局_____
主管部门：_____四川省文化厅_____

一、项目简介

　　扎坝经舞所在地四川省甘孜州道孚县扎坝区，距成都有 650 千米，经康定，翻海拔 4298 米的折多山，过了著名的塔公草原便到了。在 1974 年正式通公路之前，交通闭塞，基本与外界隔绝，文化落后，还保留了旧石器时代以来的母系血缘组成的家庭，被有关专家称为人类仅存的活标本。在扎坝区境内 5 个乡除下拖和亚卓乡本地居民会此舞蹈外，其余 3 个乡群众都不会此舞蹈。据当地权威人士讲：此舞蹈是下拖乡首先传过来的，到亚卓乡巴林村后就再也没有往其余乡传，所以至今扎坝嘛呢经舞只有在下拖和亚卓乡境内可以看见。此舞蹈没有具体的传承系统，也无年代考证，据当地老年人所讲，此舞最先是为祈祷五谷丰登，来年有个较好的收成所跳。

二、基本信息

项目名称	扎坝嘛呢经舞	属　地	四川省甘孜州道孚县扎坝区
保护单位	道孚县文化旅游局	法　人	刘立和
通讯地址	四川省甘孜州道孚县宾河路 100 号	邮　编	626400
电　话	08367123149	传　真	08367123149
电子信箱			
所在区域及其地理环境	道孚县扎坝区地处道孚县最南端，海拔 2720 米，距县城 71 千米，属高山峡谷地区。扎坝面积 1150 平方千米，区公所驻地为亚卓乡各希村。扎坝人居住于扎坝区境内雅砻江支流鲜水河下游两岸台地上，人口 13624 人（2005 年人普统计）。扎坝区所辖亚卓、红顶、仲尼、扎拖、下拖 5 个乡。			

三、项目说明

分布区域	分布于四川省甘孜州道孚县扎坝区亚卓乡、下拖乡境区。
历史渊源	扎坝人与历史上灭亡的西夏王朝有着传承关系，在扎巴人的基本生活词汇和房名中，迄今保留着一些西夏语的痕迹。这证明西夏灭亡后，少量西夏人南迁扎巴地区的可能，后被当地土著融合。"扎坝嘛呢经舞"是扎坝地区自古以来每年春耕开始的时候必须进行的一种重要的仪式，已有千年的历史。
基本内容	作为一种民间舞蹈，它反映了扎巴人勤劳、朴实的生活状况，因其文化背景的不同，此舞蹈在两地仅百余人会，也没有现代的传承系统，仅作为祈求来年五谷丰登所跳。
相关制品及其作品	无

四、项目论证

主要特征	舞蹈动作古朴豪迈、轻慢，旋律一共38段，段与段之间具有自然转调的特征，主要歌词以藏传佛教六字真言"嗡嘛呢呗弥哄"为主，舞蹈表现具有浓厚的原始民族色彩。
重要价值	一、历史价值 "扎坝嘛呢经舞"生动地反映了在特定的历史背景下，扎坝人渴望丰收、祈祷平安的一种精神寄托，也反映了扎坝人勤劳、朴实的精神文化，是记录社会发展的"典籍"，是研究扎巴人历史的依据，是承载扎巴风土人情、生活习性的载体。 二、艺术价值 "扎坝嘛呢经舞"具有独特的艺术价值，其歌词、舞蹈生动，形象传神，所表达的音韵往往只可意会不可言传，妙不可言。因此，"扎坝嘛呢经舞"是现代文学艺术的有效养分。
濒危状况	随着社会发展，时代的进步，原来相对封闭的文明不断受到现代文明的冲击，交通的畅通也带来了外来文化的影响，本土文化受到较大冲击，由于乡村公路的畅通，年轻一代的人受到现代文明的冲击，正逐步忘记本民族文化，会跳"扎坝嘛呢经舞"的人数越来越少，传承系统高度濒危，亟待抢救保护。

五、传承人

	代别	姓名	性别	出生年月	文化程度	传承方式（传承来自祖辈、师傅或其他）	从艺时间	地址
传承谱系	民国时期	阿色	男	已故		祖辈	中华人民共和国成立前	现今四川省甘孜州道孚县扎坝区
	现代	贡布	男	1967	小学	祖辈	1957至今	四川省甘孜州道孚县扎坝
代表性传承人	现代：贡布，1967年，小学，"扎坝嘛呢经舞"传授人，1957年至今 四川省甘孜州道孚县扎坝区							

六、项目管理

已采取的保住措施	已被评为省级非物质文化遗产保护项目
资金投入情况	暂无资金投入

七、保护计划

保护内容	1. 保护"扎坝嘛呢经舞"会跳之人及传唱人。 2. 保护"扎坝呢经舞"的一切文字、典谱、录音、录像资料。		
五年计划	时间	保护措施	预期目标
	2006年	完成省级申遗产	完成普查
	2009年	完成国家级申遗产	完成初稿
	2010年	进行大力宣传	发放传人手中
	2012年	向学校推广	遍及地区中心学校
	2014年	打造市场	"嘛呢经舞"精品曲舞3~5个
保障措施	1. 在收集、记录、分类、编目的基础止,将"扎坝嘛呢经舞"完整建档。 2. 用文字、录音、录像、数字化媒体等手段将其进行真实、全面、系统地保存。 3. 通过社会教育和学校教育等途径,使"嘛呢经舞"后继有人。 4. 利用各种节庆、节日和媒体进行广泛宣传。		

5. 第三次全国文物普查不可移动文物登记：莫洛四角碉

名 称	莫洛四角碉		代 码	
地址及位置	四川省甘孜藏族自治州道孚县亚卓乡莫洛村东南，东南距离扎坝区区人民政府15千米			
GPS坐标	北纬	东经		海拔高程
	30°31'33.2"	101°03'26.4"		2985.7m
	测点说明	四角碉楼正门东南4米的缓坡上。		
类别	●古建筑	○城垣城楼　○宫殿府邸　○宅第民居　○坛庙祠堂　○衙署官邸　○学堂书院 ○驿站会馆　○店铺作坊　○牌坊影壁　○亭台楼阁　○寺观塔幢　○苑囿园林 ○桥涵码头　○堤坝渠堰　○池塘井泉　●其他古建筑		
年代	不详			
统计年代	□旧石器时代　□新石器时代　□夏　□商　□西周　□东周　□秦　□汉　□三国　□晋　□南北朝　□隋　□唐　□五代　□宋辽金　□元　□明　□清　□中华民国　□中华人民共和国　■待定			
面积（m²）	55			
所有权	□国家　■集体　□个人　□不明			
使用情况	使用单位（或人）	莫洛村村民委员会	隶属	亚卓乡人民政府
	用途	□办公场所　□开放参观　□宗教活动　■军事设施　□工农业生产　□商业用途 □居住场所　□教育场所　□无人使用　□其他用途		
复查对象	级别	○全国重点文物保护单位　○省级文物保护单位 ○市、县级文物保护单位　●尚未核定为保护单位		

单体文物	数量（个）	1
	说　　明	四角碉楼1座
	简介	莫洛四角碉楼位于四川省甘孜藏族自治州道孚县亚卓乡莫洛村西南，地形复杂，处于半山腰。四角碉楼坐南朝北，长5.5米，宽10米，高18米。碉楼为石片和黄泥土砌成，垒砌紧密，现存完整，碉楼前厅进行过维修。屋顶为平顶房，呈方形，有4层楼，内部保存有大量壁画，色彩鲜艳，墙体有收分。四角碉楼主要用于莫洛村村民顶礼膜拜进行宗教活动，是藏族人民建筑技术和居住方式的结合。
保存状况	现状评估	○好　　　○较好　　　●一般　　　○较差　　　○差
	现状描述	碉楼保存完整
损毁原因	自然因素	□地震　　□水灾　　□火灾　　□生物破坏　　□污染　　□雷电　　□风灾 □泥石流　　□冰雹　　■腐蚀　　□沙漠化　　■其他自然因素
	人为因素	□战争动乱　　　□生产生活活动　　□盗掘盗窃　　□不合理利用 □违规发掘修缮　　■年久失修　　　■其他人为因素
	损毁原因描述	阵雨较多，受雨水冲刷严重。处于风口，受风力影响大。人员流动量大，对碉楼内部设施造成了污染和破坏。
环境状况	自然环境	该乡山高坡陡，沟壑纵横，河谷深切，地形破碎。该乡属高山峡谷区，山地温带气候，寒冷干燥，日照充足，昼夜温差大。该乡多宜牧荒山，草场有待开发，水土流失严重，碉楼周边油松、野花椒较多，放养有牛羊。
	人文环境	位于县境南部，距县城80千米。该乡交通极为不便，不通公路。碉楼周围有五处民居，居民从事牧业。该乡面积336平方千米，人口约有1500人，主族为藏族。群众居住分散，给生活带来不便。该村牧业生产发展潜力大，可种植苹果、花椒、核桃等经济林木。

6. 第三次全国文物普查不可移动文物登记：莫洛八角碉

名 称	莫洛八角碉		代 码	
地址及位置	四川省甘孜藏族自治州道孚县亚卓乡莫洛村东北，西距莫洛村约 300 米			
GPS 坐标	北纬	东经		海拔高程
	30°31'55.6"	101°03'30.1"		3016m
	测点说明	八角碉正西 300 米的平地上。		
类别	●古建筑	○城垣城楼　○宫殿府邸　○宅第民居　○坛庙祠堂　○衙署官邸　○学堂书院 ○驿站会馆　○店铺作坊　○牌坊影壁　○亭台楼阙　○寺观塔幢　○苑囿园林 ○桥涵码头　○堤坝渠堰　○池塘井泉　●其他古建筑			
年 代	元代			
统计年代	□旧石器时代　□新石器时代　□夏　□商　□西周　□东周　□秦　□汉　□三国　□晋　□南北朝　□隋　□唐　□五代　□宋辽金　■元　□明　□清　□中华民国　□中华人民共和国　□待定			
面积（m²）	50.24			
所有权	□国家　■集体　□个人　□不明			
使用情况	使用单位（或人）	莫洛村村民委员会	隶属	亚卓乡人民政府
	用途	□办公场所　□开放参观　□宗教活动　□军事设施　□工农业生产　□商业用途 □居住场所　□教育场所　■无人使用　□其他用途		
复查对象	级别	○全国重点文物保护单位　　○省级文物保护单位 ○市、县级文物保护单位　　●尚未核定为保护单位		

单体文物	数量（个）	1
	说明	八角碉楼1座
	简介	莫洛八角碉楼位于四川省甘孜藏族自治州道孚县亚卓乡莫洛村东北，地形复杂，处于半山腰。碉楼始建于元代，为八角碉楼，直径12米，高约25米，坐北朝南。八角碉楼为石片和黄泥土砌成，垒砌紧密，现存完整。屋顶为平顶房，呈方形，有4层楼，墙体有收分。八角碉楼主要用于防匪和战争放哨作用，是藏族人民建筑技术和居住方式的结合。
保存状况	现状评估	○好　　○较好　　●一般　　○较差　　○差
	现状描述	碉楼保存完整
损毁原因	自然因素	□地震　□水灾　□火灾　□生物破坏　□污染　□雷电　□风灾　□泥石流　□冰雹　■腐蚀　□沙漠化　□其他自然因素
	人为因素	□战争动乱　　□生产生活活动　　□盗掘盗窃　　□不合理利用　□违规发掘修缮　■年久失修　　■其他人为因素
	损毁原因描述	阵雨较多，受雨水冲刷严重。处于风口，受风力影响大。人为生产生活和牛粪污染，对碉楼外部环境造成污染和破坏。
环境状况	自然环境	该乡山高坡陡，沟壑纵横，河谷深切，地形破碎。该乡属高山峡谷区，山地温带气候，寒冷干燥，日照充足，昼夜温差大。该乡多宜牧荒山，草场有待开发，水土流失严重，碉楼周边油松、野花椒较多，放养有牛羊。
	人文环境	位于县境南部，距县城80千米。该乡交通极为不便，不通公路。八角碉楼周围有六处民居，居民从事放牧业。该乡面积336平方千米，人口约有1500人，主居为藏族。群众居住分散，给生活带来不便。该村牧业生产发展潜力大，可种植苹果、花椒、核桃等经济林木。

单体文物	数量（个）	1				
	说明	八角碉楼1座				
	简介	莫洛八角碉楼位于四川省甘孜藏族自治州道孚县亚卓乡莫洛村东北，地形复杂，处于半山腰。碉楼始建于元代，为八角碉楼，直径12米，高约25米，坐北朝南。八角碉楼为石片和黄泥土砌成，垒砌紧密，现存完整。屋顶为平顶房，呈方形，有4层楼，墙体有收分。八角碉楼主要用于防匪和战争放哨作用，是藏族人民建筑技术和居住方式的结合。				
保存状况	现状评估	○好	○较好	●一般	○较差	○差
	现状描述	碉楼保存完整				
损毁原因	自然因素	□地震　　□水灾　　□火灾　　□生物破坏　　□污染　　□雷电　　□风灾 □泥石流　　□冰雹　　■腐蚀　　□沙漠化　　■其他自然因素				
	人为因素	□战争动乱　　□生产生活活动　　□盗掘盗窃　　□不合理利用 □违规发掘修缮　　■年久失修　　■其他人为因素				
	损毁原因描述	阵雨较多，受雨水冲刷严重。处于风口，受风力影响大。人为生产生活和牛粪污染，对碉楼外部环境造成污染和破坏。				
环境状况	自然环境	该乡山高坡陡，沟壑纵横，河谷深切，地形破碎。该乡属高山峡谷区，山地温带气候，寒冷干燥，日照充足，昼夜温差大。该乡多宜牧荒山，草场有待开发，水土流失严重，碉楼周边油松、野花椒较多，放养有牛羊。				
	人文环境	位于县境南部，距县城80千米。该乡交通极为不便，不通公路。八角碉楼周围有六处民居，居民从事放牧业。该乡面积336平方千米，人口约有1500人，主居为藏族。群众居住分散，给生活带来不便。该村牧业生产发展潜力大，可种植苹果、花椒、核桃等经济林木。				

（四）扎拖乡

概况 扎拖乡位于道孚县城南部，距道孚城72千米，乡辖区内公路里程为34千米。平均海拔2880米，全乡面积为147.114平方千米。

行政 辖5个行政村（波罗塘、扎贡、扎拖、一地瓦孜、洛古），23个自然村落。全乡有干部职工16人，教师6人，在校学生70名，党员74人，其中农村贫困党员有12人。

人口 共250户，1350人。全村从业人员765人。

经济 年末耕地面积3911.1亩，主要以山地农耕经济为主，粮食播种面积2783亩。退耕还林地1915.6亩，牲畜3395头，农民人均纯收入5153元。

宗教 寺庙1座，名叫扎拖寺（红教），僧侣79人，（其中本乡寺庙36人、红顶寺（格鲁派）27人，比丘尼10人。

福利 一类低保户35户136人，二类低保户41户168人，共计304人。三老干部11人，五保户17人，孤儿7人，残疾儿童15人，困难妇女98人，回流人员6人，刑满释放人员5人，闲散青年6人，地方病患者15人。

各村基本情况

扎拖村 总户数41户，共有人口276人（男137人、女139人），寺庙1座，共有僧人35人。党员11人，特困党员3人，三老干部3人，农村低保户60人，五保户5人，一类低保户28人，二类低保户32人，贫困户8户40人，特困户5户25人，僧侣22人，比丘尼6人，学生40名，全村耕地面积650亩左右，退耕还林面积357亩。主要种植物有春小麦、青稞、土豆、油菜，主要经济来源于挖虫草等副业。

洛古村 总户数25户，共有人口158人，党员11人，五保户1户，贫困人口79人，一类低保16人，二类低保20人，僧侣6人。全乡耕地面积364.7亩，退耕还林面积296亩，草地面积10419亩。主要种植物有春小麦、青稞、土豆、油菜等。

波罗塘村 总户数51户，共有人口260人，党员13人，三老干部3人，五保户3户，贫困人口131人，一类低保16人，二类低保48人，僧侣8人。全乡耕地面积520.33亩，退耕还林面积353亩，草地面积22775亩。主要种植物有春小麦、青稞、土豆、油菜等。

扎贡村 总户数71户，共有人口368人，党员13人，三老干部2人，五保户6户，贫困人口184人，一类低保56人，二类低保34人，僧侣11人，比丘尼1人。全乡耕地面积732.23亩，退耕还林面积464亩，草地面积18421亩。耕牛327头，马38匹，猪4头主，主要种植物有春小麦、青稞、土豆、油菜等。

地瓦孜村 总户数52户，共有人口288人，党员12人，三老干部3人，五保户2户，贫困人口143人，一类低保20人，二类低保34人，僧侣16人，比丘尼2人。全乡耕地面积544.86亩，退耕还林面积413.6亩，草地面积12 092亩。主要种植物有春小麦、青稞、土豆、油菜等。

（五）仲尼乡

各村概况

格孜村 距县城约有51千米，位于仲尼乡政府驻地，西与本乡折多村接壤，东与本乡教学村相连，北接新龙县拉日马乡，南靠红顶乡向秋村（以鲜水河为界），平均海拔为2700米，辖5个自然组（勒吾组、俄地组、格孜组、布鲁孜组、孜春组）。耕地面积为340.3亩，退耕还林面积为340.3亩，草场面积为18 887.4亩，各类牲畜347头（只、匹）。

全村39户，213人，其中男108人，女105人，党员10人，预备党员2人，劳动力有101人，一类低保5户，23人，二类低保32户，85人，养老保险参保人数123人，农村医保覆盖面达100%，三老干部3人，在校学生23人。移民户11户39人。

贡拖村 位于仲尼乡南部，东与本乡麻中村相邻，西接本乡亚拉坎村，南靠扎拖乡（以长征河为界），北与本乡教学村相连，距乡政府约有12千米，平均海拔为3300米，辖3个自然组，退耕还林面积为126.8亩，草场面积为10 950.3亩，各类牲畜100头（只、匹）。

全村18户，120人，党员9人，预备党员2人，有劳动力75人，一类低保3户，11人，二类低保12户，38人，养老保险参保人数52人，农村医保覆盖面达100%，三老干部1人，在校学生8人，僧人14人，残疾人6人，五保户1人，移民户1户6人。

教学村 位于仲尼乡南部，东与本乡贡拖村相邻，西接本乡格孜村，南靠红顶乡向秋村（以鲜水河为界），北与本乡亚拉坎村接壤，距乡政府约有5公里，平均海拔为3000米，辖3个自然组，退耕还林面积为129亩，草场面积为10 950.3亩，各类牲畜85头（只、匹）。

全村18户，110人，党员11人，预备党员2人，有劳动力55人，一类低保2户，11人，二类低保15户，35人，养老保险参保人数44人，农村医保覆盖面达100%，在校学生18人，僧人8人，残疾人5人，五保户1人，退伍军人1人。移民户4户25人。

麻中村 位于仲尼乡南部，东与新龙县拉日马乡接壤，西接本乡贡拖村，南靠扎拖乡（以长征河为界），北与本乡亚拉坎村相连，距乡政府约有25公里，平均海拔为3000米，辖4个自然组，退耕还林面积为349.5亩，草场面积为16 895.7亩，各类牲畜235头（只、匹）。

全村37户，224人，党员13人，预备党员1人，有劳动力175人，一类低保4户，13人，二类低保32户，95人，养老保险参保人数103人，农村医保覆盖面达100%，三老干部3人，在校学生29人，僧人12人，残疾人8人，五保户1人。移民户1户2人。

亚拉坎村 位于仲尼乡南部，东与本乡贡拖村相邻，西接本乡格孜村，南靠本乡教学村，北与新龙县拉日马乡接壤，距乡政府约有10公里，平均海拔为3400米，辖3个自然组，退耕还林面积为150.6亩，草场面积为10948.5亩，各类牲畜120头（只、匹）。

全村19户，108人，党员11人，预备党员2人，有劳动力65人，一类低保2户，12人，二类低保15户，40人，养老保险参保人数44人，农村医保覆盖面达100%，在校学生14人，僧人7人，残疾人4人，五保户1人。移民户3户11人。

亚中村 位于仲尼乡南部，东与新龙县拉日马乡接壤，西接本乡麻中村，南靠扎拖乡（以长征河为界），北与本乡亚拉坎村相连，距乡政府约有25公里，平均海拔为3000米，辖4个自然组，退耕还林面积为288亩，草场面积为18027.9亩，各类牲畜219头（只、匹）。

全村39户，225人，党员14人，预备党员2人，有劳动力155人，一类低保5户，14人，二类低保30户，64人，养老保险参保人数105人，农村医保覆盖面达100%，三老干部3人，在校学生29人，僧人29人，残疾人2人，五保户2人，退伍军人1人，离职村干部4人。

折多村 位于仲尼乡北部，东与甲斯孔乡接壤，西接本乡格孜村，南靠鲜水河，北与新龙县拉日马乡相连，距乡政府约有11公里，平均海拔为2800米，辖3个自然组，退耕还林面积为261.8亩，草场面积为16164亩，各类牲畜307头（只、匹）。

全村27户，128人，党员12人，预备党员2人，有劳动力75人，一类低保4户，17人，二类低保18户，45人，养老保险参保人数71人，农村医保覆盖面达100%，三老干部6人，在校学生22人，僧人5人，残疾人1人，五保户2人。移民户8户35人。

宗教 该乡开放的寺庙有三座：桑珠寺、其米寺、生根寺。僧尼132人。

1. 桑珠寺：建立于1983年；教派：属苯教；僧侣定编75人，实有73人；其中政府认定活佛：3人（拥忠万吉、邓孜尼玛、达章）；寺庙涉及移民搬迁，新址：亚拉坎阿巴托。

2. 其米寺：建立于1978年；教派属苯教，僧侣定编50人；实有48人，其中政府认定活佛1人（仁孜拥登新龙人士于2007年圆寂），主任：次勒郎加。

3. 生根寺：建立于1978年；教派属宁玛派；僧侣：7人；其中政府认定活佛1人（多灯，麻中人士，学历大专）主任：多灯。

附 莫洛古碉传统村落调查统计表（选）

传统村落调查登记表

村落名称：莫洛村　　　　　　　（本村属于：自然村、<u>行政村</u>）
所属镇（乡）：亚卓乡
所属县（区、市、旗）：道孚县
所属市（地区、州、盟）：甘孜州
所属省（自治区、直辖市）：四川省
调查负责单位（盖章）：亚卓乡人民政府
调查负责人签字：李勇
调查负责人联系电话：15808363202
填表日期：　　2012 年 7 月 8 日

（一）村落基本信息

村落形成年代	☑元代以前 ☐明代 ☐清代 ☐民国时期 ☐建国以后	村落形成原因	外来少数民族流入
村域面积	26平方公里	村庄占地面积	700 亩
户籍人口	126　　　人	地形地貌特征	山高坡陡，沟壑纵横，河谷深切，地形破碎
常住人口	75　　　人		
村集体年收入	0　　万元	村民人均年收入	1700 元
主要民族	___藏___族	列出产值较高的2-3个主要产业	油菜 土豆
村落是否列入各级保护或示范名录	列入历史文化名村：　　　　　　　☐国家级　☐省级 列入特色景观旅游名村：　　　　　☐国家级　☐省级 列入少数民族特色村寨试点示范：☐是　　☑否 其他，请注明名称及由哪一级认定公布：		

（二）村落传统建筑

<table>
<tr><td rowspan="7">基本信息</td><td>建筑名称
（见注释）</td><td>建筑年代</td><td>建筑规模
（平方米）</td><td>各级文物保护单位及数量</td><td>认定为历史建筑的数量</td></tr>
<tr><td>四角碉</td><td>待定</td><td>55</td><td rowspan="5">国家级：　　处
省级：　　处
市级：　　处
县级：　　处
第三次全国文物普查新发现不可移动文物数量：2处
文保单位是否为古建筑群：√是
□否</td><td rowspan="5">市级政府认定：
　　处

县级政府认定：
　　处</td></tr>
<tr><td>八角碉</td><td>元朝</td><td>50.24</td></tr>
<tr><td></td><td></td><td></td></tr>
<tr><td></td><td></td><td></td></tr>
<tr><td></td><td></td><td></td></tr>
<tr><td colspan="4">全部传统建筑占村庄建筑总面积的比例：（　　%）</td></tr>
</table>

村落简介

莫洛四角碉楼位于四川省甘孜藏族自治州道孚县亚卓乡莫洛村西南，地形复杂，处于半山腰。四角碉楼坐南朝北，长5.5米，宽10米，高18米。碉楼为石片和黄泥土砌成，垒砌紧密，现存完整，碉楼前厅进行过维修。屋顶为平顶房，呈方形，有4层楼，内部保存有大量壁画，色彩鲜艳，墙体有收分。四角碉楼主要用于莫洛村村民顶礼膜拜进行宗教活动，是藏族人民建筑技术和居住方式的结合。

莫洛八角碉楼位于四川省甘孜藏族自治州道孚县亚卓乡莫洛村东北，地形复杂，处于半山腰。碉楼始建于元代，为八角碉楼，直径12米，高约25米，坐北朝南。八角碉楼为石片和黄泥土砌成，垒砌紧密，现存完整。屋顶为平顶房，呈方形，有4层楼，墙体有收分。八角碉楼主要用于防匪和战争放哨作用，是藏族人民建筑技术和居住方式的结合。

下编　1949年后扎坝藏族研究文献专题辑要 / 371

图纸编号：513326-0035-T002

图纸册页

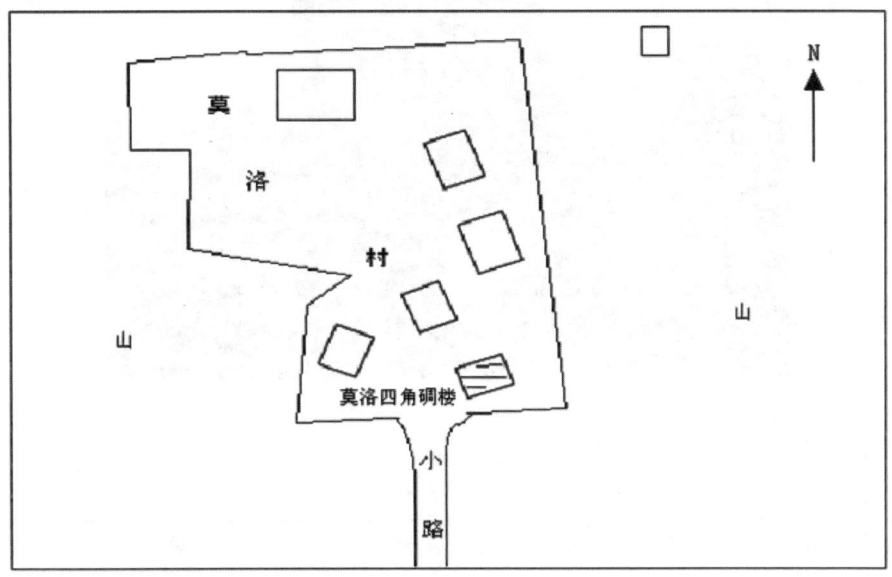

序　　号：2

名　　称	莫洛四角碉位置示意图		
图　　号	02	比　　例	
绘制人	王丽君	绘制时间	2009.08.01

图纸编号：513326-0035-T003

图纸册页

序　　号：3

名　　称	莫洛四角碉位置图		
图　　号	03	比　　例	1：850000
绘制人	曾科	绘制时间	2009.08.01

照片编号：513326-0035-Z001

照片册页

372 / 扎坝藏族文史调查与研究辑要

序　号：1

名　　称	莫洛四角碉楼全景照	照 片 号	2354	底 片 号	
摄 影 者	陈威	拍摄时间	2009.08.01	拍摄方位	由东南向西北
文字说明					

照片编号：513326-0035-Z002

照片册页

序　号：2

名　称	莫洛四角碉楼全景照	照片号	2355	底片号	
摄影者	陈威	拍摄时间	2009.08.01	拍摄方位	由东向西
文字说明					

图纸编号：513326-0041-T001

图纸册页

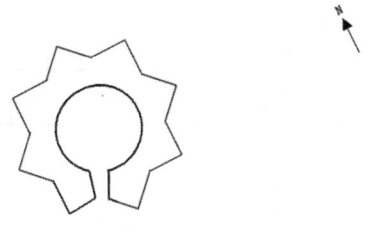

序　号：1

名　称		莫洛八角碉平面图			
图　号	01	比　例		1：200	
绘制人	王丽君	绘制时间		2009.08.01	

图纸编号：513326-0041-T002

图纸册页

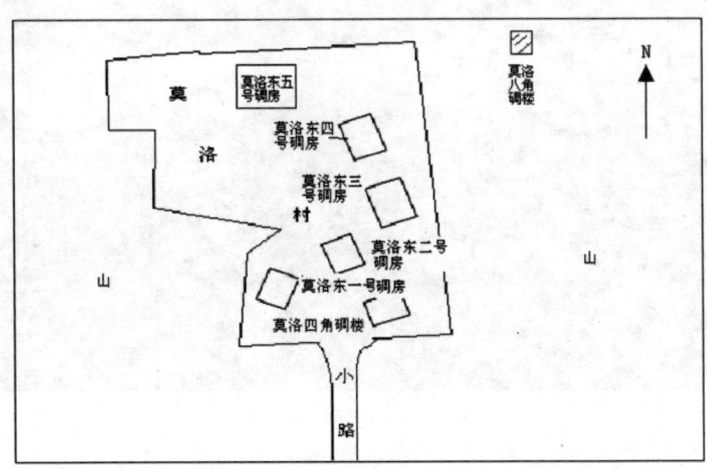

序 号：2

名 称	莫洛八角碉位置示意图		
图 号	02	比 例	—
绘 制 人	王丽君	绘制时间	2009.08.01

序 号：3

名 称	莫洛八角碉位置图		
图 号	03	比 例	1∶850000
绘 制 人	曾科	绘制时间	2009.08.01

照片编号：513326-0041-Z001

照片册页

序　号：1

名　称	莫洛八角碉楼全景照	照片号	2375	底片号	
摄影者	陈威	拍摄时间	2009.08.01	拍摄方位	由西向东
文字说明					

（三）村落选址和格局（略）

（四）村落承载的非物质文化遗产（略）

（五）村落人居环境现状

基础资料	居住在传统建筑的居民数量：126人			
	现有设施状况（有即可勾选）	√入户自来水　□垃圾收集设施　□排水设施　□入户煤气 □公交站点　□卫生室　□有线电视　□消防设施　□已改造电网		
	村内道路	已建成　4　年 上次维修为　1　年前 路面：□沥青或水泥路　√土路 　　　□传统石、砖路　□其他	公共照明	√全村有 □局部地段有 □无
	污水处理设施	□村内集中处理 □单户或多户分散处理 √无处理	厕所	□公用　√分户 √旱厕　□水冲厕所
	垃圾处理方式	□卫生填埋　□简易填埋　√直接焚烧　□送往镇（县）处理		
村落环境状况简介	亚卓乡位于县境南部，距县城80公里，面积336平方公里，人口约有1900人，主居为藏族。群众居住分散，给生活带来不便。该乡境内莫洛村山高坡陡，沟壑纵横，河谷深切，地形破碎。属高山峡谷区，山地温带气候，寒冷干燥，日照充足，昼夜温差大。多宜牧荒山，草场有待开发，水土流失严重，碉楼周边油松、野花椒较多，放养有牛羊。该村牧业生产发展潜力大，可种植苹果、花椒、核桃等经济林木。			

（六）道孚县扎坝片区各寺庙调查表

			杠呷寺	红顶寺	卡托寺	扎拖寺	其美寺	桑珠寺	生报寺
地理概括	名称								
	地址（乡、村）		亚卓乡卡六村	红顶乡红顶村	下拖什一吾村	扎拖乡扎拖村	仲尼乡麻中村	仲尼乡教学村	仲尼乡麻中村
	离县城距离（km）		82	65	92	76	75	58	73
基础设施情况	占地面积（m²）		44 886	6 939.55	6 570	45 825	33 369	18 127	5 570
	建筑面积（m²）		3371.53	12215.3	5651.07	1381.11	1682.23	1715.06	464.15
	僧舍数量（间）		94	73	43	85	19	46	5
	危房数量（间）		32	15	15	83	8	25	2
	危房等级								
	四通情况	通路 便道	是			是	是	是	是
		机耕道	是	通		是	是	是	是
		公路	是		是	是	是	是	是
		水泥路	否			否	否	否	否
		沥青路	否			否	否	否	否
		通水	通	否	通	通	通	通	通
		通电	通	通	通	通	通	通	通
		通广电	通	通	不通	通	通	通	通
	建有寺庙书屋		有	有	有	有	有	有	无
	划定四至界限		有	有	有	有	有	无	有
	打桩定界		否	是	是	否	否	否	否
	有土地证及编号		否	否	否	否	否	否	否
	建寺庙围墙		否	否	否	否	否	否	否

续表

	名称	杠呷寺	红顶寺	卡托寺	扎拖寺	其美寺	桑珠寺	生挭寺
	教派	格鲁	格鲁	格鲁	宁玛	本波	本波	宁玛
宗教概况	定员数	65	50	35	25	35	55	10
	定员批准时间（年）	1993	同	同	同	同	同	同
	定员批准机关	四川省宗教局、四川省佛教协会	同	同	同	同	同	同
	活佛数量 政府批准	1		1			3	
	活佛数量 境内高僧认定				1			
	经师数量	4						
	堪布数量		1					
	18岁以下人员		7					
	60岁以上人员	9	20	11	7	13	25	2
	长期驻寺僧尼	22	50	25	6	8	26	9
	仅农闲、佛事活动驻寺僧尼	30	25	11	28	37	45	

（七）道孚县扎坝片区各寺庙历史调查表

杜呷寺	红顶寺	卡托寺	扎拖寺	其美寺	桑珠寺	生根寺
"杜呷"扎坝语意为"白色的山"。位于亚卓乡卡六村西南，始建于元代，为噶举派寺庙（直波噶举），其寺为第三代赴京后修建，后改为格鲁派寺庙。1993年对外开放。2008年以来，能服从乡党委政府的领导，积极配合乡党委政府开展工作。	位于红顶乡所在地附近，由原有的红顶寺、底如寺和罗格寺三寺合并而建，这三座寺是公元15世纪，从色卡寺（八美色卡乡）分支出来的，于1998年由道孚县民族宗教事务局进行场所登记，编号为宗场证字（97）220604号。红顶寺，最初由格西索南嘉措及其弟子所建，在格西慈成南杰主持时，将寺庙迁至"烈麦杰"之地，格西本人成为底如寺、罗格寺、红顶三座寺庙的寺主，其活佛系统已转世到第六世。该寺定员数为50人，表现良好。	于扎坝区下拖乡境内，属格鲁派。于1998年由道孚县民族宗教事务局进行场所登记，编号为宗场证字（97）220601号，影响范围为该县下拖乡。在公元16世纪，达赖喇嘛亲传弟子格西旦白尼玛坚参来此讲经传法，受到当地民众的拥戴，在当地民众的支持和帮助下，一位名叫仁增成烈的高僧大德在此建了这座寺院。该寺定员数为35人。该寺遵纪守法、爱国爱教，服从党委政府的安排和管理。	位于扎拖乡境内，属宁玛派。宗场证字（97）220603号，影响范围为该县扎拖乡。关于建寺的时间有两种说法，一说建于公元八、九世纪前后，具体年代和建寺者无从考证。又说该地原先有个噶举派修行点，后来由竹庆传承的宁玛派接管，并将其建为寺庙。因此，该寺有噶举派和宁玛派共同仪轨，有人认为是竹竹寺的子寺。该寺定员数为25人，08年以来该寺服从党委政府和上级主管部门管理，全寺僧人持戒守法、爱国爱教。	于1983年4月开放，该寺位于扎坝仲尼乡，宗场证字（97）220605号，影响范围为该县仲尼乡。其美寺每年的佛事活动共分为五次，藏历4月药珠，共8天，全寺僧侣参加。藏历4月，哑巴经3天，全寺僧尼参加。藏历6月野秋夏季祈祷4天。该寺定员数为35人。该寺遵纪守法、爱国爱教。	位于仲尼乡政府所在地下方2公里的河滩上，属本教派寺院，是将莫觉寺、扎然寺、俄古寺三寺合并建成。于1998年由道孚县民族宗教事务局进行场所登记，编号为宗场证字（97）220606号，影响范围为该县仲尼乡、红顶乡。始建成于20世纪80年代初，至今17年。该寺定员数为55人，表现良好。	位于仲尼乡麻中村，属宁玛派寺庙。宗场证字（97）220629号，影响范围为该县仲尼乡。宁玛新教，"东派"由道孚甲斯孔宁玛瓦仁曾曲杰林巴于明代创立，首建德卡寺，继而建生根寺等15座寺庙，除4座在道外，其余11座分布在康定、新龙等地。生根寺因其寺庙建在一座状如狮子的山下而得名。该寺的佛事活动主要有藏历3月的拥珠及哑巴，历时7天，由全寺僧人及附近信教群众参加，藏历10月的冬季祈祷法会，历时3天，由全寺僧人参加。该寺定员数为10人。

（八）道孚县扎坝片区各寺庙主要佛事活动调查表

寺庙	佛事活动						
杜呷寺	佛事活动名称	让勒青幕	灵乃	则勒炯松	也曲	贡布多青	安确
	举办时间	农历3月	农历四月	农历五月	农历6月1日至8日	农历8月22日至29日	农历10月23日至27日
	参加范围	所在辖区	所在辖区	所在辖区	所在辖区	所在辖区	所在辖区
红顶寺	佛事活动名称	觉安确巴（祈愿会）	主巴业确	也捏	尼斜安确	地入安确	
	举办时间	藏历1月15日（5天）	藏历6月7日（4天）	6月15日（15天）	藏历10月25日（7天）	（藏历）1月25日（7天）	
	参加范围	红顶乡扎拖乡共5村	红顶乡扎拖乡共5村	红顶乡扎拖乡共5村	红顶乡扎拖乡共5村	红顶乡地入村	
卡托寺	佛事活动名称	祈愿法会	念经	哑巴经	然灯节		
	举办时间	1月7日至1月16日	1月16日至1月30日	4月	10月22日至25日		
	参加范围	下托乡	下托乡	下托乡	寺庙僧尼		
扎拖寺	佛事活动名称	住巴亚曲	格巴				
	举办时间	农历6月	农历8月15日				
	参加范围	扎拖村	扎拖村				
其美寺	佛事活动名称	祝巴叶曲	叶勒	贡确			
	举办时间	农历六月份左右	农历八月份左右	农历一十月左右			
	参加范围	仲尼乡、扎拖乡信教群众	仲尼乡、扎拖乡信教群众	仲尼乡、扎拖乡信教群众			
桑珠寺	佛事活动名称	祝巴叶曲	叶勒	贡确			
	举办时间	农历六月份左右	农历八月份左右	农历一十月左右			
	参加范围	仲尼乡、红顶乡等6个村信教群众	仲尼乡、红顶乡等6个村信教群众	仲尼乡、红顶乡等6个村信教群众			
生根寺	佛事活动名称	叶勒					
	举办时间	农历八月份左右					
	参加范围	本乡					

注：佛事活动名称均为音译，其意当地人也大多未知。

(九) 工作组图录

在一周多的时间内，工作组不畏艰辛，翻山越岭，现主要收集资料有：扎坝民间传说故事 13 则（口述者：茨珠）；扎坝民间歌谣 20 则（口述者：茨珠等）；嘛呢经舞传承人口述史（音、视频资料）；桑珠寺本教活佛口述史（音频资料）；扎坝黑陶艺术口述史（口述者：让雄）；扎坝传统农业与饮食文化口述史（音、视频资料）等。这批宝贵的资料也只有待今后整理了，这实为一件憾事。调查中，我们也拍摄了一些影像，现收集小部分附后。

图 1　工作组在道孚县扎坝区亚卓乡合影

图 2　蒋秀英副主席带领工作组在山间午餐

图 3　蒋秀英副主席与扎坝群众交流

图 4　道孚县林业局局长龙波介绍森业产业发展情况

图 5　工作组采录扎坝民间歌谣

图 6　工作组采录扎坝民间故事

图 7　采录扎坝区苯教桑珠寺活佛口述史

图 8 传统的扎坝藏族房屋

后 记

《扎坝藏族文史调查与研究辑要》一书的编撰完成，对于康巴藏族传统村落文史史料调查与研究工作而言，只是万里长征走出了第一步。这一步，是中共甘孜州政协、道孚县县委县政府以及县政协大力支持的结果；是中国非物质文化遗产研究院、四川省民间文化研究中心、四川省区域文化研究中心等高校科研机构众多专家、学者辛劳付出的产物；也是四川文化艺术学院、西华师范大学等高校积极参与的收获。

作为丛书及本书的编委会，我们再次对以上单位及作者的努力，道一声诚挚的感谢。

本书的编撰，对于我们所有编委而言是一次全新的学习过程，从民国文献到现当代学者的论著，在浩瀚的书海文山中，我们再次深切感受到康巴文化的厚重与丰富，感受到包括扎坝藏族历史、文化在内的整个中华文明的源远流长与博大精深；另一方面，我们也深切感受到保护与发展包括扎坝藏族在内康巴众多优秀与独特文化的重要性与紧迫性。在此，作为课题组，我们仅就当地文化的保护以及发展，谈点肤浅的看法，供大家参考与交流，权作后记。

（一）以四川藏区全力建设全国民族地区全域旅游试验区为契机，以建设特色文化旅游村寨和产业扶贫为重点，以旅游和农产品为突破口打造一沟一品，一村一品，建设以"东女国"为题的特色旅游地，同时将之与"鲜水河大峡谷"、道孚旅游资源对接，形成点面线的辐射圈。

（二）文化保护的规划与实用人类学的实践，应与少数民族地区大规模建设同步而行，甚至提前而动。"5·12汶川大地震"后的实际表明，大规模或较大规模的建设与人口流动，会对本土文化以及旧有文化生态造成巨大冲击。发展经济，扶贫脱贫，提高人民群众生活水平与质量，促进社会全面发展，促进社会和谐与民族团结，这是历史发展的必然趋势与时代要求。在这一主旋律下，经济开发与产业链的提升对于文化生态环境的影响，也应得到高度重视。"中国传统村落"工程之所以得到党和政府前所未有的重视和大力支持，之所以得到全社会的关心和注视，一方面源于它是1949年后首次对我国的传统村落全面而科学的调查，是以"传统村落"为基点对中华传统文化与根系文化的摸清家底；另一方面，"中国传统村落"工程在全面、科学调查的基础上，以输血方式促进传统村落的造血功能，让"传统村落"留得住，活下去。在这方面，工程的核心之一就是保护与传承传统村落的文化。

以国外先进经验为例，比如美国应用人类学家参与并指导阿帕切印第安人建筑新家；应用人类学家在秘鲁南部安第斯山脉进行的新型农业体系建设；旧金山索诺马温泉水库建设工程中，等等，文化保护的规划与实用人类学的积极实践都取得了成功。不仅促进了工程的顺利开展，也有效保护了当地独特的文化。以旧金山索诺马温泉水库建设工程为例，该工程将把波莫印第安人传统手工艺——"波莫篮"所需的、非常关键的一种特殊原料莎草的现存生长地全部毁掉，而这个传统手工艺品，不仅是波莫印第安人的重要收入来源，也受到了众多博物馆和私人收藏家的热捧。美国应用人类学家和波莫印第安人以及植物学家一起，搜集了 48 000 株莎草移栽到大坝下游并取得成功，其产量颇丰，品质优良。波莫印第安人的手艺与生计在实用人类学的实践中，都得到了保障。这些成功的案例，在今天两河口水电站的建设以及今后扎坝片区"鲜水河大峡谷民族风情长廊"的规划与建设中，都有积极的参考价值。

（三）扎坝藏族文化是一个较为独特的文化系统，历史上其运行空间封闭，运转方式独特。这就意味着，保护与传承扎坝藏族文化，不仅是文化的保护与传承，也是文化空间的保持与发展。在这个系统工程中，涉及非遗保护、语言保护、民俗文化发掘与保护、传统资料收搜整理、新兴村落布局安排、移民安置与文化互动、旅游产业与文化对接等方方面面。对于这个宏观的体量，在物态和活态的建设中，应有所分类和指导。同时，要将扎坝藏族文化的保护与合理利用放入道孚乃至整个康巴地区加以考量，做到既有特色又与整个甘孜州的"全域旅游"紧密相连。

（四）在非遗活态保护的同时，加快扎坝藏族文化物态化的进程。文化是一个发展的概念，也是一个与时俱进的产物。面对可能消失与岌岌可危的文化事象，加大物态固定化工作，同时，争取今后运用高科技手段，在"扎坝藏族博物馆"等建设工程中，以视频等方式还原和再现。

（五）积极联系社会各方面力量，以多种合作方式，扩大当地的影响力。同时，将农业产业升级、扶贫脱贫等工作，与旅游产业、文化创意产业、"互联网"+等前途无限的新兴产业紧密结合起来，将传统与科技融为一体，将当地扶贫脱贫与万众创业、创新联为一体，主动联系并引进各种智力库，建言献策；积极联系高校，争取创办一批文化基地，如美术学生的摄影创作、绘画创作基地，传媒学生的影视创作基地等，扩大宣传的力度和深度。

  最后，我们要再一次感谢西南交通大学出版社，感谢四川文化艺术学院校长龚珍旭博士，李长贵秘书长；区域文化研究中心金生杨教授、罗洪彬硕士；民间文化研究中心高梧教授、邓啟刚硕士；成都七中初中部李杰波老师等，感谢他们为本书的辛劳付出与大力支持。

编委会
2016 年 6 月 18 日